楚材晉育
中國留美學生，1872-1931

江勇振　著

獻給　麗豐

因緣際會，心存感激

目錄

前言 ⋯⋯⋯⋯⋯⋯⋯⋯⋯⋯⋯⋯⋯⋯⋯⋯⋯⋯⋯⋯⋯⋯⋯⋯⋯ 011

序曲 ⋯⋯⋯⋯⋯⋯⋯⋯⋯⋯⋯⋯⋯⋯⋯⋯⋯⋯⋯⋯⋯⋯⋯⋯⋯⋯ 039

第一章 乘風破浪，圓美國夢 ⋯⋯⋯⋯⋯⋯⋯⋯⋯⋯⋯⋯⋯⋯ 071
　　　乘豪華郵輪，奔太平洋彼岸　072
　　　「中國人進美國，要比駱駝穿過針眼還難」　078
　　　孔祥熙的故事　091
　　　宋靄齡、宋美齡兩姊妹　096
　　　迎新、觀光、各奔前程　102

第二章 誰家子女，西行取經？ ⋯⋯⋯⋯⋯⋯⋯⋯⋯⋯⋯⋯ 107
　　　留美先驅　109
　　　過渡的世代　122
　　　留美蔚然成風　141

第三章 為國為己，組織起來 ⋯⋯⋯⋯⋯⋯⋯⋯⋯⋯⋯⋯⋯ 169
　　　「美東中國留學生聯合會」的崛起　174
　　　「美東中國留學生聯合會」與民主的實習　188
　　　「全美中國留學生聯合會」的成立　202

留美學生界的斷層線　　218

第四章　國之棟梁，當權是從 ⋯⋯⋯⋯⋯⋯⋯⋯⋯⋯⋯⋯⋯⋯⋯⋯ 239
「民有、學優者治、民享」的共和國　　243
保守：基於信念？還是為了做官？　　260

第五章　持家就業，不可得兼 ⋯⋯⋯⋯⋯⋯⋯⋯⋯⋯⋯⋯⋯⋯⋯⋯ 305
留美女學生所讀的科系　　309
結婚或就業　　320
美國風的中國女性特質　　333

第六章　美國美國，我愛美國 ⋯⋯⋯⋯⋯⋯⋯⋯⋯⋯⋯⋯⋯⋯⋯⋯ 365
門戶開放政策的神話　　369
種族、階級、白人遐想　　403

第七章　文化古國，燦爛文明 ⋯⋯⋯⋯⋯⋯⋯⋯⋯⋯⋯⋯⋯⋯⋯⋯ 429
燦爛的傳統文明　　434
效顰、東方主義的批判　　460

幕落 ⋯⋯⋯⋯⋯⋯⋯⋯⋯⋯⋯⋯⋯⋯⋯⋯⋯⋯⋯⋯⋯⋯⋯⋯⋯⋯⋯ 483

照片目錄

圖 1 　唐紹儀與受邀留學生，1908 年聖誕節，攝於美國華盛頓中國公使館。　　040

圖 2 　梁如浩、唐紹儀赴美前，攝於 1874 年。　　113

圖 3 　初抵舊金山的幾位幼童生，攝於 1872 年。　　117

圖 4 　「東方人」棒球隊，攝於 1878 年。　　118

圖 5 　康乃爾大學中國同學會員合照，攝於 1912 年。　　190

圖 6 　《中國留美學生月報》目錄舉例。　　195

圖 7 　《寰球中國學生報》封面舉例。　　205

圖 8 　《寰球中國學生報》目錄舉例。　　206

圖 9 　美東聯合會 1911 年在普林斯頓大學召開的夏令營。　　219

圖 10　中西部聯合會 1911 年在威斯康辛州麥迪遜召開的夏令營。　　219

圖 11　美西聯合會在 1913 年召開的夏令營。　　220

圖 12　1911 年夏令營活動花絮漫畫。　　224

圖 13　美東「庚款學生同學會」1912 年美東聯合會在麻省威廉鎮召開的夏令營
　　　　團聚合照。　　233

圖 14　中西部「庚款學生同學會」1912 年中西部聯合會在密西根州安納堡召開
　　　　的夏令營團聚合照。　　233

圖 15　歸國留學生的機會。　　246

圖 16　「新冠軍」。　　271

圖 17　哥倫比亞大學同學會會員合照，攝於 1915 年。　　285

圖 18　衛斯理女子學院同學會會員合照，攝於 1913 年。　　345

圖 19　山姆叔叔退還庚款興學。　　374

圖 20　山姆叔叔在各大學調教出來的留學生忠狗喚醒了中國。　　375

圖 21　「文明人的假面具揭破了」。　　400

圖 22　「最大之勝利」。　　400

圖 23　「西方『文明』在中國」。　　402

表格目錄

表 2.1   容閎幼童生本籍分布，1872-1881。   111

表 2.2   廣東幼童生的本籍，1872-1881。   112

表 2.3   1882-1915 留美公、自費學生分配比例表。   129

表 2.4   1882-1915 留美學生國內教育出身背景。   131

表 2.5   1882-1915 留美學生出國前所讀學校的前三名。   132

表 2.6   1882-1915 聖約翰、南洋、北洋校友公、自費留美比例表。   133

表 2.7   1882-1915 聖約翰、南洋、北洋公費留美生得清華庚款比例。   134

表 2.8   1882-1915 留美女學生所占比例。   135

表 2.9   1882-1915 留美學生本籍前五名排行榜。   137

表 2.10   1882-1953 留美學生本籍前五名排行榜。   138

表 2.11   1905-1932 留美學生人數統計。   149

表 2.12   1919-1931 美國大學中國學生人數。   150

表 2.13   1900-1931 年間申請進入美國大學的中國學生人數。   151

表 2.14   留美學生十大熱門科系排行榜。   156

表 2.15   1880s-1953 留美女學生所占比例。   157

表 2.16   1854-1953 年留美女學生十大熱門科系排行榜。   158

表 2.17   1890s-1917 年留美女學生所選的科系。   159

表 2.18   1914-1927 年清華女留學生所選的科系。   160

表 2.19   留美學生公自費的比例。   162

表 2.20   1922 年留美公費生公費來源。   164

表 2.21   公費學生男女的比例。   166

表 2.22   留美學生所得學位的取樣統計。   168

表 3.1   「全美中國留學生聯合會」第一屆職員。   178

表 3.2   「全美中國留學生聯合會」第二屆職員。   179

表 3.3   中國留學生分布統計，1909-1911。   211

表 3.4　「全美中國留學生聯合會」各分會會員人數對照，1910-1915。　　　218

表 5.1　葉維麗製 1916、1921 年清華女生所選科系。　　　311

表 5.2　清華留美專科女生所讀科系，1914-1927。　　　312

表 5.3　清華留美專科女生所讀學科比例，1914-1927。　　　313

表 5.4　瓦莎女子學院（Vassar College）學生所讀學科比例，1865-1869 到 1953-1957。313

表 5.5　留美男女學生十大熱門科系排行榜，1854-1953。　　　316

表 5.6　留美女學生所選讀的科系或學校，1890s-1917。　　　318

表 5.7　1937 年 53 名歸國清華專科女生的職業分布。　　　323

表 5.8　1911 年 20 位留美歸國女學生婚姻就業的調查。　　　325

表 5.9　留美歸國女學生：所讀科系、婚姻、就業情況，1890s-1917。　　　327

表 5.10　1937 年清華留美歸國專科女生婚姻就業情況。　　　328

前言

　　從第一批容閎的幼童生在 1872 年抵達美國算起，中國人到美國留學已經有一百五十年的歷史了。依照曾國藩、李鴻章奏請派送幼童生赴美留學的奏摺裡的話來說，這是一個「師夷之長技以制夷」之策：「選聰穎幼童，送赴泰西各國書院，學習軍政、船政、步算、製造諸學。約計十餘年。業成而歸，使西人擅長之技，中國皆能諳悉，然後可以漸圖自強。」[1]因此，留學原本是一個暫時的權宜之計，等中國能夠諳悉西人所擅長之技、可以漸圖自強以後就可以終止了。結果，中國人到西洋留學，特別是到美國留學，不但沒有終止，而且除了在冷戰期間因為中美斷交暫停了三十年以外，越演越烈，蔚然成為一個洶湧不斷的留美熱潮。中美在 1979 年復交。從復交幾天以後所派送的 52 名開始，在短短的十年之間，在 1988-1989 學年度，中國留美學生的人數已經躍升成為所有在美國的外國學生裡的第一名。再過了三十年，到了 2019-2020 學年度，中國留美學生人數已經到了 372,532 名，占所有在美國的外國學生人數的 35％。[2]

　　中國留美學生人數持續攀升的現象是否會持續下去，還有待觀察。中美關係的惡化，再加上全球疫情的影響，都是變數。2020 年的變化是最戲劇性的。比如說，從 2020 年 3 月到 9 月，六個月之間，美國政府才簽

1　曾國藩、李鴻章奏摺，同治十年，丁未，《籌辦夷務始末》，卷 83，頁 47a。

2　Xin Wang, "Uncertainty for Chinese students in the United States," East Asia Forum, 2 January 2021, https://www.eastasiaforum.org/2021/01/02/uncertainty-for-chinese-students-in-the-united-states/, 2021 年 2 月 18 日上網。

發了 808 個 F-1 學生簽證給中國學生。2019 年同一期間的數字是
90,410——降幅達 99％！當然，這中間還有全球疫情的因素，影響所及不
只中國。比如說，印度的降幅是 88％；日本是 87％；南韓是 75％；墨西
哥是 60％。然而，平均來說，美國所發給的 F-1 學生簽證的降幅是
88％。因此，中國的降幅是最陡的。[3]

　　然而，我們有理由相信這 2020 年崩盤式的降幅是一個暫時的現象，
而且主要是因為疫情，而不是因為中美關係惡化的結果。從 2021 年 5 月
到 6 月，兩個月之間，美國駐外領事簽發了 117,000 個 F-1 學生簽證。這
個數字是 2019 年的 90％。換句話說，國際學生回流潮不但回來得快而且
猛。在這個國際學生回流潮裡，中國留美學生仍然遙遙領先所有其他國
家。就以 2021 年 5、6 月間美國駐外領事所簽發的 117,000 個學生簽證的
總數為例。其中，中國學生獲得簽證的人數為 85,000，所占比例高達
73％。[4]

　　重點是，就像我在〈幕落〉一章裡會進一步分析的，留美的性質已經
整個改變了；在 20 世紀後半葉以後，留學美國已經不再只是留學，而是
要學「留」——學習如何留在美國。美國 1965 年的移民法是一個轉捩
點。20 世紀前半葉的中國留美學生，在學成之後都必須歸國。這是因為
美國在 1882 年所通過的《排華法案》不准他們留在美國或者歸化成為美
國人。雖然《排華法案》在 1943 年廢止，但只給予中國人每年 105 名的
移民配額。1965 年的移民法的關鍵意義，在於它開放給中國每年兩萬名
的移民配額。從那以後，留美的動機與目的就迥然不同了。我在〈幕落〉
裡稱呼 1965 年以後的留美學生為新型的留美學生。他們留學的目的，除
了是要接受更高、更專門的教育以外，更是要透過留學而學「留」——質
言之，就是從傳統學而優則仕轉化成為現代的學而優則留。這就是 1960

3　Shin Watanabe, "US Visas for Chinese Students Tumble 99％As Tensions Rise," *Nikkei Asia*,
　　November 4, 2020, 2021 年 2 月 25 日上網。

4　Tiffany May, "International Students Begin to Return to U.S. Universities After a Covid
　　Hiatus," *The New York Times*, Aug. 24, 2021.

年代台灣所流行的「來來來來台大，去去去去美國」的口號的背景。從前的台灣如此，現在的中國亦然。只要可以透過留美而「留」美，這個洶湧澎湃的留美運動就會持續下去。

然而，學而優則「留」是 20 世紀後半葉才有的一個選項。以美國來說，雖然隨著 1943 年《排華法案》的廢止而開放了 105 名的移民配額給中國，但那是杯水車薪。一直要等到 1965 年的移民法通過擴大成為兩萬名的移民配額以後，學而優則留方才成為一個可行的途徑。因此，雖然學而優則留最為人所詬病的，是人才外流的問題，但這不是 20 世紀初年的中國留美學生的問題。由於他們在《排華法案》的限制之下沒有人能夠學而優則留，他們不是人才外流的始作俑者。

換句話說，中國留美學生在 20 世紀後半葉開始之所以能得以學而優則「留」，完全是拜《排華法案》廢止之賜。中國政府在最初制定留美政策的時候，其出發點是「楚材晉『育』」，亦即，派遣學生到美國留學以期他們在學成之後為中國所用。從《排華法案》在 1882 年制定到 1943 年廢止，60 年間，絕大多數的中國留美學生不會動念想留在美國，因為那是美國法律所不允許的。一直要到《排華法案》廢止，特別是到 1965 年的移民法給予一年兩萬名的移民配額以後，留美學生方才得有學而優則「留」這個選擇。「楚材晉『育』」於焉成為「楚材晉用」的敲門磚。這是所謂的人才外流現象的肇始。

有意味的是，中國的留美運動從一開始就已經受到了批判，批判他們洋化，忘了自己是中國人。容閎的 120 名幼童生，在 1872 到 1875 年之間，分四批到美國東北部新英格蘭區留學。這個清朝政府的教育計畫，是以 15 年的投資，讓他們在美國從中學開始，一直到學成為軍政、船政方面的人才。然而，10 年不到，他們在 1881 年夏天就全體被迫撤回。撤回的原因，可以用下述兩句話來概括：「外洋之長技尚未周知，彼族之澆風

早經習染」；[5]「適異忘本，目無師長，其學難期成才，即學成亦不能為中國用。」[6]

　　這「彼族之澆風早經習染」、「適異忘本」云云，用傳統中國「用夏變夷」的話反過來說，就是「用夷變夏」。用今天的話來說，就是洋化、或者喪失國性（deracination）。容閎的幼童生一直到今天仍然是許多人喜歡拿出來討論的問題。然而，大多數的人都是把它拿來作為對比現代中國對外開放政策的一個案例。褒揚容閎及其幼童生的人，為他們生不逢時的悲哀抱不平，譴責清廷的冬烘與愚昧；貶抑容閎的人，則以之用為案例來批判他的驕傲以及不能共事的個性。這種影射史學當然有其歷史與政治的意義，然而並不有助於我們對留學這個嚴肅的問題的討論與分析。中國學生因為留學而變得過分洋化，這是一個嚴肅的問題，因為這所牽涉到的，不僅僅是個人的問題，而且牽涉到整個國家社會的問題。畢竟，留學是一整個社會的投資，是必須計算其社會成本的。

　　近代中國第一次對留學教育展開廣泛而激烈的批判是在 1920、1930 年代。然而，大家很少注意到的，是在 1920、1930 年代廣泛而激烈的批判以前，已經有一位年輕的留美學生對留學教育做了一個激烈而全面性的批判。這個人不是別人，就是近代中國鼎鼎大名的胡適。胡適在 1910 年拿到第二期庚款的官費到美國留學。他在 1913 年初寫了一篇〈非留學篇〉。顧名思義，〈非留學篇〉就是反對留學。胡適的〈非留學篇〉之所以很少人注意，是因為其所代表的是一個 20 歲出頭的胡適所寫的一篇文章，迥異於他成熟以後的觀點。其次，這篇文章非常長，而且是用文言文寫的，不是用他後來清新、平易近人的白話文體所寫的。

　　胡適寫〈非留學篇〉是在 1913 年初。雖然當時胡適已經留美兩年半

5　〈光緒七年五月十二日總理各國事務衙門奕訢等奏〉，《洋務運動》（二），頁 166，轉引自謝俊美，〈陳蘭彬與近代中國留學〉，《華東師範大學學報（哲學社會科學版）》，2010，頁11、93-98。

6　李喜所，〈容閎與中國近代第一批留學生〉，《河北師院學報》，1980 年第 1 期；Thomas La Fargue, *China's First Hundred*, pp. 41-44.

了，但他仍然還處在他在上海讀書時候所進入的民族主義期的最後階段。他開宗明義就說：「留學者，吾國之大恥也。」他緬懷那中國文明全盛、人人爭相來朝拜的歷史：「當吾國文明全盛之時，泱泱國風，為東洋諸國所表則。稽之遠古，則有重譯之來朝。洎乎唐代，百濟、新羅、日本、交趾，爭遣子弟來學於太學。中華經籍，都為異國之典謨；紙貴雞林，以覘詩人之聲價。猗歟盛哉！」從他民族主義的心懷看來：「以數千年之古國，東亞文明之領袖，曾幾何時，乃一變而北面受學，稱弟子國，天下之大恥，孰有過於此者乎！」[7]

然而，那個人人爭相來朝貢的時代已經過去了。因為：

> 吾國今日所處，為舊文明與新文明過渡之時代。舊文明非不可寶貴也，不適時耳。人將以飛行機、無煙炮擊我，我乃以弓箭、鳥銃當之；人方探賾研幾，役使雷電，供人牛馬，我乃以布帆之舟、單輪之車當之；人方倡世界平等、人類均產之說，我乃以天王聖明、君主萬能之說當之；人方倡生存競爭、優勝劣敗之理，我乃以揖讓不爭之說當之；人方窮思殫慮，欲與他星球交通，我乃持天圓地方之說，以為吾國居天下之中，四境之上，皆蠻夷戎狄也。

換句話說，中國已經落後了，所以必須要派留學生到太平洋的彼岸「採三山之神藥，乞醫國之金丹，然後揚帆而歸，載寶而返。其責任所在，將令攜來甘露，遍灑神州；海外靈芝，遍栽祖國；以他人之所長，補我所不足，庶令吾國古文明，得新生機而益發揚張大，為神州造一新舊混合之新文明，此過渡時代人物之天職也」。

胡適這段話驚人的地方，在於即使它已經不再淪於「體」、「用」二元論的窠臼，它保留了 19 世紀末年「中體西用」論述的精神，亦即，「舊文明非不可寶貴也，不適時耳。」所以他才會說：留學的目的，在於「以他人之所長，補我所不足，庶令吾國古文明，得新生機而益發揚張

7　以下〈非留學篇〉的引文，請參見胡適，〈非留學篇〉，《胡適全集》，20: 6-30。

大，為神州造一新舊混合之新文明。」

　　然而，要能把留學作為一個「以他人之所長，補我所不足」的手段，則除了必須要臥薪嘗膽「留學者，吾國之大恥也」這個事實以外，還必須要體認到幾個重要的事實：一、「留學者，過渡之舟楫也；留學生者，篙師也，舵工也。」二、「留學者，廢時傷財，事倍而功半者。」三、「留學者，救急之計而非久遠之圖者。」換句話說，留學必須以終究能夠不留學作為目的：「留學者之目的，在於使後來學子可不必留學，而可收留學之效。是故留學之政策，必以不留學為目的。此目的一日未達，則留學之政策，一日不得而收效也。」

　　中國留學運動的失敗，特別讓胡適感到可恥、可痛的，是那從前還曾經「遣子弟來學於太學」的日本，在跟中國同樣時間派遣留學生到西洋。然而，跟中國不一樣的地方是，日本已經收留學之效，而可以不再留學了：

　　　　日本之遣留學，與吾國先後同時，而日本之留學生已歸而致其國於強盛之域。以內政論，則有健全之稱；以外交、軍事論，則國威張於世界。以教育論，則車夫、下女都能識字閱報。以文學論，則已能融合新舊，成一種新文學。小說、戲曲，都有健者。以美術論，則雕刻、繪畫都能自樹一幟。今西洋美術，乃駸駸受其影響。以科學論，則本國學者著作等身者殊不乏人；其醫藥之進步，尤為世界所稱述云。

　　為什麼中國派遣留學生到了胡適留美的時代已經有四十年的歷史，而卻不能像日本一樣，達到「留學者以不留學為目的」的成果呢？胡適說原因有二：「一誤於政府教育方針之舛誤，再誤於留學生志趣之卑下。」在政府方面：「政府不知振興國內教育，而惟知派遣留學，其誤也，在於不務本而逐末。」這所謂「不務本而逐末」的意思是：

　　　　以有本國之大學在，有教師在，有實驗室在，有課堂校舍在，則猶

有求學之所，有擴廣學問之所也。今若專恃留學，而無國內大學以輔之，則留學而歸者，僅可為衣食利祿之謀，而無傳授之地，又無地可為繼續研究高等學業之計，則雖年年遣派留學，至於百年千年，其於國內文明無補也，終無與他國教育文明並駕齊驅之一日耳。蓋國內大學，乃一國教育學問之中心；無大學，則一國之學問無所折衷，無所歸宿，無所附麗，無所繼長增高。以國內大學為根本，而以留學為造大學教師之計；以大學為鵠，以留學為矢，矢者所以至鵠之具也。

中國留學運動失敗，除了政府的政策錯誤以外，留學生也有三個重大的缺失：第一，苟且速成：「但欲得一紙文憑，以為啖飯之具。」第二，重實業而輕文科。胡適反問說：

即令工程之師遍於中國，遂可以致吾國於富強之域手？吾國今日政體之得失，軍事之預備，政黨之給予〔覬覦〕紛爭，外交之受侮，教育之不興，民智之不開，民德之污下，凡以此種種，可以算學之程式、機械之圖形解決之手？可以汽機、輪軌、鋼鐵、木石整頓之手？

彷彿是承續他的「體用」論述的精神一樣，胡適認為哲學、歷史等等文科是國家之「本」，而科學技術是「末」：

為重實科之說者，徒見國家之患貧，實業之不興，物質文明之不進步，而不知一國治亂，盛衰之大原。實業工藝，僅其一端。若政治之良窳，法律之張弛，官吏之貪廉，民德之厚薄、民智之高下，宗教之善惡。凡此種種之重要，較之機械工程，何啻什百倍！一國之中，政惡而官貪，法敝而民偷，教化衰而民愚，則雖有鐵道密如蛛網，煤鐵富於全球，又安能免於蠻野黑暗之譏，而自臻於文明之域也哉？且夫無工程之師，猶可聘諸外人，其所損失，金錢而已耳。至於一國之政治、法律、宗教、社會、民德、民智，則萬非他人所能代庖（今之聘外國人為憲法顧問者失算也），尤非膚受淺嘗者所能贊一辭，以其所

關係，故不僅一路一礦一機一械之微，乃國家種姓文化存亡之樞機也。

這時候的胡適仍然停留在 19 世末年體用二分法的思考窠臼，迥異於成熟的他，動輒曰：「科學的文明」、「科學的方法」：

　　吾非謂吾國今日不需實業人才也。實業人才固不可少，然吾輩絕不可忘本而逐末。需知吾國之需政治家、教育家、文學家、科學家之急，已不可終日。不觀乎晚近十餘年吾國人所受梁任公、嚴幾道之影響為大乎？亦受詹天佑、胡棟朝之影響為大乎？晚近革命之功，成於言論家理想家乎？抑成於工程之師、機械之匠乎？吾國苟深思其故，當有憬然於實業之不當偏重，而文科之不可輕視者矣。

留學生的第三個重大的缺失，在於數典忘祖。這是胡適自己說的話：「今留學界之大病，在於數典忘祖。吾見有畢業大學而不能執筆作一漢文家書者矣！有畢業大學而不能自書其名者矣！有畢業工科而不知中國有佛、道二教者矣！」留學生數典忘祖，胡適說：「其流弊有二」：

　　一、無自尊心。英人褒克〔Edmund Burke〕有言曰：人之愛國，必其國有可愛者存耳。今吾國留學生，乃不知其國古代文化之發達，文學之優美，歷史之光榮，民族之敦厚。一入他國，目眩於其物質文明之進步，則驚嘆顛倒，以為吾國視此真有天堂地獄之別。於是由驚嘆而豔羨，由豔羨而鄙棄故國，而出主入奴之勢成矣。於是人之唾餘，都成珠玉；人之瓦礫，都成瓊瑤。及其歸也，遂欲舉吾國數千年之禮教、文字、風節、俗尚，一掃而空之，以為不如是不足以言改革也。有西人久居中國，歸而著書曰：今中國少年〔很可能就是我在第七章所批判的濮蘭德（J. O. Bland）及其「少年中國」（Young China）之說〕所持政策，乃躉賣批發之政策也。斯言也，惡謔歟？確論歟？

二、不能輸入文明。祖國文字，乃留學生傳播文明之利器，吾所謂帆、舵、篙、櫓者是也。今之不能漢文之留學生，既不能以國文教授，又不能以國語著書，則其所學，雖極高深精微，於莽莽國人，有何益乎？其影響所及，終不能出於一課堂之外也。

中國的留學運動雖然有那麼多的缺點，但胡適強調留學不可廢，而必須尋求改革之法：「然則留學可廢乎？曰：何可廢也？……吾國一日未出過渡之時代，則留學一日不可廢。以留學之效不著之故，而廢留學，是因噎而廢食也。」

許多近代中國人喜歡用睡獅來比喻中國。然而，胡適更喜歡用睡美人來形容中國。而把那睡美人吻醒的王子就是現代西方：

歐洲有神話，記昔有美女子忤一巫，巫以術閉之塔上，令長睡百年，以刺薔薇封其塔，人莫能入。百年既逝，有少年勇士，排薔薇而入塔，睹此長睡美人之容光，遽吻其頰，而女子遽驚覺，百年之夢醒矣，遂為夫婦。吾國之文明，正類此薔薇塔上百年長睡之美人。當塔上香夢沉酣之時，塔外眾生方擾攘變更，日新而月異。迨百年之夢醒，而塔外之世界，已非復百年前之世界。雖美人之顏色如故，而鬢鬟冠裳，都非時世之裝矣。吾國近事，何以異此。吾之長睡，何止百年？當吾夢醒之日，神州則猶是也，而十九世紀與二十世紀之世界，已非復唐、宋、元、明之世界。

留學既不可廢，中國這個睡美人又需要現代西方這個王子來吻醒她，則中國應該如何改革留學政策以及與留學配套的教育政策呢？胡適擬出了兩個策略：「一曰慎選留學，所以挽救今日留學政策之失也；二曰增設大學，所以增進國內之高等教育為他日不留學計也。」這「慎選留學」之法又分四級：

一、考試資格：要考國學、文學、史學、外國語、算學、科學、留

學國之歷史政治。

　　二、留學年限：前兩年學習人文素養的學科。畢業後，文科須繼續讀研究所；工科需實習。

　　三、鼓勵專門學問。

　　四、官費留學生須要有為國家服務之義務。

　　在增設大學方面，胡適的設想有國立大學、省立大學、私立大學、專科學校。大學方面，還必須設立研究所；規定教授必須用國語教學；學生必須至少通一種外國語言。

　　胡適後來所以從來不再提起〈非留學篇〉，原因很簡單，因為他的想法已經迥然不同了。第一，他不再動輒「祖國」，也不再動輒說中國：「古代文化之發達，文學之優美，歷史之光榮，民族之敦厚。」他後來只要聽別人這樣說，都會嗤之以鼻，叱其為「誇大狂」、「迷夢」、「反動」，何況這是他自己從前說過的話呢！第二，〈非留學篇〉裡哲學、歷史為「本」、科學技術為「末」的二分法，早就被他揚棄了，取代的是「科學文明」與「科學方法」至上。第三，在〈非留學篇〉裡，他一再強調留學的目的在有一天不再有留學的必要。我在《舍我其誰：胡適〔第三部〕為學論政，1927-1932》裡，指出他回國以後已經不再有「非留學」的論調了。他在 1920 年代初期積極鼓勵北大派送學生出國；1930 年批評中英庚款委員會沒有預留派遣中國學生留英的款項是一大失策；1933年，教育部長王世杰召集清華大學的校長、院長開會要他們繼續派送學生出國，胡適頷首稱道：「雪艇樂觀的可愛，此人是政府中的一重鎮。」第四，留美歸國以後的胡適在提升教育品質方面，走的是菁英主義、抄捷徑的道路。他要走菁英主義、抄捷徑，就必須要派送學生留學。第五，與這菁英主義息息相關的，就是集中人力、財力與精力去培養菁英的高級學府。這就是胡適在 1947 年所發表的〈爭取學術獨立的十年計畫〉的核心

理論，亦即，「在十年之內，集中國家的最大力量，培植五個到十個成績最好的大學，使他們盡力發展他們的研究工作，使他們成為第一流的學術中心」的理念。[8]這迥異於他在〈非留學篇〉裡在全國廣設大學的主張。

　　從 1881 年容閎的幼童生被召回，到胡適在 1913 年初寫的〈非留學篇〉，中間相隔了 30 年。然而，容閎幼童生所受到的批判，與胡適對留學生的批判的主軸居然不變。用批判容閎的幼童生的話來說，是：「適異忘本，目無師長。」用胡適批判留學生的話來說，是：「今留學界之大病，在於數典忘祖。」這相隔三十年的批判，一言以蔽之，就是洋化到不知道自己是中國人的地步。

　　即使成熟以後的胡適不但不再「非」留學，而且以留學作為中國發展菁英教育與研究的捷徑，但他在〈非留學篇〉的結論裡所做的沉痛的預言——留學將會成為中國的「百年長久之計」——卻不幸而言中：

　　吾所謂「留學當以不留學為目的」者是也。若徒知留學之益，乃恃為百年長久之計，則吾堂堂大國，將永永北面受學稱弟子國，而輸入之文明者如入口之貨，扞格不適於吾民，而神州新文明之夢，終成虛願耳！

　　從容閎幼童生留美到現在，150 年來，輿論和學術界——包括美國的漢學界——在相當長的一段時間裡，對留美教育抱持著批判的態度。胡適寫〈非留學篇〉，有點像是荒野中的號角一樣，自吹自擂，一無反響。然而，到了 1920 年代以後就完全不同了。1920 年代以後輿論和學術界對留美教育的批判，是整個近代中國西化教育批判的一環。從這個角度看去，意識形態不是一個對留美運動採取批判態度的因素；不管是左派或右派，自由主義者或是保守主義者，本土教育的產物或者是歸國留學生，都可以因為他們對西化教育及其對社會的影響的批判而非難留美運動。

8　江勇振，《舍我其誰：胡適〔第三部〕為學論政，1927-1932》（新北：聯經出版公司，2018），頁 408-412。

　　同樣地，對留美教育採取批判態度的西方人士也不分左右意識形態的畛域。比如說，共產國際的代表鮑羅廷就曾經用很辛辣的語句嘲諷留學生：「任何一個中國的土匪，只要他能搖身一變成為一個軍閥，就可以不費吹灰之力，招買到夠多的歸國留學生來為他組織一個政府。」[9]與鮑羅廷在意識形態上相左，但對近代中國教育以及留學教育直接或間接大力抨擊的西方自由主義者也所在多是。像比較有名的杜威、羅素，或者曾經在中國教過書的一些美國教授，像北洋大學的湯姆斯‧瑞德（Thomas Read）和做過第一位清華交換教授的羅柏‧麥克艾爾洛伊（Robert McElroy），或者像在上海和北京做過幾年記者的納桑尼爾‧裴斐（Nathaniel Peffer），以及像美國洛克斐勒基金會的副會長甘恩（Selskar M. Gunn）等等，就都是顯著的例子。

　　這些西方人對留美教育的批評主要集中在三個方向。第一，盲目因襲，濫移西方之花來接他們所知不多的中國之木。用甘恩批評 1920 年代末期中國社會科學研究的話來說：「中外觀察家都毫不保留地抨擊歸國留學生所擬的研究計畫。這些研究計畫最大的弱點，在於它們太依賴外國的理論和方法，對中國一點都不適用。」[10]第二，所學的全是理論，而欠缺把理論付諸應用的能力。比如說，五四運動發生以後，上海的「歐美留學生聯合會」（The Western Returned Students Union）成立了一個「本土工業委員會」（Committee on National Industries），目的在提倡本土工業，以便澈底、有效地抵制日貨。問題是，在抵制日貨運動才一開始，該委員會就發現到留美學生的所學，配合不上中國的所需。他們所學的都是像土木工程、礦冶等等高深的學問，而中國所要抵制的日貨，主要是像雨傘、盥洗用具、草帽、玩具等等看似卑微，而留美學生卻無能為力的日用品。[11]第三，留美學生太過洋化，或者用羅柏‧麥克艾爾洛伊的話來說，喪失了國性（denationalized），對中國社會茫然無知，以致不能對中國社

9　Kwei Chen, "Thoughts of the Editor," *CSM*, XXIII.1（November, 1927）, p. 62.

10　Selskar M. Gunn, "Report on visit to China, June 9th to July 30th, 1931," 17, RAC 1.1-601-12-129.

11　T. C. Chu to C. T. Wang, 7/8/1919, *CSM*, XV.2（December, 1919）, pp. 35-36.

會做出貢獻。[12]

在這些美國人裡，對留美學生批判最為嚴厲的恐怕要算是在上海和北京做過記者的納桑尼爾・裴斐了。他說：「從我五年來在中國的所見所聞，我所不得不下的一個結論是，中國留學生作為一個階級，不但差勁到不足以代表他們的族類，而且，雖然得天獨厚，卻不成器。現在，我回到了美國，有機會接觸到一些留美學生。我發現我對他們深惡痛絕的地方，是他們油腔滑調、愛國光說不練、思想淺薄、而最令人憎惡的，是他們沾沾自喜、自我陶醉的樣子。」[13]裴斐知道他的批評有以偏概全的毛病，但他強調他所要指出的，是留美學生言行不一致，經不起考驗；他們在回國以後，輕易地就與舊勢力妥協，甚至與其同流合污。他說他在中國住得越久，就越覺得歸國留學生，僅次於腐化的官僚，是他在中國所最看不起的一群人。

這些美國人對留美學生的批評，反映了 1920 年代中國輿論界對近代中國教育，特別是留學教育普遍的不滿。在當時批判留學教育的著作裡，最具有代表性、說服力的，是舒新城的《近代中國留學史》。舒新城在這本經典著作裡，上從容閎幼童生，下及該書寫成的 1920 年代中期；往東涵蓋了留日運動，往西則歷數了留歐、留美教育的來龍去脈；既包括了公自費生、庚款及其後的清華留學生，也旁及於教會大學出身的留學生。《近代中國留學史》的貢獻，除了在於它綜合涵蓋的全面性以外，更重要的，在於它能廣徵博引各種資料和統計數字，來作為批判近代中國留學教育的根據。舒新城說近代中國留學教育的失敗，留學生和政府都各有其過。在留學生方面，第一，留學生變成「一種特殊坐食階級」。他們「以求學為工具，功名為目的；所以回國而後，一面不安小就，做他分內應做而能做的事情，他一面便思挽攬大權以遂其功名之欲」。他們「不安分的

---

12 "The Denationalization of the Chinese," *CSM*, XVIII.6（April, 1923），p. 4.

13 Nathaniel Peffer, "The Returned Students," *CSM*, XVII.6（April, 1922），p. 498.

希冀愈多，墮落的機會亦愈多」。[14]第二，留學生「外國化」；第三，留學生植黨攬事。

　　然而，舒新城批判最力的還是政府的失策。首先，中國政府從清末留學肇始，就始終沒有一個留學宗旨和政策。「不獨派遣學生不能適合社會需要，即留學政策亦不曾有絲毫更張。」其次，派遣留學生的機構，既互不統屬，且缺乏一個統一的政策。第三，考選既不嚴格，也無統一的辦法。最嚴重的，是自費生資格限制既寬，又不需經過考試。其結果不但造成社會資源的浪費，而且養成留學生「務空名不求實際的虛榮心」。此外，教會大學畢業生在自費生中所占比例極高。這些已經相當洋化的教會大學學生，一旦再出國留學，中國社會只會受他們的影響而更加洋化，學術獨立的前途只會更加黯淡。第四，留學國度太過集中在日、美兩國，其結果勢必造成日、美留學生在政治社會上的特殊地位，從而促進中國社會的日、美化。第五，各省公費名額分配不均，以江蘇、浙江兩省居冠。第六，清華投資過鉅，收益太小，「即使學生人人成材，亦極不經濟。」同時，作為留美的預科學校，清華的學生既對於國情沒有深刻的了解，又缺乏充分的學術研究基礎，「遂致造成許多不中不西的人才」。更有進者，原來清華規定 80%的學生學習理工等科，20%學習文法。事實上，文法、理工約各占半數，顯然與原來目的不合。第七，留學生普遍學非所用。同時，不管他們所學的是什麼學科，都過度地集中在教育界。

　　我所以不厭其煩地摘述舒新城對留學教育的批判，其原因除了因為他是第一位對近代中國留學教育提出一個嚴謹而全面性批判的人，同時，也因為他的批判，透過汪一駒的著作，決定了美國漢學界一直到 20 世紀結束為止對近代中國留學教育的解釋。汪一駒的《中國知識分子與西方，1872-1949》（*Chinese Intellectuals and the West, 1872-1949*）是在 1966 年出版的。汪一駒這本書，無論在方法或精神上，都繼承並衍伸舒新城的批判。在時間上，他把涵蓋的時代，從舒新城成書的 1920 年代中期推展到

14　以下兩段的討論是根據舒新城，《近代中國留學史》（台北影印本，1973），頁 216-268。

1949 年。同時，像舒新城一樣，他大量地利用統計數據來支持他的論點。汪一駒說雖然在 1930 年代以後留學生在素質上顯著地提高，但近代中國的留學教育整體來說是失敗的。當舒新城說「留學教育足以亡國」的時候，[15]他還認為這是「過慮」、「激烈」、犯了「將留學生之貢獻一筆抹殺」的錯誤。汪一駒則說得比舒新城有過之而無不及。他說，近代中國的留學教育不管從政治、社會、經濟或文化方面來看，都是一場噩夢、一齣悲劇。

汪一駒雖然承繼了舒新城對近代中國留學教育的批判，但是他批判的重點則有別於舒新城。舒新城雖然嚴厲地批判留學生，但他所指摘的對象主要還是中國政府。汪一駒批判的對象則是留學生。汪一駒這本書，等於是一篇對留美學生的起訴狀。在他筆下的留美學生，除了少數特殊的例子以外，是一幅相當令人尷尬的眾生相：他們雖然學業成績不過爾爾，卻傲慢自負，不可一世；他們洋化到對自己的社會格格不入，卻又對西方有自卑錯綜的情懷；他們所學不但非所用，而且不符合中國社會的需要；他們才力雖然不濟，卻有一躍而為將相的野心；他們但求己身的榮華富貴，渾然不顧他們在社會上所應負起的政治和道德領導責任。

汪一駒認為所有留美學生的缺點，在容閎及其幼童生身上，就已經顯出其端倪了。他認為容閎從一開始，就蓄意要顛覆清朝政府要求幼童生中西兩學皆通的想法。[16]這是因為容閎認為中國要有希望，就必須完全地拋棄其傳統文化，而盡快地接受西方進步的科技文化。他引容閎自己的話，說幼童生必須各個西化，方才能夠在回國以後，「在西方文化的基礎上再造新中國。」汪一駒指責容閎傲慢，他說容閎身為清朝官員，卻用英文寫公函給完全不懂英文的駐美公使崔國因。更有甚者，兩江總督張之洞在 1895 年任命容閎為外事祕書。但是，根據容閎自己的說法，他在三個月

---

15 舒新城，《近代中國留學史》，頁 211。

16 以下有關汪一駒對容閎以及幼童生的討論，請參閱 Y. C. Wang, *Chinese Intellectuals and the West, 1872-1949*（Chapel Hill: University of North Carolina Press, 1966），pp. 42-45, 74-75, 94-95.

以後，就因為張之洞沒有接受他的建議而辭職。

其次，幼童生每人每年的用費在一千兩百塊美金左右，充分地說明了留美從一開始，就是一個昂貴的教育投資。第三、因為清朝政府在中途把幼童生撤回，中國社會從這個昂貴的教育投資得到極少的收益。這完全由於幼童生在容閎的縱容之下過度美化。打棒球、交美國女朋友、信基督教、對監督不敬倒也罷了。可是，他們居然會到了連中文怎麼說都幾乎忘掉的地步。第四，從一開始，大部分的留美學生在學業上的成就就不高。根據汪一駒的說法，在撤回的時候，幼童生當中只有兩個從大學畢業，十個不到剛進大學，其餘都還在念高中。這跟後來中國學生在美國的表現不相上下。從 1854 到 1954 年這一百年裡，大約有兩萬兩千個中國學生到美國留學，根據汪一駒的推算，大概只有 50％到 60％得到學士和學士以上的學位。[17]第五，洋化的一個結果就是歸化美國。除了容閎本人的例子以外，在 120 個幼童生裡，大約有百分之十留在美國，開了日後留美學生留在美國的先例。

汪一駒這本鉅著有承先啟後意義。一方面，它綜合了 1920 年代以來中國輿論和學術界對近代留美教育的批判；在另一方面，它奠定了美國漢學界 30 年間對近代中國留學教育的解釋。我在這裡不需要為 1949 年以後中國對近代中國留學教育的批判多加詞費。1949 年以後對留學生的批判宣傳多於學術，不可以和 1920 年代的批判同日而語。雖然「崇洋媚外」、「奴化教育」、「文化買辦」等等名詞可以說明了汪一駒及其前輩論者所批判的一些現象，但是，對同樣的現象做批判，並不表示他們的結論是相同的。事實上，汪一駒在歸結他對留美學生的批判時，指斥留美學生，說他們沒有在社會上負起政治和道德的領導責任，其結果等於是把中國拱手讓給共產黨。[18]

有趣的是，1980 年代中期以後，由於中國改革開放政策的確定，中國學術界對近代留美教育的評價，開始做了一個幾乎是一百八十度的轉

17　Y. C. Wang, *Chinese Intellectuals and the West, 1872-1949*, pp. 166-167.

18　Ibid., p. 503.

變。這就是留美教育的翻案史學。李喜所在 1987 年所發表的《近代中國的留學生》和孫石月在 1995 年所發表的《中國近代女子留學史》，就是這個新的評價方向下的典型的代表。從改革開放的角度看去，留美學生不但不是從前宣傳之下所貶抑的西方帝國主義的文化買辦，而且搖身一變，成為中國近代化過程裡的愛國先驅。當然，他們也有他們的缺點，他們當中也確實有崇洋媚外、或投靠軍閥和反動勢力的分子，但他們絕大多數都能潔身自好、勤奮努力，從學業上、從研究中為苦難的中國找出路。

　　這個對近代中國留美學生給予正面評價的新趨向，隨著改革開放政策之下出國的中國留學生，也開始反映在美國的漢學界。在這些中國翻案史學渡洋過海到美國的產物裡，有三本可以作為代表，都是在 20、21 世紀之交的著作。其中，兩本已經出版成書，一本是博士論文。這兩本書是：葉維麗（Weili Ye）所著的《為中國尋找現代之路：中國留學生在美國（1900-1927）》（*Seeking Modernity in China's Name: Chinese Students in the United States, 1900-1927*），2001 年出版；[19]畢樂思（Stacey Bieler）所著的《是「愛國者」還是「漢奸」？：中國留美學生史》（*"Patriots" or "Traitors"?: A History of American-Educated Chinese Students*），2004 年出版。[20]另一本博士論文則是韓葉龍（Yelong Han）在 1999 年完成的〈中國作為世界的一部分：美國退還的庚款對 1920 年代中國學術機構建立的影響〉（Making China Part of the Globe: the Impact of America's Boxer Indemnity Remissions on China's Academic Institutional Building in the 1920s）。[21]

19　Weili Ye, *Seeking Modernity in China's Name: Chinese Students in the United States, 1900-1927*（Stanford: Stanford University Press, 2001）。我在此處援用 2012 年北京大學出版社出版的中譯本譯名。

20　Stacey Bieler, *"Patriots" or "Traitors"?: A History of American-Educated Chinese Students*（Armonk, New York: M. E. Sharpe, 2004）.

21　Yelong Han, "Making China Part of the Globe: the Impact of America's Boxer Indemnity Remissions on China's Academic Institutional Building in the 1920s," Ph. D. Dissertation, University of Chicago, 1999.

　　諷刺的是，這個翻案史學並沒有跳出中國改革開放政策以前所形成的思考框架。事實上，我們對中國留美學生的評價，不應該停留在他們究竟是愛國還是買辦，或者是傳統還是現代的二分法的思考框架裡。澄清留學生愛不愛國，不是買辦，是現代化的先驅，不但沒有助於我們對留學生的了解，而且反而局限了我們的視野，妨礙我們去問一些比較具有建設性、開發性（productive）的問題。「愛國／買辦」、「傳統／現代性」這種二元對立適足以使分析貧乏化，是所有做研究的人所必須擺脫的思考框架。

　　與中國這種在革命史學與翻案史學兩極擺盪的詮釋相比較，台灣對近代中國留學生的看法一直是肯定的。早在 1954 年，在紐約的「華美協進社」（China Institute of America）就以慶祝容閎從耶魯大學畢業一百週年紀念的名義，出版了一本小冊子，名為《中國學生留美一百年小史》（*A Survey of Chinese Students in American Universities and Colleges in the Past One Hundred Years*）。這本《中國學生留美一百年小史》分為兩個部分。第一部分除了簡單扼要地摘述了容閎、幼童生的派遣，以及清華庚款的由來以外，並旁及於留美學生在美國學習及生活的情況。第二部分則是有關留美學生人數、出身、留美學校、主修等等方面的資料統計。這本小冊子讚揚留美學生：一、他們在美國的表現很好，因為他們是經過篩選出國的，而且也因為他們都能立志好好地學習西方文化的精華；二、他們回國以後的表現也都很傑出。這本小冊子用 1931 年出版的名人錄作為例子，說在登上這個名人錄的一千兩百多個人裡，有四分之一以上是留美學生，他們當中：「有政治家、大使、校長、大法官、部會首長、哲學家、學者、科學家、作家、編輯、社會改革家、工商業鉅子、鐵路及各類工程師、基督徒領袖、醫生、金融家、農業專家、海關官員、圖書館長、教授，以及音樂家和藝術家。」[22]

　　凌鴻勛、高宗魯在 1977 年所合編出版的《詹天佑與中國鐵路》，以

22　Yi-Chi Mei, et al eds., *A Survey of Chinese Students in American Universities and Colleges in the Past One Hundred Years*（New York: China Institute of America, 1954）, p. 21.

及高宗魯在 1986 所編輯出版的《中國留美幼童生書信集》，甚至包括張
文理在 1993 年出版的歷史小說，《中國第一位留美學生容閎》，基本上
都是在這同一個對中國近代留學生做正面評估的觀點之下，就容閎本人及
其幼童生所做的個案研究。

在這個褒揚的立場之下，最值得指出的，是蘇雲峰在 1996 年所出版
的《從清華學堂到清華大學，1911-1929》。蘇雲峰嚴厲地批判 1981 年所
出版的《清華大學史稿》，不只是因為那本書過於強調政治運動，特別是
凸顯共產黨的角色，而且是因為它以「奴化教育」為名，貶抑了清華大
學。蘇雲峰以翻案的態度重新研究清華大學。於是，早期清華由外交部管
轄，同時受到美國公使干預的事實，雖然不尋常而且有損國家尊嚴，但他
認為在當時的歷史條件之下，外交部不但比教育部人事穩定，而且多歸國
留學生。他們有現代知識，跟美方的理念相近，溝通較易。美國公使的干
預也有其正面的意義，因為其干預的結果，清華得以確保其基金、教育方
針、抑制學潮、維護校園安全。[23]其次，清華以美國文化和社會為典範，
在早期重視英文而忽視中文。但是在施行一段時間以後，清華能很快地檢
討改進，融會中西。整個來說：「美式教育強調學術獨立，思想自由，故
清華學生在長期潛移默化中成為自由主義分子，反對政治干預和權威統
治，抗戰期間，昆明西南聯合大學之成為自由主義堡壘，即植根於
此。」[24]蘇雲峰從這個正面的角度出發，描述了清華充沛的經費、「美式
的教學硬體設備」、中美教師的素質、「精兵政策」下的學生素質與社會
背景，以及其嚴肅而健康活潑的校園生活。他在結論裡還以統計數字證明
清華學生在美國各大學可圈可點的表現，並且讚揚他們能夠把在美國受到
歧視的不愉快經驗，轉化成強烈的愛國心，從而產生了「邊際人知識分
子」的正面效應，從更高的格局，對本國文化和社會，提出客觀、開明和
合理的批判，從而充分發揮其積極的創造性貢獻。最後，蘇雲峰在臚列出

23　蘇雲峰，《從清華學堂到清華大學, 1911-1929》（台北：中央研究院近代史研究所，
　　1996），頁 29-32。
24　同上注，頁 379。

清華學生回國以後在學術、科學和實業方面卓然有成的一長串名單以後，總結說：「清華學生之所以有此成績，係美國政府決定以退還之庚款興學，與清華歷任校長和教師共同努力的結果。」[25]

　　事實上，不管是台灣正面的評價，或者是中國的翻案史學——中國的以及飄洋過海到了美國的——都幾乎完全沒有面對舒新城和汪一駒對近代中國留學教育的批判。舒新城以及汪一駒對近代中國的留學教育提出了三個根本批判。第一，是資源分配不均的問題。舒新城和汪一駒都是把留學教育放在近代中國新式教育的脈絡下來討論的。換句話說，留學資源分配不均的現象，是整個近代中國教育資源分配不均現象的一環。近代中國教育的畸形現象之一，是重視高等教育而忽視初等教育。以 1931 年為例，中國花費在每一個大學生身上的教育經費，等於是每一個小學生的兩百倍。在同一時期的歐洲國家，其比例則只不過是一比八。然而，在這個畸形的現象之上，還有一個更畸形的現象，亦即，近代中國大學的分布過度地集中在上海、北京、南京和廣州。根據 1922 年的一項統計，全國 30％的大學，以及 41％以上的大學生都在北京。根據 1932 年的另外一項統計，上海的大學生占全國大學生總數的 24％。

　　大學過度集中在沿海幾個大城市的原因，又和留學生大多留居在這幾個城市有關。根據 1925 年的一項統計，在 584 名留美歸國學生裡，有 34％住在上海。根據 1937 年的另外一項統計，在 1,152 名留美歸國學生裡，有 28％住在上海。這幾個畸形現象再配合上教育費用日益高漲的事實，其所產生的結果，是農民與窮人日益失去接受教育的機會。於是，窮的越窮，內陸偏遠地區越發閉塞，越得不到教育；富的越富，沿海城市越發得到資源和機會，所受的教育也越高。即使有少數人能從農村到城裡受教育，其教育的結果，只是讓他們都市化而滯留在城裡，不願也不能再返回鄉里。再加上大學裡的所教所學，常常是外國的東西，其所造就出來的學生，越來越與他們自己的文化和社會格格不入。近代中國教育的結果，適足以造成城鄉的隔閡、內陸沿海的分野，以及留學生大學生與農民及廣

25　蘇雲峰，《從清華學堂到清華大學，1911-1929》，頁 398。

大百姓之間隔膜。[26]

　　翻案史學幾乎完全沒有正視這個教育資源分配不均及其政治社會影響的批判。唯一一個提起這個問題的學者是蘇雲峰。他說：「成立清華大學部之目的，在打破區域間的不平衡。」他又說，清華大學基本上「既顧到公平競爭，也注意到地區平衡」。然而，其結果仍然是「江浙閩粵沿海省分學生盡領風騷」。[27]在學生家庭背景方面，蘇雲峰認為《清華大學校史稿》不夠精確，以 56％的學生家庭背景為根據，就籠統地說清華學生「多數出身於地主、官僚、資產階級家庭」。他認為小資產階級家庭出身的學生也占到將近 44％之多。所以，比較正確的說法，應該是說清華學生大都出身於小資產階級以上的家庭。如此說來，蘇雲峰基本上是同意了近代中國教育資源分配不均的事實。

　　然而，蘇雲峰認為這並不是一個值得大驚小怪的現象。他說：「根據教育經濟學家的研究，國民個人所得和在學率之間，有高度的相關，也就是說凡國民所得平均高的國家，其各級學校之在學率也高，反之亦然。同樣的道理，在一個國家內，如果城鄉教育設施差距大，而財富又分配不均，除非國家以財政援助清寒子弟，否則富家子弟接受良好教育的機會一定比清寒子弟為高。從這一個觀點來談清華學校之學生背景，就可以避免意氣之爭了。」蘇雲峰顯然認為教育資源分配不均是社會上的正常現象。問題是，他並沒有回答舒新城和汪一駒接著這個批判所提出的另更深一層的一個問題，亦即，教育資源分配不均對近代中國政治社會的影響。

　　第二，是學非所用的問題。舒新城和汪一駒在這個問題上都用力極深，蒐集了大量的統計資料。他們共同的結論是政府要不是缺乏既定的留學政策，就是有政策而不加以執行。這同時還包括了政府對留學生缺乏篩選和管理的問題。根據汪一駒的推算，從 1854 到 1954 年一百年之間，有

26　這一個段落裡的討論，是根據 Y. C. Wang, *Chinese Intellectuals and the West, 1872-1949*, pp. 364-377.

27　這個段落的討論，是根據蘇雲峰，《從清華學堂到清華大學，1911-1929》，頁 217-239。

高達 40％到 50％之多的中國留學生連學士學位都沒有拿到。[28]雖然汪一駒對清華學生的評價較高，認為他們的程度逐漸提高，而且，日後在學術上的貢獻不小。但是他和舒新城一樣，抨擊清華沒有執行 80％學理工，20％學文法的既定政策，而任由他們自由選擇，以致造成清華和其他留美學生一樣，學理工和學文法的幾乎各半的結果。

　　這個沒有政策，或有政策而不執行的結果，不但表現在留學生主修學科不符社會需要，而且反映在留學生回國以後學非所用的現象。根據 1925 年的一項調查，有高達 34.5％的歸國留學生不是覺得學非所用，就是失業或當家庭主婦。汪一駒指出，留學生回國以後的出路集中在政、學兩界。從 1917 到 1934 年之間，有 32％到 40％之多的歸國留學生是在教育界找到工作。僅次於教育界的是政界，在同一個階段裡，有 16％到 42％之多的歸國留學生在政界找到工作。留學生集中在政、學兩界的本身不是一個問題，問題在於他們的所學以及他們在政、學兩界的所用。留在教育界最多的，是學人文、農業與理科的留學生。理科留學生沒有做研究的機會，只好在學校裡找出路。少數進入政界的，做的也不是研究或技術，而是白領性質的工作。最嚴重的是學農的。根據 1925 年的一個統計，在學農的歸國留學生裡，有 70％的人留在教育界，一部分在政界，另一部分無業，而沒有任何一個從事農村工作。[29]即使那些學商業金融或工程，而在金融或政界卓然有成的歸國留學生，他們也大都是學非所用。第一，學商的歸國留學生大多在銀行界，而不是創業者。第二，在 564 個商界名人裡，只有 10 個是歸國留學生，而這 10 個人裡，有 9 個都在銀行界。第三，在 40 個工業界領袖裡，有 30 個是工程師，其中，有 18 個是歸國留學生。但是，他們個個都變成國營事業主管，而不再從事與工程有關的工作。

28　這一個段落的討論，是根據 Y. C. Wang, *Chinese Intellectuals and the West, 1872-1949*, pp. 111-114, 168-174, 174-187.

29　Y. C. Wang, *Chinese Intellectuals and the West, 1872-1949*, pp. 169-170。汪一駒在此處，顯然是錯把一般留學生的統計當成清華學生的統計。

　　舒新城和汪一駒所抨擊的學非所用的現象，不只是一個單純的教育投資的問題，而且還有它更深一層的社會意義。留學生所學非所用，除了反映了他們不願屈就、不願意下鄉的心態以外，也表現出他們應用知識不夠，同時不能、也不願把他們在西方所學的知識應用在中國社會的缺點。更重要的，不管是留在學界也好，或者是進入政界也好，他們總是無法擺脫那「學而優則仕」的傳統價值觀。雖然在 1930 年代以後，情況開始改觀，留學生的心態逐漸改進，學術水準逐漸提高。可惜，抗日戰爭接著發生。

　　針對這第二個根本的批判，翻案史學也同樣地沒有進行任何挑戰的工作。中國改革開放以後的作品，只是浮光掠影地讚揚留學生愛國的一面，一點反駁的力量都沒有。即使蘇雲峰的研究，也沒有觸及到舒新城和汪一駒批判的癥結。在留學政策方面，蘇雲峰也提起清華學生並沒有遵照80％學理工，20％學文法的規定，但是完全沒有做任何評論。同時，蘇雲峰雖然說早期清華學生有學非所用的問題，但是，他接著先以一項 1926 年的調查，列出清華學生在職業上的分布，然後再一一列舉清華畢業生日後在學術、科學和實業方面的成就，說明清華教育的成功。然而，蘇雲峰所列出來的清華學生的職業分布與他們日後在各方面的成就，並不能反駁汪一駒的批判。第一，汪一駒所做的分析更細。他不只處理了留美學生在回國以後在職業上的分布，他更進一步從他們的所學以及他們的所做，來分析他們的所學與所用的相關性，以及他們之所以集中在教育界的原因與問題。其次，蘇雲峰雖然列出來清華畢業生在工程、商業金融，以及農業方面卓然有成的名單，但是，這並不能用來反駁汪一駒的論點。如果我們查對他們的所學以及他們的職稱，我們會發現蘇雲峰洋洋灑灑的名單，適足以證明汪一駒的一個重要的批判，亦即，學農、學金融、學工程的學生所做的工作既非農、也非企業、更非工程技術，而是國營事業的行政主管。

　　舒新城和汪一駒對近代中國留學生的第三個根本批判，用舒新城的話來說只是洋化，用汪一駒的話來說就根本是心向美國。汪一駒認為很多中

國留學生從容閎開始就一心想做美國人。[30]他說容閎在 1852 年，他還在耶魯念書的時候就已經變成了美國公民。容閎是幼童生的榜樣，他們之中就有 10 個人留在美國。汪一駒不但認為留美學生從一開始就想歸化，他而且認為所受的教育越高，歸化的傾向就越高。他舉例說，在幼童生裡，一共有 8 個人終究拿到學士學位，其中，4 個人都變成美國人。反之，在其他一百多個沒有拿到學位的幼童生裡，只有一個又回到美國。這個歸化成美國人的傾向一直存在，汪一駒說，如果我們查看 1937 年所出版的《清華同學錄》，我們就可以發現，當時就已經有 21 個清華畢業生長期住在美國，他們大都已經至少在美國住了 14 年之久。

汪一駒的兩個結論是：第一，大部分的留學生都是經過層層的挑選才出得了國的，而那些能在美國嚴苛的移民法之下留在美國的，更是千中選一。這些留學生留在美國，等於是中國雙倍的損失，因為留學政策不但使中國投資無償，而且還讓它賠了其最優秀的人才；第二，歸化有世代性的關聯。這也就是說，「留學跟家庭傳統有關。換句話說，有出過國的父親，也就會有出國的兒子。他們對中國文化的疏離感也一代比一代深，等這個家庭到了第三代的時候，歸化也就成了定局。」

可惜的是，翻案史學對舒新城和汪一駒這第三個根本批判也同樣地沒有提出任何的挑戰。徒然說留學生愛國，或者說美國人對華人的歧視激起他們的愛國心，或者說大多數的留學生都很樸實而不洋化，或者說他們大多數都回國，並不足以反駁舒新城和汪一駒先生的批判。因為，回國並不等於愛國，特別因為是當時美國的《排華法案》根本不容許他們留在美國。同時，愛國也不必然和洋化或疏離感有互相排斥的關係。

由於中國學生留美的熱潮依然洶湧澎湃，無論是從歷史的角度來看，還是從社會學的角度來看，留美教育都是一個非常重要的題目。從早期舒新城的研究到 20 世紀中葉汪一駒的研究，都充分地說明了近代中國留學教育不只是一個教育史的問題，而是一個必須放在中國近代史的脈絡上來

---

30 這一個段落的討論，是根據 Y. C. Wang, *Chinese Intellectuals and the West, 1872-1949*, pp. 96-98, 187-190.

處理的問題。任何一個要對近代中國留美學生做重新估價的人，都必須老老實實地面對舒新城和汪一駒的全面批判，從中國近代政治、經濟、文化和社會的脈絡下來研究近代中國的留美教育。

然而，在今天研究中國留美學生，我們不能僅止於面對舒新城和汪一駒的批判。我們必須要先去省思他們的批判、植基於他們所蒐集的資料、並擴充之。但是，這只是基礎的工作。舒新城和汪一駒的批判，如果不嚴肅地去面對、如果不深思地處理，就容易墮入像翻案史學所陷入的「愛國／買辦」、「傳統／現代性」等等二元對立的思考框架。我們必須要去問一些比較具有建設性、開發性（productive）的問題。這也就是說，我們必須要用 21 世紀的眼光，去問 21 世紀的問題，並且使用 21 世紀的語言與概念來分析。

* * * * *

《楚材晉育：中國留美學生，1872-1931》。這本在 12 年前就已經幾近完成的書稿原來是用英文寫的。實際上，我的《星星・月亮・太陽：胡適的情感世界》一開始的時候也是用英文寫的。甚至連《舍我其誰：胡適》一系列書在一開始的時候，也是用英文構思的。當時的我，仍然處在我既然身在美國的學術界，我理所當然地應該用英文寫書與論文的思考模式裡。

我開始想要研究 20 世紀初年中國留美學生是跟胡適連在一起的。1990 年代中國社會科學院近代史研究所的「胡適檔案」開放以後，我最先想到的是研究胡適。然而，當時「胡適檔案」所謂的開放是有名無實的。我在叩門而不得入、後來進了門卻以我已經看了夠多的資料為理由拒絕讓我再看的情形以後，我就只好暫時打消了研究胡適的念頭。

我於是退而求其次，想把胡適放在留美學生的脈絡之下來做研究。當時，我非常驚喜地發現了一批極為重要而且有意味的資料，那就是「全美中國留學生聯合會」（the Chinese Students' Alliance in the United States）從 1907 到 1931 年，連續不間斷地出版了長達 24 年之久的《中國留美學

生月報》（*The Chinese Students' Monthly*）。我在一開始的時候覺得很不可思議，怎麼沒有人去使用這一批珍貴的資料。後來，我發現葉維麗（Weili Ye）在她 1989 年耶魯大學的博士論文，〈遊走於兩個文化之間：中國學生在美國的經驗，1900-1925〉（Crossing the Cultures: the Experience of Chinese Students in the U.S.A., 1900-1925）裡使用了這組資料。然而，由於不管在使用這批資料的範圍或是在詮釋方面，我跟葉維麗都有迥異的所在，我決定繼續我的研究計畫。

　　我在 1999-2002 學年度申請到了我們學校三年的「教授研究獎助金」（Faculty Fellowship）。我一年寫一章。因此，到了 2002 年，我已經寫完了三章。然而，就在我寫留美學生的過程當中，「胡適檔案」居然對我開放了。於是，我又向我們學校申請了「教授研究獎助金」，在 2004-2007 學年度寫了三章——同樣是一年一章——《星星‧月亮‧太陽：胡適的情感世界》的英文稿。然而，那時候的我，已經決定改用中文寫作。這就是為什麼該書最後是用中文出版的原因。

　　在出版了《星星‧月亮‧太陽：胡適的情感世界》以後，我又回去用英文繼續寫我留美學生的書。到了 2009 年初，我已經寫到了〈幕落〉的開始。換句話說，那本書的英文稿基本上已經完成了，只剩下結尾。然而，也就在這個時候，我豪性大發，決定寫作五卷本——最後是四卷——的《舍我其誰：胡適》。於是，我又把留美學生的書擱置一旁。沒想到這一擱置就是 12 年。

　　我在 2020 年 5 月下旬寫完了《蔣廷黻：從史學家到聯合國席次保衛戰的外交官》。然而，所有美國大學的圖書館當時都由於疫情而關閉。我因為找不到照片可用，而蹉跎了好幾個月。一直要到 9 月上旬，在許多人的幫助之下找到了 18 張照片，才算把該書出版的事宜告一段落。

　　在把《蔣廷黻：從史學家到聯合國席次保衛戰的外交官》書稿交給聯經出版公司，同時也找到了足夠的照片以後，我開始自問我接下去該做什麼。留美學生的書稿，很自然地就躍上了我的心頭。我從《星星‧月亮‧太陽：胡適的情感世界》開始，接著《舍我其誰：胡適》的四部曲，再接著的《蔣廷黻：從史學家到聯合國席次保衛戰的外交官》都連續是用中文

寫作發表的。我覺得用中文發表跟中國有關係的題目，其所可以造成的反響，遠非用英文發表可以相比擬。我自己在 2001 年由英國劍橋大學所出版的《社會工程與中國的社會科學，1919-1949》（*Social Engineering and the Social Sciences in China, 1919-1949*）就是我自身所可以體驗到的例子。主意既定，我就從 2020 年 9 月 11 日開始把我的留美學生的書稿翻譯成中文。2021 年 3 月 2 日寫完〈前言〉。總共花了半年的時間。

＊　　＊　　＊　　＊　　＊

　　由於《中國留美學生月報》是我主要的資料，本書的主軸是環繞在 1902 年創立、1931 年解體的「全美中國留學生聯合會」。然而，雖然「全美中國留學生聯合會」是中國留學生在美國所成立的第一個全國性的留學生組織，但它所代表的並不是最早抵達美國的留學生。在他們之前，有容閎在 1872 到 1875 年之間帶到美國留學的幼童生──留美先驅。在容閎幼童生在 1881 年被召返國以後，還有我在本書裡稱之為「過渡世代」的留美學生。從這個角度來說，「全美中國留學生聯合會」是留美蔚為風氣以後的產物。要了解 20 世紀初年的中國留美學生，要了解「全美中國留學生聯合會」，我們就必須了解這個從「先驅世代」、「過渡世代」，一直到 20 世紀初年中國學生留美的歷史的脈絡。因此，本書所含括的年代起於 1872 年，止於「全美中國留學生聯合會」解體的 1931 年。

序曲

「各位先生！預祝我們在未來中國的國會裡重逢！」

——唐紹儀（1908）[1]

唐紹儀在 1908 年以清朝政府特使的身分訪美的時候，在聖誕節期間邀請了 104 位中國留學生——其中，5 位是女性——到華盛頓訪問一週。這句祝禱詞是他在那一週假期的歡迎晚宴中舉杯致意時所說的話。這句祝禱詞裡的「各位先生」，除了因為當時中國的女性沒有選舉權，更沒有服公職權的歷史事實以外，在在地說明了那 5 位被邀請的女留學生只是點綴用的花瓶而已。

唐紹儀自己從前也是一個留美學生。他是容閎在 1870 年代帶到美國留學的 120 名幼童生裡的一員。只是，他當時並沒有完成學業。他從康乃狄克州的哈特福高中（Hartford High School）畢業以後，進入哥倫比亞大學。可惜，由於清廷憂心幼童生過於洋化，在 1881 年召回了這批幼童生。

唐紹儀在回國以後，很快就得到袁世凱的賞識與提拔。他在 1907 年被任命為奉天巡撫。次年 10 月，唐紹儀奉命訪美。這是唐紹儀 27 年以後重返美國。在名義上，他的任務是作為特使，向美國政府致謝其決定退還美國所超索了的庚子賠款——將近一千兩百萬美金——的好意。這筆超索

---

1   Hua-Chuen Mei（梅華銓），"The Returned Students in China," *The Chinese Recorder*
（March 1917），p. 160。請注意：梅華銓把時間誤記為 1909 年。

AMBASSADOR TANG SHAO-YI, MINISTER WU TING-FANG AND THE STUDENTS
Taken before the Chinese Embassy, Washington, D. C., December, 1908

圖 1 唐紹儀與受邀留學生，1908 年聖誕節，攝於美國華盛頓中國公使館。
圖片來源：*The Chinese Students' Monthly*, IV.5（March, 1909），卷首。

的數額約占美國所得的庚子賠款總數的五分之二。

　　唐紹儀在 1908 年 11 月 30 日抵達華盛頓。他責成中國公使館邀請中國留學生在聖誕節期間到華盛頓遊覽一週。[2]這 104 位的人數龐大，幾乎是美東中國留學生總人數的一半。因此，我們很難把這次的盛會說成是唐

2　顧維鈞在《顧維鈞回憶錄》（北京：中華書局，1983）第一冊，第 64 頁裡，推測邀請名單是當時公使館二等參贊顏惠慶所擬的。他回憶錯誤的地方，在於把時間說成是 1909 年 1 月，同時把被邀人數說成是 40 人。顧維鈞說名單是由顏惠慶所擬的推測，可以在顏惠慶的回憶錄裡得到佐證。顏惠慶說唐紹儀要他邀請所有的中國留學生。至於為什麼只有美東一半的留學生出席，他沒有解釋。請參見 W. W. Yen, *East-West Kaleidoscope, 1877-1944: An Autobiography*（New York: St. John's University, 1974），p. 46.

紹儀召見了留美學生的領袖。同樣地，那五位女留學生也不是女留學生領袖，因為當時美東大約有三十位女留學生。

　　我們不知道受邀名單是如何擬定的？標準如何？然而，可以想見的是，由於美國幅員太大，以火車作為當時交通工具的條件來看，無論是從所需的時間或費用來考慮，受邀者顯然必須是局限於在美國東岸留學的學生。這個決定一定是讓許多中西部與美西的留學生作出失之交臂的長嘆。就舉一個最有意味的例子。伊利諾州立大學的留學生在他們發表在《中國留美學生月報》上的〈伊利諾會訊〉（Illinois Notes）裡，就直截了當地說出了他們的失望之情：「我們很遺憾沒去華盛頓當唐紹儀大使的客人，〔痛失了〕參與東岸一位同學所描述的『玩得極為開心』的機會。」[3]這篇〈會訊〉很可能就是當時伊利諾州立大學中國同學會會長王景春所寫的。王景春先前是美東留學生裡非常活躍的一分子。他是《中國留美學生月報》1906-1907 年的副主編、1908-1909 年的主編。他回國以後會成為民國時期一位重要的鐵道部官員。他 1908 年夏天才從耶魯大學畢業。唐紹儀邀請美東的留學生去華盛頓過聖誕節的時候，他已經到了伊利諾州的香檳分校念研究所，因此錯失了出席這次盛會的機會。

　　無論如何，這些留學生受邀的意義，與其說是他們具有代表性，不如說是他們具有象徵的意義。這個史無前例的邀約，使所有出席的男學生都覺得他們是到華盛頓接受圈選，會讓他們在回國以後一躍龍門。不但所有「美東中國留學生聯合會」（the Chinese Students' Alliance of the Eastern States）歷任、現任會長、幹事都在受邀之列，而且出席者有一半以上都是「常春藤盟校」——哥倫比亞、康乃爾、哈佛、賓州大學、耶魯——的學生。無怪乎所有出席這次盛會的學生都認為他們之所以受邀，就證明了他們是菁英中的菁英。而這也是後來有名的外交家顧維鈞對這次盛會的意義的詮釋。[4]

3　"Illinois Notes," *The Chinese Students' Monthly*（《中國留美學生月報》；以下簡引為 *CSM*），IV.4（February, 1909），p. 234.

4　《顧維鈞回憶錄》，第一冊，頁 63-65。

　　他們在華盛頓所得到的各種招待，也在在地讓這一百零四位留學生覺得他們確實是菁英中的菁英。首先，他們下榻在當時華盛頓最好的兩家飯店：「開羅」（the Cairo）和「寇克倫」（the Cochran）。[5]他們在華盛頓的活動，除了坐巴士專車環遊華盛頓、坐輪船去參觀華盛頓故居「維農山莊」（Mount Vernon）這兩個戶外的活動以外，還有各種盛宴與演講、致答詞的安排。這一週的活動是由聖誕節當晚盛大的中餐晚宴展開序幕。開幕式是次日在中國公使館所舉行的美式晚宴。晚宴開始由唐紹儀致歡迎詞。為了展現留學生美化的程度，證明他們熟諳美國大學的禮儀及其在公眾場合的表演，留學生推派了顧維鈞發表一份正式的致答詞。後來會成為中國近代最有名的外交家的顧維鈞當時是哥倫比亞大學政治系的研究生。他那時已經是一個主持宴會的能手、辯論家、哥大學生報《旁觀者》（*Spectator*）的主編。同樣重要地顯示出他們美化的程度的標誌，是他們大多數都是基督徒，因為第三天是禮拜天，他們泰半都去了教會。

　　在中國公使館的晚宴上，每個男留學生都穿了西裝、打著領帶、頭髮梳理得油光光地；他們每一個人都非常興奮，急切地想要展現出他們所屬學校的精神。只可惜由於慈禧太后與光緒皇帝先後在 11 月中死去，當時還在服國喪的階段，留學生不能在公共場合歡唱他們的校歌和啦啦隊的吶喊詞（yells）。唯一一次的例外是他們從「維農山莊」回程的輪船上。由於他們已經憋得太久了，他們忍不住大聲地唱起他們的校歌以及啦啦隊的吶喊詞。在公使館所舉行的聖誕節的晚宴上，他們就不得不克制自己了。然而，由於他們實在是太興奮了，他們不時仍然想要把他們的熱情迸放出來。既然不能唱校歌和啦啦隊的吶喊詞，他們就改呼〈中華吶喊〉（Chung Hua Yell）：

　　　　中華！中華！（Chung Hua, Chung Hua）

5　以下有關這次在華盛頓為期一週的盛會，除非另有註明以外，是根據 C. T. Wang, "One Week with Our Special Ambassador in Washington," *CSM*, IV.4（February, 1909）, pp. 245-250.

加油！加油！（Hoola, Hoola）
萬歲！萬萬歲！（Vivela, Viela）
中---國！（Chi-i-i-i-na!）

　　這一週活動的高潮是 12 月 28 日的參訪白宮之行，或者用留學生所用的話來形容，是「把學生引見給羅斯福總統（President〔Theodore〕Roosevelt）〔老羅斯福總統〕」。[6]他們在公使館集合以後，男學生就以學校作為單位列隊，依次登上三輛巴士專車。五位女留學生則坐上領頭的一輛汽車。等車隊抵達白宮以後，他們兩人並肩排成一支縱隊，邁步走進白宮的「藍廳」（Blue Room）。儀式開始，唐紹儀在引見之前先作了一個簡短的致詞，老羅斯福總統也作了一個簡短的致答詞。唐紹儀與老羅斯福行禮如儀以後，學生就排成一路縱隊，依次上前與老羅斯福總統握手。然後，步出「藍廳」，離開白宮。

　　這整個儀式頂多就是半個鐘頭。然而，對那一百零四位留學生來說，那是永恆的半個鐘頭。試問：世界上還有什麼能比白宮引見這個儀式更能證明他們是未來中國的領袖嗎！「美東中國留學生聯合會」在其所出版的《中國留美學生月報》裡用了非常戲劇性——同時也是大學生浮誇的——語言來形容這個在白宮引見的儀式：

　　　　這是我國四千年歷史上，第一次有一個外國領袖接見這麼一大批我
　　國的學生。這標示著一個新的時代的來臨。在這個新時代裡，不只先
　　知與政治家可以與君王游〔注：直譯：「站在君王之前」。引用《聖
　　經》箴言 22 章 29 節〕，學生也可以。這引進了一個新的紀元。在這
　　個新紀元裡，年輕人在中國所將負起的責任極為繁重。這標誌了一個
　　新的時期的開始。在這個新時期裡，我們這些在美國受過教育的學
　　生，將會把一個偉大的帝國與一個偉大的民主國家之間所建立起來的

6　這個句子在《中國留美學生月報》*CSM*, IV.4（February, 1909）裡出現了三次：
　　"Editorials," "News Abroad," 以及注 4 裡所徵引的王正廷的文章。

真摯的感情在太平洋的兩岸間傳播著。[7]

其實，何止是留學生認為他們這些接受了美國教育的人將會在中國肩負起關鍵的角色，連這次盛會的主人唐紹儀亦是如此認為。他囑咐留學生不管學的是什麼，都要學得澈底，不稍事鬆懈，因為「每一個領域的教育都是中國之所需」。然而，他真正所要強調的，是領袖與行政的能力，而不是專業技術。因此，雖然他建議學習工程的學生也要具備人文的素養，而且要學好英文，但他所措意的是在培養未來的外交與政治人才。為了防止大家一窩蜂地專注英語，導致能說英語的外交人才過剩，他建議有些學生應該學習西班牙文。他說中國將會與南美洲的國家建立外交關係，會需要許多能說西班牙語的公使與領事。更重要的是，有鑑於中國將會在 9 年以後召開國會〔注：1908 年宣布從 12 年縮短為 9 年〕，他敦促留學生要熟悉議事規則，並練習用中文辯論。他諄諄教誨學生說：「1917 年我們就會有一個國會。屆時，在座有些人會在國會裡發表言論。請及早做好準備！」

儘管這華盛頓聖誕一週的假期，賓主盡歡，而且也都盡情地抒發了他們干雲的豪氣，唐紹儀這次使美進行得並不順利。對美國國務院來說，在唐紹儀引見一百零四位中國留學生給老羅斯福總統、老羅斯福總統接著簽署行政命令批准把超收的庚款退還給中國那一刻，其特使的任務就已經完成了。讓老羅斯福總統跟國務院官員不快的所在，是唐紹儀使美真正的目的，是要跟美國談判，希望它能修改其對於所退還的庚款的用途的要求。

美國退還庚款一共兩次。第一次就是在唐紹儀使美的 1908 年，退還的是美國超收的一千兩百萬美金。這筆退還的庚款，是 1909 到 1911 年之間派遣三批庚款留美生——胡適、趙元任是 1910 年那一批——以及其後所設的清華學堂、後來是清華大學的資金的來源。第二次是在 1924 年，

7　C. C. Wang（王景春），"Editorials," *CSM*, IV.4（February, 1909），p. 212. 請注意：寫這篇社論的主編王景春並沒有出席這次的盛會。他當時已經從耶魯大學畢業，在中西部伊利諾州的香檳分校念研究所，專攻鐵路管理學。

退還的是中國還沒有付清的餘款，總數為一千兩百五十四萬美金，由當時所成立的「中華教育文化基金董事會」負責管理與撥用。美國退還庚款是打造出美國恩寵（magnanimity）中國的神話的一個主要基石。然而，對這第一次退還的安排，當時的中國政府其實是相當失望的。這並不意味著說，他們不把美國退還庚款視為一個善意的舉動。他們當然認為這是一個善意的舉動，因為即使美國所退還的是其所超索的部分，是美國本來就不應該拿的，但條約都已經簽了，美國是可以不還的。不但如此，這個所謂善意的舉動，不但有中國公使梁誠在美國爭取了三年之久的努力，而且還不是沒有條件的。雖然中國政府希望把退還的庚款用來興辦路礦，也就是現代化的建設之用，但美國政府還是成功地迫使中國說是它自己主動承諾要把退還的庚款用來派遣學生到美國留學之用。[8]

　　唐紹儀就是主張把退還的庚款用來做現代化建設的主要倡議者。作為奉天巡撫，他試圖倡導——雖然已經太遲了——一個統合的策略，來抵抗日本在滿洲步步進逼的殖民事業。[9]他的策略是把美國的勢力引進這個危機重重的邊疆，以便造成一個均勢的情勢。他試圖利用美國鐵路大王哈里曼（Edward H. Harriman）想要打造一個全球鐵路運輸網的雄心，把後者在滿洲建築鐵路的計畫擴大成為一個滿洲發展銀行。他希望能在美國籌到兩千萬的美金，以這個滿洲發展銀行作為中國政府的金融機構來推展滿洲的工業發展。可惜，哈里曼在1907年10月以美國金融市場崩盤作為理由拒絕了唐紹儀的計畫。唐紹儀於是動念想以美國退還的庚款作為擔保，在美國籌集一筆貸款。

　　問題是：在美國國會通過退還庚款以前，美國政府已經表示希望把退還的庚款用來派遣學生到美國留學的想法。美國政府唯一需要琢磨的是：

8　有關美國1908年退還庚款的神話與其所蘊含的政治意義，請參閱 Michael Hunt, "The American Remission of the Boxer Indemnity: A Reappraisal," *The Journal of Asian Studies*, XXXI.3（May, 1972）, pp. 539-559.

9　以下四個段落的分析，除非另有註明，是根據 Michael Hunt, *Frontier Defense and the Open Door: Manchuria in Chinese-American Relations, 1895-1911*（New Haven: Yale University Press, 1973）, pp. 129-178.

如何不露出脅迫的痕跡，而讓中國承諾要按照美國的想法來使用退還的庚款。唐紹儀的滿洲發展銀行計畫違背了美國的想法。於是，美國駐中國公使柔克義（William Rockhill）的任務，就在於讓中國死心，不要對退還的庚款有非分之想。唐紹儀在 1908 年 10 月對柔克義提出了一份詳盡的滿洲發展銀行的計畫書。唐紹儀體認到美國堅持退還的庚款要用於教育是沒有討價還價的餘地的。因此，他提議用退還的庚款作擔保在美國籌集貸款，然後再以銀行所獲得的盈利來派遣學生到美國留學。柔克義老實不客氣地警告說：「如果中國違背了先前給予我們的承諾……那將會無限期地推遲〔美國對〕這個問題的決定。」

然而，柔克義低估了唐紹儀的毅力。就在他一再地用脅迫的方法迫使中國正式承諾要把退還的庚款用來辦教育以後，他發現唐紹儀並沒有放棄他的滿洲發展銀行的計畫。為了繞開柔克義直接與美國國務院談判，唐紹儀安排讓自己取得了任命，以向美國政府致謝其慷慨退還庚款特使的身分為名赴美。

即使唐紹儀有毅力、有巧思，他注定是在打一場敗仗。美國既然已經從中國政府取得了把退還的庚款用在教育的承諾，它是不可能讓中國還有轉圜的餘地的。在唐紹儀在 11 月 30 日抵達華盛頓以前，美國就出了第一記重擊。美國國務卿魯特（Elihu Root）和日本駐美大使高平小五郎從 10 月間所開始談判的《魯特—高平協定》（the Root-Takahira Agreement）已經達成了協議，所差的只是簽署而已。根據這個協定，美日兩個政府同意維持太平洋地區的現狀，並尊重彼此在該地區的領地。美國政府宣稱這個協定維護了美國歷來在中國所堅持的門戶開放政策，因為協定中有支持「中國的獨立與領土主權完整」的承諾。然而，日本的看法不同，因為日本外相小村壽太郎在給羅斯福的特別代表歐拉夫林（John O'Laughlin）的訪問裡，就明白地表示南滿是日本國防的外圍線，不在日本尊重中國的主權與領土完整的區域之內。[10]

10　Raymond A. Esthus, *Theodore Roosevelt and Japan*（Seattle: University of Washington Press, 1966）, p. 281.

　　《魯特—高平協定》談判的完成與唐紹儀作為特使赴美發生在同一個時候，這可能純屬巧合。同時，當時在北京、柏林、東京、華盛頓流傳著諸多謠言，說唐紹儀赴美的目的是在與美國訂定一個共同反日的聯盟，這可能也只是一個無稽之談。[11]然而，殘忍的事實是：美國簽訂了《魯特—高平協定》，就是在沒有知會中國的情況之下，跟日本完成了一個有關滿洲的交易；而防衛滿洲就正是唐紹儀這次赴美的主要目的。為了給唐紹儀一點面子，國務院把美日就《魯特—高平協定》換文簽字的時間延遲了四個鐘頭，讓唐紹儀有先過目的機會。

　　如果唐紹儀確實是有想跟美國締結一個祕密聯盟的想法，《魯特—高平協定》的簽訂等於是把這扇門關上了。就像魯特後來告訴高平小五郎的，唐紹儀到國務院拜會的時候完全沒提到那個問題。[12]對唐紹儀來說，《魯特—高平協定》不但是逼他接受一個既成的事實，而且也凸顯出了中國作為弱國沒有談判籌碼的無奈。

　　老羅斯福批評中國人毫不留情。他的看法反映了當時大多數美國人看不起中國人的態度。他最批評中國人的地方，在於中國人欠缺愛國心，沒有尚武的精神。由於他看不起中國人，「支那人」（Chink）是他用來罵人的一個字。[13]他看不起中國政府領袖的無能與搖擺，鄙夷他們「無法在國內或國外執行任何既定的政策，以至於我們只能用最小心的態度跟他們

11　這些謠傳所指的是「德—美—中協約」（a German-American-Chinese entente）或者「中美聯盟」（a Sino-American alliance）。有關前者，請參閱 Luella Hall, "The Abortive German-American-Chinese Entente of 1907-8," *Journal of Modern History*, I（1929）, pp. 219-235; Raymond A. Esthus, *Theodore Roosevelt and Japan*, pp. 257-259, 261-262, 284。有關後者，請參閱"Chinese Public Opinion"（n.d.）reprinted in *CSM*, IV.2（December, 1908）, pp. 101-103; and Michael Hunt, *Frontier Defense and the Open Door*, p. 166.

12　Raymond A. Esthus, *Theodore Roosevelt and Japan*, p. 284n.

13　Thomas Dyer, *Theodore Roosevelt and the Idea of Race*（Baton Rouge: Louisiana State University Press, 1980）, p. 140; Michael Shaller, *The United States and China in the Twentieth Century*（New York: Oxford University Press, 1990）, p. 33.

來往」。[14]

　　老羅斯福對唐紹儀這個特使團極為不快。在唐紹儀抵達以前，負責公關的馬文（George Marvin）先行在美國跟相關部會的官員接頭做準備的工作。他發現老羅斯福對唐紹儀之行「帶有相當大的敵意」。他單刀直入地質問馬文說：「到底你所代表的這個特使團真正的目的何在？」[15]國務院也同樣抱持著懷疑的態度。雖然國務院對馬文保證他們對唐紹儀會「採取開放與客氣的態度」，但他們也很清楚地警告他說，締結外交聯盟是絕對不可能的。當馬文在華盛頓做準備工作的時候，他完全不知道美國和日本正忙著在建立後來體現在《魯特—高平協定》上的親善關係。無怪乎馬文會覺得老羅斯福跟國務院都「對特使都抱持著避而遠之的態度」。這不難解釋，因為不管是老羅斯福也好，國務院也好，他們都不想在滿洲跟日本有所糾葛。

　　唐紹儀本人到了華盛頓以後也是一無斬獲。他所能做得到的只有外交禮儀上的客套往來，以及呈獻給老羅斯福總統瀋陽故宮庫存裡的一組瓷器。[16]不管唐紹儀是否提起了聯盟的想法，根據談話紀錄，老羅斯福告訴他說中國如果跟日本開戰，就將會發現它會是手無寸鐵；美國的老百姓是不會支持美國為了中國而跟日本打仗的。[17]在國務院方面，魯特在唐紹儀抵達華盛頓的時候，居然連跟他會見的時間都騰不出來，雖然他還找得出時間把《魯特—高平協定》拿給他過目。[18]十天以後，等魯特找到時間跟他會面的時候，唐紹儀發現魯特對他的滿洲發展銀行的計畫一無反應。魯特只重複國務院一向堅持的態度，亦即，退還庚款是要用在派遣學生到美

14　Joseph Bishop, *Theodore Roosevelt and His Time Shown in His Own Letters*（New York, 1920），II.287.

15　以下兩段的分析，除非另有註明，是根據 Charles Vevier, *The United States and China, 1906-1913: A Study of Finance and Diplomacy*（New Brunswick: Rutgers University Press, 1955），pp. 74-80.

16　Michael Hunt, *Frontier Defense and the Open Door*, p. 174.

17　Raymond A. Esthus, *Theodore Roosevelt and Japan*, p. 284.

18　Michael Hunt, *The Making of a Special Relationship*, p. 207.

國留學。唐紹儀於是問說中國是否可以用退還的庚款所生的利息派遣留學生，而用其他退還的庚款的部分作為擔保在美國貸款。對唐紹儀的提問，魯特保持沉默。原來，魯特保持沉默是一個對策。魯特必須維持那個假象，擺出華盛頓並沒有指定退還的庚款的用途的姿態；而且，一如國務院的官員所指出的，唐紹儀的確「有權」要求「我們讓中國把錢用在滿洲」。[19]無怪乎唐紹儀對他提出滿洲發展銀行的計畫的時候，魯特一無反應，因為他用的是不接招（non-engagement）的策略。魯特在備忘錄裡說，他回應唐紹儀的方式是：「我對〔唐紹儀的〕這個解釋沒有說任何話，既沒有表示反對，也沒有表示贊同。然而，我想他可以從我的沉默以及換話題的作法推測出我並沒有任何反對的意見可以表達。」[20]

唐紹儀此行從一開始就沒有好兆頭。他還在太平洋上的時候，光緒皇帝和慈禧太后就先後在 11 月 14、15 兩日死去。根據清朝的喪儀，唐紹儀及其 20 位隨員立即服喪，不剃頭，不刮鬍子。等他們抵達華盛頓的「聯合車站」（Union Station）的時候，用顏惠慶在回憶錄裡形容的話來說，他們「穿著傳統中國縞素的喪服，長長的頭髮、雜亂的鬍鬚……看起來極為邋遢（uncouth）和刺眼（strange）」。[21]更糟糕的是，慈禧太后死去以後，袁世凱被罷黜，唐紹儀頓時失去了他的靠山。1909 年 1 月，唐紹儀的特使團被召回。唐紹儀經由歐洲返國。

留學生應該是不會知道唐紹儀此行真正的目的。在《中國留美學生月報》上，他們只著重唐紹儀此行對外宣稱的目的，亦即，是到美國向美國政府致謝其退還庚款的美意。他們之所以會贊同用退還的庚款在接下去的 30 年之間——一直到 1940 年庚款付清為止——派遣至少一千八百名學生到美國留學是完全可以理解的，因為這不但證明了他們有先見之明，在這個政策開始以前，他們就已經自己到了美國留學。而且，一旦留美變成一個新的學而優則仕之道，這等於是提高了他們的地位以及晉升的機會。值

19　Michael Hunt, *The Making of a Special Relationship*, p. 173.

20　quoted in Charles Vevier, *The United States and China, 1906-1913*, pp. 79-80.

21　W. W. Yen, *East-West Kaleidoscope, 1877-1944: An Autobiography*, p. 46.

得指出的是，他們還曾經向政府請願，請求政府把退還的庚款撥出一部分，作為給予已經在美國留學的學生的獎學金。根據汪一駒的說法，在政府沒有接納他們的請願以後，有一些留學生回國參加了 1909 到 1911 年所舉行的最早的三次庚款留學考試，而且有成功的例子。[22]

美國退還庚款這個神話的濫觴，就在唐紹儀作為特使訪美的時候。留美學生所扮演的就是一個推波助瀾的角色。他們一方面由衷地感謝美國慷慨的義行，一方面謳歌中國政府「主動」決定要把退還的庚款用來派遣學生留美。他們在 1908 年 11 月出版的《中國留美學生月報》的社論裡讚美美國說：

> 美國政府一直說它主張的是「公正的交易」（square deal）〔注：老羅斯福最喜歡的用詞〕。羅斯福總統提交國會建議退還部分的庚款，而國會迅速通過總統所提交的議案。這種崇高的作為不但證明了美國確實說到做到，而且是樹立了一個新的國際道德的標準。[23]

如果他們對美國幾近奉承，他們也同時用商業利益來吸引美國人。這篇社論接著對美國人說，美國對中國的恩寵，中國會加倍回報的：

> 光是從中國政府計畫派遣千百名學生到這個國家留學這件事來看，它已經給予了美國別國所求之不得的最大的優勢去進入這個無垠的市場。這種優勢所得到的間接的物質回報是無法用文字來形容的。[24]

不管是因為他們相信美國確實有比較高的國際道德標準，或者是因為他們相信那所謂人人所豔羨的中國市場的確有其吸引力，留學生對美國愛

22　Y. C. Wang, *The Chinese Intellectuals and the West*, p. 72.

23　C. C. Wang, "Editorial: The Remission of the Boxer Indemnity," *CSM*, IV.1（November, 1908）, p. 5.

24　Ibid., p. 6.

中國的信心是牢不可破的。《魯特—高平協定》絲毫不減他們對美國的信心。《中國留美學生月報》對這個危及了中國在滿洲權益的協定做了報導，但沒有做任何的評論。他們似乎也完全不知道美國給予唐紹儀冷淡的待遇。他們認為唐紹儀此行是成功的。在他們看來，對美國慷慨的義行，中國以感激回應；兩國彷彿就像是兩個大學的球隊在做友誼賽一樣，互相以校歌和啦啦隊的吶喊此起彼回的呼應著。

　　從這個角度看去，中國突然把唐紹儀召回有失禮之咎。這就彷彿像是友誼賽還沒結束，一方的球隊就突然退場一樣。更損傷中國的形象的是，袁世凱之被罷黜、唐紹儀之被召回，是因為反動勢力抬頭的結果。對大多數的留學生來說，袁世凱代表的是進步與希望。他的罷黜意味著中國的進步力量受挫。王景春在 1909 年 2 月號的《中國留美學生月報》的一篇文章裡說：

　　　雖然我們對新攝政王〔載灃〕豔陽高照之下的中國懷抱著滿懷的希望，但突然間烏雲罩頭，晴天霹靂地把我們帝國最進步的思想的代表袁世凱給罷黜了。[25]

　　然而，當年身為主編的王景春，在這個保守的學生刊物同一期的社論裡，忠告讀者要暫緩判斷，因為：「在對情況還沒有正確的報告以前，我們無法、也不該對這些事件遽下判斷。」最重要的是：「這些事件根本的意義，我們學生不在其位，是沒有置喙的餘地的。」[26]

　　唐紹儀這次特使之行當然是失敗的。然而，其失敗卻蘊含著諸多可以讓人省思的中國近代史論題的意義。最明顯、而且也最常為人所論列的，就是其所凸顯出來的中西關係，特別是中美關係裡的一些重要的特徵。唐紹儀此行失敗的癥結，並不是在於他未能說服美國讓中國決定如何運用美國所退還的庚款，而是在於他的滿洲策略牴觸了美國的中國策略。就像韓

25　C. C. Wang, "Be Hopeful," *CSM*, IV.4（February, 1909）, p. 256.

26　C. C. Wang, "Editorials," *CSM*, IV.4（February, 1909）, pp. 212, 213.

特（Michael Hunt）所指出的，美國堅持把退還的庚款用在派遣學生到美國留學並不是因為它慷慨無私、對中國特別恩寵有加，而是基於許多外交、文化、財政上的算計。其中，最重要的一環，是去培養一批親美的領袖與消費者。[27]

　　美國之所以能夠輕鬆自如地就把它的意志強加諸中國，是因為它手中握有一招殺手鐧。這招殺手鐧就是當時中國的海關，亦即，海關總稅務司。中國海關從 19 世紀中期開始，就由外國人管理和控制，經手中國的國際信用與債務的償付。到了 1912 年，它已經成為設在上海、專門負責支付中國外債與賠款的「國際銀行委員會」（International Commission of Bankers）的收款機構。[28]在這個體制之下，中國的海關雖然名為中國海關，但中國政府根本無權過問海關的收支，而且是一直要等到「國際銀行委員會」把中國的外債與賠款從海關的收入扣除，如果還有餘額，開具支票給中國政府的時候才看得到錢。中國政府的地位，就彷彿是一個房子的賣主，一直要等到房子賣掉，銀行從賣價裡扣除他所欠的貸款以後，才拿得到他淨賺的餘額。

　　美國在 1927 年更進一步把這個制度修訂到無隙可乘的地步。以美國退還的庚款為例，海關總稅務司每個月把他從中國政府收到的庚款開具支票給美國公使，然後再由美國公使簽署以後，再交付外交部的清華基金董事會以及管理美國第二次退還的庚款的中基會。[29]換句話說，這是一個左手收錢、右手還錢的把戲。中國每個月把庚款付給美國，然後再由美國按月退還給中國。其實，即使在美國把這個制度精煉成為類似緊箍咒一樣的東西把中國套牢以前，海關稅務司的體制就已經綽綽有餘了。中國就好比跟銀行貸款買房子的人，它怎麼敢不付貸款呢？它不付貸款，就休想從海

27　請參見上文已經徵引的 Michael Hunt, "The American Remission of the Boxer Indemnity: A Reappraisal."

28　John King Fairbank, *The Great Chinese Revolution: 1800-1985*（New York: Harper & Row, Publishers, 1986），pp. 97-98, 109, 176.

29　Terrance Brockhausen, "The Boxer Indemnity: Five Decades of Sino-American Dissension," Ph.D. Dissertation, Texas Christian University, 1981, pp. 236-239.

關總稅務司那裡拿到美國轉手再退回給中國的庚款。

＊　　＊　　＊　　＊　　＊

　　我們不可能找到比唐紹儀這個故事更適合用來作為本書的序曲的故事，因為它具體而微地體現出了 20 世紀初年中國留美學生的許多面向。第一個面向就是那彷彿是銘記在他們的靈魂裡的信念，認為他們是未來中國的領袖。唐紹儀招待一百零四位留學生到華盛頓一週的聖誕之旅，跟他此行的目的一點關聯都沒有。那是用來表達他個人對留學生的仁慈與厚愛。用唐紹儀在邀請信裡的話來說：「自從我在 1881 年以學生的身分從美國回到中國以後，我就一直關切著所有學生，特別是留美學生的福祉。因此，我這次重返美國，就特別想要跟大家會面。」[30]唐紹儀此舉，可能單純只是因為他懷舊，懷念他從前在美國留學的歲月；也有可能是因為他惺惺相惜步他後塵的年輕人。然而，對留學生而言，他們所措意的是其象徵的意義。對他們而言，唐紹儀的一生就是他們的現在與未來的寫照：他作為留學生的過去，就是他們的現在；他作為高官的現在，就是他們的未來。更有象徵意義的，是這次聖誕節之旅的所在地是華盛頓。不但地點在華盛頓，而且他們還被帶到白宮引見給老羅斯福總統！這不就在在證明了他們是萬中之選嗎？唐紹儀在歡迎晚宴上舉杯對他們所說的祝禱詞：「各位先生！預祝我們在未來中國的國會裡重逢！」試問：還有什麼話比這句話更能證明他們就是國家未來的棟梁呢？

　　對於留美學生這種顧盼自豪的心理和語言，我們不能套用研究中國留學生的先驅汪一駒的話，說他們驕矜自大。[31]這樣說，會太過簡單化了。首先，學而優則仕的理念在中國由來已久。更重要的是，這個傳統學而優

30　C. T. Wang, "One Week with Our Special Ambassador in Washington," *CSM*, IV.4（February, 1909）, p. 245.

31　Y. C. Wang, *Chinese Intellectuals and the West, 1872-1949*（Chapel Hill: The University of North Carolina Press, 1966）, pp. 93-95.

則仕的理念已經隨著洋務的需要，而與時俱進到「留學優則仕」的現代模式。清廷在 1870 年代派遣唐紹儀等 120 名幼童生到美國留學的目的，用曾國藩、李鴻章在其奏疏裡的話來說，就是要他們在美國接受完整的教育以後：「業成而歸，使西人擅長之技，中國皆能諳悉。然後可以漸圖自強。」這就是現代化了的「學優則仕」的理念的濫觴。這個「留學優則仕」的作法，用曾國藩、李鴻章在這個奏疏裡所附的十二條〈挑選幼童前赴泰西肄業章程〉裡的第三條來說，就是「由駐洋委員列明各人所長，聽候政府派用，分別奏賞頂帶、官階、差事」。[32]雖然科舉制度在 1905 年廢除，然而清廷從該年開始一直到 1911 年，舉辦了七屆考選歸國留學生、頒予傳統科舉功名的考試。這七屆特別為歸國留學生所設計的科舉考試，一共有 1,976 名報名。其中，1,598 名准考。在這些准考的歸國留學生裡，有 1,399 人獲得了進士和舉人的功名。[33]

　　學而優則仕的觀念深根蒂固。即使是留了美──也許就是因為留了美──留美學生認為回國以後取得一官半職是他們的特權。這種已經到了留學優則仕的地步的心態，其所顯示的，就是根深蒂固的菁英主義。這種菁英主義並不因為他們留美而減弱，反而是強化。他們在美國所見到的下層階級，亦即，來自歐洲──特別是南歐──的新移民工以及黑人，讓他們覺得社會裡有不同階級的存在是天經地義的事情。更加諷刺的是，最讓他們覺得沒面子的，是美國許多大城裡存在的唐人街。他們鄙視唐人街的華工，認為他們是中國之恥，怪罪他們是美國人之所以看不起中國人，從而制定歧視中國人的法律的原因。他們堅決地指出：他們與唐人街的華工，除了不幸同種以外，一點共通處都沒有。每當有開明的美國人能把他們與他們不屑稱之為同胞的華工區分開來，他們就會感激莫名。由於有些留美學生體認到華工不可避免地會影響到美國人對中國人的看法，他們在 1910 年代初期在美國東岸的唐人街推動了一些教育輔導活動，但都不能持久。整體來說，大多數的留美學生跟唐人街的華工是不相往來的。可

32　曾國藩、李鴻章奏疏，1871 年 9 月 3 日，《籌辦義務始末》，卷 82，頁 46-52。

33　左玉河，〈論清季學堂獎勵出身制〉，《近代史研究》，2008，第 4 期，頁 45-57。

是，由於他們在留美的時候對華工所具有的負面印象，他們往往在回國以後反而比出國以前更加服膺菁英主義。

留美之所以反而會增強留學生的菁英主義，其實是不難想像的。他們在出國之前在上海所受到的歡送，以及在抵達美國時所受到的歡迎——比如說，他們在 1919 年抵達舊金山時搭乘五十輛汽車的車隊遊舊金山市區的風光——不可能不會讓他們油然生出他們確實是菁英中之菁英的氣概。在儒家學而優則仕的傳統之下長成的他們，很自然地會對他們在美國所接觸到的類似的菁英理念惺惺相惜。

與留美學生一心想要做官以及菁英主義的自我形象息息相關的，是他們在政治上保守的心態——20 世紀初年留美學生的第二個面向。他們以自己是新派的保守主義者自豪。這新派的保守主義者的意思，一方面是指他們在美國接受到了進步的眼光與世界觀；另一方面，則是跟那些沒出過國的保守官僚做對比。守舊的官僚就是他們回國以後所要取代的。然而，儘管他們自詡是進步的保守派，但他們的保守，是保守到了不敢挑戰當權者的地步。也許正由於他們一心想要做官，他們總是對當權者效忠。20世紀初年的留美學生組織一直是對當權者效忠到最後一分鐘。然後，等到那個政權倒了以後，立即把他們的效忠移轉到新的政權，接著再一直效忠到那個新政權垮台為止。

這就是在 1902 年創立、1931 年解體的「全美中國留學生聯合會」（the Chinese Students' Alliance in the United States）依附於當權者的模式。在「全美中國留學生聯合會」存在的這 29 年之間，中國的政權更迭了好幾次，從清廷的覆亡，經過短暫的共和、袁世凱、軍閥，到國民黨的興起。由於「全美中國留學生聯合會」在政治上保守，它特別敵視革命黨。比如說，「全美中國留學生聯合會」一直效忠慈禧太后。清廷覆亡以後，其效忠的對象轉為袁世凱。即使在袁世凱獨裁、稱帝而導致國內的輿論轉向以後仍然如此。反之，孫中山是他們譏詆的對象。在辛亥革命成功以前，「全美中國留學生聯合會」所出版的《中國留美學生月報》從來沒有提起過孫中山的名字。一直到他們看到滿清已經確定滅亡，民國成立以後，他們才稱呼孫中山為英雄。然而，在大多數留美學生的心目中，袁世

凱才是真正的領袖。在孫中山反袁世凱的「二次革命」失敗以後，他完全失去了留學生的支持。一直到 1920 年代初期，留美學生對孫中山的批評極為難堪，譏笑他是一個不知道他的時代已經過去、他的想法已經被揚棄了的小丑。「全美中國留學生聯合會」最後見風轉舵的轉向是在 1920 年代中期，亦即，眼看著國民黨就要統一中國的時候。然而，諷刺的是，國共的分裂，就是「全美中國留學生聯合會」崩潰的促因。

唐紹儀之行這個序曲所體現出來的 20 世紀初年留美學生第三個面向是：他們是不可救藥的親美派。他們親美是無怨無悔的，即使美國人歧視、並且制定了《排華法案》排斥中國人。他們留美的時候，正是《排華法案》實施期間。他們不可能入籍美國，即使跟美國人結婚，因為當時至少有 14 個州制定了「反雜交法」，禁止白人與中國人通婚。他們在美國的時候，不受歡迎的感覺是如影隨形的。幾乎所有的留美學生都可以說出中國人被歧視的故事，不管是親歷，還是耳聞的。這些故事多半是有關他們在入關的時候所受到的歧視，或者是在留學期間租不到房子住，理髮廳、餐廳拒絕提供服務等等。

然而，這些受到歧視的經驗或故事，一絲絲都沒有損傷到留美學生認為美國是一個自由、公正的國家的形象。雖然《排華法案》活生生地擺在眼前，但留美學生認為那不是針對著他們的——他們深信「上等」階級的美國人並不排斥他們。值得在此指出的是，《排華法案》所不讓入境的中國人是華工。學生、官員、商人、教師與觀光客在豁免之列，得以入境。留美學生認為美國人之所以會對中國人有偏見、歧視，是錯誤或扭曲的訊息所造成的。而之所以會如此，中國人自己也必須負起部分的責任。首先，中國人自己不去宣揚中國，而把這個工作讓給了西方到中國去的旅行家以及傳教士。這些人或者是因為無知、或者是有心渲染、或者是要激發支持傳教的工作，刻意強調了中國的陰暗面。其次，中國的不幸，就在於在早期到美國去的中國人泰半是華工。他們的無知與邋遢的行徑損害了中國人的形象。留美學生認為亡羊補牢之道只有靠他們；他們可以讓美國人看到誰才是真正的中國人。他們相信隨著更多的學生到美國留學，美國人就將會發現白白淨淨、穿著講究、美國化了的中國留學生才是真正的中國

人的代表。

　　如果《排華法案》以及留美學生在美國所遭遇到的歧視完全不會讓他們對美國失望，美國的中國政策同樣地也沒讓他們對美國灰心。對他們而言，美國是一個典範，是國際正義的捍衛者，以及中國的保護者。跟許多美國人一樣，美國對中國的「門戶開放」政策對留美學生來說既是一個神話，也是一個他們無法擺脫的意識形態。19 世紀末年，列強紛紛在中國劃分勢力範圍、租借港灣。為了防止美國被排除在中國市場之外，美國國務卿海約翰（John Hay）在 1899 年第一次宣布了「門戶開放」政策。在留美學生的眼中，海約翰是中國的救星，他救了中國，讓中國免於被瓜分的命運。最讓留美學生感動的是，美國對中國的義舉，不止於用「門戶開放」政策救了中國，維護了國際正義，確保了中國領土主權的完整。它現在甚至以德報怨地退還了中國賠償庚子事變時美國所受損的生命、財產的庚子賠款——其實美國所退的是超收的部分。

　　對留美學生而言，美國恩寵中國這個信念幾乎是跟宗教信仰一樣的堅定。即使他們一再地對美國的中國政策感到失望，他們還是很難放棄這個信仰。一直要到 1920 年代中期，等革命與反帝國主義的浪潮把留美學生推向比較批判與嚴肅的心境以後，他們才會開始正視美國對中國所宣稱的政策其實是口惠而實不至的：在它所一再宣稱的對中國的友誼及其所實際推行的中國政策之間，存在著一個難以跨越的鴻溝。

　　那一個世代的留美學生之所以會那麼親美，跟他們很小就在美國受教育，以及在美國受教育的時間很長有很大的關係。不像後來的中國留學生多半是大學畢業以後才到美國留學，這些早期的留學生很多是高中、大學都是在美國念的。有些甚至連小學都是在美國念的。他們在美國上大學的經驗，使他們成為 20 世紀中國留美學生裡最為美化的一批——這就是本書所分析的 20 世紀初年留美學生的第四個面向。他們吸取了美國大學生的興趣、行為，模仿他們的衣著，看美式足球賽，為他們的校隊加油吶喊，參與各種課外活動，例如：演說、辯論、編學生報等等。

　　即使是他們成立了屬於自己的組織，例如：中國同學會，以及因為種族歧視而不讓他們參加的組織，其組織的架構與運作方式完全是模仿了他

們在美國校園裡所參與或觀察到的美國大學生的組織。因此，不只所有大學裡的中國同學會、「全美中國留學生聯合會」，以及「北美中國基督徒留學生協會」（the Chinese Students' Christian Association in North America）都是模仿美國大學生以及美國「基督教青年會」（YMCA）的組織架構，而且他們也模仿後者組織各式各樣的學術與課外活動。其中，最有興味、也留下了最多資料的，是美東、中西部與美西的「中國留學生聯合會」所主辦的夏令營。這夏令營是所有留學生每年夏天所翹首以待的活動。在這夏令營裡，留學生除了討論「全美中國留學生聯合會」的會務、選舉下一屆的聯合會長、各地區分部的會長及其幹部以外，並舉辦各式各樣的活動，諸如：演說、辯論、體育競賽、校際聯誼的唱校歌、吶喊、表演節目。後來，這些餘興節目裡，又加入了社交舞一項。

在組織與活動上模仿美國是很正常的。問題是在其運作的方式。「全美中國留學生聯合會」以及所有校園裡的中國同學會，在初期的時候，其討論會務、做紀錄以及與總會之間通信，用的都是英文。當然，當時北京官話還沒有成為國語。說北方語系的留學生跟說閩語、粵語的留學生說的都是中文，但卻又互相無法溝通。在這種情形之下，英文反而是他們共通的語言。然而，無可否認的，留學生在開會以及彼此溝通的時候用英文，這與其說是不得已而為之，不如說是在顯身分、耍高級。

在這一點上，「全美中國留學生聯合會」及其三個分部都難辭其咎。留美學生在最受歡迎的夏令營裡所使用的官方語言就是英文。儘管有些留學生一再呼籲，儘管「全美中國留學生聯合會」及其三個分部也都一再做出決議，要改用中文，但一直到 1920 年代中期為止，夏令營裡在舉行會務、各種討論會，甚至表演節目，用的都是英文。每年在夏令營所舉辦的英文演說比賽、辯論賽，一直是最受引頸觀望、觀眾最多，同時也是最吸引高手參加的活動。反之，中文演說與辯論比賽，參加的人數不但少，而且吸引不了觀眾。事實上，最助長這種重視英文、輕忽中文的風氣的，就是「全美中國留學生聯合會」的三個分部本身。它們總是把英文演說與辯論比賽安排在最好的一個晚上的最好的一個時段，同時製作最精美的節目單。

要看留美學生有多麼美國化，最好的例證就是他們所組織的美國大學
所特有的兄弟會（fraternities）、姊妹會（sororities）。根據調查，當時
的留美學生至少組織了五個兄弟會和一個姊妹會。在 1930 年代，他們在
美國與中國的會員加起來超過了一千人。[34]許多留美學生美國化的程度，
可以從 1922 年美東中國學生聯合會在康乃爾大學所舉辦的夏令營裡的英
文演說比賽冠軍的一段話見其一斑：

> 我的思想模式、判斷方法、對錯的標準，在基本上都跟貴國的一
> 樣……貴國的小學、中學，以及大學已經把貴國的方法與理想完全地
> 灌注到了我的身上。[35]

很少留美學生會如此面不紅氣不喘地誇耀他們美國化的程度。然而，
他所強調的一點，亦即，美國教育澈底地形塑了他的思想模式的事實，就
凸顯出了留美學生回國以後如何回過頭去適應自己出生長大的社會的問
題——這就是本書所分析的 20 世紀初年留美學生的第五個面向。

留美學生跟中國社會脫節也正好是歷來批判留美教育最嚴厲的一個面
向。就像我在〈前言〉裡所指出的，從 1920 年代以來，批判留美學生的
論者橫貫了整個意識形態的界域，有左派、有右派，也有自由主義者，而
且包括了西方人。基本上，1920 年代以後輿論和學術界對留美教育的批
判，是對整個近代中國西化教育批判的一環。西方人裡，有杜威、羅素，
以及曾經在中國教過書的一些美國教授與記者。在中國人裡，最具有代表
性、而且最具有說服力的是舒新城所寫的《近代中國留學史》。舒新城的
分析與批判，後來由汪一駒承襲、衍伸，發表在 1966 年所出版的《中國
知識分子與西方，1872-1949》（*Chinese Intellectuals and the West, 1872-*

34　*American University Men in China*（Shanghai: The Comacrib Press, 1936），pp. 153-164; *A Survey of Chinese Students in American Universities and Colleges in the Past One Hundred Years*（New York: China Institute of America, 1954），pp. 23-24.

35　K. A. Wee, "What About China?" *CSM*, XVIII.3（January, 1923），p. 41.

1949）一書裡。1949 年以後，中國對近代中國留學教育的批判完全是負面的。只是，那是宣傳，不是研究，在此沒有辭費的必要。1980 年代末期，隨著中國改革開放政策的推動，中國學術界一改 1950 年代以降對留學生鬥倒鬥臭的學術政治潮流，開始用溢美之詞來形容近代中國的留學生。留學生不再是近代中國的問題階級。他們也不再是一群喪失了民族性、甘心被西方帝國主義利用來侵略中國的文化買辦。[36]

　　這新、舊兩個對中國近代留學生的詮釋都有各走極端的缺點。然而，舊的詮釋至少有堅實的資料作為立論的基礎。我在本書的分析建立在舊的詮釋的基礎上，但矯正並修正其極端的部分。舉個例子來說，舊的詮釋譴責留美學生在政治上失敗當然是正確的。然而，我認為這很有可能跟他們在美國大學參加社團的經驗有關。許多留美學生所最憧憬的職業是外交官。他們認為不管是國內的政治問題或國際上的折衝，都可以用他們在美國大學參與辯論以及從事學生自治的方式來解決。中國參加第一次世界大戰以後所召開的「巴黎和會」以及 1921 到 1922 年的「華盛頓會議」的代表團，留美歸國的學生占大多數。以「華盛頓會議」為例，除了正式的代表團員以外，還有許多留美學生到華盛頓去做觀察與監督的工作。這些代表很多在留學時代都是辯論會裡的佼佼者。他們都相信：就像他們在美國大學裡參加辯論一樣，只要辯才無礙、理直氣壯，他們就可以在國際會議裡為中國贏得正義與公道。無怪乎日本外務省設在紐約的宣傳機構「東西通信社」（East and West News Bureau）的社長家永豐吉會對中國的代表與留學生嗤之以鼻：

　　我們今天所聽到的唯一的噪音是來自中國。在戰爭期間〔注：第一次世界大戰〕，協約國一再地警告中國，說它沒有盡到協約國成員的責任。現在戰爭結束了，它卻想用口舌、筆尖之利來迷惑世界……他們以為徒託空言、不務實行就可以贏得這個世界，天下有那麼便宜的

36　中文方面，參見李喜所，《近代中國的留學教育》（北京：人民出版社，1987）；孫石月，《中國近代女子留學史》（北京：中國和平出版社，1995）。

事嗎！[37]

　　家永豐吉用這樣難堪的話來譏詆中國人。中國代表在巴黎和會上想要用口舌之利，去贏回日本用武力所占領的德國在山東膠州灣的租借地的努力也失敗了。然而，所有這些，都沒有讓留美學生失去他們對美國在主持國際正義上所扮演的領導角色的信心。[38]處理國際外交的折衝如此，許多留美學生對國內政治問題的解決之道的看法也是如此。《中國留美學生月報》刊載了許多文章、並舉辦了徵文比賽，論述如何用辯論的方式來解決中國在政治上紊亂的局面。事實上，何止留美學生作如是的想法，作為歸國留學生的胡適以及他的許多朋友，不也是曾經相信可以用召開國民會議的方法來裁軍的嗎？留美學生一直要到 1920 年代中期，才開始對國際正義以及美國對華政策萌生幻滅之感。這個事實就證明了留美學生對用理性與辯論的方式來解決中國與國際問題的信心的強度。

　　如果留美學生極為美國化，他們對中國文化與傳統的態度又如何呢？這就是 20 世紀初年中國留美學生的第六個面向。留美學生美國化，並不就意味著說他們與中國文化產生了疏離感。20 世紀初年的中國留美學生並不如一般所想像的，是對中國文化與傳統最為疏離的一代。[39]雖然當時的留美學生羨慕西方國家，特別是美國，他們同時也以傳統中國文化為榮。事實上，他們對中國文化的態度不是取決於美國化的程度，而是取決於他們對當時中國的現狀的觀察。清末的立憲改革以及辛亥革命，借用當時留美學生愛用的套語來說，是中國開始從沉睡中甦醒過來的跡象。這就鼓起了留美學生對中國文化的信心。最有意味的是他們對五四運動的反應。五四運動，作為一個愛國運動，他們熱烈地支持；但作為一個反傳統的文化運動，他們的反應冷淡。1916 年美東留美學生夏令營英文演說比賽冠軍在他的演說裡說：

37　"Says Japan Expects China to Play Fair," *The New York Times*, February 2, 1919, II.1: 8.

38　C. Ch'en, "China and World Peace," *CSM*, XIV.7（May, 1919）, p. 422.

39　Y. C. Wang, *The Chinese Intellectuals and the West*, pp. 92-93.

在所有古老的國家裡，中國是唯一到現在仍然存在的國家——是一個處處帶著會有繁榮的未來的徵兆的倖存者⋯⋯放眼世界，除了我們以外，所有非白種的民族都一個個倒了下去，所以我們必須要成功。就像我們將會成功地成為唯一一個〔非白種的〕獨立的國家一樣，我們將會成功地成為唯一一個非歐系的獨立的國家⋯⋯如果這個世界將會出現一個全球一統的文明，作為遠東民族裡最為西化的我們，就必須在把西方引介給東方的同時，也對西方文明做出貢獻。[40]

這段話特別有意味的地方，並不只在於它證明了留美學生美國化不必然會讓他們對中國文化產生疏離感。更重要的是，它說明了留美學生是以西方作為對比，來詮釋與呈現中國的文明。留美學生會以中國文明的代言人自居，這一點都不令人驚訝。他們理所當然地認為因為他們是受過教育的中國人，所以他們對中國和中國文明的了解，不是任何外國人所能企及的。他們當中英文比較好的，會接受大學社團、當地教會或民間團體的邀請去作有關中國的演說。不管他們是以負有使命感自視，或者只是被美國人視為是土著的代言人，他們對中國的民族性、婦女的地位、家庭結構、政治文化等等，都作出了全盤概括、溢美的論斷。儘管這些論斷都是溢美之詞，它們都屬於東方主義式的（orientalistic），因為它們把中國的傳統實體化（reified）、本質化（essentialized）、抽離歷史的脈絡（a-historicized）。這種作法，就像薩伊德（Edward Said）在其鉅著《東方主義》（*Orientalism*）裡所抨擊的，是把中國人當成彷彿是可以「用在一個地理區域裡所特有的宗教、文化或種族來界定一樣」。[41]

然而，不像薩伊德所提出的單向的模式，20 世紀初年的中國留美學生並不只是被動地從事次級的東方主義化，東施效顰地因襲西方東方主義者用來宰制東方的論述。[42]不可否認地，留美學生的東方主義論在許多方

---

40 Ho-min Lin, "Critical Period of Chinese History," *CSM*, XII.1（November, 1916）, p. 33.

41 Edward Said, *Orientalism*（New York: Vintage Books, 1978）, p. 322.

42 Ibid.

面是反芻著他們在美國所讀到的東方主義者的論調。然而，他們偶爾也能
積極地挪用、甚或挑戰西方對中國所作的東方主義論述。當然，留美學生
作自我東方主義化（self-orientalization）的論述，很可能只是一種宣傳的
策略，用來為中國塑造一個正面的形象，他們自己不一定採信。然而，由
於留美學生參與了塑造東方主義的中國論述——即使他們也在其過程中做
了挪用和挑戰的工作——這些東方主義的論述深深地嵌入中國人的腦海
裡，以至於好像是顛撲不破的真理一樣。於是，在近代中國，無論是保守
分子或是自由分子也好，民族主義者或是馬克思主義者也好，反對黨或是
當權者也好，都會一而再、再而三地引述東方主義的論述來論列中國。[43]

　　20 世紀初年的留美學生誠然是中國社會上的菁英。雖然我們沒有足
夠的資料來勾勒出這些菁英的群像，但毫無疑問地，他們屬於社會中、上
層的階級。諷刺的是，許多這些中、上層有錢階級的子弟留美，不但不需
要用到家裡的一分錢，而且還有餘錢可以用來存下來或者旅遊。這是因為
他們是用公費留美的——本書所分析的第七個面相。從 1920 年代的舒新
城開始，到 1960 年代的汪一駒對近代中國留學教育的批判，是屬於他們
對近代中國新式教育批判的一環。在這個對近代中國新式教育的批判裡，
教育資源分配不均是一個重點。這教育資源分配不均的現象表現在兩個方
面：第一是頭重腳輕，重視高等教育而忽視初等教育；第二是近代中國大
學的分布過度地集中在沿海的幾個大城市裡，例如：上海、北京、南京和
廣州。這個教育資源分配不均的畸形現象也反映在留學教育上。20 世紀
初年的留美學生，絕大多數都是來自於江蘇、廣東與浙江三省。[44]以這些

43　民族主義者使用東方主義的論述，中國並不是特例。印度就是另外一個很好的例子。參
　　見 David Ludden, "Orientalist Empiricism: Transformations of Colonial Knowledge, " Carol A.
　　Breckenridge and Peter van der Veer, eds., *Orientalism and the Postcolonial Predicament:
　　Perspectives on South Asia*（Philadelphia: University of Pennsylvania Press, 1993），pp. 250-
　　278. 有關東方主義在當代中國相對應的西方主義的論述，請參見 Xiaomei Chen,
　　Occidentalism: A Theory of Counter-Discourse in Post-Mao China（New York: Oxford
　　University Press, 1995）.

44　在這些批判裡，最經典的是：舒新城，《近代中國留學史》，頁 224-231。

早期的批判作基礎，汪一駒在其英文大著裡，把這種不均衡的地區性分布，歸因於這些富庶省分富裕家庭所擁有的財富，並斷言說，留美教育進一步地加深了這些西化了的有錢菁英分子偏重沿海與都市的傾向。[45]

可惜的是，這種從 1920 年代開始到汪一駒集其大成的對留美資源分配不均的批判，都只著眼其表象，而未能進一步地去分析之所以造成這種資源分配不均的原因與機制。首先，20 世紀初年的留美學生之所以能夠留美，並不純粹只是靠個人的努力以及家庭的投資，而是與當時中國的留學政策密切連結在一起的。在當時各級政府是留學主要的贊助者的情況之下，留學是整個社會對一些少數人所做的投資。用現代公民社會的語言來說，是社會上的納稅人出錢給這些少數幸運兒出國留學。誠然，這些幸運兒是經過公開、公平的考試脫穎而出的。然而，他們之所以能夠脫穎而出，是因為他們具有通過這些考試的條件。這些條件包括：有足夠的英文知識、學過考試的學科等等。在當時的時代背景之下，能夠提供這些預備條件的學校泰半都是教會學校。試想：當時有多少的家庭具有這樣的眼光以及資源送他們的子弟去教會學校就讀？而這些具有資源，又能覺察出時代的脈動，掌握先機的家庭，就能夠利用政府所提供的公費──亦即，社會的資源──送他們的子弟到美國留學。

從容閎幼童生開始，20 世紀初年中國留美教育的三個主要的基本現象已經呈現出來了。第一，120 名容閎幼童生全部公費。這在當時的社會風氣之下自不待言。然而，即使如此，20 世紀中國留美教育的第二現象已經呈現出來了，亦即，能取得公費留美的，泰半是能夠洞燭時代脈動的富家子弟。從我們目前所已經得知的 48 名幼童生的家庭背景裡，有三分之二以上是來自洋務、買辦與商業的家庭。更特別的是，就目前所知的資料裡，有 13 名自費生隨容閎的幼童生留美。換句話說，早在 1870 年代，有些家庭就已經走在時代之前，覺察出留學是未來成功的鎖鑰。第三，留美學生泰半來自於沿海的省分。容閎幼童生在原籍上前三名的排名榜──廣東、江蘇、浙江──會一直持續到 20 世紀。

45　Y. C. Wang, *Chinese Intellectuals and the West, 1872-1949*, pp. vii-xiv, 150-164, 497-503.

　　作為留美先驅世代的容閎幼童生雖然在 1881 年被裁撤召回，但是中國人留美的興趣已經開始萌芽。更重要的是，在容閎幼童生身上已經呈現出來的現象持續著。第一，在 1882 到 1915 年這個過渡世代的留美學生裡，有半數以上是公費生。第二，富家子弟泰半是這些政府公費的受益者。最主要的原因是因為他們念教會學校或者用英語教學的學校。同時，留美已經開始成為家庭的傳統。用汪一駒的名言來說：「有留學的父親，就會有留學的兒子。」[46]第三，這個過渡世代留美學生裡，有將近百分之九十的比例，是來自於江蘇、廣東、浙江、直隸（即河北）、福建這五個沿海的省分。

　　進入 20 世紀，當留美蔚為莫之能禦的潮流以後，這三個從容閎幼童生所開始的現象依然持續著。第一，公費生所占的比例居高不下。第二，政府所提供的留美公費，泰半為富家子弟所得。這些富家子弟，許多是教會學校出身的固不待言。就以在公費留美學生裡占最大多數的清華學生來說，我在〈前言〉裡指出，即使翻案史學也承認：如果 56% 的清華學生是「出身於地主、官僚、資產階級家庭」，至少其他的 44% 是來自於小資產階級家庭。換句話說，以從清華八年到留美的一貫作業為例，中國近代的公費留學制度是屬於錦上添花，而不是雪中送炭的模式。第三，到 20 世紀中期為止，留美學生泰半是來自於江蘇、廣東、浙江、河北、福建這五個沿海的省分。不同的調查所顯示出來的排名次序容或稍有不同，但這些省分都一直是名列排行榜的前五名。

　　這三個從容閎幼童生身上就已經展現出來的現象，在在凸顯出了從 1920 年代開始到汪一駒集其大成的對留美資源分配不均的批判所忽視的重點。汪一駒用了很大的力氣去證明江蘇、廣東、浙江、河北、福建這五個沿海的省分的富家子弟壟斷了留美的機會。他的盲點在於：他沒有見到這些從沿海富庶的五個省分出國留學的學生，絕大多數用的是公費，而不是自己家裡的錢。

　　汪一駒的盲點所反映出來的是一個事實，亦即，那所謂的唯才是舉的

46　Ibid., pp. 189-190.

制度（meritocracy）其實是一個神話；它背後所隱藏的，是政治、社會、經濟與教育資源分配不均的事實。那些擁有資源，讓他們能夠在這些所謂公開、公平的考試裡脫穎而出的人，就恰恰是能獲得國家──其實就是納稅人──所給予的經費出國留學的受益者。那所謂的唯才是舉的神話，隱藏了那些家庭及其子弟掌握了優越的政治、社會、經濟與文化資源的事實。而出國留學，更進一步地提升、鞏固了他們回國以後在社會上的地位及其所能取得的利益與資源。

這個所謂的唯才是舉的制度還有其性別歧視的一面。這也是汪一駒受其所處時代的局限而視而不見的盲點。除了極少數的例外，在 20 世紀初年占留美學生 10%到 15%的女留學生，是沒有資格參與公費留學獎學金的考試的。因此，在那所謂的唯才是舉的制度之下，富家子弟得享公費的好處，他們的姊妹卻泰半與公費無緣。

本書所分析的 20 世紀初年留美學生的第八個、也是最後一個主要的面向是女留學生──用當時留美男學生模仿美國人的話來說──人類裡漂亮的另一半（the fair sex）。就像唐紹儀邀請到華盛頓過聖誕的一百零四位學生裡的五位女留學生一樣，她們在絕大多數是男性的中國留學生團體裡，雖然像珠寶一樣被簇擁、呵護著，但被賦予的只是裝飾、陪襯的角色。

女留學生占留美學生總數的 10%到 15%之間。除了極少數的例外，她們都是自費生。這就意味著說她們泰半是來自於富裕的家庭。她們所學的學科大致上與 19、20 世紀之交美國女大學生所學的學科的趨向相符合：最早是集中在家政、人文學科、教育，然後再漸次地進入社會與自然科學的領域。少數女留學生活躍於校園裡、「全美中國留學生聯合會」、以及「北美中國基督徒留學生協會」、參與演說比賽、發表文章、擔任幹事或編輯。然而，除了極少數敢怒敢言的例外，她們都謹守她們所被賦予的本分，默默地協助男留學生處理留學生聯合會的會務、維護留學生的形象、並作為其代言人。她們在畢業回國以後，除了極少數的例外，都結了婚，而且超過半數以上都成為家庭主婦。

結婚除了是個人對愛情的憧憬以及伴侶的需求以外，還有來自社會的

壓力。對當時的中國女性來說，保持獨身不只是難以想像，而且根本就是
她們的父母與家庭所不能接受的。當時落後的經濟也是一個主要的原因。
在工業化以及經濟成長帶來適合她們的工作機會以前，結婚是歸國女留學
生最好的歸宿。此外，還有來自文化方面的壓力。「持家有方」
（domesticity）是一個具有驚人的彈性的意識形態。它不但可以因應不同
時代不同的需要與思潮，它而且可以跨越文化的藩籬。儘管中文裡有「女
子無才便是德」的說法，儒家傳統事實上是體認到女子教育在母教方面的
重要性，因為賢母教子有方，就是為國家社會培養了治國平天下的人
才。[47]

　　在這種傳統母教的理想之下，母親與外在世界的連結是間接的，是透
過其所養育有成的兒子治國平天下來達成的。在 19、20 世紀之交的民族
主義論述的挪用之下，這種傳統母教的理想就得到了新的詮釋。它為「婦
女的畛域」（women's sphere）與外在的大世界找到了直接的連結，為近
代中國女性找到了新的天職。在這種新的民族主義論述之下，以「賢妻良
母」所呈現出來的近代中國女性的理想，從體質、性格與性向方面，重新
塑造了男女有別的標準，強調女性特有的薰陶、養育的責任與角色——頗
類似於美國 19 世紀的婦女運動的說法。[48]這個「賢妻良母」的新論述與
美國婦女運動，特別是進步主義時期的婦女運動不同的所在，是在於它所
著重的不是「婦女的畛域」的擴充，而毋寧是其新的命意與使命。更重要
的是，這個「賢妻良母」的論述完全不能想像女性可以走出家門，從事社
區的服務與工作。

　　這個「賢妻良母」的理想對本書所分析的女留學生影響極大。從 19
世紀末到 1930 年代初期本書故事結束的時代，女留學生的人數巨幅增
長。從早期屈指可數、由教會資助、泰半學醫的幾位，增加到大約兩百名

47　Dorothy Ko, *Teachers of the Inner Chambers: Women and Culture in Seventeenth-Century China*（Stanford, Cal.: Stanford University Press, 1994）, pp. 158-160.

48　Nancy Cott, *The Grounding of Modern Feminism*（New Haven: Yale University Press, 1987）, pp. 6-7,16-37.

選修各種學科的女學生。在這段時間裡，中國經歷了鉅變，從帝制的推翻、袁世凱的獨裁與帝制、軍閥、五四新文化運動，到國民黨北伐成功成立南京政府。在美國方面，新女性運動揚棄了過往的婦女運動的基本信念，特別是所謂的女性的特質。[49]然而，大多數的女留學生仍然服膺「賢妻良母」或者「賢妻良母」與美國過往的婦女運動合流的理想。即使少數主張女性必須要能經濟獨立、要有職業的女學生，往往還是以所謂女性的特質作為她們立論的基礎。

女留學生之所以會如此的謹慎、保守，跟整個留美學生團體的保守是息息相關的。更值得指出的，是來自於男留學生的壓力。男留學生毫不掩飾他們所想望的女性是哪一種形態的。胡適 1914 年 11 月 22 日日記：「友輩中擇耦，恆不喜其所謂『博士派』（Ph.D. type）之女子，以其學問太多也。此則為免矯枉過直。其『博士派』之女子，大抵年皆稍長，然亦未嘗不可為良妻賢母耳。」[50]他的「矯枉過正」論，其實也無意間顯露出當時他自己其實也是五十步笑百步而已。

胡適只是一個例子而已，而且還不是極端的例子。有一個男學生形容美國女性：「像是印象派的畫：燦爛、活潑、迷人。」相對的，中國女性：「像是林布蘭（Rembrandt van Rijn）畫中的人物：樸實、端莊。」他下斷語說：「理想〔的女性〕是兩者的融合。」[51]他們對女性的要求是美麗與健康，因為他們所要找的是妻子。一位學新聞的女留學生說，人家給她的忠告是：「人文學科的教育加上一點家政的知識就綽綽有餘了。」[52]

如果女人所在行的是家事，她們就應當知道那是她們的天職。《中國留美學生月報》就有好幾位主編用小說、散文譏諷不知謹守其性別藩籬的

---

49   Nancy Cott, *The Grounding of Modern Feminism*, pp. 37, 96, 151.

50   《胡適日記全集》，1.552.

51   Anonymous, "Extracts from the Diary of a Disappointed Collegian," *The Chinese Students' Christian Journal*, VI.2（November, 1919），p. 88.

52   Eva Chang, "Chinese Women's Place in Journalism," *CSM*, XVIII.5（March, 1923），p. 50.

女留學生。其中一位甚至形容女留學生又老、又醜，卻又自以為是絕代佳人，一副甭想來高攀的姿態。他安慰同病相憐的男留學生說：「年輕人！回中國去找個又年輕、又美麗的女孩兒吧！誰說讀書重要？當兩個人在一起的時候，不就只有一個人在用腦子嗎！」[53]

20 世紀初年的中國留美學生是一個特殊的世代。他們是在中國從日本以及西方所引進的現代學制漸次形成的時代到美國留學的。他們當中的第一批在出國留學以前，不是沒有受過完整的中小學教育，就是教會學校出身的。前者最典型的代表就是胡適；後者最典型的代表是顧維鈞。因此，這第一批留學生到了美國以後，並不都是直接進入大學念書。受教年限不足的，就先念高中，蔣廷黻就是一個例子。即使是後來清華學堂畢業，亦即，當時的留美先修班畢業的學生，也常是插班進入大二。1920年代以後，隨著中國現代教育體制的形成，留美學生方才是在中國接受了完整的中小學、甚至大學教育以後才出國的。

這個世代的留美學生也是 20 世紀中國留美學生裡最有組織力的世代。他們組織了一個全國性的留學生組織，「全美中國留學生聯合會」，其下後來設有美東、中西部以及美西三個分部。除了這個全國性的組織以外，他們還出版了兩份英文與中文的刊物。英文的是《中國留美學生月報》，從 1906 年一直連續出版到 1931 年；比較不受重視的中文刊物，出刊斷斷續續，而且名稱改變，從《留美學生季報》改為《留美學生年報》。除了「全美中國留學生聯合會」以外，這個世代的留美基督徒學生也成立了他們自己的組織，「北美中國基督徒留學生協會」，也出版了屬於他們自己的刊物:《留美中國基督教月刊》（*The Chinese Students' Christian Journal*），後來改名為《基督中國》（*Christian China*）。這批 20 世紀初年的留美學生不但組織力最強，他們所成立的組織也是歷時最久，所留下來的資料也最為豐富，是研究中國留美學生歷史最為寶貴的一段。

53　Thomas Ming-heng Chao, "Cabbages and Onions: On Love, Taxi, Marriage and Other follies," *CSM*, XXII.6（April, 1927）, pp. 77, 78.

　　「全美中國留學生聯合會」在 1931 年解體以後，中國學生在美國就不再有一個全國性的組織。從那以後，經過第二次世界大戰，中國人民共和國成立，冷戰，一直要到 1979 年中美恢復邦交，中國才在 1980 年代開始有留學生到美國留學。中國留學生再度組織起來，是在 1989 年「六四」以後所成立的「全美中國學生學者自治聯合會」（The Independent Federation of Chinese Students and Scholars; IFCSS）。然而，這個「全美學自聯」很快地就變成了一個為中國留學生與學者在美國爭取綠卡的遊說組織。到了 1990 年代中期，綠卡的爭議——「六四」前到美國的拿到綠卡，「六四」以後才到美國的反而拿不到。再加上成員對是否制裁中國的意見不一，幾經衝突、決裂以後，「全美學自聯」也跟著崩潰、解體。

第一章

乘風破浪，圓美國夢

> 聽說要發財到美國去，要讀書也到美國去，要看奇聞壯觀，到美國
> 去。要吸自由空氣，也到美國去。那時我一聽見這樣的一個新興的自
> 由國家，不覺神馳心往了。所以那年畢業清華，預備上美國的時候，
> 我的心中快樂，真是非筆墨所能形容呢！[1]

　　郵輪的汽笛長鳴一聲。送行的親友開始紛紛地走下郵輪接上碼頭的跳
板。送行的親友把「中國號」郵輪所停靠的招商局碼頭擠得水泄不通。在
盛夏的濕氣與熱氣裡漂浮著眾聲喧譁的各種方言——廣東話、上海話、福
建話、浙江話、北京話等等。簇擁在郵輪船舷的旅客以及擁擠在碼頭上送
行的親友，開始互相把紙做的彩帶拋向對方。瞬時間，這一條條雙方各持
一端的彩帶蔚成了一個五彩繽紛的彩帶海。

　　郵輪的汽笛再度長鳴一聲。大家不自覺地加緊抓住彩帶的一端，彷彿
是要把那別是一番滋味在心頭的千絲萬縷的愛、憂傷、興奮、希望與牽掛
傳給對方。在汽笛第三度最長、最響亮的長鳴以後，「中國號」郵輪緩緩
地駛離了碼頭。隨著郵輪漸行漸遠，那五彩繽紛的彩帶海越拉越長，一直
到紙帶拉到其極限而斷裂為止。大家開始高聲地互道珍重。接著，旅客與
送行的親友每個人都拿出了一條白手帕互相揮舞著。郵輪越開越遠。很快

1　陳鶴琴，《我的半生》（台北：龍文出版社，1993），頁 72。

地，除了那千百條揮舞著的白手帕以外，大家都已經看不清對方的臉龐了。[2]

當天是 1914 年 8 月 15 日。一萬噸的「中國號」郵輪開始 25 天航向美利堅的航程。它沿途先停靠日本的長崎、神戶、橫濱，接著，檀香山，然後就直駛舊金山。從上海登上郵輪的旅客裡，有大約 111 名中國留學生。他們幾乎把頭等艙都包了下來了。這個奢侈的花費，很少有留美學生會膽敢撙節，因為他們都害怕如果不搭乘頭等艙的話，在入關的時候可能會被當成華工，而被送到「天使島」的中國人拘留營，甚或慘遭被遣返的命運。這 111 名中國留美學生裡，最大的一群是清華學校的學生，一共有 96 名，包括 10 名考取清華第一屆庚款留美的女學生。這 96 名清華留美生是最受人豔羨的。他們不但有豐厚的獎學金，而且有專人護送帶到美國。1914 年護送他們的，就是清華學校的校長周貽春。

乘豪華郵輪，奔太平洋彼岸

20 世紀初年到美國去的中國留學生多半是結伴成行的。在早期留學生人數不多的時候，如果機緣湊巧，最理想的是與外交使節團同行。比如說，1908 年初，伍廷芳赴美，二度出任駐美公使的時候，有 30 名左右的留學生，同船赴美。同年 10 月，唐紹儀因美國退還庚款而以特使身分赴美致謝的時候，又有 20 名左右的留學生趁便同船渡美。結伴成行，主要是沿途可以互相照應；至於搭靠使節團的作法，則主要是希望託使節團之福，到舊金山時不致太受移民局官員的刁難。1909 年以後，留美學生人數逐年遞增。其中，占相當高比例的是用美國所退還的庚款留美生——也就是後來的清華留美生。清華留美生與眾不同的地方很多，他們除了公費充裕以外，還有護送他們到美國的專員——清華的校長、院長或教授——隨行。從這一年開始，每年 8 月中、下旬，清華留美生所搭乘的船隻，總是像磁鐵一樣，吸引了其他三五成群的公、自費生，浩浩蕩蕩地載著每年

2　同上注，頁 77-78。

人數最眾的中國留美學生駛向舊金山或其他美、加西岸的口岸。

留美學生本能想出來的保護自己的方法，中國政府後來也跟進了。1917 年，教育部在給各省以及所有派遣留美學生的機構兩個訓令。第一，赴美留學的學生必須在 8 月 30 日以前在上海集結以便集體搭船赴美。第二，所有學生都必須搭乘頭等艙。教育部之所以會發出這兩個訓令，是因為清華駐美學生監督報告中國人在舊金山入關時所遭遇到的一些痛苦以及羞辱的例子。教育部在訓令裡建議付不起美國、日本所屬的豪華級郵輪公司的頭等艙船票的學生，應該搭乘像「中國號」郵輪，或者「日本郵船株式會社」所屬的較小、較舊的郵輪。[3]

啟程以前，留學生有許多事情要辦。除了護照、簽證、體檢、買船票以外，所有男學生都在上海訂做了一套西裝。清華留美生有 250 塊錢大洋的治裝費。趙元任（清華 1910 級；康乃爾 1914 年學士，哈佛 1918 年博士）在回憶裡，說他訂做了一整套的西裝、買了一頂紳士帽（derby hat）、一頂便帽、外加一個手提箱和一個行李箱。[4]後來，清華學校為了體恤學生，讓他們不用在行前還要特別提前趕到上海治裝，就由上海「恆康西服莊」派人去北京量身，在一個月以後再把訂做好的西裝送到清華園。梁實秋在回憶裡用了調侃卻又帶有幾分懷舊的筆觸描寫了大家拿到西裝的情形：「大家紛紛試新裝。有人缺領巾；有人缺襯衣。有的肥肥大大如稻草人；有的窄小如猴子穿戲衣。」[5]

在清朝覆亡以前，對男留學生最頭痛的問題是腦袋瓜後頭的那一根辮子。雖然被治罪的可能性不高，但剪辮子至少在法條上是一件殺頭的事情。自費生可以比較果決，像顧維鈞和蔣夢麟都是出國前在上海就把他們的辮子剪掉了。從今天看回去，我們很難想像當時人會把辮子的問題看得

3　《寰球中國學生報》，〈學界要聞：留學生赴美之照料〉，II.3（September, 1917），頁 6。

4　Yuen Ren Chao, *Yuen Ren Chao's Autobiography: First Thirty Years, 1892-1921*, in *Life with Chaos: The Autobiography of a Chinese Family*, Vol. II（Ithaca, New York: Spoken Language Services, Inc., 1975），p. 72.

5　梁實秋，《秋室雜憶》，〈清華八年〉。

那麼嚴重：顧維鈞（哥倫比亞 1908 年學士、1909 年碩士、1912 年博士）回憶說，剃頭匠不敢相信他的耳朵，一直到問了好幾次以後，才咬著牙把他的辮子剪掉。他說等他母親看到他用紙包起來的辮子的時候，不禁為之失聲痛哭。就連蔣夢麟（加州柏克萊 1912 年學士；哥倫比亞 1917 年博士）自己，也形容理髮師的大剪刀擱在他辮子上的一刻，他「彷彿身在斷頭台上──一股寒氣串身」。[6]

　　與之相較，公費生就比較小心了。有意味的是，寫了《四十自述》、也寫了許多回憶文章的胡適，從來就沒有清楚地交代過他的辮子是什麼時候剪的。他在 1961 年對胡頌平說：「我十九歲還不到就出國的，那是宣統二年。我記得我的頭髮剪斷後寄到家中保藏起來，那時的頭髮是不賣錢的。」胡適是在宣統二年（1910）出國，大家都知道。關鍵是「我的頭髮剪斷後寄到家中保藏起來」究竟是在什麼時候。是在上海？還是到了美國以後？他就硬是不交代。即使是趙元任也有兩個不同的回憶。他在 1975 年所出版的英文回憶錄裡，說他跟所有 1910 年放洋的第二批庚款留美學生都在出國以前，在上海就把辮子給剪掉了。[7]可是，他在寫回憶錄十年以前、胡適過世以後所寫的一篇紀念文章裡，描寫他們在「中國號」郵輪上的情形的時候，卻又說他跟胡適以及所有其他庚款生都還留著辮子：「他給人的印象是健談、愛辯論、自信心極強。當時大家都留著辮子，胡適講話時喜歡把辮子用力一甩；生氣的時候就說要把辮子拿掉。他的身體很瘦，看起來並不十分健康，可是精神十足，讓人覺得他雄心萬丈。」[8]人的記憶不可靠，這就是一個很好的例子。由於當時清朝還沒覆亡，我們有理由相信胡適、趙元任這 1910 年放洋的第二批 70 名的庚款留美學生，個個都是頭上拖著一根辮子到了美國。

6　請參閱顧維鈞，《顧維鈞回憶錄》（中譯本）（北京：中華書局，1983），第一分冊，頁 23；Chiang Monlin, *Tides from the West*（Yale, 1947），p. 67.

7　Yuen Ren Chao, *Life with Chaos*, pp. 71-72.

8　馮愛群編，趙元任回憶胡適《胡適之先生紀念集》（台北：台灣學生書局，1972），頁 40。

　　早期的留美學生，除了教會學校出身，以及極少數家中有父、兄出過國的，對美國一點概念也沒有。可以想見的，進美國這一關是大家都對之憂喜參半的征程。幸運的是，當時上海有一些有愛心、有遠見的民間團體與宗教界的領袖，他們很快地就聯合起來，為留學生提供各種服務，包括精心製作的盛大的歡送節目，以舒緩他們緊張的心情。在這些民間團體裡，最早、也是最持之以恆幫助留學生的，是 1905 年 7 月在上海成立的「寰球中國學生會」（The World's Chinese Students' Federation）。「寰球中國學生會」是印尼華僑李登輝（1872-1947）倡議成立的。有關李登輝的生平，本章會進一步分析。在此處要先指出的是，他在 1899 年得到耶魯大學的學士學位。1903 年，他回美國讀研究所的時候，被美國海關禁止入境、遣送回國。這個慘痛的經驗，促使了李登輝成立「寰球中國學生會」，目的要聯合海內外中國學生以求中國的復興。它在平時出版刊物、舉辦演講，在留學季節到來的時候，則協助留學生選學校、辦理出國手續、訂艙位，最後還為留學生舉辦歡送會。

　　在早期的時候，這歡送會並不只是一個，而是由各團體分開舉辦。留學生從一個歡送會到下一個。胡適、趙元任所參加的 1910 年的眾多的歡送會裡，還包括上海美國總領事在領事館前草坪上為他們所舉行的歡送會。[9]後來，所有舉辦歡送會的團體決定聯合起來舉辦一個大型的歡送會。比如說，1917 年「寰球中國學生會」為清華所舉辦的歡送會是在當時最好的「一品香」西餐廳裡舉辦的。當天的節目除了有主席以及要人——包括上海美國總領事——以外，還有音樂表演、學生致答詞、點心以及團體合照。[10]

　　除了學業方面以外，很少留學生在留美以前做好了準備。即使是1910、1920 年代在清華園接受了八年的留美預科教育的清華學生，也多半在回憶中強調他們在出國前對留美生活的懵懂與無知。誇張地說，早期到美國去留學的學生，就像旱鴨子學游泳一樣，是先跳進了游泳池再考慮

9　　Yuen Ren Chao, *Yuen Ren Chao's Autobiography*, p. 72.

10　　〈歡送清華學校游學諸君盛會〉，《寰球》，II.3（September, 1917），頁 8-9。

怎麼學游泳。1914 級的清華學生最幸運的所在，是他們在校長周貽春護送他們到美國以前，還跟周貽春上了一個月的餐桌禮儀課。周貽春也是留美的。他在 1909 年拿到耶魯大學的學士學位，1910 年拿到威斯康辛大學的碩士學位。他在 1913 年清華學校第一任校長唐國安過世以後接任校長。唐國安是建立了這個護送清華學生制度的創始者。他自己在 1909 年護送了清華學校第一屆畢業生赴美。1914 年雖然是周貽春第二次護送清華學生赴美，但是他出任校長以後的第一次。他要做得盡善盡美。在上海等船的時候，他跟 1914 級的清華學生在上海的青年會住了一個月，鉅細靡遺地示範教導了他們吃西餐的禮節：從坐姿，座位的安排，喝湯、吃麵包的正確方式，如何使用刀叉，到如何在餐桌上跟人談話。[11]

　　有趣的是，周貽春漏掉了一個重要的環節。等留學生上了船，在餐廳入了座、接過菜單，方才發現周校長忘了教他們怎麼點菜。好在當年的留學生為了避免被美國移民官員誤認為禁止入境的華工，大都是坐頭等或二等艙，餐費是包括在船費裡。菜單雖然看不懂，反正不吃白不吃；於是，「我們只好從菜單天字第一號吃起，一直吃到點心為止。我們先吃清湯。吃了清湯，再吃混湯。吃了魚，又吃蝦。吃了豬排，又吃牛排。吃了家雞，又吃野雞。吃了蛋糕，又吃冰淇淋。吃了茶，又吃咖啡。」[12]

　　「中國號」郵輪原來是從 1867 年開闢了舊金山到上海航線的美國「太平洋航運公司」所有的。1915 年，舊金山的華僑集資買下了「太平洋航運公司」，成立了「中國航運公司」（China Mail Steamship Company）。但是，「中國航運公司」的船隻是在美國註冊，掛的是美國旗。除了「中國號」以外、該公司還有「南京號」、「滿洲號」的郵輪。可惜，後來因資本不足、經營不善而失敗。[13]所以，後來中國留美學生所

11　陳鶴琴，《我的半生》，頁 72-76。

12　同上註，頁 78；又請參閱張忠紱，《迷惘集》（香港），頁 44。

13　請參閱 Chong Su See, *The Foreign Trade of China*（New York: Columbia University, 1919）, p. 292 注釋；*The Asian American Encyclopedia*（New York: Marshall Cavendish, 1995）, V.I, "Chinese Americans," p. 241.

搭乘的郵輪都是美國、日本和加拿大的。這些郵輪的路線通常是先從上海抵達日本的長崎、神戶和橫濱，然後取道夏威夷，最後再直駛舊金山、西雅圖或是加拿大的維多利亞港。

這兩到三個禮拜橫渡太平洋之旅是相當多采多姿的。一般說來，留美學生可以利用在日本靠岸的時間，浮光掠影地遊覽一下長崎、神戶和橫濱。運氣好一點的，會偶爾因為船期臨時延後，而得到遊覽東京的機會。在早期，夏威夷中國學生聯合會活動力強的階段，它還會利用郵輪在夏威夷靠岸的時候，特別為船上的中國留學生安排遊覽的活動、並舉辦歡迎會。在航程當中的日子也絕不是單調和無聊的；這些橫渡太平洋的郵輪，除了豐盛的餐飲以外，還為旅客提供了各式各樣的遊戲和娛樂活動；從撲克牌、麻將、推圓板（shuffleboard）、擲圓環（quoit），到後來的電影。其中，留學生所唯一沒有嘗試的，大概是社交舞。雖然社交舞在1920年代以後會在留美學生中間流行，而且成為每年夏令營裡大家翹首以待的節目，很奇怪地，早期到美國去的留學生很少人在遊記或回憶裡提及。也許對他們來說，男女在眾目睽睽之下可以如此親暱地互動，實在是太驚世駭俗或太過難以想像了，以至於他們絕口不提。甚至到了1924年，一個聖約翰大學——當時中國最洋化的學校——畢業生在描寫他在郵輪上所聞所見的文章裡，就只一句話帶過：「晚餐後在甲板上跳舞是外國人縱情的玩意兒。」[14]

隨著留美潮流的加深與擴大，留學生汲取了前輩的經驗，除了組織力增強以外，更能進一步地在郵輪上製作他們自己的節目。比如說，在1924年8月下旬搭乘「傑佛遜總統號」（S. S. President Jefferson）赴美的留學生總共有134名。[15]其中清華畢業生與自費生各占一半。該年度的清華學生清一色都是男生；而自費生裡有14名女生。清華的留美學生在清華同學了八年，自然互相極為熟悉，自成一個團體。他們甚至在郵輪上發

14　Ken Shen Weigh, "Our Trip to America," *CSM*, XX.3（January, 1925）, p. 28.

15　以下有關1924年留美學生在「傑佛遜總統號」上的生活片段的討論，是取材於 Ken Shen Weigh, "Our Trip to America," *CSM*, XX.3（January, 1925）, pp. 26-31.

行了一份日報。只可惜我們不知道這份日報的內容為何。

　　這艘「傑佛遜總統號」郵輪上的自費生雖然主要是來自上海的南洋、聖約翰、中西女塾（McTyiere School for Girls）、復旦，以及長沙的雅禮（Yale-in-China），但都各自三五成群，互不熟悉。也許為了與清華學生分庭抗禮，自費生在啟航的第二天，就以比例原則並以畢業學校為單位，推派代表成立了一個「自費留學生協會」，並推舉了正、副會長；中、英文祕書；以及會計、業務經理和康樂組長。為了增進互相的了解，「自費留學生協會」用油印發布了一份自費生名單，列出了每一個自費生的目的地、畢業學校以及所擬專攻學科。

　　隨著航程的進展以及在郵輪上的交往增加，清華學生與自費生的關係開始從競爭轉化成為合作。他們於是決定把兩個組織合併。可惜，由於離開日本以後風浪過大，郵輪顛簸不已，清華學生和自費生只好取消他們合開同樂會的計畫。一直到了抵美的前夕，乘著風平浪靜的到來，自費學生舉辦了一個小型的餘興晚會。這種多采多姿的橫渡太平洋之旅，顯然並不是 1924 年搭乘「傑佛遜總統號」留美的學生所專有的。就在這前一年留美的張忠紱──有名的作家冰心也同船赴美留學──也在他的回憶錄裡這樣緬懷他赴美的經驗：「這拾數天的航程絕不寂寞；有不公開的政治組織，有公開的文藝組織，有壁報，包括新聞、小說、詩歌等等。」[16]

「中國人進美國，要比駱駝穿過針眼還難」[17]

　　自費生在抵美前夕所舉辦的餘興晚會是一個慶祝會。在即將抵達他們夢寐以求的目的地的時候，他們的心情是憂喜參半的。最令他們擔心害怕的，是那些吹毛求疵的移民局官員。他們不比清華畢業的留美學生。清華留學生是移民局官員口中所稱的「賠款學生」（Indemnity Students），是

16　張忠紱，《迷惘集》（香港），頁 45。

17　孔祥熙或費起鶴的話，轉引自 Delber McKee, *Chinese Exclusion Versus the Open Door Policy, 1900-1906*（Detroit: Wayne State University Press, 1977），p. 71.

從美國退還的庚款設立的留美預科學校畢業，然後再送到美國留學的學生；他們不但集體行動，而且有帶隊護送的專員，不太可能是以學生為名，而以偷渡為實的華工。

為了減低他們可能會受到羞辱的可能性，「傑佛遜總統號」郵輪上的自費生成立了一個委員會，責成他們擬具電報打給中國駐在華盛頓的公使、華盛頓州西雅圖的領事以及西雅圖的中國同學會，請他們幫忙有關上岸、住宿以及交通等等問題。他們在抵達前夕收到了一切安排就緒、請大家放心的回電。這可能就是讓他們在放心、高興之餘即興舉行一個餘興晚會的原因。

「傑佛遜總統號」郵輪上的自費生會特別擔心不是沒有理由的。他們剛好碰上了美國總統簽署 1924 年的新移民法案。這個 1924 年的新移民法案全面禁止所有亞洲人進入美國。同時也從嚴審理入境美國以及已經住在美國的亞洲人。根據這個新移民法，留學簽證從嚴審核：規定留學生必須得到美國國務院認可的學校的入學許可，方才可以取得赴美留學的簽證。由於該法案才剛通過，認可學校的名單還沒公布，開始的時候，只有十幾個學生拿到簽證。在焦躁和疑慮的等待期間，有些學生轉往他國留學，有些打道回府，更有一些乾脆放棄出國留學的打算。然而，大部分的學生還是耐心地留在上海等待。上海的美國總領事一直到「傑佛遜總統號」郵輪啟航前兩天，才收到國務院的指令，要他發給中國留學生短期的觀光簽證。這個最後一分鐘才到的指令造成大家瘋搶：搶辦簽證、搶訂船位。許多在上海等了一整個暑假的留學生拿到了簽證卻訂不到船位。最後，一共有 50 名學生沒訂到船位，只好在上海等搭下一班郵輪。

即使那些順利地搭上了「傑佛遜總統號」郵輪的幸運兒，在抵達以後卻又橫生出一個問題。郵輪的終點站是加拿大溫哥華的維多利亞港。他們在加拿大入境順利，轉車到華盛頓州的西雅圖也順利，連大家都談虎色變的體檢也安全過關。問題就是出在簽證。西雅圖的移民局官員發現自費留學生的護照多半都漏了上海美國總領事的簽名。更糟糕的是，儘管上海美國領事館的作法是依據美國國務院的指示，移民局官員認為六個月的觀光簽證與留學的目的及其所需的時間根本不相符合。幸好，他們決定讓自費

生暫時以假釋的身分入境，然後再用電報向華盛頓請示。兩天以後，華盛頓回電批准發給學生簽證，這些自費生方才得以和清華學生一同搭乘火車往美東前進。

如果 1924 年搭乘「傑佛遜總統號」郵輪的自費生，從拿簽證到進入美國是經過層層的困難，至少他們在入境的時候所受到的待遇還算是頗合人道的。然而，這是美國移民局官員到了 1920 年代才不成具文地演變出來的對待搭乘頭等艙中國旅客的作法。在他們以前，有不少中國留學生在入境的時候，遭受到程度不等的羞辱。可惜的是，我們雖然讀到許多不平之鳴，但是這些忿忿之言多觸及原則和尊嚴的問題，而略於具體的實例。可以想見的，留學生大都不願意在回國以後提起他們個人在美國不愉快的經驗。很少人願意去提起不堪回首的往事，特別是在人人所豔羨、比擬為人間天堂的美國受辱的經驗，因為那有可能會被人詮釋成是他自己不行。不可否認的事實是，有不少 20 世紀初期的中國留學生是美國排華氣氛下的受害者。

事實上，搭乘「傑佛遜總統號」郵輪的中國留學生所碰上的新移民法已經不是要針對中國人了。中國人早在 1882 年所通過的《排華法案》（the Exclusion Act）已經被排除了。1924 年的新移民法所代表的，是美國想要排除所有亞洲人的運動的最後勝利。在這以前，1917 年的移民法雖然圈出了一個「排亞區塊」（Asiatic barred zone），西從阿拉伯開始，東到南太平洋的玻里尼西亞，北抵亞洲部分的俄國，但不包括日本和當時是美國殖民地的菲律賓。1924 年的新移民法則進一步地把日本人也排除了。從日本人的角度來看，1924 年的移民法其實就是一個沒有明指日本的「排日法案」。

到了 1924 年，雖然美國的移民法擴大到了包括排斥了日本人，但對待中國人的恐怖政策卻已經相對地放鬆了。根據研究《排華法案》及其執行的學者的共識，執法最嚴苛的巔峰是在 1897 到 1908 年之間。這個在當時讓中國人談虎色變的《排華法案》的恐怖政策的威力是漸次增強的。《排華法案》在 1882 年通過的時候，除了禁止中國人入籍成為美國公民以外，並以 10 年為期，禁止華工——不管是技術性工人，還是勞工——

入境。這個為期 10 年禁止華工入境的禁令先在 1992 年延長 10 年，然後在 1902 年變成永遠禁止。雖然《排華法案》准許官員、商人、教師、學生和觀光客——所謂豁免的階級——入境，但其目的是在排斥所有的中國人。《排華法案》的第六節接受中國政府發給這些豁免階級的證明，亦即，「符合第六節規定」（Section 6）的證明，等於是現在的護照的前身。1884 年的修正案規定這個證明必須填寫持證人的「個人、家庭以及所屬部落的全名」以及「頭銜、官階、年齡、身高以及所有體格上的特徵」。[18] 這個修正案同時規定這個豁免證明必須要有美國領事的簽證，而且管理入境的移民局官員有否決這個證明及其所臚列的資料的權力。[19]

除了法案修訂得越來越嚴格以外，移民官員在執行以及審核持有豁免證明者的態度也越來越嚴苛。為了提供移民官員執法的準則，財政部所頒布的規章到了 1902 年的時候，已經多達 105 條。次年，移民局改隸新成立的「商業勞工部」。這些規章雖然精簡為 61 條，但所刪除的是重複、不一致的規章，而不是嚴苛的規章。一直到 1906 年，由於中國掀起了反對歧視華工的抵制美貨的運動，老羅斯福總統成立了一個委員會調查，方才把一些最為中國人所詬病的規章取消。

在最嚴苛的定義之下排華，到了 1898 年基本上已經成為美國對中國的移民政策。美國司法部長葛里格斯（John Griggs）在該年作出了一個具有里程碑意義的判令。他說：「《排華法案》真正的命意不是說所有被豁免的中國人想要來美國就可以來，而是專指那些被豁免、同時又被允許入境的人。」當中國公使伍廷芳對這個判令提出質疑的時候，葛里格斯不但堅持他的判令是正確的，而且甚至不懷好意地說：條約裡所設想的豁免階級，指的應該是可能會想去中國的美國人，而不是想要到美國來的中國

18　*The Statutes at Large of the United States of America from December 1883 to March 1885*, Vol. XXIII（Washington: Government Printing Office, 1885）, p. 116.

19　*The Statutes at Large of the United States of America from December 1883 to March 1885*, p. 117.

人。[20]如果留美學生當時知道的話，他們一定不能相信他們心目中的「中國真正的摯友」——國務卿海約翰——居然支持葛里格斯的判令與意見。海約翰在把葛里格斯的意見轉給伍廷芳的時候說：葛里格斯的意見「反映了行政部門深思熟慮結果的看法」。他說：不只是華工不能入境，「所有非勞工、非豁免階級的中國人，同樣地是在被禁止入境之列。」[21]

　　儘管一般說來，只有華工、或者因《排華法案》的限制而回不了美國的華人，才比較可能被遣返或拘禁，但有一些運氣不好的留學生、商人，甚至外交人員，也因為各種不同的原因，而受到羞辱，或被拘禁。早期的留美學生一提起移民官員，如果不是談虎色變，就是義憤填膺。造成這種現象的原因很多，我們暫且不用提起中國是一個弱國這個最基本的原因。單就身分證明這個問題來說，由於 20 世紀初期的中國根本沒有一個護照的制度，連地方官員都可以開出國證明。[22]再加上美國的領事制度在 1906 年納入文官系統以前，也相當黑暗，賄賂公行。這在在使得移民局的官員，從根本上就不相信從中國來的旅行證件，而認為必須矯枉過正地審核任何一個從中國來的人。然而，最重要的原因，還是當時美國排華的氣氛，以及當時以排華急先鋒自命的移民局。由於移民局所致力的目標在於降低在美華人的數目，它除了蓄意的騷擾、迫害在美的華人，或者把他們驅逐出境，或者迫使他們自動離境以外，更嚴苛地審核所有入境的中國人。

　　騷擾迫害在美華人的作法，一般是以搜捕非法移民，或者以偵查命案或幫派作為理由，在沒有搜索令的情況之下，進入華埠的華人家裡，雷厲風行地成批逮捕華人。此外，在美國旅行的中國人也是被騷擾和迫害的對象。其中，有兩起事件，都發生在 1903 年，還牽涉到外交人員。第一起

20　John Hay to Wu Ting-fang, January 5, 1900, *Papers Relating to the Foreign Relations of the United States*, Serial 3898（Washington: Government Printing Office, 1901）, p. 198.

21　John Hay to Wu Ting-fang, January 5, 1900, *Papers Relating to the Foreign Relations of the United States*, Serial 3898. p. 200.

22　以下兩段的討論，主要是參考 Delber McKee, *Chinese Exclusion Versus the Open Door Policy, 1900-1906*（Detroit: Wayne State University Press, 1977）.

事件發生在後來在袁世凱時代當過財政部長的周自齊身上。當時周自齊在
華盛頓的中國公使館擔任一等參贊。當年九月，他從華盛頓前往舊金山。
在亞利桑那州的福拉格司大（Flagstaff）——大峽谷附近——被移民局官
員攔下。周自齊出示他的名片，移民局官員堅持要看其他證件。在兩相僵
持之下，移民局官員擒住周自齊的手臂，進行逮捕。當周自齊抗議，說他
擁有外交人員的豁免權的時候，移民官員反唇相譏，說：「即使你是中國
的皇帝，我還是要逮捕你。」[23]中國公使館在事後提出書面抗議，但是，
美國政府的回答是：周自齊自己錯在沒有即刻地出示他的證件；該移民局
官員只不過是依法執行公務，而且態度不劣。另外一起在同一年發生的事
件則不幸地以悲劇結束。中國公使館的一名容姓隨員，在舊金山先被警察
毆打，再用他自己的辮子把他綁在籬笆上，最後再被關進監獄裡。容在羞
辱憤恨之餘，自殺而死。

　　在這種排華的氣氛之下，可以想見對中國人來說，在 20 世紀初年進
入美國，是多麼一個膽顫心驚的經驗。當時，沒有一個中國人，不管他的
證件如何齊全，能夠確定他一定會被放行。事實上，用一個移民局官員的
話來說，他的上司給他的指令是：「如果中國商人〔到了岸〕，而我沒有
時間審查他們，就把他們遣返回國了事。」[24]照理說，屬於豁免階級的中
國人應該可以放行。然而，屬於豁免階級，而被羈留或遣返回國的例子比
比皆是。比如說，1903 年秋天，駐美公使梁誠邀請他在馬尼拉擔任總領
事的弟弟梁勳一家人遊美，事先還跟華盛頓打了招呼。但是，梁勳一家人
抵達舊金山的時候，移民局只放行梁勳一個人，而把他的家人全都扣了下
來。一直到梁誠憤怒地表示他要向國務院正式提出抗議，華盛頓方面才下
令予以放行。[25]

　　最離譜的例子發生在廈門出生，爪哇長大，「寰球中國學生會」的創
辦人，後來做過上海復旦大學校長的李登輝身上。李登輝在 1899 年得到

23　Ibid., p. 80.

24　Ibid., p. 75.

25　Ibid., p. 80.

耶魯大學的學士學位。1903 年 7 月，他再度由爪哇赴美，計畫進哥倫比亞大學研究所讀政治。行前，美國駐巴達維亞的領事向他保證，說憑他的耶魯大學的學位證書可以證明他的學生身分，一定沒有問題。結果，李登輝到舊金山的時候被拒絕入境，送到拘留所。雖然他請了一個律師幫他辯護，但移民局還是把他遣返。遣返的理由是，李登輝沒有「符合第六節規定」（Section 6）的證明。李登輝這個例子，用美國人愛用的字眼來說，就是典型的「法律置人於絕處的荒謬」（Catch-22）之難局。李登輝不可能在巴達維亞取得「符合第六節規定」的簽證證明。這是因為他並不是大清的子民。人在爪哇的他既不可能有「符合第六節規定」的證明，更不可能會有美國駐巴達維亞領事在該證明上的簽證。[26]

　　以上的敘述與分析所顯示出來的是一個諷刺而且殘忍的事實：中國的政治、經濟、社會菁英階級——包括學生——願意接受美國不准華工入境的《排華法案》；他們所唯一要求的，是美國能尊重他們豁免的身分，在入關的時候不要刁難他們，讓他們受到羞辱。他們想打的是階級牌，希望美國人能只看他們的階級，而不計較他們的種族。殊不知美國的《排華法案》針對的就是中國的種族，而不論其階級。《排華法案》之所以會特別關出官員、商人、教師、學生和觀光客為等豁免的階級，並不是因為美國人青睞這些上等階級，而是因為中美兩國所簽訂的條約允許兩國人民移民與通商往來的自由。一直到 1880 年，因為排華風潮的雲湧，方才開始限制華工。1882 年所通過的《排華法案》更進一步地取消了中國人可以入籍美國公民一條。

　　豁免階級的存在，並不影響《排華法案》是以種族作為基礎的事實。《排華法案》在 1884 年修訂的時候，其第十五章明確地指出，其所指涉的對象：「是所有屬於中國種族的人，不管其為中國的臣民或者是其他國

26　*The New York times*, July 20, 1903, p. 1（3）; Delber McKee, *Chinese Exclusion Versus the Open Door Policy, 1900-1906*, p. 71.

家屬下的人。」[27]美國司法部長在 1895 年的判令進一步確定了這個以種族作為基礎的準則：「《排華法案》所臚列出來的限制與褫奪的權利（disabilities）是基於我們對中國人的道德品行與種族的拒斥，那跟申請入境的中國人是不是中國皇帝的臣民一點關係也沒有。」[28]移民官員依據這 1884 年的修正案與 1895 年司法部長的判令，把兩個已經歸化成為其他國家的中國人──一個是加拿大籍、另一個是墨西哥籍──遣返歸國。而這兩個例子又接著成為判例，作為遣返所有後來具有外國籍的中國人的依據。[29]

如果只是刁難，倒也罷了。從 1903 年開始，移民局採用法國人類學家柏提佑（Alphonse Bertillon）所設計的人體測量表，來測量入境的中國人。柏提右的人體測量表原來是美國警方用來找出罪犯用的。其作法是要被測量的人裸身，然後測量、並攝影存證其身體的十二個部分。嚴格的說，柏提佑人體測量表所針對的對象是華工。但是，任何中國人，只要有華工的嫌疑，就必須接受測量。而對移民局來說，每一個中國人都有華工的嫌疑。於是，有不少的中國商人、學生和觀光客都被迫接受這種相當羞辱的人體測量。由於考慮到中國因為美國排華而引起的抵制美貨運動，美國在 1906 年廢除了柏提佑人體測量。

被人排斥是一件羞辱的事情，即使對被豁免的人而言也是如此。最讓他們是可忍，孰不可忍的地方，是把他們當成華工來對待。當然，那些被懷疑是冒充豁免階級的人多半是商人。商人在傳統社會的地位本來就不高。學生就不同了。抱持著學而優則仕的心態的他們，認為羞辱他們就等於是羞辱他們所代表的國家及其種族。伍廷芳在 1900 年給海約翰的照會

27　*The Statutes at Large of the United States of America from December 1883 to March 1885*, p. 118.

28　Rule 23 of "Laws, Treaty, and Regulations Relating to the Exclusion of Chinese"（Washington: Government Printing Office, 1899）, pp. 34-35; also Rule 22 of "Laws, Treaty, and Regulations Relating to the Exclusion of Chinese"（Washington: Government Printing Office, 1902）, p. 39.

29　Ibid., pp. 34-35.

裡抗議說，美國政府對學生身分採取嚴苛的定義的結果，等於是意味著說：「美國大學對中國人關上了大門。」[30]其實伍廷芳有所不知，對於想要排斥所有中國人的美國人而言，排華的目的就是要排斥所有的中國人，他們才不會去管中國人自己是如何地用階級或性別來區分自己。

事實上，不管是在政策上或者是在執行上，美國對豁免階級的定義都一再加以緊縮。比如說，《排華法案》裡所臚列出來的豁免階級是「官員、商人、教師、學生和觀光客」。財政部根據這個名單訂定出最嚴苛的執行準則，把所有不在這個名單上的中國人全部都列為非豁免的階級。在這個執行準則之下，中國的銀行業者、經紀人、商號代表、醫生、律師、工程師等等既不屬於豁免階級，就都被賦予「華工」的身分，除非得到財政部長的特許，不得入境。[31]

即便是屬於豁免階級，其定義也逐漸被減縮。《排華法案》既沒有明訂豁免階級的資格，也沒有條文來監督或管理他們入境以後的行止。就以學生為例，一旦入境以後，學生可以改變他的身分，在畢業以後繼續無限期地留在美國，甚至在離開美國以後再以同樣是豁免階級的觀光客的身分入境。這種漏洞的存在，自然跟移民局要讓越少的中國學生入境越好的政策相牴觸。1900 年，美國財政部檢察官採取了反制的措施。對「學生身分」從嚴定義：「到美國是要念大學，或者是要學他們在中國所學不到的學科或專業科目；在美國必須維持學生的身分，而且在畢業以後要回國。」一年以後，財政部進一步從嚴界定學生的身分：「以要學習英文作為入境的理由，不符合《排華法案》裡所界定的學生身分。」[32]對移民局來說，要防止大批中國學生來美國，就必須對學生身分作這樣嚴格的定義。無怪乎當國務卿海約翰把清廷諭令各省派遣學生留洋的諭旨分發給移民官員的時候，舊金山的一個移民官員鬆了一口氣說：還好財政部已經訂

30　Wu Ting-fang to John Hay, December 10, 1901, *Papers Relating to the Foreign Relations of the United States*, Serial number 4268, p. 81.

31　Mary Coolidge, *Chinese Immigration*, p. 284.

32　MacNair, *The Chinese Abroad*, p. 252.

定了如何對付中國移民的規章準則，否則「所有中國的青少年，就都可以避開我國所賴以自保的『排華』法律〔而進入美國〕」。[33]

在美國排華巔峰的階段，會有官員作出這種不要讓中國的年輕人擠爆美國的言論是不意外的。值得指出的是，輿情的翻轉也同時可以是迅速的。才幾年的時光，當美國在 1908 年決定退還其所超索的庚款讓中國派遣學生到美國留學的時候，其目的就是要吸引大量的中國年輕人到美國受教育，從而培養出在價值、品味、購買的品牌的選擇性上都美國化的一整個世代。然而，在 19、20 世紀之交，在輿情完全翻轉以前，中國年輕人前仆後繼到美國留學，對美國人來說，是《排華法案》裡的一個漏洞，是他們所要設法堵塞的。當時，舊金山「基督教青年會」一個專門負責到碼頭歡迎亞洲留學生的工作人員，就其個人多年目擊所見，作了如下的批評：

> 移民局官員並不認為單憑護照就可以證明持有者是個學生。任何一個學生要在中國拿到護照，都必須先通過美國領事審核他的學生身分。照理說，如果他能通過美國領事那一關，他就應當可以不需要再經過進一步的審核而入關。然而，自費生通常都會被送到「天使島」（Angel Island）。移民官員似乎完全不相信中國的官員。按照法律的規定，任何持有「符合第六節規定」（Section 6）〔亦即《排華法案》所豁免的階級〕的證明的學生，都應該立即准予通關。但是，就我個人所知，就有幾十個學生，他們的「符合第六節規定」的證明不被採信。[34]

用 1913 到 1915 年在舊金山擔任總領事的歐陽祺的話來說：

> 《排華法案》所排斥的不僅僅是華工，它也為理應豁免的中國

33　Cited in Delber McKee, *Chinese Exclusion Versus The Open Door Policy, 1900-1906*, p. 43.

34　Arthur Rugh, "Chinese Students Abroad," *The Chinese Recorder*（March, 1917）, p. 150.

人──商人、學生、教師，有時候甚至連官員都包括在內──帶來了無比的痛苦；對中國人來說，即使他們持有領事所發給的證件，或者其他美國在中國的外交官員所簽署發給的證件，他們要踏上美洲大陸，好像比登天堂還要難得多了。[35]

所謂的「天使島」是美國移民局在 1910 到 1940 年之間，在舊金山灣裡的天使島所設的移民檢查站。[36]從亞洲來的旅客，在抵達舊金山的時候，如果一切證件齊全無誤，通常最多只要幾天就可以獲准登岸。其他有問題的──多半是中國人──則用渡船載到天使島，關進拘留所裡，等待進一步的審訊。天使島上的拘留所，男女分開，裡面的設備是成排的兩或三層的鋪位。男拘留所隨時都關著兩百到三百個人；女拘留所也隨時都有 30 到 40 個人。其中，最不合人道的地方是審訊和等待的過程。由於移民局官員基本上假定所有的中國人都是想混進美國的勞工，他們反覆盤詰，要求被拘留者回答各種問題，包括他們個人和家庭的隱私，其目的在讓被審訊者露出馬腳，以便把他們遣返回國。審訊的過程一般說來是兩到三天。被判拒絕入境的人，有上訴的權利。但是，上訴成功的機會不但很小，而且既費時又費金錢。在天使島被拘留最高的紀錄，長達兩年之久。他們所經歷的那種絕望、憤恨以及悲痛的心情，充分地表現在他們刻在天使島拘留所牆壁上的詩句。一些無法忍受他們在天使島所遭受到的羞辱的人，則選擇自殺之途。

在作為移民檢查站的 30 年歷史裡，「天使島」處理了大約 175,000

35　Arthur Rugh, "Chinese Students Abroad."

36　以下有關天使島的討論是根據 *The Asian American Encyclopedia*（New York: Marshall Cavendish, 1995），V.I, "Angel Island immigration station," 32-35; Jack Chen, *The Chinese of America*（New York: Harper & Row, 1980），pp. 188-189.

名中國人的案子，占所有被拘禁在島上的囚者的 70％。[37]由於當時有
75％的中國人是從舊金山入關，而這些從舊金山入關的中國人裡，又有
75％的人被送到「天使島」，「天使島」等於可以說是大多數中國人入美
的關卡。從他們刻在天使島拘留所牆壁上的詩句來看，[38]「天使島」在中
國人眼中，絕對不是「西岸的埃利斯島（Ellis Island）」──紐約港外的
埃利斯島，那對歐洲移民來說的歡迎與接納的象徵。與之相反的，「天使
島」對他們來說，是幻滅、怨恨與痛苦的象徵。

　　照理說，持有「符合第六節規定」證明的豁免階級應該不會遭遇被送
到「天使島」的命運。根據移民局 1910 年的執行準則，豁免階級入關的
手續是在郵輪上辦理。[39]實際上，並非所有豁免階級都能免於這個被羞辱
的待遇。移民局在 1920 年代所漸次形成的作法，是一種有階級差別待遇
的種族歧視。持有「符合第六節規定」證明、搭乘頭等艙的中國人在郵輪
上辦理健康檢查及入關手續。一般來說，都可以立即入境。所有其他搭乘
統艙的乘客，即使是持有「符合第六節規定」的證明，全部都送往「天使
島」。即使是持有「符合第六節規定」證明，但搭乘的是老舊的日本郵輪
的頭等艙的中國人，也一律被視為是統艙客而送往「天使島」。只要是被
送到了「天使島」，大概就要等好幾個星期才會輪到他們被審訊。[40]

　　其實，這個名稱雖美，但是沾滿不少中國移民血淚的「天使島」，還
不算是人間最可怕的地獄。在天使島移民檢查站成立以前，證件不齊、或

37　http://www.angelisland.org/immigr02.html。Roger Daniels 估計大約是 60,000 人，我認為
　　他的估計偏低。請參閱 Roger Daniels, "No Lamps Were Lit for Them: Angel Island and the
　　Historiography of Asian American Immigration," *Journal of American Ethnic History*（Fall
　　1997）, Vol. 17 Issue 1, p. 5.

38　有關刻在天使島拘留所牆壁上的詩句，請參閱 Him Mark Lai, Genny Lim and Judy Yung,
　　Island: Poetry and History of Chinese Immigrants on Angel Island, 1910-1940（1980; reprint
　　ed., Seattle, 1991）.

39　Roger Daniels, "No Lamps were Lit for Them: Angel Island and the Historiography of Asian
　　American Immigration," p. 16n16.

40　R. D. McKenzie, *Oriental Exclusion*, pp. 116, 139-140.

被認為有移民企圖的中國人是被關在碼頭旁邊的拘留所裡。這個拘留所蓋在「太平洋航運公司」木造的海關建築之上。[41]從海關到這個二樓上的「中國監獄」，只有一條又長又窄的樓梯。為了不讓被拘留者與外界——特別是律師——聯繫，戒備極為森嚴；內層警衛由「太平洋航運公司」負責，外圍警衛則由移民局負責。這個拘留所，長大約 80 英尺，寬 30 到40 英尺，但隨時都拘留著兩百個人左右。裡面隔成三或四個大間，其中一間用來拘留女性。拘留所內的鋪位多達四層，層與層之間的距離不到兩英尺，連坐起來的空間都沒有；每一個鋪位還是兩個人共用一個。不准通信，也不准人探視。拘留所裡不但沒有桌子，也沒有椅子。三餐就坐在地上吃。「獄卒」動輒口出穢言，拳腳相向。儘管如此，在這個「中國監獄」裡的所有費用，都由被拘留者自付。凡是付不起的，就立刻被遞解出境。然而，即使那些在經濟上負擔得起的人，在被拘留四、五個月，甚至一年以後，也還是難逃敗訴而被遞解出境的命運。

　　毫無疑問地，大多數被關在「太平洋航運公司」的「中國監獄」以及「天使島」上的中國人都是華工，特別是在美國逐漸改善其對豁免階級的待遇以後更是如此。然而，在豁免階級能夠用階級牌來減輕——不可能取代——他們所被賦予的種族牌以前，豁免階級與華工都同樣是被歧視、羞辱的對象。一直到 1908 年，美國移民局總監在該年度的報告裡，仍然還用為了避免「華工冒充豁免階級」作為理由，為移民局粗暴地對待豁免階級的行為作辯護。他責怪中國的菁英階級「不了解也不在乎」移民局的立場，把「完全沒有惡意的舉動當成是冒犯了他們的行為」。[42]

41　以下有關「太平洋航運公司」拘留所的討論，主要是根據 Luella Miner, "Chinese Students and the Exclusion Laws," *The Independent*（April 24, 1902）, pp. 976-977; Fu Chi Hao（費起鶴）, "My Reception in America," *The Outlook*（August 10, 1907）, pp. 771-772. 請注意，Miner 對拘留所的描述相當不同於 B. L. Sung, *The Story of the Chinese in America*（New York: Macmillan, 1967）, pp. 100-101.

42　"Annual report of the Commissioner General of Immigration, 1908," pp. 147-148 quoted in R. D. McKenzie, *Oriental Exclusion*, p. 20.

孔祥熙的故事

　　在這種排華的氣氛之下，到美國去留學，誠然是要有相當大的勇氣的。在 20 世紀初期的中國留學生裡，其抵美入關時的遭遇最為離奇曲折、紀錄最為詳盡、卻最為人所不知的故事之一，是日後在中國近代史上赫赫有名的孔祥熙。歷來所有有關孔祥熙生平傳記的著作，都說李鴻章不但發給他一份護照，而且還給了他一個「議和大臣一等肅毅伯」的頭銜。同時，還特別致電駐美公使伍廷芳，請他代為關照，然後，在美國女傳教士麥美德（Luella Miner）的監護之下，抵達美國俄亥俄州的歐柏林學院（Oberlin College）留學。[43]這些說法除了犯了似是而非的毛病以外，還根本地反映了中國人夜郎自大的心理，完全懵懂於當時美國在執行《排華法案》之下所造成的恐怖氛圍與作法。事實上，就像孔祥熙後來在他的口述自傳裡所說的，「議和大臣一等肅毅伯」是李鴻章自己的頭銜，怎麼可能拿來送給他用。[44]同時，李鴻章所發給他的證件並不像這些書所說的，使得美國的移民官員為之肅然起敬。與之恰恰相反的，這張證件，是孔祥熙入關時所遭遇到的所有困難的起因。

　　孔祥熙在 1901 年 9 月 12 日，和他在潞河學院（North China College）──後來併入有名的燕京大學──畢業的同學費起鶴一起搭乘「多力號」（Doric）郵輪抵達舊金山。[45]孔祥熙是山西富商之子。可是，他跟費起鶴坐的居然是統艙。光是這個事實，那所謂「議和大臣一等肅毅伯」的頭銜的神話就不攻自破了。無論如何，由於他們是統艙乘客，移民

43　請參閱郭榮生編，《孔祥熙先生年譜》，頁 28-29；瑜亮，《孔祥熙》（香港，1955），頁 19。

44　"The Reminiscences of K'ung Hsiang-hsi As Told to Julie Lien-ying How, February 10-June 10, 1958,"（Columbia University, 1961），p. 2.

45　以下討論孔祥熙在美國入關時的遭遇，除非另有註明以外，主要是根據麥美德的兩篇文章："Chinese Students and the Exclusion Laws," *The Independent*（April 24, 1902），pp. 976-979; "American Barbarism and Chinese Hospitality," *The Outlook*（December 27, 1902），pp. 984-988; 以及 Fu Chi Hao（費起鶴），"My Reception in America," *The Outlook*（August 10, 1907），pp. 771-772.

局的作法就是讓他們在統艙裡過夜，第二天才幫他們辦理入關的手續。次日，等輪到他們的時候，晴天霹靂。移民局官員說他們的證件不對，不得入境。

他們萬萬沒有想到，堂堂李鴻章所發的證件，他們認為一定是最好的護身符。結果，居然是他們無法入境的原因。五天以後，移民局官員通知他們，由於他們的證件無效，他們將被遞解出境。移民局所用的理由很簡單：美國政府要看的，不是李鴻章所開的證件，而是那張註明他們是「符合第六節規定」的證明。換句話說，儘管對中國人來說，李鴻章是當時中國權最高、位最重的大人物，美國移民局只承認天津海關道台——李鴻章的下屬——所發的證件。用美國財政部長——當時移民局屬財政部——雷斯里·蕭（Leslie Shaw）嘲諷的話來說，找李鴻章開證明，就跟找「阿辛（Ah Sin）開證明並沒有什麼兩樣」。[46]

「阿辛」是當時一個美國人家喻戶曉的名字。它是美國詩人哈特（Bret Harte）在 1870 年寫的〈外教徒支那人〉（The Heathen Chinee）一首詩裡替中國華工取的渾名。這首詩風靡一時，被譜成曲，選入許多——遠至英國、澳洲出版的——詩集裡。[47]哈特這首詩描寫「阿辛」在一個賭局裡，黑吃黑地贏了兩個白人詐賭客的故事。不管哈特究竟是歧視中國人，還是同情被歧視的中國人，他這首詩之所以風靡一時，就是因為它印證了美國人對中國人的成見。試看它一開始的幾個小節：

> 我想表達的是，
> 用淺近的白話來說，
> 手法陰暗，
> 花招不靈，
> 外教徒支那人是異類（peculiar），

46　轉引自"Editorials: Those Chinese Students," *The Independent*（June 19, 1902）, p. 1502.

47　Richard O'Connor, *Bret Harte: A Biography*（Boston: Little, Brown and company, 1966）, p. 122.

　　且聽我細細道來。[48]

　　財政部長雷斯里‧蕭當然不至於會暗諷李鴻章發給孔祥熙和費起鶴的證件是屬於「阿辛」式的「陰暗」的「花招」。然而，他用華工「阿辛」來類比李鴻章，強調《排華法案》規定豁免階級所必須要有的是「符合第六節規定」的證件，而不是「護照」，即便是李鴻章所發的。他會用這樣的比喻不但「異類」，而且也是極其傲慢。雖然天津的美國領事為李鴻章所發給的證件附了英文翻譯，並做了簽證。然而，移民局還是拒絕承認這個證件，因為它究竟不是「符合第六節規定」的證件。

　　在孔祥熙和費起鶴面臨要被遞解出境的危機之下，麥美德立刻展開了發函電營救的行動。雖然美國司法部長認為這只不過是遣返兩個「異教徒支那人」的案子，但是麥美德及其朋友則把它視為一個拯救兩個棄「異教徒支那」而入基督教的青年的行動。駐美公使伍廷芳也出面相助。在折騰了一個星期以後，移民局終於決定暫緩遞解，而改判為把他們拘留在「太平洋航運公司」的「中國監獄」裡，等中國方面寄來正確的證件。[49]

　　在這個用費起鶴的話來說，像對待動物一樣的「中國監獄」裡拘留了一個星期以後，麥美德女士又創了另一個奇蹟：讓他們以體弱不勝為理由，在由舊金山中國領事交付美金兩千元的保釋金的條件之下，保外就醫。在舊金山，他們所唯一能做的，是等他們的新證件。問題是，李鴻章在同年 11 月過世，再加上八國聯軍占領北京，一切混亂異常。沒想到他們所癡癡地等待的新證件雖然在 1902 年 2 月寄到了駐美公使館，但結果還是護照，而不是美國移民局所規定的「符合第六節規定」的證件。

48　"The Heathen Chinee" 這首詩名其實是："Plain Language from Truth James—Table Mountain, 1870." See Bret Harte, *Complete Poetical Works*（New York: P.F. Collier & Son, 1902）, pp. 128-131.

49　以下幾段所描述的孔祥熙、費起鶴冒險記，除非另有註明，是根據 Luella Miner, "Chinese Students and the Exclusion Laws," *The Independent*（April 24, 1902）, pp. 974-979 and Luella Miner, "American Barbarism and Chinese Hospitality," *The Outlook*（December 27, 1902）, pp. 984-988.

　　由於再申請新證件又需要好幾個月的時間，在透過有力人士說項，以及移民局的許可——移民局事後強調其並不知情——以後，孔祥熙和費起鶴在麥美德的陪同之下離開舊金山；費起鶴到一所軍校去寄讀一個學期，孔祥熙則到麥美德在華盛頓州的塔蔻瑪（Tacoma）的家休養。8 月初，費起鶴學期結束，到塔蔻瑪跟他們會合。由於他們已經離開中國滿了一年了，為了趕上秋季班開學，麥美德寫信給移民局，要求移民局讓他們啟程赴歐柏林學院。但是，到了 8 月，他們還是沒有得到移民局的答覆。麥美德於是決定把移民局的沉默當作默許，[50]著手做東行的準備。在得到提供兩千元美金保釋金的舊金山中國領事的許可以後，他們保證：如果從中國寄來的新旅行證還是有問題，他們會回到舊金山向移民局報到。

　　麥美德先發制人的作法是很有可能成功的。錯就錯在她選擇了北路；從塔蔻瑪到歐柏林，他們所搭乘的是「加拿大太平洋鐵路公司」（Canadian Pacific Railway）的火車。他們這麼做的原因，一方面是取其氣候涼爽，另一方面則取其沿途風景壯麗。可是，他們忘了這條路線，有一段是穿過加拿大境內。在他們的火車離開美國的時候，美國移民局官員既和藹又可親。可是，三天以後，等他們的火車在半夜又開進美國，抵達北達科他州（North Dakota）的「泊渡」（Portal）的時候，移民局官員的態度就完全不同了。由於當時是半夜，孔祥熙和費起鶴還在臥鋪裡酣睡著。用麥美德描述當時場景的話來說：「突然間，他們被一聲大吼驚醒：『你們兩個給我滾出去！』那口氣連一隻稍有自尊心的狗聽了都會心生怒氣。」

　　他們在舊金山入關時所碰到的問題，現在在北達科他州的「泊渡」又碰到了。移民局的立場不變：沒有應有的證件，他們就不許入境。更糟的是，現在罪加一項，雖然邏輯不通：孔祥熙和費起鶴「離開舊金山到加拿大，試圖從邊境入關」。[51]這等於是說，他們離開美國的目的，是想從加拿大偷渡入境。麥美德被這個殘忍不通的邏輯激怒了。她再次發動一個寫

50　Delber McKee, *Chinese Exclusion Versus the Open Door Policy, 1900-1906*, p. 70.

51　"Facts Concerning the Enforcement of the Chinese Exclusion Laws," pp. 127-128.

信、打電報的請願運動。許多傳教機構、教會領袖、企業家寫信給總統、國務卿以及財政部長。[52]六個星期以後，財政部做出決定：根據舊金山移民局的報告，孔祥熙和費起鶴是在沒有得到移民局許可的情況之下，私自離開保外就醫的醫院。同時，按照美國法律的規定，中國人一旦離境，就沒有再入境的權利。麥美德一行三人，只好在 9 月 24 日，當天碰巧是歐柏林學院的開學日，退回加拿大。

誰知道「一波未平，另一波又起」！麥美德才剛剛放棄了把孔祥熙和費起鶴送到歐柏林學院的心，而決定讓他們在加拿大的多倫多（Toronto）念書的時候，就連續接到舊金山領事的電報，要他們立即返回舊金山，否則領事館為他們所付的保釋金就將會被沒收。這時，他們的問題是雙重的。第一，他們所剩的錢已經不多。他們隨身所帶的錢，足夠在歐柏林學院兩年的費用。然而，他們還沒到目的地，這些錢已經快用完了。然而，錢的問題容易解決。真正麻煩的是第二個問題。而這個問題又牽涉到了移民法。移民局指定他們要搭「加拿大太平洋鐵路公司」的火車到維多利亞港，亦即，1924 年搭乘「傑佛遜總統號」郵輪的留美學生抵達的港口，然後，再搭乘輪船到舊金山。問題是，根據美國與加拿大協商合作的移民法的規定：「加拿大太平洋鐵路公司」不得賣給沒有入美許可證的中國人車票。他們於是處在一個進退維谷的局面：美國的法律一方面要他們必須立即回到舊金山，可是，另一方面，又不准他們踏入美國境內！幸運地，他們最後得到了歐柏林學院一位關係極好的教授的幫助，由美國聯邦總檢察官裁決讓他們可以在加拿大停留三個月的時間，等待中國駐美公使伍廷芳重新——也就是說，第三次——為他們申請「符合第六節規定」的證件。

終於，一切否極泰來。他們在 1903 年 1 月初，收到正確的證件，因而得以在 1 月 10 日順利地抵達歐柏林。總計起來，他們從在舊金山上岸到最後安抵歐柏林，一共花了 16 個月的時間。

52　Delber McKee, *Chinese Exclusion Versus the Open Door Policy*, 1900-1906, pp. 70-71.

宋靄齡、宋美齡兩姊妹

　　在 20 世紀初年到美國去留學的中國學生裡，孔祥熙和費起鶴的遭遇是最為離奇和曲折的。然而，這並不表示美國移民局對他們特別偏頗。恰恰相反；他們之所以沒有被立刻遞解出境，又可以從「中國監獄」裡被保釋出來，而且還可以讓整個案子拖了 16 個月之久，完全是因為他們有美國朋友一而再、再而三地向華盛頓施壓力的結果。其他的中國留學生，如果證件不齊全，像我們在上文所提到的李登輝，就會連申辯的機會也沒有，而被逕行遞解出境。像孔祥熙和費起鶴這樣的例子，大概是絕無僅有。然而，如果我們不計其離奇曲折性，而只就移民局法外開恩這點來看，我們還可以再舉一個後來也在中國近代史上赫赫有名的人物的例子。無獨有偶的是，這就是後來成為孔祥熙第二任夫人的宋靄齡。

　　宋靄齡是在 1904 年，也就是說，在孔祥熙抵達歐柏林學院一年半以後到美國去留學的。[53]那年，宋靄齡 14 歲。在那個年齡就出國留學，似乎小了一點。然而，她已經在上海的貴族女校「中西女塾」讀了九年的書了。她的父親宋嘉樹（Charlie Soong），透過他在南派衛理教會的關係，安排她到美國喬治亞州梅坎（Macon）市，南派衛理教會所辦的衛斯理安女子學院（Wesleyan College）就讀。

　　宋嘉樹為宋靄齡留美所做的準備周全細密。他不但為她投入了 9 年的「中西女塾」的留美預科教育，而且連美國的學校都已經安排好了。他唯一沒有辦法控制的，是舊金山移民局官員。而這也是他最為擔心的。1904年，一個千載難逢的機會出現了。他所認得的傳教士布克（William Burke）一家人那年要返美休假，願意護送宋靄齡到美國去。然而，宋嘉樹還是覺得不放心。他最後想出了一個絕妙的好計。海南島出生的宋嘉樹有一本葡萄牙護照，註明他的出生地是澳門。他於是以葡萄牙籍父親的身分幫宋靄齡申請到了一本葡萄牙護照。然後，他又為宋靄齡向葡萄牙駐上

53　以下有關宋靄齡赴美留學的經驗，主要是參考 Sterling Seagrave, *The Soong Dynasty*（New York: Harper & Row, 1985），pp. 100-105.

海總領事申請到了「符合第六節規定」的證件，最後，再由上海美國領事在證件上作了簽證。[54]換句話說，從為留美所做的先修教育、美國學校的安排、護照與證件，宋嘉樹為宋靄齡所做的準備可以說是做到了盡善盡美、天衣無縫的地步。於是，在布克一家的護送之下，宋靄齡在 5 月 28 日搭乘美國「太平洋航運公司」所屬的「韓國號」（*Korea*）由上海啟航。

可惜，人算不如天算。宋嘉樹苦心的安排，似乎從一開始就注定是不順利的。宋靄齡和布克一家人在 5 月 28 日啟程的時候，患了傷寒的布克夫人才剛痊癒。哪知道在抵達日本神戶以前，統艙一個乘客因為鼠疫死亡。日本的檢疫官把整艘郵輪的乘客都帶到岸上隔離。等他們再度上了消毒過了的郵輪以後，布克夫人又發了高燒。等郵輪到了橫濱以後，她就住進了醫院。布克先生在不得已之下，決定一家人都暫留日本，把宋靄齡託給一個從日本回國休假的年輕女傳教士蕾妮兒（Anna Lanius）。[55]

從橫濱以後，一帆風順。只是，等他們到了舊金山以後，宋嘉樹所最擔心的問題就發生了：移民局官員拒絕讓宋靄齡入境。諷刺的是，問題就出在宋嘉樹為宋靄齡所取得的葡萄牙護照，以及他在上海為宋靄齡向葡萄牙駐上海總領事申請到的「符合第六節規定」的證件。宋嘉樹跟他在上海的美國朋友都不知道移民局在不到一年前所頒布的處理中國人入關的第 26 條準則。就像我在前文所指出的，這條準則規定《排華法案》排拒中國人，不論其所屬的國籍。這條準則又禁止任何住在海外的中國人入境，不論其國籍——宋靄齡持葡萄牙護照，屬葡萄牙籍——除非他們是從香港以及加拿大來的，而且持有美國政府授權在該地發給「符合第六節規定」

54　請注意：Seagrave 以及他所徵引的作者都說得不正確。宋靄齡 1904 年到美國去的時候，拿的不只是葡萄牙的護照，還有「符合第六節規定」的證件。我的根據是美國移民局的紀錄。請參見 "Facts Concerning the Enforcement of the Chinese Exclusion Laws," p. 146.

55　有關布克先生把宋靄齡託付給誰這個問題，說法不一。我在此所根據的，是我認為可能最可靠的 Elmer Clark, *The Chiangs of China*（New York: Abingdon-Cokesbury Press, 1943），p. 46.

證件的領事。幸運的是，當移民局的官員要把宋靄齡關進「太平洋航運公司」的「中國監獄」裡等待遞解出境的時候，雷妮兒出面抗議，並且表明她本人要留下來陪著宋靄齡。由於移民局的官員不可能把雷妮兒也一起關進「中國監獄」裡，他們只好採取了一個變通的辦法，把她們兩個人留在港口裡等待清理、整修的「韓國號」郵輪上。

　　雷妮兒不只救了宋靄齡，沒讓移民局把她關進了「中國監獄」裡，她而且跟宋嘉樹在美國的朋友聯絡上，請他們對移民局施壓營救宋靄齡。所有其他被關進「中國監獄」裡的中國人，等於是囚犯一樣，不能跟親戚、朋友，特別是律師聯繫。然而，宋靄齡有辦法跟外界聯繫。她透過雷妮兒，打了一通電報給宋嘉樹：「被扣留不准入境。」[56]震怒的宋嘉樹請他在上海的一個美國朋友打電報給宋靄齡，要她立即返國。與此同時，雷妮兒跟原來就已經說好要在舊金山接宋靄齡的美國傳教士朋友聯絡上。

　　很快地，宋嘉樹在美國的關係就發生效力了。除了位於喬治亞州梅坎市的衛斯理安女子學院——宋靄齡要去念書的學校——校長出面以外，衛理公會（Methodist Episcopal Church）也透過加州參議員伯金斯（George Perkins）向移民局施壓。[57]移民局於是改變其根據準則第 26 條把宋靄齡遣返歸國的裁定，轉而向國務院請示，詢問葡萄牙駐上海總領事是否有授予「符合第六節規定」證件的權力。[58]在強有力的壓力之下，移民局明確的準則現在突然間變得很有彈性，變成了葡萄牙在上海的總領事是否有葡萄牙政府的授權，得以發證件給具有葡萄牙國籍的中國人證件。最便捷的下台階，是請葡萄牙駐美國的大使回答說是。只可惜當時葡萄牙大使剛好人不在華盛頓。在宋嘉樹的美國朋友一再施壓催促的移民局不斷地請示之下，國務院終於找到了葡萄牙駐美大使。原來，他去了密蘇里州的聖路易斯出席「世界博覽會」。找到了葡萄牙駐美大使以後，國務院終於拿到了他肯

56　Delber McKee, *Chinese Exclusion Versus The Open Door Policy, 1900-1906*, p. 94.

57　Ibid., p. 242 註 66.

58　本段以下的敘述，是根據"Facts Concerning the Enforcement of the Chinese Exclusion Laws," p. 146.

定回答的證明。於是，在舊金山港口被「拘留」了 17 天以後，宋靄齡獲准以學生的身分進入美國。她在上岸以後，就留在舊金山等候伯克一家人。伯克夫人不幸在日本病逝以後，一家人回到了美國。宋靄齡跟他們會合以後，一起上路，在 8 月 2 日抵達喬治亞州梅坎市的衛斯理安女子學院。

雖然宋嘉樹對宋靄齡在舊金山所受到的待遇極為憤怒，但這完全沒有影響到他要把所有的子女都送到美國受教育的決心。然而，他得到了教訓。除非有一個無懈可擊的作法，他不會再冒險了。1907 年，就在宋靄齡在舊金山海關不愉快的經驗三年以後，機會來了。宋嘉樹的連襟溫秉忠——從前也是容閎帶去美國的幼童生之一——在該年要帶一團學生赴美留學。宋嘉樹就趁機讓他的兩個小女兒慶齡、美齡隨團留美。那一年，慶齡 14 歲；美齡 9 歲；大姐靄齡 17 歲，已經是衛斯理安女子學院三年級的學生。這一次，慶齡、美齡都安全地過了關。她們兩個人先在紐澤西州的莎米鎮（Summit）度了一個愉快的暑假，才轉往喬治亞州的梅坎市。[59] 該年秋天，她們都到了喬治亞州。慶齡直赴梅坎市。由於她當時才 15 歲，她一直要到 1909 年才正式進衛斯理安女子學院就讀。美齡則去了喬治亞州東北部的德莫雷斯特鎮（Demorest）。由於美齡喜歡那個小鎮，她就留在那兒上學。[60]

一切似乎都很順利。然而，在 1910 年秋天，當宋美齡準備在梅坎市上高中的時候，卻意外地發生了問題。根據當地新聞的報導，格雷玄高中（Gresham High School）拒收宋美齡，因為她不是白種人。《留美學生月報》的主編特別為了這件事致信向衛斯理安女子學院校長安司沃（W. N. Ainsworth）詢問。安司沃在回信裡，提出了一個委婉的理由：

　　宋美齡小姐……最近被梅坎市公立學校拒絕接受她入學。理由是：根據喬治亞州議會的規定，梅坎市的公立學校是為當地的納稅人而設立的；收了外來的學生，就必須要把一個納稅人的子女擠出去。她要

59　Sterling Seagrave, *The Soong Dynasty*（New York: Harper & Row, 1985）, pp. 110-115.

60　Ibid., pp. 110-111.

念的那一班已經滿額。[61]

　　安司沃在這封回信的結尾裡說他已經想出了一個折衷辦法。他已經替宋美齡找了家庭老師，同時也讓她住在衛斯理安女子學院，因此符合了她父親不要把她和宋慶齡拆開的要求。無論如何，不管究竟是因為種族歧視，還是因為教室不夠，宋美齡拜家境與關係之賜，使得她在梅坎市的小留學生生涯，不是被排擠進華人學校，而能以家庭老師的方式來完成她的中學教育。兩年以後，她終於尾隨著宋靄齡與宋慶齡之後，進入梅坎市的衛斯理安女子學院就讀。不知道是不是因為種族歧視的經驗惹怒了她，宋美齡在衛斯理安女子學院只讀了一年。過後，她就轉學到位在麻省的衛斯理學院（Wellesley College），從一年級讀起，而於 1917 年畢業。

　　宋美齡的故事所顯示的是，美國人對中國人的歧視不是在他們入了境以後就消失了。20 世紀初年的中國留學生還以為他們如果能通過移民局那一關，就一切天下太平了。然而，令他們惱怒的是，歧視與羞辱似乎如影隨形地跟隨著他們。要不是房東拒絕把房子分租給他們，就是餐廳或理髮廳拒絕為他們服務。可惜，大部分的留美學生都吝於寫下他們在美國所遭受到的被歧視的經驗。1915 年在波士頓大學拿到博士學位的陳維屏是一個極少數的例外。他說：「其投宿客棧也，非最上等，即最下等。上等者價值過昂；下等者卑污難堪。中等之棧，又多不留華人。理髮所不為華人理髮，中上飯店不應酬華人飲食……美國學校又無宿舍。就學者，必寄食宿於他處。倘寄宿於民家，則中央〔中西部〕及東方〔東部〕，願留華人者甚少。」[62]

　　事實上，陳維屏的說法顯然是受限於他在東岸的觀察。美國人不租房子給中國人住，並不只限於東部與中西部。加州與美國西岸歧視的情形更為嚴重。相較之下，陳維屏所特別指出來的東部與中西部其實反而是對中

61　"Not Question of Race, but of Room: W. N. Ainsworth to Hin Wong, October 6, 1910," *CSM*, IV.1（November, 1910），pp. 101-102.

62　陳維屏，〈留美中國學生〉，《中華基督教會年鑑》，1917，頁 137。

國人比較和善的地方。因為這個原因，一個美國傳教士甚至建議在加州排華的氣氛減低以前，中國學生最好是到美國的中西部或東部留學。[63]

　　這種歧視華人的行為到了 1920 年代仍然存在。然而，大部分的中國留學生似乎養成了對之淡然處之的態度。他們不但可以淡然處之，甚至還可以把歧視當成是自己太過敏感的反應。在這方面，最為奇特的，是後來成為中國有名的心理學家的周先庚。周先庚是清華 1924 級的畢業生。他1925 年到美國留學，在加州的史丹佛大學拿到了三個學位：學士學位，1926 年；碩士學位，1928 年；博士學位，1929 年。他寫他們這一批 1925年到美國留學的學生，各個都有很好的經驗。比如說，他們在奧勒岡州的波特蘭（Portland）搭計程車的時候，司機「很感激我們告訴他說我們希望被稱為『中國人』而不是『支那人』。其實後者絕對不是一個貶義詞。」對他在史丹佛大學所在的帕羅奧圖（Palo Alto）所遭遇到的歧視，他一點都不以為意：

　　　　我們花了很長的時間找出租的民房。通常會有一些人很委婉地拒絕租給我們，就因為我們是東方人。有些理髮廳只幫白人理髮，但不是有很多家。所有這些所謂種族歧視的行為已經極為罕見，而且也只有那些極其不同尋常的人才會對之大驚小怪。[64]

　　從某個角度來說，中國留學生對他們在美國社會遭受到的羞辱與歧視，會採淡然處之的態度，是一種本能的生存策略；否則，他們在美國的留學生涯就會是一個煉獄。但是，最重要的，是因為羞辱與歧視並不像家常便飯一樣地，天天或處處發生。特別重要的是，他們所上的大學，或者私立中學，至少在體制上並沒有對中國人採取種族隔離或歧視的政策。從這個角度看去，20 世紀初年的中國留美學生，基本上是生活在象牙塔裡，沒有受到美國社會上最赤裸裸的種族歧視的。

63　Arthur Rugh, "Chinese Students Abroad," *The Chinese Recorder*（March, 1917）, p. 151.

64　Siegen K. Chou, "America Through Chinese Eyes," *CSM*, XXIV.1（November, 1928）, p. 83.

迎新、觀光、各奔前程

　　這個「象牙塔」在留學生還沒有到美國以前，就已經開始在他們的憧憬和想像裡砌造了；到了他們在美國登岸以後，更在迎新會裡塑造了它的基型。美國美國，美麗自由的美國，每一個留學生心中所翹首企盼的美國。有多少學生在留美以前就聽說過舊金山「金門大橋」的美麗；有多少學生在他們的郵輪抵達舊金山的前一個晚上，就徹夜不睡，為的是那一生大概只有一次的，眺望舊金山、目睹曙光烘托下「金門大橋」美景的經驗。其實，早在抵達舊金山以前，他們已經與他們憧憬中的美國連接上了。在舊金山等著歡迎他們的接待小組，甚至在留學生所搭乘的郵輪還沒有到夏威夷，就已經致電表示歡迎。在郵輪進港以前，他們大概已經交換過兩次「衷心歡迎！」、「無任感激！」的電報。

　　在舊金山接待新留學生的作法，可以追溯到幾個不同的來源。舊金山的領事館以及華盛頓的公使館，會派員接待清華或其他公費留學生，以及任何其他家世顯赫的自費留學生，是我們可以想像的。「全美中國留學生聯合會」的西部分會——基本上是加州大學的中國同學會——則是另外一個當然的接待單位。但是，那最早開始，最鍥而不捨，不論郵輪大小、人數多寡，都能為新留學生做歡迎接待工作的，可能是美國的基督教青年會以及「北美中國基督徒留學生協會」（the Chinese Students' Christian Association of North America）。舉個例來說，1921 年，從 8 月 1 日到 9 月 15 日，這一個半月的留學旺季裡，「北美中國基督徒留學生協會」就前前後後、每次人數多寡不等，總共在舊金山碼頭接待了兩百二十名留學生。[65]毫無疑問地，這些團體都各有其不同的理由和目的。然而，對新留學生而言，它們所提供的服務，不但紓解了他們入關時的畏懼和惶恐，而且為他們留美的生涯製造了一個難以忘懷的開端。

　　由於這些團體在歡迎接待新留學生這一點上是一致的，它們很自然地決定合辦迎新會。我們可以用 1911 年 9 月初的一個迎新會作為例子。這

65　Dr. J. S. M. Lee, "Our New Students," *Christian China*, VIII.1（October, 1921）, p. 70.

個迎新會籌備小組的成員包括南北加州幾個地區的青年會幹事、「北美中國基督徒留學生協會」總部的特派代表及其西部分會會長，以及「全美中國留學生聯合會」西部分會的會長。[66]我在前文已經提起，他們已經先行用電報和航行在太平洋上的留學生取得聯繫。在 9 月 4 日清晨，當「波斯號」郵輪徐徐地駛過「金門大橋」的時候，歡迎隊伍已經在碼頭上集結。或許是為了幫助溝通，或許是為了減低移民局官員對留學生所可能造成的傷害性，籌備小組與海關協商，得以派四個代表與海關官員同時登上還沒靠岸的「波斯號」郵輪，協助留學生辦理入關手續。

「波斯號」郵輪上載有 71 名留學生：庚款生 59 名、其他公費生 2 名、自費生 10 名，其中一名是女性。在兩個鐘頭辦理入關手續的時間內，籌備小組的四個代表把預先準備好的黃色緞帶別在每一個留學生的胸前。緞帶上用英文寫著：「美國、中國基督協會暨中國留美學生歡迎 1911 年度的中國留學生。」碼頭的歡迎儀式結束以後，舊金山的中國領事請吃午餐。下午遊覽舊金山東灣的奧克蘭（Oakland）。當晚的晚餐及餘興節目由奧克蘭的青年會主持。由於迎新會受到新留學生的歡迎，在往後的歲月裡，男、女青年會、舊金山華埠的「中華公所」，以及所有的留學生組織，包括清華同學會，全都參加合辦。這些迎新晚會的地點如果不是在舊金山的華人教會，就是在加州大學柏克萊分校的中國同學會會所。節目一般是從應景、振奮人心的演說、歡迎與致答詞開始；接著有中、美歌曲的演唱；美國大學的校歌、歡呼；器樂演奏；以及各式各樣的遊戲。對新留學生來說，其熱鬧與新鮮的程度，用 1910 年留美的兩個學生的話來說，就跟在故鄉過年一樣地令人難以忘懷。[67]

在迎新會成為制度化以後，整個活動一般是兩到三天的時間。1911

66　以下有關 1911 年 9 月初迎新會的討論，除非另有註解以外，是根據 Y. Y. Tsu（朱有漁），"Welcoming the Educational Mission of 1911," *Monthly Report of the Chinese Students' Christian Association in North America*（October, 1911），pp. 9-14（本件藏於耶魯大學神學院圖書館，RG 13, 1-12）。

67　Ts-zun Z. Zee and Lui-Ngau Chang（張履鰲），"The Boxer Indemnity Students of 1910," *CSM*, VI.1（November, 1910），18.

年 9 月初的迎新會則長達四天之久。迎新晚會過後的第二天上午，舊金山的商人招待留學生坐汽車遊覽舊金山市區及金門大橋。我們可以想像，對沒有坐過汽車的留學生來說，這是多麼新鮮刺激的經驗，特別是那浩浩蕩蕩的汽車隊伍。我們不知道 1911 年 9 月初的這個汽車之旅用了幾部車子。如果我們可以用 1919 年 9 月的一個迎新會來作參考，那一次的學生大約是 1911 年 9 月的兩倍，總共動用了 50 部汽車。[68]總之，當天的午餐由舊金山青年會作東。下午，繼續遊舊金山。晚上，看體操表演。第三天上午參觀舊金山的金融中心和豪華旅館，下午參觀加州大學柏克萊校區。第四天上午上街買東西，下午則整理行裝，準備當晚搭夜車東行。

　　由於當時大部分的留學生是進美國中西部或東岸的學校，他們所乘坐的火車一般說來是專車——或許也反映了當時排華的種族隔離的政策？1911 年 9 月初的這批學生所乘坐的專車，掛有五節臥車、一節行李車，另加一節餐車。美國基督教青年會還貼心地為他們準備了三箱的水果以及一箱的雜誌和一些美國大學的大學概況。早期的留學生在東行的路上，常可以在鐵路沿線看見美國的原住民，有時列車還會因為碰到牛群而必須煞車。列車在沿路的幾個大站或著名的風景勝地停下來的時候，留學生通常可以下車拍照作紀念。

　　1911 年這批學生的火車抵達內布拉斯加州的奧馬哈（Omaha）的時候，當地的青年會還到車站歡迎他們，並贈送他們風景明信片當紀念品。在火車作為美國主要交通動脈的當年，芝加哥是一個大站，也是中西部為留學生舉辦迎新會的一個重鎮。在 1911 年 9 月，中國留學生專車抵達芝加哥的時候，在火車站歡迎他們的有 50 人之多。迎新的節目，除了例行的歡迎演說、午餐以及簡短的餘興節目以外，還包括遊覽芝加哥市區，以及參觀芝加哥大學。

　　留學生專車到達芝加哥，把迎新活動帶到另一個高潮，但也意味著迎新活動的尾聲。「北美中國基督徒留學生協會」的代表，通常從舊金山隨

68　"The Student World: Berkeley, California," *The Chinese Students' Christian Journal*, VI.2（November, 1919）, 114.

車沿途照料留學生，他的任務到了芝加哥就正式結束。於是，頗具象徵性意義地宣示了新留學生身分的終止，以及留學生涯的展開。留學生在這裡分道揚鑣；到中西部學校的學生，在這裡下車，各自轉往其最終目的地；繼續往東岸行進的學生也在此轉車，各奔前程。

第二章

誰家子女，西行取經？

顧維鈞先生於六月間回國消暑，已於〔1908 年〕10 月 6 日回到〔哥倫比亞〕大學為法律研究所一年級的學生。往東，他途經倫敦、巴黎、柏林、日內瓦、熱那亞、莎依港（Port Said）〔蘇伊士運河地中海入口〕、新加坡，在上海停留了六個星期的時間。回程他取道太平洋，來回繞了地球一周。[1]

郭秉文與其他七位先生接受應尚德夫婦的邀請，在「聖週五」（Good Friday）〔3 月 21 日〕下午到他們在紐澤西州鄉間的別墅一遊。主人精心安排的節目包括：坐遊艇遊哈德遜河（the Hudson）、釣魚以及鋼琴獨奏表演。晚宴是中餐。賓主盡歡。[2]

這兩則消息都是刊載在《中國留美學生月報》的學生新聞欄裡的。顧維鈞是在 1904 年留美的。他在 1908 年拿到哥倫比亞大學的學士學位。他該年夏天回國度假，等於是在慶祝他大學畢業，並放鬆一下，以備他該年秋天繼續讀碩士學位。應尚德是在 1912 年拿到俄亥俄州的伍斯特學院（College of Wooster）的學士學位。他在 1913 年春天邀請八位同學到他

1　"News Column," *CSM*, IV.1（November, 1908），p. 12.

2　"Personalia and Miscellaneous," *CSM*, VIII.6（April 10, 1913），p. 423.

們夫婦在紐澤西州的別墅作一日遊的時候，他是哥倫比亞大學碩士班的學生。他會在該年拿到碩士學位。誠然，即使許多 20 世紀初年的留美學生都是來自於富裕的家庭，但能夠像顧維鈞那樣暑假回家度假順便繞地球一周，或者像應尚德那樣在紐約市裡讀書而還在紐澤西州有一座別墅，一定屬於特例。然而，這些例外仍然可以讓我們得以一窺當時的留美學生家庭背景的一斑。

　　不管從什麼角度——社會、經濟、文化——看去，20 世紀初年的留美學生都是天之驕子。然而，值得指出的是，出國留學不純粹只是靠個人的努力以及家庭的投資，而是與當時中國的政治、社會、經濟政策密切相連的。在國家是留學主要的贊助者的情況之下，留學是整個社會對一些少數人所做的投資。更確切地說，是社會上的納稅人出錢給這些少數幸運兒出國留學。這些幸運兒誠然是經過公開、公平的考試脫穎而出的——因而他們自認而且被公認為是菁英。然而，他們之所以能夠脫穎而出，首先是因為他們家境好（privileged）。所謂的唯才是舉的制度（meritocracy）是一個神話；它背後所隱藏的，是政治、社會、經濟與教育資源分配不均的事實。那些擁有資源，讓他們能夠在這些所謂公開、公平的考試裡脫穎而出的人，就恰恰是能獲得國家——其實就是納稅人——所給予的經費出國留學的受益者。

　　這資源分配不均的現象，在當時的中國最明顯地表現在地區上。這不只是留學教育如此，在新教育的普及方面亦是如此。論者從 1920 年代開始就已經指出：20 世紀初年的留美學生，絕大多數都是來自於江蘇、廣東與浙江三省。[3]以這些早期的批判作基礎，汪一駒在其英文大著裡，把這種不均衡的地區性分布，歸因於這些富庶省分富裕家庭所擁有的財富，並斷言說，留美教育進一步地加深了這些西化了的有錢菁英分子偏重沿海與都市的傾向。他們不懂也不在乎農村的情況與需要，這是造成了中國共產黨在 1949 年勝利的原因之一。[4]

3　在這些批判裡，最經典的是：舒新城，《近代中國留學史》，頁 224-231。

4　Y. C. Wang, *Chinese Intellectuals and the West, 1872-1949*, pp. vii-xiv, 150-164, 497-503.

　　這種從 1920 年代開始到汪一駒集其大成的留學生與新教育的批判值得令人省思，也值得探討，但不在本書討論的範圍內。與本書的分析比較切題的，是留美與家庭財富之間的相關性。可惜的是，這些對留美資源分配不均的批判，都忽略了幾個非常重要的事實。首先，富家子弟留美的費用主要是政府出的。這也就是說，絕大多數的公費留學獎學金，都是被這些沿海省分的富家子弟所取得的。同時，他們也都沒有去注意造成這種分配不均現象的機制。第三，這些批判完全沒有去分析那所謂的唯才是舉的制度，去揭開它所遮掩的社會、政治、經濟與文化資源分配不均的實際——這才是留學資源分配不均的根本原因。最後，這個所謂的唯才是舉的制度還有其性別方面的歧視。除了極少數的例外，在 20 世紀初年占留美學生百分之十到十五的女留學生，是沒有資格參與公費留學獎學金的考試的。

留美先驅

　　一直到 19 世紀末年為止，中國士人對留學一點興趣也沒有。清廷對留學的價值也同樣採取著懷疑的態度。那些在 1872 到 1881 年間在美國留學的容閎的幼童生就是一個最好的例子。有關這方面的著作很多，有興趣的讀者可以去參考。[5]我在此處的重點，是在強調容閎這個「幼童出洋肄業局」計畫之所以會失敗，是因為不只清廷本身就三心兩意，而且社會也漠然視之的結果。這也就是說，當時的仕紳家庭認為留美並不是一個好的投資。這 120 名，在 1872 到 1875 年之間，分四批到美國東北部新英格蘭區留學的青少年——平均年齡 11 到 13 歲——是中國近代第一批公費留學

5　例如：Thomas La Fargue, *China's First Hundred*（Pullman, Washington: State College of Washington, 1942）; Y. C. Wang, *Chinese Intellectuals and the West, 1872-1949*, pp. 42-45; Edwin Pak-Wah Leung, "The Making of the Chinese Yankees: School Life of the Chinese Educational Mission Students in New England," *Asian Profile*, 16.5（October, 1988）, pp. 401-412.

生。在當時「自強運動」的背景之下，清朝政府計畫以 15 年的長期教育
投資，讓他們在美國從中學開始，一直學成為軍政、船政方面的人才。然
而，由於他們洋化傾向過重，清朝政府認為他們「尚未究彼技能，先已沾
其惡習」，為了防止他們「適異忘本」、以致「不能為中國用」起見，在
1881 年夏天全體被迫撤回。[6]

「幼童出洋肄業局」，清廷撥了大約兩百萬美金的專款。幼童生的家
庭不需出一分一毫。然而，願意讓他們的子弟出洋的仕紳家庭寥寥無幾。
試問：在科舉制度是學而優則仕的正途的社會裡，有什麼仕紳家庭會願意
捨這個正途，而讓他們的子弟去學習清廷在五年以前才擺平了守舊派而為
了師夷之長技所開設的洋務？[7]因此，雖然「幼童出洋肄業局」設在上
海，但容閎由於招不足幼童生，不得不到香港去招募，方才把 1872 年第
一批 30 名的名額招滿。[8]結果，一如表 2.1 所顯示的，幼童生裡絕大多數
都是廣東人。不只是第一批如此，所有四批都是如此。換句話說，廣泛的
仕紳階級對送子弟出洋一點興趣也沒有。

在 120 名幼童生裡，廣東人有 84 名，足足占了 70%。這麼高的比例
不足為奇，因為廣東不但開埠通商最早，而且也是移民美國最早的省分。
值得令人注意的，是廣東幼童生在廣東省內的地區分布與移民美國的廣東
人在廣東省內的地區分布高度的吻合度。一直到 20 世紀中期為止，中國
到美國的移民主要來自於廣東的三個區域：香山（中山）、三邑（南海、
番禺、順德）和四邑（新會、新寧／台山、開平、恩平）。位於珠江三角
洲中心的香山與三邑比較富庶，而在其邊緣山區的四邑比較貧瘠。因此，
來自於四邑，特別是台山的移民占絕大多數，他們多半是華工、僕傭，或

6　據說，這一批留美先驅當中，容揆（Yung Kwai）和譚耀勳（Tan Yew Fun）兩人拒絕回
　　國。此外，歸國以後至少有四個又設法回到了美國。請參閱 Y. C. Wang, *Chinese*
　　Intellectuals and the West, 1872-1949, p. 84.

7　Mary Wright, *The Last Stand of Chinese Conservatism: The T'ung-chih Restoration, 1862-*
　　1874（Stanford, Cal.: Stanford University Press, 1957）, pp. 241-248.

8　Yung Wing, *My Life in China and America*（New York: Henry Holt and Company, 1909）,
　　pp. 185-186.

表 2.1　容閎幼童生本籍分布，1872-1881

	1872（％）	1873（％）	1874（％）	1875（％）	總數（％）
廣東	24（80）	24（80）	17（56.7）	19（63.3）	84（70）
江蘇	3（10）	2（6.7）	8（26.7）	8（26.7）	21（17.5）
浙江	0（0）	4（13.3）	2（6.7）	2（6.7）	8（6.7）
安徽	1（3.3）	0（0）	2（6.7）	1（0）	4（3.3）
福建	1（3.3）	0（0）	1（3.3）	0（3.3）	2（1.7）
山東	1（3.3）	0（0）	0（0）	0（0）	1（0.8）
總計	30（100）	30（100）	30（100）	30（100）	120（100）

資料來源：徐潤，《徐愚齋自敘年譜》（台北，1977），頁 33-46。

者在「唐人街」裡經營小鋪子；三邑來的移民是舊金山「唐人街」裡的政治以及商業領袖；香山來的移民則在加州鄉間從事蔬果種植販賣以及經營農場。[9]

　　廣東幼童生在廣東省內的本籍的分布，完全契合於廣東移民在廣東省內的本籍的分布。表 2.2 的統計顯示了兩個要點。第一，在 84 名廣東幼童生裡，有 75 名，亦即，89.3％，是來自於香山、三邑和四邑。他們占幼童生總數的 62.5％。來自於廣東其他縣分的只有 9 名，亦即，10.7％；然而，即使如此，他們在幼童生總數裡，仍然占了 7.5％。第二，經濟越富庶，幼童生所占比例越高。香山籍的幼童生有 40 名，47.6 ％，或者總人數的 33％。這當然跟那是容閎的故鄉有關係。占第二高比例的三邑送出 26 名，31％，或者總人數的 22％。整個加起來看，比較富庶的香山與三邑送出了 66 名，78.6 ％，或者總人數的 55％。相對地，比較貧瘠的四邑只送出 9 名，10.7 ％，或者總人數的 7.5％。

9　Sucheng Chan, *This Bitter-Sweet Soil: The Chinese in California Agriculture, 1860-1910*（Berkeley: University of California Press, 1986），pp. 16-18.

表 2.2　廣東幼童生的本籍，1872-1881

縣份	人數（%）	總人數的%
香山	40（47.6）	33
三邑	26（31）	22
四邑	9（10.7）	7.5
小計	75（89.3）	62.5
其他	9（10.7）	7.5
總數	84（100）	70

資料來源：徐潤，《徐愚齋自敘年譜》，頁 33-46。

　　同樣值得指出的是，這幾個縣分同時也是 19 世紀代理國際貿易的買辦的家鄉。買辦是從葡萄牙語來的，他們替外國商行經理與中國商人貿易的事宜。[10]在 1880 年代以前，也就恰恰是容閎幼童生這個計畫從構想、執行、到撤回的階段，絕大多數的買辦是來自於香山、以及三邑的南海與番禺。無怪乎「香山人」有被視為是買辦階級的同義詞的說法。[11]

　　香山買辦階級這個關聯特別有意思。這不只是因為容閎自己就是香山人，而且他曾經還是英商寶順洋行（Dent & Co）的茶葉採購代理——他說他拒絕當買辦，因為那會玷污耶魯大學的名聲。[12]我們知道至少有兩個有名的香山買辦跟「幼童出洋肄業局」有關聯：一個是家長，另外一個是官員。這個家長是唐廷樞：鼎鼎大名的英商怡和洋行（Jardine, Matheson & Co.）的買辦、輪船招商局和開平礦物局的總辦。他的兒子唐國安，姪兒唐紹儀都是容閎的幼童生。後來在清末民初的政界赫赫有名的唐紹儀，已經在本書的〈序曲〉裡出現過；唐國安後來做過清華學校校長。這個官員是與容閎一起挑選幼童生的徐潤。徐潤與唐廷樞齊名。他是寶順洋行的

10　Yen-p'ing Hao, *The Comprador in Nineteenth Century China: Bridge between East and West*（Cambridge, Mass.: Harvard University Press, 1970）.

11　Hao, *The Comprador in Nineteenth Century China*, pp. 13, 174.

12　Yung Wing, *My Life in China and America*, pp. 77-78.

圖 2　梁如浩、唐紹儀赴美前，攝於 1874 年。La Fargue 誤植為 1872 年。圖片來源：Thomas La Fargue, *China's First Hundred: Educational Mission Students in the United States, 1872-1881*，頁 xvi 之前。

買辦、唐廷樞的投資夥伴、輪船招商局以及開平礦物局的會辦。徐潤的三個堂弟沒有被選為幼童生。他們以自費的方式，在 1875 年，隨同容閎的最後一批幼童生赴美留學。[13]此外，我們知道至少有其他三個幼童生是從經辦洋務的家庭出身的。[14]

　　容閎幼童生這個規模之大、投資之鉅、撤回之戲劇化、幾位成員後來成就之大的計畫，長久以來我們對其成員的家庭背景所知卻極為有限。一直到最近，沈榮國在 2017 年所發表的〈留美幼童家庭出身考略〉，考訂出了 48 名，亦即，占總數 40％的幼童生的家庭背景。在這 48 名幼童生裡，有三分之二以上是來自於有洋務、買辦、商業背景的家庭。沈榮國這

13　徐潤，《徐愚齋自敘年譜》，頁 42。

14　李喜所說是四個。但是，他說黃仲良的哥哥當時在開平礦物局任職的說法是不正確的，因為開平礦物局一直要到 1878 年才正式成立。請參閱他的《近代中國的留學生》，頁 27。

篇文章有缺點，他的用詞、敘述與統計不是很精確。然而，雖然他所提供的幼童生家庭背景的表格也不是很精確，但非常寶貴。它讓我們知道這48 名幼童生裡，除了那些占有三分之二的比例來自於洋務、買辦、商業背景的家庭以外，有 8 名是來自於官員家庭、4 名是華僑子弟、2 名是來自於教會的家庭、4 名是來自於比較基層的家庭。[15]

　　沈榮國這篇文章最大的貢獻，在於它糾正了歷來對容閎幼童生這個計畫刻板的印象，認為「應考者寥寥」。這歷來「應考者寥寥」的說法，我們現在必須做更細緻的分析。第一，究竟「應考者寥寥」是因為社會上下都對之沒有興趣，還是大家根本就不知道有這麼一個機會。容閎在他的回憶錄裡確實是說因為「應考者寥寥」，他不得不到香港去招募，方才把1872 年第一批 30 名的名額招滿。然而，我們現在必須要特別注意到他在說這句話之前所加的一句話：「中國北方的人不知道政府所提出的這個教育計畫，因為當時中國沒有報紙可以報導這個消息。」[16]第二，這「應考者寥寥」的說法，並不適用於沈榮國所找到的 48 名幼童生的家庭，特別是占了這 48 名裡三分之二以上的洋務、買辦、商業家庭。這些家庭走在時代之前，已經覺察出留學是未來成功的鎖鑰。第三，我們從前就知道有好幾個幼童生的父親、哥哥或者好友，是在辦理洋務的機構或者外國商行工作的。[17]我們也知道容閎、唐廷樞與徐潤等人都沒讓他們的親人失去這個公費留美的機會。比如說，我們從前就知道他有一個堂弟、兩個姪兒都是幼童生。現在，沈榮國提供了姓名與家庭背景，讓我們知道他們三人各自引進了多少名幼童生：容閎，7 名；徐潤，4 名；唐廷樞、唐廷植兄弟，15 名。總共是 26 名！

　　然而，沈榮國這篇文章並沒有改變我們對容閎幼童生的基本詮釋。畢

15　沈榮國，〈留美幼童家庭出身考略〉，《澳門文化雜誌》，第 99 期，2017 年 2 月 23 日，頁 120-131，http://www.icm.gov.mo/rc/viewer/10099/2224，2020 年 10 月 12 日上網。

16　Yung Wing, *My Life in China and America*（New York: Henry Holt and Company, 1909），p. 186.

17　李喜所，《近代中國的留學生》，頁 27-29。

竟，他只找到了 48 名幼童生的家庭背景的資料。雖然這 48 名裡有超過三分之二以上是來自於有洋務、買辦、商業背景的家庭，而且只有 4 名是來自於比較基層的家庭，但這並不能用來概括其他 60％的幼童生。我們沒有其他 72 名幼童生的資料，很有可能就是因為他們是從沒沒無聞的家庭出身的。換句話說，沈榮國所找到的資料或許可以用來作為反證，證明歷來的說法是正確的，亦即，這 120 名容閎幼童生可能大部分確實是來自貧窮，或者至少是非仕紳階級的家庭。

最後，值得特別指出的是，就在容閎的幼童生留美之際，自費留學美國的風氣也已經濫觴了。我們知道有 7 位香港、上海的學生，並不是幼童生，隨第二批幼童生一起留美。[18]我在前文已經指出徐潤的三個堂弟在 1875 年隨同容閎的最後一批幼童生赴美留學。沈榮國指出徐潤自己的兩個兒子也是該年隨團去美國留學的自費生。此外，沈榮國說還有一個父親是廣東的夏威夷華僑的孩子，名字叫 Chun Lung，他也是隨團留美的自費生。因此，就目前所知，有 13 名自費生隨容閎的幼童生留美。

在 1870 年代初期就已經有學生自費到美國留學。這意味著說，當時已經有一些人開始體認到留學的價值了。更值得指出的是，這個體認已經不局限於廣東。我們從表 2.1 的數據可以看出，中國中部沿海省分的一些家庭已經開始懂得把握這個機會。在這方面，江蘇特別明顯。在第三、第四批幼童生裡，江蘇人占了 26.7％，以至於江蘇人在四批幼童生裡的比例提升到了 17.5％。浙江省雖然是落後極多的第三名，但浙江省幼童生所占的比例也從零上升到總人數的 6.7％。由於江蘇、浙江是僅次於廣東被納入 19 世紀中國國際貿易網的省分，這兩個省分的幼童生的數目會超過廣東以外其他省分加起來的總數自然就不足為奇了。更加重要的是，廣東、江蘇、浙江這個前三名的排名榜——當然，廣東不會再遙遙領先——會從容閎幼童生時代一直持續到 20 世紀。

毫無疑問地，留學的興趣在這個階段只局限於中國社會的邊緣。對仕紳階級的家庭而言，那所謂「萬般皆下品，唯有讀書高」的「讀書」，指

18　徐潤，《徐愚齋自敘年譜》，頁 35。

的是四書五經；而「唯有讀書高」的目的還是在科舉。容閎的「幼童出洋
肄業局」從一開始就注定會失敗的。雖然它失敗的原因很多，但其瓦解的
過程卻戲劇性地展現在正、副監督對幼童生教育的目標的衝突上。清廷送
幼童生留美的目的，是在訓練一批能有助於中國軍事現代化的技術人才。
由於幼童生正處於易受影響的年齡，而且又是住在美國家庭裡，為了要確
保他們不忘本，清廷特別派了兩位中文教習，教他們四書五經。

　　作為副監督的容閎，無意力行這個政府「中體西用」的政策。他公開
地鼓勵幼童生美國化，對他們上中文課漠不關心。[19]更嚴重的是，容閎自
己變成基督徒、入美國籍、更在 1875 年跟瑪莉‧克羅格（Mary
Kellogg）結婚——那正是清廷以立即遣返的懲罰嚴禁幼童生所犯的罪
行。容閎跟第一任的監督陳蘭彬本來就已經不和了。等到 1879 年極其保
守的吳嘉善作為監督以後，容閎跟他的關係就到了水火不容的地步。[20]吳
嘉善在他一系列的報告裡說得最嚴重的話，是指責幼童生：「適異忘本，
目無師長，其學難期成才，即學成亦不能為中國用。」[21]

　　就像大部分危言聳聽的報告一樣，吳嘉善說幼童生目無師長、忘本西
化，是言過其實的。幼童生在美國的課程設計是中體西用觀念的體現。
「幼童出洋肄業局」在康乃狄克州的哈特福市（Hartford）所蓋的一棟三
層樓的辦公樓很大，除了職員住在那裡以外，還可以讓 75 名幼童生住在
那裡學習中文。根據當時的記載，幼童生以 12 人為一組，每三個月到這
棟辦公樓住兩個星期學中文。每天早上六點起床，到晚上九點上床為止，

19　有關容閎自己美國化以及揚棄中國世界觀的過程的分析，請參閱 K. Scott Wong,
　　"Cultural Defenders and Brokers: Chinese Responses to the Anti-Chinese Movement," in K.
　　Scott Wong and Sucheng Chan, eds., *Claiming America: Constructing Chinese American
　　Identities During the Exclusion Era*（Philadelphia: Temple University Press），pp. 3-40.

20　William Hung, "Huang Tsun-Hsien's Poem 'The Closure of The Educational Mission in
　　America,'" *Harvard Journal of Asiatic Studies*, Vol. 18, No. 1/2.（June, 1955），p. 64, n18.

21　李喜所，〈容閎與中國近代第一批留學生〉，《河北師院學報》，1980 年第 1 期；
　　Thomas La Fargue, *China's First Hundred*, pp. 41-44.

圖3　初抵舊金山的幾位幼童
生，攝於1872年。
圖片來源：Thomas La Fargue,
China's First Hundred，頁48
之前。

他們按照課程表的安排看書、練字、背書、作文。[22]從保存下來的作業來
看，教學相當嚴格。[23]

　　當然，理想與實際總是有距離的。不管這種中體西用的管教法是否持
之以恆，幼童生很快地就美國化了。後來成為耶魯大學有名的英國文學教
授的威廉・菲爾普斯（William Phelps），當時是很多在哈特福上中學的
幼童生的同學。他在晚年所寫的一篇回憶裡很生動地描寫幼童生：

　　　他們的穿著完全跟美國的年輕人一樣……唯一引人注目的不同，是
　　他們的膚色以及那根他們把它塞進去漿得堅硬的白領圈〔注：當時的
　　衣領是分離式的，方便清洗、漿燙，以保其白潔堅挺〕裡的辮子。他
　　們英文好得令人佩服。有些一點口音也沒有；他們成績都很好，因為
　　他們沒有一個是笨的，或者偷懶的；他們在運動方面特別突出，使其
　　他在這方面不行的同學黯然失色。[24]

22　William Hung, "Huang Tsun-Hsien's Poem 'The Closure of The Educational Mission in
　　America,'" p. 62, n12.

23　Edwin Pak-Wah Leung, "The Making of the Chinese Yankees: School Life of the Chinese
　　Educational Mission Students in New England," p. 411.

24　William Lyon Phelps, "Chinese Students in America," *CSM*, VI.8（June 10, 1911）, p. 705.

圖4 「東方人」棒球隊，攝於
1878 年，「幼童出洋肄業局」
康乃狄克州哈特福市辦公樓前。
站立者（從左到右）：蔡紹基、
鍾進成、吳仲賢、詹天佑、黃開
甲。
坐者（從左到右）：陳鉅鏞、李
桂攀、梁敦彥、鄺詠鍾。
圖片來源：Thomas La Fargue,
China's First Hundred，卷首。

　　由於幼童生的美國化是一個潛移默化的過程，中文課程逐漸就變成了
一個枯燥無味的負擔。他們稱呼哈特福那棟房子為「地獄樓」（The Hell
House）。用幼童生之一後來回憶的話來說：「他們必須在學校放假的日
子去那裡學中文；在那裡為他們所做的或者沒做的事挨罵；在那裡被判
決，而一無為自己表白上訴的機會。」[25]

　　對「幼童出洋肄業局」保守的監督來說，這種青少年的莽撞與叛逆就
是幼童生太過美國化的徵兆。事實上，管教不是問題。最能立竿見影的威
脅就是遣送回國。而這不是沒有發生過。當然，最嚴重的過錯是信基督教
以及剪掉辮子。到了 1880 年，已經是到了幼童生撤回的前夕，「幼童出
洋肄業局」還頒布了一些新的規章。其中一個規章，是要求美國教師立即

25　Yung Shang Him, "The Chinese Educational Mission and Its Influence," *T'ien Hsia Monthly*,
　　IX.3（October, 1939），p. 232.

停止所有幼童生不宜學習的課程，例如：美國地理、英詩以及鋼琴。[26]

　　在保守派勝利以後，容閎跟幼童生個別私下做了兩個小小的抗命的行動。容閎的姪兒容揆犯了清廷所嚴禁的兩個過錯：皈依基督教以及剪辮。由於幼童生即將被全體召回，清廷沒有把他立即遣返。然而，容閎不敢冒險讓容揆回國。他透過第三者給容揆錢，讓他能留下來在耶魯完成他的學業。此外，1872 年赴美的第一批幼童生也私下展開了拯救他們第一批的成員之一譚耀勳。譚耀勳當時也已經成為基督徒了。他們為他籌集了一筆錢，讓他也留下來完成他在耶魯的學業。當幼童生所搭乘的前往舊金山的火車抵達麻省的春田鎮（Springfield）的時候，容揆和譚耀勳偷偷地下了火車，藏匿起來，得以留在美國。[27]

　　在舊金山等船的時候，幼童生意外地有一個機會展現他們美國化的成功。奧克蘭市（Oakland）的棒球隊向他們叫陣比賽。他們不知道後來做到交通總長的梁敦彥在哈特福市以及在耶魯念書的時候是一個有名的善投曲線球的投手。他們以為一定可以痛宰幼童生，結果反而是自己慘遭滑鐵盧。[28]然而，再怎麼欣喜，這也只是幼童生可待成追憶的一個紀念而已。上船前，他們換上了「唐人街」的裁縫匆匆為他們趕做的衣服。[29]從舊金山，幼童生分成三批，每批間隔三個星期，搭乘航程一個月的輪船回國。

　　這注定不是衣錦還鄉。等他們抵達的時候，除了在碼頭上蜂擁拉客的

26　高宗魯，〈容閎與中國幼童留美〉，李又寧編，《華族留美史：150 年的學習與成就》（紐約：天外出版社，1999），頁 70。

27　Thomas La Fargue, *China's First Hundred*, pp. 45-46. 容揆 1884 年從耶魯大學畢業，後來在中國駐華盛頓的公使館工作。譚耀勳不幸地在 1883 年從耶魯畢業幾個月以後得肺炎過世。容揆與譚耀勳可能並不是唯一脫隊留在美國的幼童生，因為 La Fargue 在頁 54 裡，說「有好幾位拒絕回國，留在美國」。

28　Thomas La Fargue, *China's First Hundred*, p. 53.

29　黃開甲致巴特拉夫人（Mrs. Fannie Bartlett），1882/1/28，高宗魯譯註，《中國留美幼童書信集》（台北：傳記文學出版社，1986），頁 10。容尚謙（Yung Shang Him）在過半世紀以後所寫的回憶文章裡，則說他們是著洋服返國的。請參閱 Yung Shang Him, "The Chinese Educational Mission and Its Influence," *T'ien Hsia Monthly*, IX.3（October, 1939）, p. 237.

苦力以外，就只有一個人等著他們，那就是「幼童出洋肄業局」管理郵務的職員。他叫了一些獨輪手推車，讓他們坐了上去，把他們推到上海道台衙門後側，已經塵封了 10 年之久、腐朽破敗的「求知書院」。除了幾個有關係的幼童生被保釋出去以外，其餘都留在「求知書院」裡，由一隊兵丁看守著。在經過盤問以後，他們被分發到當時號稱為洋務的電報、船政、機器、魚雷、水雷等等機關裡學習或工作。

「幼童出洋肄業局」在 1881 年裁撤的時候，只有 34 名幼童生進了大學。其中有兩名剛從耶魯大學畢業：詹天佑與歐陽庚。其他都還在念高中。[30] 這整個留美計畫等於是功虧一簣。

如果我們扣除了在這 9 年當中以及回國不久以後病死的、因為犯錯被遣返回國的、那兩名回國途中脫逃的，以及回國不久以後又回到美國的，清廷在這個投入了鉅資的幼童生留美計畫的效益極為有限：在 94 名回國進入洋務機構服務的幼童生裡，只有差不多三分之一才剛進入了大學、兩名大學畢業，可以說完全沒有達到原先所設想的訓練出一批軍事人才的初衷。

容閎的幼童生計畫，後人的褒貶不一，有待重新詮釋的必要。[31] 然而，由於那是 19 世紀的故事，而且是自成一個相當戲劇性的特殊個案，不在本書討論的範圍內。我在本章裡提起這一段歷史，並不是像站在褒揚立場的作者一樣，要為他們生不逢時的悲哀抱不平，也不是要譴責清廷的冬烘與愚昧。無可否認地，這個個案點出了當時的官僚、士大夫階層抱殘守缺的封閉性。在國勢垂危，亟需力求振作的時候，他們不能執其大體，

30　La Fargue 說裁撤的時候有 60 名幼童生已經念大學了，參見其所著 *China's First Hundred*, p. 52. 我在此處是根據 Edwin Pak-Wah Leung, "The Making of the Chinese Yankees: School Life of the Chinese Educational Mission Students in New England," p. 409.

31　站在褒揚的立場的有高宗魯，《中國留美幼童書信集》，以及中國在 1980 年代改革開放以後所出版的董守義，《清代留學運動史》（瀋陽：遼寧人民出版社，1985），頁 78-104；李喜所，《近代中國的留學生》（北京：人民出版社，1987），頁 12-72。另外請參考 Thomas La Farque, *China's First Hundred*, pp. 17-66. 採取批判態度的代表作是汪一駒的 *Chinese Intellectuals and the West, 1872-1949*.

卻拘囿於末微小節。比如說，有近視眼的人在晉見疆臣大吏的時候不准戴眼鏡。這在慈禧太后接見的時候還不關緊要，但是像後來在外交界知名的施肇基在幫兩江總督張之洞作翻譯的時候，也不准戴眼鏡就根本是拘泥於禮儀，而不顧事體。再舉一個令人啼笑皆非的小例子，後來做過駐美公使的伍廷芳雖然是在新加坡出生的，但他到香港念高中，以及後來到英國受教育以前是在廣東長大的。他在 1882 年離開香港到天津作李鴻章的幕僚。天津海關道台為他設宴洗塵，伍廷芳在事後聽說當晚在場的主人和陪客，都很驚訝地發現他用起筷子來，居然和其他中國人一樣地好！[32]

　　對容閎幼童生計畫失敗站在貶的立場的作者裡，批判最為嚴厲的是汪一駒。汪一駒認為所有留美學生的缺點，在容閎以及容閎的幼童生身上就已經顯出其端倪了。他認為容閎從一開始，就蓄意要顛覆清廷中體西用的政策。[33]容閎認為中國要有希望，就必須完全地拋棄其傳統文化，而盡快地接受西方進步的科技文化。汪一駒徵引容閎自己的話，說幼童生必須各個西化，方才能夠在回國以後，「在西方文化的基礎上再造新中國。」問題是，容閎這個作法等於是違背了他受命帶領幼童生赴美留學的目的和訓令。汪一駒指責容閎傲慢。他說容閎身為清朝官員，卻用英文寫公函給完全不懂英文的駐美公使崔國因。更有甚者，在 1895 年，兩江總督張之洞任命容閎為外事祕書。根據容閎自己的說法，他在三個月以後，就因為張之洞沒有接受他的建議而辭職。汪一駒很不以為然地說：「要張之洞這麼一個叱吒風雲的封疆大吏，去迎合長期住在美國，而對自己的國家所知無幾的容閎！早期留學生的心態是什麼樣子，就已經在這裡肆無忌憚地表現出來了。」其次，幼童生每人每年的用費在一千兩百塊美金左右，充分地說明了留美從一開始，就是一個昂貴的教育投資。第三，因為清廷在中途

32　"Speech Delivered by H. E. Wu Ting Fang, Chinese Minister to the United States, during the Chinese Students' Conference at Ashburnham, Mass, 1908," *CSM*, IV.1（November, 1908），p. 29.

33　以下有關汪一駒先生對容閎以及幼童生的討論，請參閱 Y. C. Wang, *Chinese Intellectuals and the West, 1872-1949*, pp. 42-45, 74-75, 94-95.

把幼童生撤回，中國社會從這個昂貴的教育投資得到極少的收益。而清廷會做出如此功虧一簣的決定，完全是由於幼童生在容閎的縱容之下過度美化的結果。打棒球、交美國女朋友、改信基督教、對監督不敬倒也罷了。可是，他們居然會到了連中文怎麼說都幾乎忘掉的地步。第四，從一開始，大部分的留美學生在學業上的成就就不高。在撤回的時候，幼童生當中只有兩個從大學畢業，十個不到〔注：其實是 34 名〕剛進大學，其餘都還在念高中。[34]第五，洋化的一個結果就是歸化美國。除了容閎本人的例子以外，在 120 名幼童生裡，最終大約有百分之十回到了美國，開了日後留美學生留在美國的先例。

過渡的世代

容閎幼童生留美計畫的失敗，在在地說明了科舉制度對仕紳家庭的吸引力。試問：有什麼仕紳家庭會願意讓自己的子弟去走連清廷自己都視為是次等出身的洋務之路？一直到 19 世紀結束為止，留美的中國人不是教會資助的，就是像許多容閎的幼童生一樣，是從與洋務有關的家庭出身的。事實上，容閎自己，作為第一個從美國大學，而且是耶魯大學畢業的中國人，他就是教會資助的。另外一個 19 世紀的特例是顏永京——武昌文華書院和上海聖約翰書院的開創者之一；未來有名的外交家顏惠慶的父親。顏永京早年在上海的教育，以及他後來到美國俄亥俄州的凱尼恩學院（Kenyon College）的教育都是教會資助的。顏永京在 1869 年拿到凱尼恩學院的碩士學位。[35]

容閎實驗的失敗，並沒有澈底地扼殺了當時開始萌芽的留美的興趣。我們從零星的資料可以發現，陸陸續續有人以不同的方式到美國去念書。比如說，就在歐陽賡與其他幼童生一起被撤回到上海的同一年，他的弟弟歐陽祺（當時才 15 歲，後來像他哥哥一樣，也做過駐舊金山總領事）離

34　Y. C. Wang, *Chinese Intellectuals and the West, 1872-1949*, pp. 166-167.

35　W.W. Yen, *East-West Kaleidoscope, 1877-1944*（New York, 1974）, p.1.

開廣東家鄉到美國去念書。[36]此外，我們知道顏惠慶的大哥顏錫慶、二哥顏誌慶也是在 1880 年代到美國去留學的。最特殊的例子，恐怕是後來主編商務印書館英文教科書的鄺富灼（Fong F. Sec）。他出生於廣東台山縣的一個農村家庭，在 1882 年，也就是《排華法案》通過那一年，他才 13 歲的時候，他從上海坐船到了舊金山當華工。在工作之餘，他到華人的夜校念英文。在他皈依為基督徒以後，他加入了「救世軍」（the Salvation Army）的社會工作，晚上仍然繼續進修。一直到 1897 年他 28 歲的時候，才在加州有名的波莫納學院（Pomona College）校長的協助之下，從中學讀起，終於先在 1905 年得到加州大學的學士學位，然後在 1906 年得到哥倫比亞大學教育學院的碩士學位。他回到中國以後，先在學校與政府工作了一段短暫的時間，然後就到商務印書館主持英文教科書的編輯工作。[37]根據《全美留學生聯合會：太平洋區》（*Chinese Students' Alliance: Pacific Coast, Annual Bulletin*）1908 年度彙刊所登載的消息。鄺富灼回國以後是在廣州的兩廣方言學堂擔任英文教習。政府的工作是在北京的郵傳部。[38]

　　這過渡世代的留美學生，是洞察留美風氣之機先的先知先覺者。舉他們當中幾個後來成名的為例：在 1890 年代先後成行的施肇基、施肇祥兄弟，顏惠慶、顏德慶兄弟，以及在 1901 年成行的陳錦濤，以及王寵佑、王寵惠兄弟。[39]這一批留美學生大都是在 1870 年代後期出生的。在他們

36　《遊美同學錄》（*Who's Who of American Returned Students*）（北京：清華大學，1917），頁 185。請注意：《遊美同學錄》誤以歐陽祺為歐陽賡的哥哥。

37　有關鄺富灼的生平傳略，請參閱 Howard Boorman and Richard Howard, eds., *Biographical Dictionary of Republican China*（Columbia, 1967-1979），II.262-263, "K'uang Fu-cho"條。

38　"Former Graduates in China," *Chinese Students' Alliance: Pacific Coast, Annual Bulletin*,（August, 1908），p. 18.

39　陳錦濤和王氏兄弟等人是拿北洋大學的公費去美國留學的。最奇特的是，王寵惠在取得公費以前，居然先在 1900 年到日本做「興中會」在東京所辦的《國民報》的英文記者。請參閱馮自由，《革命逸史》（重慶：商務印書館，1945），第三集，頁 65、146。

成長的階段，絕大多數的中國人，連起碼的英文教育都不易得，更何況是
出國留學呢！當時，許多教會學校還對是否實施英文教學猶豫不決；他們
所擔心的，是使用英文教學會助長世俗化與商業化的傾向，根本地失去了
設立教會學校的初衷。更大的隱憂，則是英文教學還可能導致學生喪失國
性（denationalized）。[40]即使像聖約翰這麼一個位於上海商埠的書院，也
一直到 1881 年才加開英語課程，然後到 1894 年，才進一步地用英文教所
有跟科學有關的課程。可是，就像施肇基和顏惠慶在他們的回憶錄裡所指
出的，一直到 1890 年代初為止，教會學校還必須用各種膏火津貼來吸引
學生。儘管如此，在開始的時候，這些教會學校不但學生人數不多，而且
大多數只念了幾年，就趕著到海關或電報局謀職去了。[41]對比之下，那些
在 1890 年代到美國去留學的，不管他們用的是自費還是公費，確實是走
在時代之前。

在容閎的實驗失敗以後，教會在支持中國學生留學美國方面繼續扮演
著一個重要的角色。在這個過渡世代的留美學生裡，最有名同時也最值得
注意的，是近代中國四位最早的留美女學生。值得注意的是，這四位都是
女醫生：金韻梅、許金訇、康成和石美玉。而且她們都是由教會資助的。

金韻梅（Yamei King）醫生在 1864 年出生於浙江寧波一個長老教會
牧師的家庭。[42]在她三歲半的時候，她的父母不幸雙死於傷寒熱流行病。
她的父親在臨死之前，把她託付給美國傳教士麥卡提（D. B.
McCartee）。在她 6 歲的時候，因為麥卡提休假回國一年，她也跟著到了
美國。一年以後，他們又回到中國。後來，因為麥卡提到中國駐日使館當
翻譯和顧問，她也跟著去了日本。之後，她赴美接受教育，在 1885 年從

---

40 Jessie Lutz, *China and the Christian Colleges, 1850-1950*（Cornell 1971），p. 69.

41 施肇基，《施植之先生早年回憶錄》，頁 14；顏惠慶，*East-West Kaleidoscope, 1877-1944*, p. 6.

42 以下有關金韻梅和許金訇的討論，除非另有注釋以外，主要是根據謝紹英（Ruby Sia），"Chinese Women Educated Abroad"（留學西洋女士），*The World Chinese Students' Journal*, II.3（November-December, 1907），pp. 27-32.

紐約女子醫學院（Woman's Medical College of New York）畢業。[43]金韻梅醫生畢業以後，在美國實習了兩年。之後，她回國在福建廈門短期行醫以後，轉赴日本神戶行醫。1894 年，她結婚以後，先搬到夏威夷，然後再搬到加州。由於婚姻破裂，金醫生在安排好她的兒子的教育問題以後，在 1905 年回到了中國。兩年以後，在直隸總督袁世凱的幫助之下，她在天津設立醫科學校，訓練護士。[44]1916 年，袁世凱死了以後，醫科學校失去資助而關門。1917 到 1920 年之間，金韻梅受美國農業部聘請在紐約的實驗室工作研究大豆。1920 年回中國定居北京，1934 年因肺炎病逝。[45]

　　比金韻梅醫生年輕一歲的許金訇（Hü King-Eng）是福州人，1865 年出生。她的父親是衛理公會的牧師。她曾先後在福州教會女塾和婦女醫院就讀，然後於 1884 年赴美。由於她不曾接受過英文的教育，她先到俄亥俄州的衛斯理安大學（Wesleyan University）念書。四年以後，她進入費城女子醫學院（Woman's Medical College of Philadelphia）就讀，在 1894 年得到醫學博士。許金訇醫生在美國實習一年以後，回到福州行醫。主持衛理公會所辦的和新田婦幼醫院（Woolston Memorial Hospital）超過 30 年的歷史。1927 年，醫院被小偷進入並焚毀。許金訇轉赴新加坡。1929 年在該地病逝。

　　在這四位近代中國最早的留美女醫生裡，最年輕的是康成（Ida Kahn）和石美玉（Mary Stone）；[46]兩位都在 1873 年出生於江西的九江，

43　紐約女子醫學院後來與康乃爾大學醫學院合併。

44　褚季能，〈甲午戰前四位女留學生〉，《東方雜誌》，31.11（1934），頁 11。

45　棗木夾子，〈金韻梅大夫略傳〉，https://www.cnblogs.com/wildabc/p/5204093.html，2020 年 10 月 17 日上網。

46　以下有關康成和石美玉的討論，是根據 Howard Boorman and Richard Howard, eds., *Biographical Dictionary of Republican China*（Columbia, 1967-1979），第二冊，頁 225-226，"K'ang Ch'eng"條；第三冊，頁 128-130，"Shih Mei-yu"條。有關康、石兩位醫生和郝女士，以及美國教會之間，在文化、權力方面錯綜複雜的主從關係，請參閱 Jane Hunter, *The Gospel of Gentility: American Women Missionaries in Turn-of-the-Century China*（New Haven: Yale University Press, 1984），pp. 24, 74-75, 194-197, 233, 257-259, 264.

但是境遇極不相同。康成是她父母所生的第六個女兒，她的父母把她送給了衛理教會的傳教士郝格楚（Gertrude Howe）女士領養。有關康成被領養的故事有三個不同的說法。第一個說法最簡單，就是因為她父母失望這第六個孩子又是個女的。第二個說法說她跟送去當童養媳的家庭的男孩子八字犯沖而被拒收。第三個說法說因為郝格楚所辦的儒勵女校（Rulison-Fish Memorial School）收不到學生，所以她用領養的方法收學生。[47]由於她當時年齡太小，康成等了好幾年以後才開始上學。康成在 9 歲的時候跟回國休假的郝格楚一同到美國，在舊金山教會為中國人所辦的學校念過書。郝格楚休假結束以後，她們一起回亞洲。在日本作了短期的勾留以後，她們就到了郝格楚被派駐的重慶。兩年以後，1886 年，她們又回到九江。於是康成又回到儒勵女校念書。

石美玉的出身跟康成天差地別。她的父親是九江衛理教會的牧師，母親是衛理教會所辦的女子主日學學校的校長。她的父母除了沒有讓她裹腳以外，還期望她將來能以行醫傳教。她和康成一樣，也在郝女士的學校讀書。和康成不同的，是她在那個學校接受了 10 年完整的教育。1892 年，康成和石美玉在郝女士的帶領之下，同時進密西根大學醫學院就讀。四年以後，她們兩位同時得到醫學博士的學位，聯袂回到九江行醫。一直到 1903 年康成轉到南昌籌辦新式醫院為止，兩位醫生在九江合作無間。石美玉積極協助成立了「中國紅十字會」以及「中華基督教婦女節制會」。康成一直留在南昌行醫，在 1931 年病逝。石美玉則在 1937 年中日戰爭爆發之際撤離中國到了美國。1954 年，她 81 歲的時候在加州過世。

這過渡世代的留美學生，特別是這四位女醫生，極為特別。然而，他們所代表的，是茫茫眾生裡少數已經嗅出風向改變的一些人。走在教會、洋務以及外貿階層之後，但是，很快地就意識到出洋留學的好處，並積極地參與競爭分享留學經費的，是那謹慎保守的官紳階層。從 1885 年中法戰爭結束，到 1895 年中國在中日甲午戰爭慘敗為止，清朝政府由於自強

47　這第三個說法是根據 Jane Hunter, *The Gospel of Gentility: American Women Missionaries in Turn-of-the-Century China*（New Haven: Yale University Press, 1984），p. 194.

運動所帶來的一點中興的幻象，再加上財政的困難，很明顯地不感覺到有派遣留學生的必要。[48]然而，就在這表面上看起來，在原地踏步的 10 年，出洋留學的興趣已經開始在官紳階層中萌芽。一個不很直接，但是很有啟發作用的小例子是京師同文館。這個從 1862 年成立以後一直招不到好學生的洋務學堂，在 1880 年代末期開始有了轉機；由於申請人數大增，必須要有同文館的官員、教席或學生的介紹才進得去，後來，則以考試作為入學的標準。[49]同文館之所以變成熱門的原因之一，可能在於其畢業生有出國當使館翻譯或參贊、甚至晉升為公使的機會。

這種對外放出洋的興趣，顯然不只出現在報考洋務學堂的學生身上，甚至連在職的官員都已經躍躍欲試了。舉個例來說，1887 年，御使謝祖源奏請選派官員遊歷外洋。據說由於應徵者過多，最後以考試的方式選取了 10 名，分成兩團：一團前往美國，另一團前往歐洲和非洲。[50]1890 年，清廷命出使美、德、英、法、俄各國大臣在出國履新的時候，各帶兩名同文館的學生在使館實習。[51]事實上，並不是所有的使館學生都是同文館的學生。比如說，前文所提到的，後來做過駐美公使的施肇基。他出身於一個從事絲業外貿的家庭，上海聖約翰書院畢業。他在 1893 年隨駐美公使楊儒赴美為使館學生；他先在華盛頓念完高中，然後在 1911、1912 年先後得到康乃爾大學的學士、碩士學位。[52]

然而，毫無疑問地，留學之成為風尚，確實是在戊戌變法，或者更精確地說，在八國聯軍以後。由於這方面的研究和著作已經很多，[53]在此不多作辭費。在張之洞等疆臣的鼓吹之下，留學——特別是留日——成為朝

48　汪一駒，*Chinese Intellectuals and the West, 1872-1949*, p. 50；陳志讓（Jerome Ch'en），*China and the West: Society and Culture, 1815-1937*（Indiana, 1979），pp. 153-154.

49　齊如山，〈齊如山自傳〉，《中國一週》，第 239 期（11/22/1954），頁 23。

50　汪一駒，*Chinese Intellectuals and the West, 1872-1949*, p. 49.

51　使館學生的名額在 1895 年增加到 4 名。請參閱舒新城，《近代中國留學史》，頁 21。

52　施肇基，《施植之先生早年回憶錄》（台北，1958），頁 31。

53　William Ayers, *Chang Chih-tung and Educational Reform in China*（Harvard, 1971），pp. 133-136, 196-244; Y. C. Wang, *Chinese Intellectuals and the West, 1872-1949*, pp. 51-59.

野的新風氣。有關清末留日學生的著作已經很多，[54]同時也不在本書討論的範圍。我在此處只要指出，在留日的大潮流之下，留美學生的人數根本是小巫見大巫。在 1905 到 1906 年，當留日學生創下八千人之多的紀錄的時候，留美學生的總人數只有 217 人。[55]造成這種懸殊的比例的原因很多：一方面，由於政治、經濟、文化上的考量，清朝政府鼓勵留日；另一方面，美國沒有像日本一樣，專門為中國人所設的特別班和速成班，因此語言是一個很大的障礙。更實際的，恐怕還是費用的因素。我們以清朝政府在 1905 年所訂的公費補助標準，在換算成美金以後來做比較。留美的公費補助是 960 元；留日的公費補助是 250 元，相差將近四倍。[56]

　　語言的障礙以及費用的昂貴，這兩個因素根本地決定了這個過渡世代留美學生的來源。由於語言的障礙，教會學校出身的學生很自然地就比較具備留美的先決條件；而由於費用的昂貴，過渡世代的留美學生基本上要不是富家子女，就是公費學生。可惜由於這方面的研究還沒有全面展開，我們對於這些過渡世代留美學生出身背景的了解其實非常有限。富裕家庭出身的且暫時不談，我們知道從八國聯軍之役到辛亥革命之間，選派留美學生的機關，除了北洋大學、南洋公學，以及後來用美國退回的庚款所設的清華以外，還有像江蘇、浙江、廣東、湖北、四川等省，以及陸軍、海軍、海關、漢陽槍砲廠等等機構。

　　所幸的是，清華大學在 1917 年出版了一本《遊美同學錄》（*Who's Who of American Returned Students*）。這本同學錄所收錄的留美歸國留學生，最早的是容閎帶去美國的，最晚的大約是在 1915 年回國的。這本同學錄的優點是它比一般的同學錄資料豐富些。每一個人名之下都有一個段落，長短不一。先是中文，然後是英文。資料包括：姓名、本籍、親戚、

54　請參閱實藤惠秀，《中國人日本留學史》（東京，1960）；黃福慶，《清末留日學生》
　　（台北，1975；以及 Paula Herrell, *Sowing the Seeds of Change: Chinese Students, Japanese Teachers, 1895-1905*（Stanford, 1992）.

55　"Editorials," *The World's Chinese Students' Journal*, II.2（September-October, 1907），p. 2.

56　舒新城，《近代中國留學史》，頁 137-138。

教育、經歷與聯絡地址。它的缺點是蒐集不完整。它蒐集資料的方式，是按照一份清華大學所蒐集出來的歸國留學生的名單，把印製好的中英文問卷寄給名單上的人填寫寄回。[57]編輯者沒告訴我們這份名單是怎麼擬定的，而且也沒告訴我們寄回的問卷占寄出去的比例為何。我們可以確定的是，這本《遊美同學錄》的漏網之魚一定很多。舉個最明顯的例子，容閎帶去美國留學的「幼童生」只有 13 名出現在這本同學錄裡。然而，我們確切知道，一直到 1932 年，還有 29 名「幼童生」仍然健在。[58]

　　從嚴格統計學的角度來說，這本《遊美同學錄》沒有太大的價值。但是，從我們對過渡世代的留美學生所已經具有的初步的了解來說，這本同學錄還是提供了一些相當有意思的資料，來讓我們了解這些留美學生的出身背景。這本同學錄一共收錄了 401 名留美歸國學生。其中，包括 13 名容閎的「幼童生」以及 12 名回國就業定居的美籍華人。由於這兩個數據不具有統計學上的意義，我把它們剔除。因此，以下所製作的七個表格，是以這本同學錄裡的 376 人為根據。

表 2.3　1882-1915 留美公、自費學生分配比例表

	人數	%
全公費	179	48
部分公費	24	6
自費	154	41
不詳	19	5
總計	376	100

資料來源：《遊美同學錄》（清華大學，1917）。

57　吳宓，《吳宓自編年譜》（北京：生活‧讀書‧新知三聯書店，1995），頁 155。
58　Yung Shang Him（Rong Liang）to Arthur Robinson, October 22, 1932。請參見高宗魯，《中國留美幼童書信集》，頁 89。

　　表 2.3 的統計數字顯示出：從 1882 到 1915 年這個過渡世代的留美學生，有半數以上是公費生。這個比例雖然與我在下文會舉出的其他統計數字大致相符，但我懷疑自費生所占的比例可能稍微偏低。這可能因為有相當多的自費生根本就沒有收到問卷調查表。然而，即使這本《遊美同學錄》的數據有瑕疵，我們可以看出兩個重點。第一，有少數幾個家庭，或者說家族，把所有的兒子，甚至女兒，都送到美國或歐洲去留學。最突出的例子，就是後來有名的外交家施肇基家族。施肇基家族在《遊美同學錄》裡就占有了 7 名。[59]我在前文所提到的顏惠慶家族也是一個突出的例子。雖然這本《遊美同學錄》只收錄了 3 名，但我們從其他方面的資料知道，他父親以及他那一代就有 10 個人是留美的。我們必須等待將來的研究，來證明留學在當時已經成為一個家庭的傳統，或者用汪一駒的名言來說：「有留學的父親，就會有留學的兒子。」[60]這本《遊美同學錄》所告訴我們的第二個重點是：即使在這個過渡的世代，留美學生裡已經有一半是公費生了。這個現象說明了一個無可否認的事實，亦即，留美政策的執行和持續，是整個社會投下鉅額的投資的結果。不管納稅人知道或願意與否，他們補助了這許多富裕家庭的子女到美國去留學，讓他們回國以後在社會上得以享有更榮華的地位與財富。

　　富裕家庭的子弟之所以能得到社會納稅人的投資到美國去留學，又跟他們比別人具備到美國去留學的先決條件——亦即，會英文——有絕對的關係。而越是來自於有錢家庭的子弟，就越可能具備這個先決的條件。[61]表 2.4 的數據顯示留美學生有相當高的比例是念英文教學的學校出身的。他們當中有 140 名，亦即，37%，是用英語教學的教會學校出身的。更值得指出的是，那 37 名在國外讀中學的學生，除了 4 名以外，都是在用英文教學的地區上學的：18 名在美國、12 名在香港、一名在馬來亞、一名

59　《遊美同學錄》，頁 69-74。

60　Y. C. Wang, *Chinese Intellectuals and the West, 1872-1949*, pp. 189-190.

61　Wen-hsin Yeh, *The Alienated Academy, 1919-1937: Culture and Politics in Republican China, 1919-1937*（Harvard, 1990），pp. 10-22, 189-190.

在菲律賓、一名在新加坡。那四名在非英語地區上學的學生裡，有三名在日本，一名在德國。

表 2.4　1882-1915 留美學生國內教育出身背景

	人數	%
公立學校	165	44
教會學校	140	37
國外學校	37	10
不詳	34	9
總計	376	100

資料來源：《遊美同學錄》（清華大學，1917）。

然而，表 2.4 過渡世代的留美學生裡有 37% 是教會學校出身的數據，並沒有真正顯示出英文教育作為留美以及考取公費的先決條件的問題的全貌。表 2.5 的數據告訴我們，那 165 名公立學校出身的過渡世代的留美學生裡，有 79 名是上海的南洋公學以及天津的北洋大學畢業的。這兩所學校也是用英文教學的。如果我們把這兩所公立學校畢業的學生，跟教會學校畢業的學生，以及在說英文的海外中學畢業的學生加起來，則這過渡世代的留美學生裡，有將近 70% 是從說英文的預科學校出身的。

表 2.5 所顯示出來的更重要的數據是，在這 376 名過渡世代的留美學生裡，居然有 40% 是從聖約翰、南洋公學和北洋大學出身的。而更值得注意的是，聖約翰書院就占了 19%，幾乎是南洋和北洋大學加起來的總和。聖約翰書院是美國聖公會 1879 年在上海開辦的。它後來會成為上海有名的教會大學，20 世紀中國的許多名人，例如前文所提到的施肇基，以及下文會提到的顧維鈞、宋子文等人，都是聖約翰畢業的。然而，它在開辦的時候只有 39 名中學生，都是基督徒，所有的膳宿、書籍等等都是

表 2.5　1882-1915 留美學生出國前所讀學校的前三名

	人數	%
聖約翰書院	70	19
南洋公學	42	11
北洋大學	37	10
小計	149	40
其他學校	227	60
總計	376	100

資料來源：《遊美同學錄》（清華大學，1917）。

免費的。[62]它的大學部一直要到 1895 年方才有了第一屆的畢業生，而且一直要到 1916 年才在學生人數上超過中學部。[63]聖約翰洞燭機先，從 1881 年開始開設了英文課程，並且接著決定跟西方有關的課程用英文教。這兩個決定深受上海講求實用的商人階級的歡迎。他們已經體認到讓他們的子弟學英語會幫助他們找到好的工作。這就是為什麼早在 1901 年，聖約翰的學生就已經有一半是商人的子弟的原因了。這個現象是聖約翰特有的，迥異於當時的教會大學。[64]

　　北洋大學在 1895 年創立於天津，南洋公學——交通大學的前身——在 1896 年創立於上海。這兩所大學雖然都是公立學校，但它們從創校開始，就和聖約翰沒有兩樣，在教科書、教學以及考試方面都是以英文為主。[65]從某個角度來說，那是不得已的，因為當時工程、科學方面的教科

62　Jessie Lutz, *China and the Christian Colleges, 1850-1950*（Cornell, 1971），p. 32.

63　Wen-hsin Yeh, *The Alienated Academy, 1919-1937*, p. 65.

64　Jessie Lutz, *China and the Christian Colleges, 1850-1950*, p. 167. 請注意：葉文心說聖約翰所特有的這個現象是 1920 年才開始的。請參見其所著 *The Alienated Academy, 1919-1937*, p. 66.

65　請參閱《北洋大學：天津大學校史》（天津：天津大學出版社，1990），頁 18-23、24-37、87；有關南洋公學，請參閱 Wen-hsin Yeh, *The Alienated Academy*, pp. 93-95.

書都是英文的。而且這兩所學校的第一任校長都是美國人：北洋是丁家立
（C. D. Tenney）；南洋是福開森（John Ferguson）。從這個角度看去，
聖約翰、南洋和北洋大學之所以在這個過渡的階段是送出最多留美學生的
三間學校，就不是偶然的了。

　　最讓人驚訝的，還不是因為在這個過渡世代的留美學生裡，有 40％
是從聖約翰、南洋公學和北洋大學出身的。最驚人的，是他們所占的公費
生的比例。一如表 2.6 的數據所顯示的，南洋公學和北洋大學的留學生當
中，有五分之四以上是以公費留學的。南洋公學占了 74％，北洋大學更
是高達 81％。甚至連那以「富家子弟」聞名的聖約翰書院，[66]居然也有半
數以上是公費生──44％全公費，9％部分公費。

表 2.6　1882-1915 聖約翰、南洋、北洋校友公、自費留美比例表

	聖約翰書院		南洋公學		北洋大學	
	人數	％	人數	％	人數	％
全公費	31	44	31	74	30	81
部分公費	6	9	4	9	1	3
自費	33	47	2	5	5	13
不詳	0	0	5	12	1	3
總計	70	100	42	100	37	100

資料來源：《遊美同學錄》（清華大學，1917）。

　　值得注意的是，他們取得公費的方式不太相同。撇開那些拿部分公費
的學生不談，我們可以從表 2.7 看出：聖約翰書院 31 名獲得全額公費留
美的學生裡，有 22 名，亦即高達 71％的比例，是考取美國在 1908 年所
退還，後來用來作為清華大學基金的庚款留美獎學金。相對來說，南洋公
學的留美全額公費生裡，只有 15 名，亦即 48％是庚款生。最特別的是北

66　Jessie Lutz, *China and the Christian Colleges, 1850-1950*, p. 167.

洋大學的公費留美學生，他們當中只有一名是庚款生。造成這個現象的理
由之一，是因為北洋大學到 1914 年為止，有它自己派遣留美學生的經
費。從 1906 到 1914 年，北洋大學一共授予了 57 個公費的名額。其中，
有 44 個是給予其畢業生到美國留學。[67]在北洋大學 30 名全額公費留美學
生裡，至少有 18 名，也就是說，60％，我們確切地知道是拿北洋大學的
公費到美國去留學的。[68]

表 2.7　　1882-1915 聖約翰、南洋、北洋公費留美生得清華庚款比例

	聖約翰書院				南洋公學				北洋大學			
	全公費	%	部分公費	%	全公費	%	部分公費	%	全公費	%	部分公費	%
清華庚款	22	71	3	50	15	48	1	25	1	3	0	0
其他	9	29	3	50	16	52	3	75	29	97	1	100
總計	31	100	6	100	31	100	4	100	30	100	1	100

資料來源：《遊美同學錄》（清華大學，1917）。

在過渡世代裡，聖約翰、南洋公學、北洋大學能有那麼高比例的畢業
生以公費的方式留美——聖約翰超過一半以上，南洋公學、北洋大學超過
80％以上——這當然反映了這三所大學教學的水準和學生的素質。然而，
這種優越的成績也反映了他們的家庭背景所給予這些子弟在考試競爭上所
占有的優勢。他們的家庭有眼光，而且有經濟上的能力，把他們的子弟送
到這些用英文教後來留美公費考試會考的科目的學校就讀。這些學生的家
庭是走在時代的尖端；他們能準確地拿捏出時代的脈搏，捷足先登地爭取

67　請參閱《北洋大學：天津大學校史》，頁 37-38。

68　這個數字是用北洋大學留學人名錄與《遊美同學錄》比對得來的。請參見《北洋大學：
　　天津大學校史》，頁 459。

到出現在變遷的中國社會裡的新機會與新資源。試問：在那個過渡的時代，是什麼人家的子弟比較有可能會進這三所大學？換句話說，在那表面上看起來，公開、客觀、公平的考試成績的背後，是每個家庭在文化、社會、經濟條件上不平等的事實。這一點是汪一駒先生為什麼在他那本研究近代中國留學生的大作裡，大加抨擊近代中國留學政策的主要原因之一。[69]

然而，這個留美的新機會與新資源是有其性別上的局限的。表 2.8 的數據顯示：在這 376 名留美學生裡，只有 17 名，或者 5%是女性。雖然這本《遊美同學錄》毫無疑問地漏掉了許多已經歸國的女留學生，但是我們如果把它與下文還會舉出的一些數據對比，我們可以說這個 5%的比例即使偏低，還是反映了早期留美學生中男女比例特別懸殊的事實。然而，重點不在於當時女留學生數目的稀少，而是在於女學生泰半無緣當時政府

表 2.8　1882-1915 留美女學生所占比例

	人數	%	畢業學校	人數	%
女學生	17	5	中西女塾	9	53
			其他教會學校	4	24
			香港教育	2*	12
			九江高等女學堂**	1	5.5
			不詳	1	5.5
			小計	17	100
男學生	359	95			
總計	376	100			

* 其中一名得半公費補助。
** 還沒查到該學堂的資料，而且說是 1895 年畢業的。疑資料不確。
資料來源：《遊美同學錄》（清華大學，1917）。

69　Y. C. Wang, *Chinese Intellectuals and the West, 1872-1949*, pp. 150-156.

所提供的公費留學獎學金。這 17 名女學生，除了其中一名已經在美國留學以後才得到廣東省政府半公費的補助以外，全部都是以自費的方式留學美國的。

　　表 2.8 同時也顯示了另外幾個值得注意的事實：第一，在這 17 名留美女學生裡，居然有 9 名，也就是說，半數以上，是從衛理公會在上海所辦的貴族女校中西女塾（the McTyeire School for Girls）畢業的——宋靄齡、宋慶齡、宋美齡三姊妹都在這個學校念過；[70]第二，這 17 名女留學生，除了一個是在「九江高等女學堂」受教育，另外一個不詳以外，都是在從教會或香港的英文教育環境出身的。

　　這本《遊美同學錄》所顯示的最後一個重要的面向，就是當時留美資源在地區上分配極為不均的現象。這在容閎幼童生所代表的先驅世代固然如此，在過渡世代仍然如此，而且一直到 20 世紀初年依然如此。表 2.9 的數據顯示在這個過渡世代，有高達 87.2%的留美學生是來自於江蘇、廣東、浙江、直隸（即河北）、福建這五個沿海的省分。雖然這個數據似乎高得令人不能置信，但它與後來的一些數據相符合。事實上，大多數有關留美學生本籍的統計，這五個沿海五省所占的比例都在 70%到 90%之間。[71]唯一一個與這些統計偏離最遠的數據是 49%，是我在下一段會指出的紐約的「華美協進社」所作的《中國學生留美一百年小史》裡的統計數字。[72]

　　值得指出的是，我們不能太過拘泥於表 2.9 所顯示的這五個沿海省分的排名以及百分比。表 2.10 把《遊美同學錄》的數據所顯示出來的排名

70　有關中西女塾貴族氣氛的描述，請參閱 Wen-hsin Yeh, *The Alienated Academy*, pp. 74, 228. 但是，中西女塾並不是像她在頁 326 注 91 裡所說的，是林樂知（Young J. Allen）創辦的。它的創辦人是赫谷（Laura Haygood）女士，它的英文校名是為了紀念麥克太爾（Holland N. McTyeire）主教而取的。

71　Y. C. Wang, *Chinese Intellectuals and the West, 1872-1949*, p. 158.

72　"Statistical Analysis of Chinese Students in American Colleges and Universities, 1854-1953: （C） Number of Students by Chinese Provinces," *A Survey of Chinese Students in American Universities and Colleges in the Past One Hundred Years*（New York, 1954）, p. 33.

表 2.9　1882-1915 留美學生本籍前五名排行榜

省分	人數	%	排名
江蘇	135	35.9	1
廣東	106	28.2	2
浙江	41	10.9	3
直隸	29	7.7	4
福建	17	4.5	5
小計	328	87.2	
其他	48	12.8	
總計	376	100	

資料來源：《遊美同學錄》（清華大學，1917）。

榜與其他兩個排名榜相對照：一個是汪一駒根據 1910 年代、1921 年、1943 年以及 1945 年的一些留美同學錄所製作出來的；另外一個是《中國學生留美一百年小史》（*A Survey of Chinese Students in American Universities and Colleges in the Past One Hundred Years*），是紐約的「華美協進社」向美國大學所做的從 1854 到 1953 年到它們學校留學的中國學生所做的問卷調查。[73]這三項調查的結果之所以會相當不同，是由於幾個很容易解釋的因素造成的。其中，重要的幾個因素，是基於調查的方法、調查的對象以及調查的時間。

　　表 2.10 列出了三個留美學生本籍前五名的排行榜：《遊美同學錄》的，是江蘇、廣東、浙江、直隸（即河北）、福建；汪一駒的，是廣東、江蘇、浙江、河北、福建；「華美協進社」（China Institute of America）的，是江蘇、廣東、河北、福建、浙江。我們會發現這三個排行榜，除了排名略有先後以外，省分完全雷同。這三個排行榜在排名上的歧異是不難

73　Y. C. Wang, *Chinese Intellectuals and the West, 1872-1949*, p. 158 and *A Survey of Chinese Students in American Universities and Colleges in the Past One Hundred Years*, p. 33.

表 2.10　1882-1953 留美學生本籍前五名排行榜

排名	《遊美同學錄》[a]	汪一駒[b]	華美協進社[c]
1	江蘇	廣東	江蘇
2	廣東	江蘇	廣東
3	浙江	浙江	河北
4	河北	福建	福建
5	福建	河北*	浙江

* 1943 與 1945 年的數據，河北晉升到第三位。

[a] 《遊美同學錄》（清華大學，1917）。

[b] Y. C. Wang, *Chinese Intellectuals and the West,1872-1949*, p. 158.

[c] 《中國學生留美一百年小史》（New York, 1954），p. 33.

解釋的。首先，它們在數據上的根據都不是很精確的。這三項調查統計所根據的數據都是由問卷調查得來的。換句話說，凡是沒有收到問卷調查，或者沒有寄回問卷調查的，就自然地沒有反映在這三個排行榜所根據的統計數字上。《遊美同學錄》是清華大學編的，廣東和福建因為比較遼遠，調查上的疏漏可能性較大，因而減低了這兩省——特別是廣東——的比重。「華美協進會」的問卷調查的對象是美國各大學，資料可能比較可靠，但是，它所調查到的 20,636 名留美學生當中，居然有 5,366 名之多，也就是說，26％的比例，是本籍不詳，這當然大大的影響到統計的結果。

其次，這三個排行榜在排名上的歧異也反映了不同的時代背景。所有 20 世紀初年的資料都顯示出留美學生當中，廣東籍所占的比例最高。這一方面當然跟廣東開風氣之先有關係。但是，在另一方面，就像汪一駒先生已經指出的，由於 19、20 世紀美國的排華政策的影響，以及中國人對雙重國籍的接受，在早期留美學生所編的同學錄裡，所有美國華僑，只要其祖籍是廣東，都列為廣東人。這很自然的膨脹了廣東籍學生在統計上的比重。然而，這個解釋有其限度。汪一駒所提供的數據，廣東一直都是留美學生本籍排行榜的第一名。而且一直到 1945 年，都還超過江蘇十個百

分點以上。以汪一駒所使用的 1914 年的同學錄為例。在他把美籍華裔學生剔除了以後，廣東籍的留學生仍然超過江蘇籍的留學生 23 個百分點。[74]

汪一駒說一直到 1945 年，廣東籍的留學生都仍然超過江蘇十個百分點以上。這個問題不容易解釋。有一個可能造成這個現象的因素是，當時留美學生所編製的同學錄是把所有大、中、小學的學生都收錄在同學錄裡的。當時在美國的中、小學留學生是以廣東籍為多，因為他們不是土生土長的，就是很小隨父母到美國的。至於 1914 年的同學錄所顯示的廣東籍留學生超過江蘇籍的留學生 23 個百分點。這還容易解釋，那就是同學錄、調查報告所列入的學生以及其編製的年代。換句話說，1914 年算是早期，還是廣東籍留學生人數占絕對優勢的時代。

這兩個用來解釋為什麼汪一駒的數據一直是廣東人居冠的理由，也可以適用於解釋為什麼江蘇籍的學生在《中國學生留美一百年小史》裡居冠的理由。第一，《中國學生留美一百年小史》的調查不包括大學以下的學生。第二，《中國學生留美一百年小史》所涵蓋的時間的下限是這三個排名榜裡最晚的，一直到 1953 年——很可能捕捉到了江蘇籍留美學生的數目超過了廣東籍留美學生數目的階段。

然而，我所要強調的，並不在於這個前五名的排行榜的準確性，也不在於其穩定性，而是江蘇、廣東、浙江、河北、福建這沿海的五省從 19 世紀末葉以來，一直是送出最多留美學生的省分。

汪一駒在他的大著裡還提出了一個非常有意味的結論。他說這五個沿海富庶省分出國留學的學生人數與留學國度費用的高低成反比的關係。這五個富庶省分去費用高的國家——例如美國和德國——留學的人數壓倒性地超過其他省分；反之，這五個富庶省分去費用較低的國家——例如日本以及第一次世界大戰以後到法國去的勤工儉學運動——留學的人數相對地

74　Y. C. Wang, *Chinese Intellectuals and the West, 1872-1949*, pp. 157-158.

少。[75]汪一駒提出這個結論非常有洞察力，而且在數據上站得住腳。

　　然而，汪一駒的盲點是，他沒有見到這些從沿海富庶的五個省分出國留學的學生，絕大多數用的是公費，而不是自己家裡的錢。本節的分析所凸顯出來的事實是：這五個沿海富庶省分有錢人家的子弟，在政府所舉行的所謂公開、公平的考試裡脫穎而出，而取得了國家所給予的教育資源出國留學。那所謂的唯才是舉的神話，隱藏了他們掌握了優越的政治、社會、經濟與文化資源的事實。而出國留學，更進一步地提升、鞏固了他們回國以後在社會上的地位及其所能取得的利益與資源。

　　每一個國家基於其社會、政治、經濟、文化的傳統，對社會資源的運用一定會有所不同，也自然地回過頭來反映在其社會、政治、經濟、文化與教育的政策上。一個社會的教育資源應當如何分配？是否一由考試成績來作分配的標準，不計家庭的經濟能力？或者是否應當以量力分擔的原則，讓有財力的家庭負擔自己子女的教育費用，把社會的資源用來作為扶助弱勢家庭有能力的子女接受更好、更高的教育的機會？這是每一個社會的選擇，而這個選擇也會回過頭來決定社會發展的方向。就以美國的大學為例，其給予獎助學金的標準，基本上就是量力分擔的原則。貫徹這個原則最為澈底的，就是常春藤以及史丹佛等名校。成績再好，只要學校認為學生的家庭有能力負擔，一分錢的獎學金都拿不到。當然，這並不能概括所有美國的大學。舉個例來說，我所服務的學校就提供以家境為考量的獎助學金，也提供只論成績、不論家庭的經濟能力的獎學金。這是因為我們必須要跟名校競爭，以吸收到那些能進名校但因為家境好而拿不到獎學金的好學生。

75　Y. C. Wang, *Chinese Intellectuals and the West, 1872-1949*, pp. 159-161. 有關勤工儉學運動，請參閱 Marilyn Levine, *The Found Generation: Chinese Communists in Europe during the Twenties*（Seattle, 1993）.

留美蔚然成風

　　一般中國人開始認識到留學的好處是在 1900 年以後的事。在 1900 年以前就出國的過渡世代的留美學生誠然是有先見之明。對當時的一般人而言，他們連想學英文的念頭都沒有，何況是到美國去留學了。即使是對當時上層社會的菁英家庭而言，讀四書五經，考取科舉才是正途。對沿海都會裡萌芽的商人階級而言，他們所放眼的，是如何在通商口岸找到工作。事實上，即使到了 1890 年代教會學校開始開設英語課程的時候，去選修的學生所想到的，只是把英語當成找工作的敲門磚。大部分的學生在學會了足夠的英語與算術以後，就去通商口岸的公司與洋務機關找工作了。[76]

　　時代脈動的改變是在人們不知不覺之中潛移默化進行的。因此，當人們警覺到那新的脈動的時候，他們會覺得天地彷彿是一夕之間變色一樣。這就是當時的中國人對留學氣氛改變的感覺。比如說，顧維鈞回憶他在 1901 到 1904 年在聖約翰書院讀書的時候，聖約翰書院學生當中，等不及畢業就想去美國的，比比皆是。那種急切的心態，據他的回憶，雖然甚得聖約翰的美籍教師的稱許，但他們也同時嘖嘖稱奇，說那是創校 30 年以來所未有的現象。[77]就是顧維鈞自己，也不能免於這種新時代的脈動帶給他的驅力。當他的四個同學告訴他說他們即將啟程赴美，並且邀他同行的時候，他立時接受了他們的邀請，說只要他父母答應並且願意給他錢，他就一起上路。等他們在 1904 年啟程的時候，他們這一團已經增加到 7 個人。

　　到美國去留學這麼大的決定，顧維鈞跟他的同學——還都只是青少年——可以如此泰然自若（blithe coolness）地呼朋引伴同去，彷彿就像是去打籃球一樣。這只有在留美就像是在趕時髦一樣的心境之下才可能發生的。顧維鈞只有 16 歲；同行的 6 人應該都年齡相仿。他們 7 個人到了美

76　Jessie Lutz, *China and the Christian Colleges, 1850-1950*, pp. 76-77 and W.W. Yen, *East-West Kaleidoscope, 1877-1944*, p. 6.

77　Wellington Koo, *Reminiscences of Dr. Wellington Koo*（New York: Columbia University, 1976），I.35；《顧維鈞回憶錄》，第一分冊，頁 20。

國以後，都進了高中讀書。顧維鈞去了紐約州康乃爾大學附近的庫克學院
（Cook Academy）讀了一年以後，才進了哥倫比亞大學。

　　顧維鈞這一批 7 人只不過是在 20 世紀初年到美國去留學的一個例子
而已。除了像顧維鈞這樣子的自費生以外，還有許多公費生。我在前文已
經指出，北洋大學、南洋公學以及後來用美國退回的庚款所設的清華學堂
以外，當時有許多省，例如：江蘇、浙江、廣東、湖北、四川也都送公費
生到美國留學。此外，陸軍、海軍、交通部、海關、漢陽槍砲廠等等機構
也都派送學生到美國留學。

　　這些政府機構所派送的公費生在人數、持續性以及水準方面差異性極
大。雖然在這方面的統計數字不多，但受益的人數相當可觀。從 1908 到
1925 年，光是交通部就派送了 235 名學生到美國留學。[78]有關各省方面，
我們只有 1921 到 1925 年間的統計數字：總共有 934 名學生被派送到美國
留學。[79]雖然我們不太清楚這些各省所派送的留學生的情況，但徇私貪污
的傳聞不少。汪一駒說許多拿到省政府所授予的公費的學生靠的是關係，
而不是成績。他舉了一個極端的例子。他說 1904 年有一名拿到四川的公
費到美國去留學的學生，在旅途上被人意外地發現居然目不識丁。[80]

　　各省派送公費生會發生徇私貪污的情事完全不是意外。然而，各省派
送留學生是在一個相當積極的氛圍之下展開的。1905 年，清廷決定廢科
舉，一斬那千年來仕紳階級賴以學而優則仕的機制。在同一年，清廷開始
舉辦考選歸國留學生、頒予傳統科舉功名、並授予實缺的考試。在這些特
考裡被授予進士和舉人功名的人數急速增加，從 1905 年的 14 名，增加到
1908 年的 107 名，到 1911 年的 493 名。1911 年是清廷為歸國留學生舉辦
特考的最後一屆。一方面是清朝就在該年滅亡；另一方面是清廷根本已經

78　舒新城，《近代中國留學史》，頁 115。

79　同上注，頁 229-230。

80　Y. C. Wang, *Chinese Intellectuals and the West, 1872-1949*, pp. 83, 143.

沒有實缺來分派這些洋進士和舉人了。[81]

　　廢科舉與舉辦洋科舉發生在同一年，這也許純屬巧合。然而，沒有一個人不會不意識到其劃時代的意義：洋學位已經取代了舊科舉的功名，而且除了 1906 年那一屆的特考以外，入選者立刻授予實缺為官。清廷求留洋歸來的人才若渴的程度，居然到了 1906 年的特考允許考生用留學國語言回答考題的地步。由於那一屆的特考並沒有規定考生一定要懂中文，參加該年特考而得到了洋進士功名的顏惠慶說，有一個考生連自己的中文名字都寫得四不像。[82]

　　留學——特別是留學西洋——在社會上所驟然具有的威信，使得一些派送公費留學生出國的省分慎重其考選的程序以昭公信。比如說，1907年，兩江總督在南京舉行公費留美的考試。在經過三天的考試以後，在超過六百名報考的學生裡，只有 10 名男學生、3 名女學生獲選。[83]

　　如果 1907 年在南京所舉行的公費留美考試是首例，1908 年 8 月在浙江杭州所舉行的公費留美考試是最讓人蕭然起敬、也是報導最詳細的。號稱是根據美國哈佛大學與耶魯大學的入學測驗的杭州留美考試，考期長達六天。有兩百名學生應考。第一天是身體檢查，目的在淘汰不健康的考生，包括沙眼——有沙眼不能進美國。第一天就刷掉了 25 名應考者。第二天考中文和歐洲古代、中古史。值得指出的是，有一百名學生中文不及格被淘汰。剩下的 75 名應考者在第三天考化學、算術、幾何。第四天考拉丁文、自然地理學、商業地理學。第五天考物理和外文——法文或德文。想要到美國學科學的考生可以用解析幾何來取代法文或德文。這一個馬拉松的留學考試的最後一天考三角、立體幾何、修辭學以及英文。英文

81　Y. C. Wang, *Chinese Intellectuals and the West, 1872-1949*, pp. 68-71. 汪一駒說 1911 年特考所授的進士、舉人有 400 名。我在此是根據左玉河，〈論清季學堂獎勵出身制〉，《近代史研究》，第 4 期，頁 45-57，2008。

82　W. W. Yen, "The Recent Imperial Metropolitan Examinations," *The Chinese Recorder*（January, 1907），p. 38.

83　"Editorials: The Recent Examination in Nanking," *The World's Chinese Students' Journal*, II.1（July-August, 1907），p. 4.

作文題為：「西洋教育的價值及其與開發中國富源的關係」（The Value of Western Education and Its Relation as a Factor Toward the Development of China's Resources）。考試結果有 20 名學生贏得了令人豔羨的公費到美國去留學。[84]

　　杭州在 1908 年所舉行的公費留美考試驚人的所在，還不在於它考試科目之多、之廣。它真正驚人的地方，在於它假定當時中國的學生有能力去應考它所吹噓的以哈佛與耶魯的入學測驗為標準的考試。中國的教育部才剛成立三年，是科舉制度在 1905 年廢除以後才成立的。教育部訓令全國各地所成立的現代教育體系有名無實。其基礎可能就是在 19、20 世紀之交所出現的幾十所中西參半的學校。[85]更重要的是，這些中西參半的學校不但寥寥可數、程度參差不齊，而且多半都是屬於小學的程度。例外的是幾所獨立在中國教育體制之外的學校。毫不意外的，那 20 名考上 1908 年杭州的公費留美考試的應考者，有 18 名是聖約翰、南洋公學、北洋大學、震旦學院以及復旦公學的學生。而這五所學校，除了聖約翰以外，都是才成立不久的。聖約翰是 1879 年成立的；北洋大學，1895 年；南洋公學，1896 年；天主教的震旦學院，1903 年；復旦公學最晚，1905 年。有關女學方面，清廷一直到 1907 年才諭令全國要設立女學堂。當時只有教會學校收女學生。其中，最有名的就是 1892 年在上海成立的中西女塾。

　　雖然當時真正有能力應考的學生屈指可數，主考官卻執意要堅守標準，寧缺勿濫。當時中國歸國留學生的人數誠然不多，但要找到能出考題的人卻綽綽有餘。比如說，1908 年杭州留美考試的主考官就是從耶魯、哥倫比亞、加州以及比利時的大學畢業的。更重要的是，1908 年杭州的留美考試顯然是後來從 1909 到 1911 年三次庚款留美考試的範例。跟胡適同一年考取第二次庚款留美的趙元任，在《回憶錄》裡留下了他如何準備

84　T. Z. Tyau, "The Chekiang Competitive Government Scholarship Examination," *The World's Chinese Students' Journal*, III.1（July-August, 1908）, pp. 105-107.

85　Sally Borthwick, *Education and Social Change in China: The Beginnings of the Modern Era*（Hoover Institution Press, 1983）, pp. 62-94.

1910 年的庚款考試的一些點滴。趙元任雖然不是教會學校的產物，但他有幸在他所念的南京江南高等學堂裡有兩位美國教師：一位教英文；另一位教物理。此外，他有先見之明地自學了德文。他在《回憶錄》裡記下了1910 年庚款考試所考的科目：「中英文作文、代數、平面幾何、希臘史、羅馬史、德文或法文、物理、植物學、動物學、生理學、化學、三角、立體幾何、英國史、世界地理、拉丁文（可選不考）。」[86]光是這一長串的科目本身就已經夠嚇人了。然而，還有更細緻的問題。比如說，在胡適、趙元任報考的前一年，1909 年的庚款考試的西洋文學裡有一個題目問：「舉出下列人物出現的書名：文伯（Wim Wimble）、[87]潔西卡（Jessica）、[88]羅文娜（Rowena）、[89]愛碧（Eppie）。[90]」[91]

根據中美兩國的協議，中國會用美國所退還的庚款，在開始的四年裡，每年派送一百名學生到美國去留學。然而，從 1909 到 1911 年所派送的學生都遠低於這個數目：1909 年，47 名；1910 年，70 名；1911 年，63 名。問題不在於報考人數太少。1909 年報考的人數超過六百人；1910 年，四百人。研究留學史的學者，常以這個數目來證明這三次庚款考試的標準嚴格。[92]然而，當代人清楚其底蘊。上海歸國留學生所辦的《寰球中國學生報》（*The World's Chinese Students' Journal*）極為關注這三次的庚款考試。事實上，《寰球中國學生報》的主編李登輝就是 1908 年杭州留美公費考試的主考官之一。作為堅持用哈佛與耶魯的入學測驗為標準來考

86　Yuen Ren Chao, *Yuen Ren Chao's Autobiography: First Thirty Years, 1892-1921*, in *Life with Chaos: The Autobiography of a Chinese Family*, Vol. II（Ithaca, New York: spoken Language Services, Inc., 1975）, p. 71.

87　《與考佛利爵士遨遊的日子》（*Days with Sir Roger De Coverley*）。

88　莎士比亞的《威尼斯商人》（*The Merchant of Venice*）。

89　《撒克遜英雄傳》（*Ivanhoe*）。

90　《織工馬南》（*Silas Marner: The Weaver of Raveloe*）。

91　"Editorials: The Government Educational Mission Examination at Peking," *The World's Chinese Students' Journal*, IV.2（September-October, 1909）, p. 87.

92　蘇雲峰，《從清華學堂到清華大學, 1911-1929》（台北：中央研究院近代史研究所，1996），頁 17-22；參見李喜所，《近代中國的留學教育》，頁 209-214。

選所有留美學生的倡議者，李登輝擔心政府訂的標準不夠高。他以前一段所提到的 1909 年庚款考試西洋文學的出處那一題為例——顯然那一題是他出的——說，只有廣泛涉獵英國文學的學生，方才可能答出那些人物所出現的小說的名字。他承認考試的科目很難，但認為錄取人數少，是因為考生的準備不夠。他籲請政府把標準提得更高，或者只准許大學畢業生應考。如果那樣做會把標準定得太高，他建議政府在考試以前，就宣布考試的科目，讓考生有充分的時間準備。[93]在一篇 1911 年庚款生已經啟航以後所寫的社論裡，李登輝批評說那一批庚款生的程度參差不齊，有已經從大學畢業的學生，也有才念了四年的中學幾乎不懂英語的學生。[94]這種堅守標準的呼籲，其實也反映了歸國留學生在保護其自身的集體利益——他們在社會上的特殊地位。他們必須要能守住防線，不能讓留學淪落到阿貓阿狗都可以去混個洋文憑回來的地步。

當時的人很清楚，考取公費留美的學生就是來自於那屈指可數的幾所學校的學生。它們的優勢，就在於它們是用英文教學的。這些學校的學生既然占了這個優勢，他們常常在考取了公費留美以後，就休學出國去了。最極端的例子就是聖約翰書院。聖約翰在 1911 年應該有 21 名學生會畢業。可是，它在 1911 年的畢業典禮只有 6 名學生參加畢業式。其他不是到北京去考庚款留美，就是已經出國了。害得聖約翰書院校長在 1911 年畢業典禮致詞的時候，要為聖約翰教學的成功所意外帶來的低畢業率的尷尬致歉。[95]

然而，教會學校學生英文好的反面也正是其缺點。一般的反應就是教會學校學生的中文不好。1908 年杭州所舉行的公費留美考試裡有一百名——應考生的一半——因為中文考試不及格而被淘汰就是一個極端的例

93　"Editorials: The Government Educational Mission Examination at Peking," *The World's Chinese Students' Journal*（September-October, 1909）, IV.2, p. 88.

94　"Editorials: The Problem of Indemnity Students," *The World's Chinese Students' Journal*, VI.1（September, 1911）, pp. 480-481.

95　Ibid., p. 481。有關聖約翰校長卜舫濟（Hawks Pott）的致詞，請參見 Mary Lamberton, *St. John's University, Shanghai, 1879-1951*（New York, 1955）, p. 76.

子。雖然我們不知道這一百名中文考試不及格的學生的背景如何，但是有那麼多的學生中文不及格，就在在地證明了在 20 世紀初年要如何中英文兼具、中西學科皆顧，是多麼困難的一件事。

由於攸關的利益太大了，那些就只有英文好的人，覺得他們沒有必要因為中文不好而引以為咎，特別在傳聞 1906 年的特考允許考生用留學國語言回答考題的作法可能將會繼續以後更是如此。《寰球中國學生報》的主編在聽到這個傳聞以後倍感欣慰。他在社論裡承認說：「從西洋歸國的留學生在現階段中文不好是眾所周知的事。」然而，他也同時辯解說：「沒有一個人有辦法中西文俱優。這兩種語文之間沒有任何相通的所在。」[96]

如果這篇奇論連連的社論透露出一點焦慮感的話，其焦慮的所在並不真正是中文不好的問題。這是因為大家都知道留美歸國學生並沒有忘了他們的母語，他們只是因為「在外國生活太久，用外語太勤」，而有點「生疏」了而已。他們真正焦慮的所在，是留美學生個人和集體的利益。對他們威脅最大的留日的歸國學生也籲請政府優先任用他們。留日學生不但在人數上遠遠超過留美學生，而且他們的中文比留美學生好。如果中文寫作是留學生特考裡必考的一項，他們一定會比留美學生占有優勢。

最讓留美學生懊惱的是，1906 年的特考允許考生用留學國語言回答考題的作法因為受到廣泛的批評而中止。因此，有許多應考者在次年所舉行的留學生特考裡，因為中文不及格而沒得到洋科舉的功名。[97]等中文不再是煙幕戰裡的假議題以後，他們跟留日學生之間的競爭就檯面化了。在他們的眼中，留日學生對西洋的了解，是經由日本的二手貨，是「膚淺的」。他們一再抱怨政府所用的公式，給不同的國家、不同的學科、不同

96　"Editorials: The Recent Imperial Metropolitan Examination for Returned Students," *The World's Chinese Students' Journal*, I.3（December 1, 1906）, p. 3.

97　Y. C. Wang, *Chinese Intellectuals and the West, 1872-1949*, p. 69.

的層級的學位點數的計分方法偏袒了留日學生。[98]根據當時的報導，留學西洋與留學日本的歸國學生在洋科舉特考的考場裡，不管是考前還是考後，都是涇渭分明，不相往來。[99]也許就因為留美學生一直都認為他們沒有得到應有的重視，當這個洋科舉在 1911 年中止的時候，他們還頗能泰然處之。才在一年以前，《寰球中國學生報》還呼籲清廷要把政府從中央到地方都澈底地改組，任用歸國留學生以加速政治的進步與效率。[100]現在，洋科舉特考既然廢止，《寰球中國學生報》做了一個一百八十度的大轉彎，慶幸西洋教育終於——雖然還是太慢了一點——讓中國學生能夠揮別那千年來學而優則仕的誘惑：

> 由於中國的教育一直是跟出仕的觀念結合在一起的，雖然新教育體系是受到了西方的影響，但還是無法成功地把兩者從學生的心裡分開。不管留學生所學的專業是什麼，對他們而言，那磁極一直就是有著榮華富貴的官位在等著他們的北京。[101]

不管留美學生對洋科舉特考的廢止是贊成還是反對，清廷已經沒有實缺去安插他們了。對一個千年以來用科舉制度來拔擢人才的國家而言，用洋科舉來取代傳統科舉的想法是完全可以理解的。然而，等留學生的數目邊增以後，政府根本就沒有那麼多的職位來吸納他們。就像我在前文所指出的，在 1905 到 1906 年之間，留日學生創下了八千人之多的紀錄。中國

98　A Returned Student, "The Recent Metropolitan Examination for Returned Students," *The World's Chinese Students' Journal*, II.2（September-October, 1907）, pp. 38-40; "Editorials: The Peking Examination," *The World's Chinese Students' Journal*, V.2（November, 1910）, pp. 85-86.

99　A Returned Student, "The Recent Metropolitan Examination for Returned Students," p. 40.

100　"Editorials: The Future Problem of Our Returned Students," *The World's Chinese Students' Journal*, IV.4（March, 1910）, pp. 209-211.

101　"Editorials: The Returned Students and the Peking Examination," *The World's Chinese Students' Journal*, V.6（July, 1911）, p. 389.

到 19 世紀末年科舉制度所頒授的進士，只不過是三百多一點。[102]而光是
1911 年的洋科舉特考，就頒予了 493 個功名——雖然是洋進士、洋舉人
的總和。雖然留日學生人數的巔峰是在 1905 到 1906 年間，但留美的浪潮
還沒開始呢！我們從表 2.11 可以看出，1910 年留美學生的數目是 1909 年
的三倍半以上。當然，這也有可能是因為 1909 年，甚至 1909 年以前的數
字都是少報了的結果。

表 2.11　1905-1932 留美學生人數統計

年分	人數
1905	130
1906-1907	217
1909	183
1910*	650
1914	847
1918	1,124
1920-1921	917
1924	1,637
1927	1,413
1931-1932	1,256

* 朱庭祺，《美國留學界》，《留美學生年報》（1911 年 6 月），頁 2。
資料來源：Y. C. Wang, *Chinese Intellectuals and the West, 1872-1949*, p.
510.

　　必須再次指出的是，表 2.11 的數據跟大多數有關留美學生的統計一
樣，是透過問卷調查所得到的，並不精確。而且，表 2.11 的數據，泰半

---

102 Chang Chung-li, *The Chinese Gentry: Studies of their Role in Nineteen-Century Chinese
Society*（Seattle: University of Washington Press, 1955），p. 123.

是從留美學生所編的同學錄裡汲取來的。必須再次強調的是，這些同學錄不但包括了中學生、甚至小學生，而且包括了土生土長的華裔學生。然而，表 2.11 的數據跟我們可以找到的另外一個獨立的數據所顯示出來的趨向是一致的。「紐約國際教育研究所」（the International Institute of Education of New York）從 1919 年開始蒐集在美國大學留學的外國學生的統計數字。表 2.12 的數據顯示了 1919 到 1931 年——本書研究的下限——中國留學生的人數。我們可以發現表 2.11 跟表 2.12 有關 1920 年代的數據是相當一致的。

表 2.12　1919-1931 美國大學中國學生人數

年分	人數
1919-20	955
1920-21	1,255
1922-23	1,507
1923-24	1,467
1924-25	1,561
1925-26	1,317
1926-27	1,298
1928-29	1,287
1929-30	1,263
1930-31	1,306

資料來源：《中國學生留美一百年小史》（New York, 1954），p. 18.

　　事實上，我們很難從表 2.11 或表 2.12 的數據去推算出 1900 到 1931 年到美國大學去留學的學生人數。在 20 世紀初年，中國還沒有大學的時候，許多留美學生到了美國以後都是先在高中念個一兩年才進大學，例如本節起首所提到的顧維鈞。一直要等到中國的大學教育開始成形以後，中國大學生才在畢業出國以後插班成為美國大學大二或大三的學生。因此，

大多數中國學生在美國留學的時間大概在兩年到六年；兩年就是大學畢業就回國；六年是大學畢業繼續念研究所。幸好我們有一組從 1850 到 1953 年到美國大學去留學的中國學生的數據。這組數據是紐約的「華美協進社」向美國 550 多所大學所做的問卷調查。因為是問卷調查，這組數據當然是不精確的。然而，這大概是我們所能得到的最好的統計數字了。表 2.13 的數據就是從這組數據裡截斷出來的，只取本書所涵蓋的 1900 到 1931 年。我們從表 2.13 的數據可以看出留美熱潮的開始是在 1900 年代後半段開始的。

表 2.13　1900-1931 年間申請進入美國大學的中國學生人數

年分	男學生	女學生	性別不詳	總數
1900	3			3
1901	12		2	14
1902	7	1		8
1903	4	1		5
1904	18	2	1	21
1905	24		1	25
1906	55	4	1	60
1907	69	1	1	71
1908	64	6	7	77
1909	58	3	8	69
1910	90	6	11	107
1911	77	7	6	90
1912	69	4	6	79
1913	109	14	15	138
1914	155	16	19	190
1915	172	17	24	213
1916	143	19	19	181

年分	男學生	女學生	性別不詳	總數
1917	136	21	16	173
1918	183	26	20	229
1919	219	20	22	261
1920	322	26	47	395
1921	304	40	43	387
1922	307	49	47	403
1923	351	32	43	426
1924	322	32	29	383
1925	279	37	33	349
1926	266	42	33	341
1927	233	50	19	302
1928	237	43	26	306
1929	286	34	20	340
1930	248	40	28	316
1931	170	33	24	227
總數	4,992	626	571	6,189

資料來源：《中國學生留美一百年小史》（New York, 1954），pp. 26-27.

　　等留美學生的人數大量增加以後，我們就比較有困難用概括性的言語來形容他們了。表 2.13 所臚列出來的從 1900 到 1931 年的 6,189 名的總數恐怕還是少報的數目，但已經是龐大到難以比較歸類的程度。除了數目龐大以外，這 31 年間來美國留學的中國學生在出身背景方面比先驅、過渡的世代的學生複雜多了。更重要的是，留學生以及留學史是一個在學術界被冷落的課題。沒有學者賡續 1920、1930 年代先驅的研究；也沒有人承續汪一駒建立在 1920、1930 年代研究的基礎上，在 1966 年所出版的《中國知識分子與西方，1872-1949》一書的研究。在 20、21 世紀之交，差不多在同一個時間點，出現了三本研究留美學生的著作。其中，兩本出版成

書，一本是博士論文。這兩本書是：葉維麗（Weili Ye）所著的《為中國尋找現代之路：中國留學生在美國（1900-1927）》（*Seeking Modernity in China's Name: Chinese Students in the United States, 1900-1927*），2001 年出版；[103]畢樂思（Stacey Bieler）所著的《是「愛國者」還是「漢奸」？：中國留美學生史》（*"Patriots" or "Traitors"?: A History of American-Educated Chinese Students*），2004 年出版。[104]那一本博士論文則是在 1999 年完成的，是韓葉龍（Yelong Han）所著的〈中國作為世界的一部分：美國退還的庚款對 1920 年代中國學術機構建立的影響〉（Making China Part of the Globe: the Impact of America's Boxer Indemnity Remissions on China's Academic Institutional Building in the 1920s）。[105]

　　先說韓葉龍的論文，因為她的論題比較特定。她的重點在於強調留美學生的成就是雙重抱負的實現：不僅實現了他們個人在專業上的抱負，而且也同時實現了他們在世界的舞台上與全世界的學者與科學家競爭的抱負。葉維麗所著眼的，是留美學生如何從他們在日常生活裡的實踐，引介新的社會習俗、人際關係以及社群結合的方式，從而為中國尋找現代之路。畢樂思則從題目上就直接挑戰了 1949 年以後中國對留學生的評價。她以容閎幼童生作為引子，用他們學未竟功就被召回，不但不受重用，而且被打入冷宮的命運，來勾勒出她那本書的題旨：中國政府一向就對留學生抱持著疑懼的心理，在需要的時候，利用他們；在不需要，或者在一心想要獨裁、政治鬥爭的時候，折磨、踐踏、草菅他們。

　　葉維麗、畢樂思、韓葉龍這三本著作所反映的，是中國 1980 年代改革開放政策以後所興起的翻案史學。1949 年以後中國共產黨對留學生的

103　Weili Ye, *Seeking Modernity in China's Name: Chinese Students in the United States, 1900-1927*（Stanford: Stanford University Press, 2001）。我在此處援用 2012 年北京大學出版社出版的中譯本的譯名。

104　Stacey Bieler, *"Patriots" or "Traitors"?: A History of American-Educated Chinese Students*（Armonk, New York: M. E. Sharpe, 2004）．

105　Yelong Han, "Making China Part of the Globe: the Impact of America's Boxer Indemnity Remissions on China's Academic Institutional Building in the 1920s," Ph. D. Dissertation, University of Chicago, 1999.

評價，一言以蔽之，是「崇洋媚外」、「奴化」、「文化買辦」。與之相對的，1980 年代以後的翻案史學，其對近代留美教育的評價，則做了一個一百八十度的轉變。從改革開放的角度看去，留美學生不但不是從前宣傳之下所貶抑的西方帝國主義的文化買辦，而且搖身一變，成為中國近代化過程裡的愛國先驅。葉維麗、韓葉龍的著作都是中國翻案史學渡洋過海到美國的產物。從中國來留學，然後在美國定居、教學、工作的葉維麗、韓葉龍如此，身為美國人的畢樂思亦復如此。

諷刺的是，在思維方式上，這個翻案史學並沒有跳出中國 1980 年代改革開放政策以來所形成的思考框架。事實上，我們對 20 世紀中國留美學生的評價，並沒有必要停留在他們究竟愛國還是買辦，或者是傳統還是現代的二分法的思考框架裡。澄清留學生愛不愛國，不是買辦，是現代化的先驅，不但沒有助於我們對留學生的了解，而且反而局限了我們的視野，妨礙我們去問一些更為深刻的問題，比如說：資源分配、留學政策是否與國家、社會的需要相配合，以及歸國留學生與社會疏離的問題。「愛國／買辦」、「傳統／現代性」這種二元對立適足以使分析貧乏化，是任何想要研究留學生這個議題的人，所必須最先擺脫的二分法和思考框架。

這三本著作雖然都徵引了汪一駒的書，但對他的著作裡所批判的問題都沒有做出任何回應。從某個角度來說，這正是中國 1980 年代興起的翻案史學的一個大問題，亦即，歷史的失憶症。由於 1949 年革命所產生的斷層，許多從事翻案史學的學者或者不知道、或者看不到、或者不在乎1949 年以前的研究成果。在中國出生、長大，到美國留學的葉維麗如此是可以理解的；奇特的是，畢樂思身為美國人，居然亦不能免，可見翻案史學影響力的一斑。

因此，雖然 1920、1930 年代對留學以及新教育的研究已經是一個世紀以前的歷史成績，雖然建立在 1920、1930 年代研究的基礎上的汪一駒在 1966 年所出版的《中國知識分子與西方，1872-1949》是半個世紀以前出版的書，但是，他們在一個世紀以前已經提出來的幾個重要的問題，並沒有受到應有的回應、重估與省思。在本節所剩下來的篇幅裡，我分析四個有關留美學生整體的問題：一、留美學生所學的科目是什麼？二、女學

生在留美學生裡占有多少的比例？她們所學的科目是什麼？三、公費留學
生占留美學生的比例多少？其中是否有性別上的差別待遇？四、留美學生
有多少人拿到學位？這四個問題裡有三個都是汪一駒所著眼的重點，但有
補充修正的必要。然而，第三個問題裡存在著汪一駒的盲點。他能明察富
家子弟壟斷了留美的機會的秋毫，一再大力抨擊，卻沒注意到他們許多人
用的是公費的興薪。此外，公費留美在性別上的差別待遇，則是汪一駒因
為所處的時代的局限所沒想過的問題。

　　20 世紀初年的留美學生所學的科目是什麼？汪一駒在他的鉅著裡，
煞費苦心而且匠心獨具地把他所能蒐集到的資料彙集起來製成一個表
格。[106]汪一駒從他的數據作出了幾個結論：第一，20 世紀初年留美學生
最熱門的科系是工程，是 25％到 40％的學生的主修。隨著時間的推進，
自然科學逐漸熱門起來，從 20 世紀初年的 8％到 10％到 20 世紀中，上升
到 14％到 18％。同樣熱門的是社會科學，特別是經濟學、政治學和教育
學。最冷門的是農學。在 1935 年以後，主修農學的學生人數還比主修神
學、音樂、藝術的學生少。汪一駒說，這就是留美學生不切實際
（practicality）的一個證據。[107]

　　事實上，以汪一駒所蒐集到的資料來看，他可以下的結論還可以多得
多。我在表 2.14 裡用了六組數據，有些是根據汪一駒的，整理出了 20 世
紀初年留美學生十大熱門科系的排行榜。前三組的數據是屬於單年分的數
據：1910、1918 以及 1927 年。後三組的數據是綜合性的數據：1909 到
1929 年清華留美學生、汪一駒所蒐集的從 1905 到 1953 年的資料，以及
「華美協進社」用問卷調查所得的 1854 到 1953 年的資料。表 2.14 的數
據支持了汪一駒的兩個結論：一、工程一直是留美學生最熱門的科系；
二、自然科學後來變成第二熱門的科系。然而，他說農學是冷門的說法就
不是很正確的了。雖然農學的排行持續下落，它一直沒有跌出十大排行榜
之外。

106　Y. C. Wang, *Chinese Intellectuals and the West, 1872-1949*, "Appendix B," pp. 510-511.

107　Ibid., pp. 168-169.

表 2.14 留美學生十大熱門科系排行榜

排名	1910[a]	1918[b]	1921[c]	1927[d]	清華[e]	汪一駒[d]	1854-1953[f]
1	工程	工程	工程	工程	工程	工程	工程
2	人文學科	科學	商學	商學	商學	科學	科學
3	鐵路行政	人文學科	科學	科學	科學	商學	商學
4	農學	經濟學	經濟學	醫學	經濟學	醫學	經濟學
5	科學	醫學	醫學	經濟學	政治學	教育	教育
6	採礦學	教育	人文學科	政治學	人文學科	經濟學	政治學
7	經濟學	農學	政治學	教育	醫學	人文學科	人文學科
8	商學	採礦學	教育	人文學科	教育	政治學	醫學
9	法律	政治學	採礦學	農學	農學	文學	農學
10	政治學	商學	農學	文學	法律	農學	社會學

[a] 朱庭祺，《美國留學界》，《留美學生年報》（1911 年 6 月），頁 15-16。

[b] *The Chinese Students' Directory, 1918*（New York, 1918），p. 22.

[c] *Who's Who of the Chinese Students in America*（Berkeley: California, 1921），pp. 83-87.

[d] Y. C. Wang, *Chinese Intellectuals and the West, 1872-1949*（Chapel Hill, 1966），"Appendix B," pp. 510-511.

[e] Y. C. Wang, *Chinese Intellectuals and the West, 1872-1949*（Chapel Hill, 1966），pp. 111-112.

[f] 《中國學生留美一百年小史》（New York, 1954），pp. 34-35.

　　我們可以從表 2.14 的數據得到幾個結論。第一，有七個科系一直躋身於這個十大熱門排行榜裡，即使在排行的名次上有所變化：工程、自然科學、商學、經濟學、政治學、農學以及人文學科。教育與醫學在六個排行榜上出現了五次；採礦學與法律出現了兩次；鐵路行政與社會學各出現了一次。其次，我們可以看出一些長期的趨勢。自然科學與商學在排行榜上持續上升；農學、採礦學、法律與鐵路行政則往下滑。雖然農學終究還

表 2.15　1880s-1953 留美女學生所占比例

年分	男學生（％）	女學生（％）	總數（％）
1890-1917[a]	359（95）	17（5）	376（100）
1910[b]	598（92）	52（8）	650（100）
1915[c]	1,137（88.5）	148（11.5）	1,285（100）
1918[d]	995（88.5）	129（11.5）	1,124（100）
1854-1953[e]	14,274（69.2）	3,692（17.9）	20,636（100）[*]

[*] 這個數字包括性別不詳的 2,670 人（12.9％）。
[a] 《遊美同學錄》（清華大學，1917）。
[b] 朱庭祺，《美國留學界》，《留美學生年報》（1911 年 6 月），頁 8、13。
[c] *The Chinese Students' Directory, 1915.*
[d] *The Chinese Students' Directory, 1918.*
[e] 《中國學生留美一百年小史》（New York, 1954），pp. 26-27.

能在這六個十大排行榜裡敬陪末座，鐵路行政、採礦學、法律則跌出榜外。最值得令人省思的是消失了的鐵路行政與採礦學。曾幾何時，這兩門在 20 世紀初還頗熱門的科系反映了當時中國地大物博、礦產富饒、亟待開採的口號。

　　由於汪一駒的著作是先驅性的，而且又有其所處時代的局限，他並沒有多關注女留學生。表 2.15 的數據顯示女學生在留美學生裡所占的比例在 5％到 17.9％。就像我一再指出的，用問卷調查的方式所調查出來的女留學生的數字只有可能是少報。1917 年的《遊美同學錄》所顯示 5％肯定是少報。然而，「華美協進社」的百年調查所顯示的 17.9％則又偏高，可能是被 1949 到 1954 年間從台灣到美國去留學的一波女留學生衝高了的結果。[108]我認為女留學生在 20 世紀初年留學生裡所占的比例大概是在 10％到 15 ％之間。

108　Y. C. Wang, *Chinese Intellectuals and the West, 1872-1949*, p. 151.

表 2.16　1854-1953 年留美女學生十大熱門科系排行榜

排名	科系
1	科學
2	教育
3	社會學
4	家政
5	英文
6	藝術
7	音樂
8	經濟
9	商業管理
10	歷史

資料來源：《中國學生留美一百年小史》（New York, 1954），
pp. 34-35.

　　如果我們對 20 世紀初年女留學生的人數知道的不多，她們所學的究竟都是什麼，我們知道的更少。唯一一個可靠的資料是「華美協進社」在 1954 年所出版的《中國學生留美一百年小史》。那就是我在表 2.16 所編製的 1854-1953 年女留學生十大熱門科系排行榜的根據。必須注意的是，這個排行榜的數據有可能也被 1949 到 1954 年間從台灣到美國去留學的一波女留學生的影響而造成偏差。

　　此外，我們還有兩組很小，不具代表性，但有參考價值的數據。表 2.17 的數據是從《遊美同學錄》裡整理出來的。它顯示了 1890 年代到 1917 年過渡世代 19 名留美女學生所選的科系。表 2.18 的數據則顯示了從 1914 到 1927 年清華派送到美國留學的 53 名女學生所選的科系。

　　我們從表 2.16、2.17、2.18 的數據可以作出兩個觀察。第一，是自然科學所占的顯著的地位。這超過了同時期的美國女學生。在「華美協進社」所做的百年調查裡，自然科學居女留學生十大熱門排行榜的榜首。在

表 2.17　1890s-1917 年留美女學生所選的科系

科系	人數
人文學科	6
教育	3
音樂	3
醫學	2
數學	1
哲學	1
文學／音樂	1
高中	1
不詳	1
總數	19

資料來源：《遊美同學錄》（清華大學，1917）。

清華女留學生裡，自然科學排行第二。第二，有幾個科系一直到了 20 世紀中期為止，對女留學生而言都是熱門的：自然科學（特別是化學）、教育、音樂、社會學、人文學科、家政以及歷史。值得注意的是，醫學在過渡世代以及清華的女留學生選修的科系裡都是熱門，特別是在清華女留學生裡的榜首科系。然而，在表 2.16 的百年調查裡，醫學已經掉出十大的排行榜之外，掉到表 2.16 所沒列出來的第 17 名。相對地，家政與經濟學在清華女留學生的排行榜裡是墊底，但在百年調查裡，則名列第四與第八。

　　第三個有關留美學生整體的問題，就把我們帶回到本章起首所問的問題，亦即，富家子弟用公費留美，以及公費的授予在性別上存在著差別待遇的問題。這是汪一駒那本經典大著裡一個重要的盲點。他不遺餘力地抨擊沿海富庶省分的富家子弟，是在社會上資源分配不均的現象之下得享留美的機會的人。諷刺的是，他卻沒注意到這些富家子弟，很多是用政府所給予的公費留美的。我在本章的分析裡已經用數據證明了 20 世紀初年絕大多數的公費留學獎學金，都是被這些沿海富庶省分的富家子弟所取得

表 2.18　1914-1927 年清華女留學生所選的科系

科系	人數
醫學	11
自然科學	9
音樂	7
教育	5
歷史	4
社會學	3
人文學科	3
牙醫	1
物理	1
經濟學	1
美術	1
文學	1
新聞	1
家政	1
不詳	5
總數	53

資料來源：《清華同學錄》（清華大學，1937）。

的。將來的研究也許會證明這個由整個社會補助富家子弟留美的現象不只是存在於 20 世紀初年，而且是一直延續到 1949 年。這個可能性是極高的：只要一個社會繼續用所謂唯才是舉的觀念來作為頒予獎學金的標準，那個社會裡的富家子弟，就最有可能是用整個社會所供給的資源到美國去留學的受益者。

更加諷刺的是，也正由於汪一駒認定能夠去美國留學的人泰半是富家子弟，他還花了氣力要去證明隨著留美人數的增加，公費生所占的比例下

降。[109]他說公費生在留美學生裡所占的比例是逐年下降：1905 占 61％；1910 年占 32％；1925 年占 20％；1929 到 1935 年之間占 19％；1942 年降到占 3％。[110]使用這些數據必須謹慎。從 1905 到 1942 年，除了中國的政局歷經了幾次劇烈的變化以外，還有中日戰爭從蠶食鯨吞演變到全面開戰。留學的政策以及留學的名額不可避免地受到了極大的影響。特別不可靠的是 1942 年的 3％的數據。那是戰爭巔峰期一個極低的數據，在統計學上屬於異常值，是必須被剔除不用的。

除了統計學上的問題以外，汪一駒根據他的數據所作出的判斷也是有問題的。由於我並沒有 1920 年代後期到 1930 年代初期的資料，我用表 2.19 非常有限的數據來顯示幾個問題。第一，即使表 2.19 的數據有限，它並不真正反映了一個公費生所占比例逐年下降的長期趨勢。表 2.19 的數據所顯示的趨勢正好相反，是公費生所占比例從 1910 年代到 1920 年代初期為止逐年增長的趨勢。1921 到 1922 年的陡降，我會在第二點裡說明。因此，即使汪一駒說的公費生所占比例在 40 年間逐年遞減的趨勢可以成立，那不但並不是一條直線，而且很有可能是在這 40 年間的後期才發生的。

其次，汪一駒所使用的數據是根據「全美留學生聯合會」所編纂的同學錄裡的資料所擷取出來的。這些同學錄必須經過進一步的整理以後方才可以使用。這是因為就像汪一駒自己所指出的，這些同學錄裡包括了土生土長的華裔學生。這些土生土長的華裔學生雖然本籍填的都是廣東，但泰半都不可能取得公費——有極少數拿到。因此，他們都屬於自費生。如果不把這些土生土長的華裔學生剔除，則自費生比例自然就增高了許多。用留美同學錄的資料來計算公自費學生比例，其結果就是低估了公費生所占的比例。從這個角度來說，汪一駒說 1942 年公費生的比例降到占 3％就不難理解了。由於日本封鎖了整個海岸線，以及財政困窘的關係，政府停派或者緊縮公費生。當然，雖然自費生的數目也一定跟著銳減，但這阻擋

109　Y. C. Wang, *Chinese Intellectuals and the West, 1872-1949*, pp. 152-156.

110　Y. C. Wang, *Chinese Intellectuals and the West, 1872-1949*, p. 151.

表 2.19　留美學生公自費的比例

年分	公費生（％）	自費生（％）	總數（％）
1910[a]	207（32）	443（68）	650（100）
1915[b]	453（35）	832（65）	1,285（100）
1918[c]	469（42）	655（58）	1,124（100）
1921[d*]	346（43）	458（57）	804（100）
1922[e]	612（36）	1065（64）	1677（100）

[a] 朱庭祺，《美國留學界》，《留美學生年報》（1911 年 6 月），頁 12。

[b] *The Chinese Students' Directory, 1915.*

[c] *The Chinese Students' Directory, 1918.*

[d] *Who's Who of the Chinese Students in America*（Berkeley: California, 1921）.

[*] 扣除 6 名（5 名男學生、1 名女學生）拿洛克斐勒基金會獎學金的學生。

[e] *The Handbook of the Chinese students in the U.S.A., 1922*（Chicago, 1922），p. 60.

不了真正有錢又有關係的人家子弟。相對於從中國來的留學生人數銳減，在美國土生土長的華裔學生在同學錄裡的比重自然遽增。這當然就反映在自費生人數與比例驟增的現象。

　　表 2.19 裡的 1921 和 1922 年的數據有一點需要說明。1922 年的留學生人數幾乎是 1921 年的兩倍。1921 年的同學錄是用問卷調查編纂出來的。換句話說，顯然有很多人沒填，也沒寄回去。比如說，1921 年的同學錄裡就沒有清華 1918 級的李濟。有些人雖然填了問卷，也寄了回去，可是就填得不完整。比如說，同樣也是清華 1918 級的湯用彤，沒填他拿的是清華公費。不知道的人，就會把他歸類為自費生。然而，1921 年的同學錄有其優點。它雖然可能蒐羅得很不完整，但是我所見過編得最好、最詳細的。它麻雀雖小五臟俱全，簡而全地包括了生日、出生地、抵美年月、出國前所念的學校、所得的學位、在美所讀的科系、學校、公費授予機構、發表過的文章、參加的社團等等。如果任何有心的學者想要精確地計算出 1921 年留美同學錄裡自費生與公費生的數字與比例，只要根據其出生地的資料把土生土長的華裔學生剔除，就可以得到答案。相對地，

1922 年的同學錄沒告訴我們是怎麼編纂出來的。同時，它只提供了學生的姓名及地址。完全沒有任何可以供我們推斷他們的身分與背景的資料。由於 1921 與 1922 年的同學錄在留學生人數上的差別如此之大，其數據就失去了統計上的意義。我們不能把這兩年之間公費生人數與比例的陡降、自費生人數與比例的陡升作為分析趨勢的根據。

然而，1922 年的同學錄也有其優點。它列製了三個表格，提供了學生分布的學校、所在地以及公自費的數字。此外，1922 年的同學錄還有一個其他的同學錄所沒有的優點。它詳細地列出了該年留美公費生所得的公費的來源。表 2.20 列出了 1922 年 612 名公費生所得的公費疊床架屋、五花八門的來源。中央部會給予公費留美獎學金最多的是教育部，其次是交通部。給予公費留美的省分多達 22 個。最離譜的是，當時雲南除了有 4 個公費生在美國以外，還有 3 個雲南督軍所給的公費生。連清華大學所給予的公費留美獎學金也多達六個不同的名目。必須指出的是，即使 1922 年的同學錄列得很詳細，但可能還是有漏網之魚。從 1921 年的同學錄以及先前所出的同學錄，我們知道派送公費生的機構還有國防部、海軍以及當時位於北京的「稅務專門學校」。

回到汪一駒有關公費生所占的比例逐年下降的論點。除去統計學上的問題、戰爭的影響、以及同學錄包括了土生土長的華裔學生因而變相地壓低了公費生的比例這些問題以外，派送公費生的機構會逐年遞減是完全可以想像的。這是因為派送公費生的機構疊床架屋。隨著政府機構以及財政系統的現代化，派送公費留學生的機構只有可能走向精簡與統一。然而，派送公費生的機構精簡統一，並不等同於公費生數目的降低。

留美資源分配不均的問題，並不只在於富家子弟囊括了政府所給予的公費留美。這個資源分配不均，或者錦上添花的問題，還有其性別上的差別待遇。這也就是說，這個錦上添花的現象僅及於富家子弟，而不及於富家女。表 2.19 的數據有用，因為它顯示了即使在土生土長的華裔自費學生也列入計算的情況之下，公費生在留學生裡所占的比例從 1910 年代到 1920 年代初期為止仍然逐年上升。然而，如果我們不再進一步去推究，我們就不會發現這些總數掩蓋了男留學生取得公費的比例遠超過女留學

表 2.20　1922 年留美公費生公費來源

授予機構	人數
教育部	233
交通部	66
河南	32
江西	17
廣東	16
浙江	14
山西	14
山東	12
教育部*	8
湖南	7
江蘇	6
安徽	5
直隸	4
福建	4
吉林	4
廣西	4
陝西	4
雲南	4
湖北	3
雲南督軍	3
奉天	2
貴州	2
甘肅	1
四川	1
清華	379

授予機構	人數
留美預備生	250
津貼生	66
·專科男生	31
專科女生	22
教育部	6
特別生	4
總數	612

* 可能是透過省政府所授予的公費。

資料來源：*The Handbook of the Chinese Students in the U.S.A., 1922*
（Chicago, 1922），p. 60.

生。幸好在表 2.19 的數據裡，1915、1918 以及 1921 這三年的數據裡有留學生個人的資料。這就讓我們可以進一步地分析這些公費在性別上的分配。表 2.21 的數據就把這個性別上的差別待遇一覽無遺地呈現出來了。

表 2.21 的數據臚列了男女留學生取得公費的比例。1915 年，雖然總共有 453 名，亦即 35％的留學生是公費生。然而，男留學生拿公費的比例是 37％，而女留學生只占 19％。1918 年，有 469 名，42％的公費生。然而，男留學生拿公費的比例是 44％，而女留學生只占 22％。在 1921 年 346 名，43％的公費生裡，男留學生拿公費的比例是 44％，而女留學生占 30％。換句話說，以 1915 與 1918 年的數據來看，男女留學生拿到公費的比例是二比一。1921 年的比例似乎看起來是進步了。然而，就像我在上文所指出的，那可能是因為 1921 年男留學生寄回問卷調查比率太低的結果。雖然表 2.21 只顯示了三年的數據，不足以管窺全豹，但我們可以推斷公費留學在體制上是有性別上的差別待遇的。

表 2.21　公費學生男女的比例

年分	男學生		女學生		總數
	公費生	總數的%	公費生	總數的%	公費生
1915[a]	425	37	28	19	453
1918[b]	441	44	28	22	469
1921[d*]	329	44	17	30	346

[a] *The Chinese Students' Directory, 1915.*

[b] *The Chinese Students' Directory, 1918.*

[d] *Who's Who of the Chinese Students in America*（Berkeley: California, 1921）.

[*] 扣除 6 名（5 名男學生、1 名女學生）拿洛克斐勒基金會獎學金的學生。

　　有關 20 世紀初年留美學生整體的最後一個問題是：留美學生有多少人拿到學位？在更進一步精細的研究出現以前，這個問題不容易確切地回答。我們雖然常用留美學生這個名詞來概括所有的留美學生。然而，我們也必須體認到留美學生不是一個單一同質的群體。留美學生之間充滿著各式各樣的矛盾與緊張——階級、省籍、學校出身、來自中國與美國土生土長。所有這些問題我都會在本書裡分析討論。即使在學業上——他們留學的目的——他們之間也有極大的差異性。根據「華美協進社」在 1954 年所發表的調查，從 1854 到 1953 年，一百年間，美國大學頒予了 13,797個學位——4,590 個學士學位、7,221 個碩士學位、1,727 個博士學位、33個榮譽學位、104 份證書以及 122 個其他學位或證書——給註冊入學的20,906 名中國學生。[111]這也就是說，大約有 66％的留美學生取得了學位。然而，因為有些學生不只拿到一個學位，所以汪一駒推斷大概有40％到 50％自詡為菁英的留美學生連一個學位都沒拿到。[112]

　　汪一駒這個推斷是否對留美學生太過嚴厲了一點？要回答這個問題，

111　*A Survey of Chinese Students in American Universities and Colleges in the Past One Hundred Years*（New York, 1954），pp. 40-50.

112　Y. C. Wang, *Chinese Intellectuals and the West, 1872-1949*, p. 167.

最好的方法，就是去找其他的數據來作參照。幸好我們有一兩組大家所公認的成績最優異的清華留美學生的數據，可以拿來跟汪一駒所根據的「華美協進社」所做的百年調查來相對照。唯一的問題是，拿清華公費留美的學生有許多類別。最為人所熟悉的是兩個類別：一、從 1909 到 1911 年，由「遊美學務處」考選三批總共 180 名的庚款生；二、從 1911 年清華學堂成立到 1929 年留美預科部結束，這 18 年間清華派送留美的 967 名學生。然而，除了這兩類大家所熟悉的清華留美學生以外，還有以下五個類別：三、從 1914 到 1928 年，留美女生共 7 批 53 名；四、1916 到 1929 年，9 批留美專科男生 67 名；五、津貼生 499 名；六、民國成立以後所派遣的特別生 70 名；七、1933 到 1936、1941、1944 年，由清華大學向全國招考了六屆留美公費生 132 名。這七個類別由清華的基金所派送到美國留學的學生加起來一共有 1,968 名。[113]

在這七個類別的清華公費生裡，最常被學者拿來作例證的是前四個類別，亦即，1909 到 1911 年的 180 名庚款生；1911 到 1929 年的 967 名留美預科生；1914 到 1928 年的 53 名專科女生；以及 1916 到 1929 年 67 名專科男生。這四個類別的總數是 1,267 名。關於這四個類別的清華公費生，我們有王樹槐在《庚子賠款》一書裡所提供的統計可以作為參考。[114]表 2.22 用兩組數據來呈現並對比留美學生在所取得的學位上的比例：「華美協進社」所做的百年的調查；王樹槐的數據──清華。[115]

我們用清華從 1909 到 1929 年所派送或資助的留美學生與一百年間的留美學生相對比，我們會發現：如果學位可以用來衡量留學生的成績的

---

113 金富軍，〈1949 年前清華大學資助留學生類型考察〉，「清華大學校史館 」，https://xsg.tsinghua.edu.cn/publish/xsg/8348/2015/20150707154852474805481/20150707154852474805481_.html, 2020 年 11 月 5 日上網。

114 請注意：我沒有採用蘇雲峰在《從清華學堂到清華大學, 1911-1929》頁 384 上引用一本碩士論文的統計數字。這是因為那個統計數字不但各分數加起來與總數不符，而且有高達 25%的清華畢業生查不到取得的學位的資訊。那個統計只以能查到資訊的 969 名畢業生的資訊作為根據，完全失去了統計上的意義。

115 王樹槐，《庚子賠款》（台北：中央研究院近代史研究所，1974），頁 317-318。

表 2.22　留美學生所得學位的取樣統計

	總數 （％）	博士 （％）	碩士 （％）	學士 （％）	其他 （％）*	無學位 （％）
百年 調查	20,906 （100）	1,727 （8）	7,221 （35）	4,590 （22）	259（1）	7,109 （34）
清華	1289 （100）	254（20）	544（42）	336（26）		151（12）

* 其他學位或證書。

話，作為中國第一流的大學，清華留美學生在最高的成就——取得博士學位——與最差的表現——沒拿到學位——方面都遠遠優於一百年間的留美學生。然而，有意味的是，在取得碩士學位的比例上，清華留美學生並不特別高於一百年間的留美學生。用比例的數字來說，清華留美學生取得博士學位的比例是 20％，而一百年間的留美學生只占 8％；清華留美學生沒拿到學位的比例只占 12％，而一百年間的留美學生則高達 34％。相對地，清華留美學生取得碩士學位的比例是 42％，而一百年間的留美學生則為 35％，並不特別遜色。

　　汪一駒從一百年間的留美學生大約有 66％取得了學位的統計，來推斷大概有 40％到 50％自詡為菁英的留美學生連一個學位都沒拿到。這個推斷是否太過嚴厲了一點？我們可以以清華的留美學生來做對比。從 1909 到 1929 年所派送或資助的留美學生裡有 88％取得學位，只有 12％沒有取得學位，則他們作為第一流學校的畢業生的名聲果然當之無愧。然而，我們不能忘了，正因為清華學生是第一流的，他們的表現理應在平均以上。從這個角度來看，汪一駒對一百年間留美學生在取得學位方面的推斷就應該不算是太嚴厲了的。

第三章

為國為己，組織起來

　　我們在此誠摯地歡迎所有剛從中國來的新學生。我們相信對他們來
說，這個國家乍看之下一定是怪異的，他們的生活也一定是孤寂的，
特別是那些周遭沒有自己同胞的學生。在他們苦悶、深受「鄉愁」煎
熬的時候，請務必想到我們這個以聯絡所有美東學生的感情為宗旨的
中國留學生聯合會……我們今天在這裡是同儕和遊伴，將來回國以
後，說不定就是終生事業的伙伴。[1]

　　在九年〔預備立憲〕期滿以後，中國就會有一個立憲的政府……我
們每一個在海外的留學生都應該以未來的自治領袖自居……我們將來
不是地方上的，就是中央立憲政府的領袖。問題是，我們是否已經為
將來的重任做好了準備？……光靠書本並不夠，我們必須從應用上去
增進我們的知識和經驗。為了汲取經驗，〔美東中國留學生〕聯合會
提供了一個最理想的實驗場所。[2]

留學生想要把自己組織起來是一件很容易理解的事。團結就是力量。
人在異鄉，除了需要互助以外，還需要來自於熟悉的人氣、語言、食物、

1　Wellington Koo, "Editorial," *CSM*, III.1（November, 1907）, p. 2.

2　S. T. Lok〔陸秀貞〕, "Why Join the Alliance?" *CSM*, IV.3（January, 1909）, pp. 171-172.

習俗與節慶的相濡以沫。然而，20 世紀初年的中國留學生特別的地方，
在於他們把組織同學會視為在回國以後引領中國走向憲政的實習。本章起
始所徵引的第二段話是陸秀貞所寫的。她是上海貴族女校中西女塾的畢業
生，在美國留學的時候極為活躍。她不但當過《中國留美學生月報》的
助理編輯，而且還在 1908 年當選了「中國留美學生聯合會」的副會長。
她那篇文章在 1909 年 1 月號的《中國留美學生月報》上發表的時候，大
概沒有一個留美學生會想像到兩年以後清廷就會覆亡了。他們當中比較具
有洞識力、而且也具有懷疑能力的人，也許可以看穿那所謂九年預備立憲
也者，只不過是在敷衍輿情，甚至還是一個滿族用來對付那飆升的大漢民
族主義的計策。然而，對大多數從來就不支持革命的留美學生來說，立憲
是走向正確的方向的第一步，是把中國帶向他們認為是典範的美國的制
度。此外，立憲政治將會提供他們更多為國家服務的機會以及個人晉升的
途徑。

　　陸秀貞在那篇文章裡把留學生的組織比擬成一個具體而微的共和國，
說它是留美學生實習作為未來中國立憲政府裡的領袖的實驗場所。乍看之
下，這似乎又是大學生浮誇的文字。然而，必須指出的是，當中國的仕紳
階級還停留在請願開國會的階段的時候，[3]這些隔著太平洋在美國留學的
學生，確實已經在他們所成立的留學生組織裡制定了憲法、確立了三權分
立的制度、並培養他們領導的能力、磨練他們從事議會政治的手腕。

　　這個具體而微的共和國是一個不能等閒視之的成就。「全美中國留學
生聯合會」（The Chinese Students' Alliance of America）在 1902 年成立。
作為一個成員流動性強、留美時間短暫、純屬過客心態之下的留學生組
織，它居然能夠活躍了 29 年。一直要到 1931 年，因為國共分裂的餘波掃
到了太平洋的彼岸，留學生領袖分裂，才造成了「全美中國留學生聯合
會」的崩潰。「全美中國留學生聯合會」，用其領袖的話來說，就是領
袖、議會政治以及民主心態的訓練場。它的組織架構模仿美國的政府組
織，有一個行政、立法，並在一個短暫的時間裡有一個司法機構，作為用

3　請參閱張朋園，《立憲派與辛亥革命》（台北：中央研究院近代史研究所，1969）。

來制衡聯合會的幹部與代表的另外一個機制。聯合會每年夏天都在美國分三區——東部、中西部、西部——舉行夏令營。這些夏令營除了提供聯合會的成員參與各式各樣的文學、體育、餘興活動的機會以外，並且是成員們的集體意志展現的場合。成員們在這些夏令營裡，提出動議列入議程，經過討論，付諸表決。他們更在夏令營裡選舉下一屆的聯合會暨三個分會的會長、副會長以及所有的幹部。

在整個 20 世紀裡，我們再也找不到第二個例子，像 20 世紀初的留美學生一樣，對他們能夠形塑中國的命運的能力有這麼強烈的使命感以及無比的信心。唯一差強可以與之比擬的，是在 1989 年「六四」以後所成立、但存在不久的「全美中國學生學者自治聯合會」（The Independent Federation of Chinese Students and Scholars; IFCSS）。在整個 20 世紀裡，我們也再找不到第二個在組織架構、活動力與範圍以及領袖的才能方面，能與這個先驅性的「全美中國留學生聯合會」相侔的留學生組織。誠然，「全美中國留學生聯合會」並不是當時唯一一個以全美作為其幅員的留學生組織，而且也不是歷時最久的。20 世紀上半葉在美國歷時最久的留學生組織，是「北美中國基督徒留學生協會」，從 1909 年創立一直到 1947 年。[4]由於「全美中國留學生聯合會」是如此的成功，其所留下來的資料就形塑了我們對 20 世紀初年中國留美學生歷史的理解。

然而，就像所有的歷史資料一樣，「全美中國留學生聯合會」所留下來的資料凸顯出某些人物及其作為，而抹煞了其他的。這些資料所反映的，主要是美國東岸，特別是新英格蘭地區的留學生的紀錄。諷刺的是，新英格蘭地區位於 20 世紀初年留學生入關的美國大陸的另一頭。當輪船是橫渡太平洋的唯一交通工具的時候，加州既是留美學生入關的所在，也

4　「北美中國基督徒留學生協會」所留下來的最後一年的檔案資料是 1950 年。請參閱 Martha Smalley, comp., *Guide to the Archives of the Chinese Students' Christian Association in North America*（New Haven: Yale University Library, 1983）。由於「北美中國基督徒留學生協會」的領袖與成員與「全美中國留學生聯合會」重疊，「北美中國基督徒留學生協會」也是本書所敘述分析的故事的一部分。

是他們早期的目的地。東岸的留學生既不是最早的留學生，也不是最早組織起來的。然而，由於「美東中國留學生聯合會」（the Chinese Students' Alliance of Eastern States, U.S.A.）崛起以後，不但人數最多、最有組織力，而且又有機靈圓通的領袖，它很快地就變成了全美中國留學生組織的龍頭。「美東中國留學生聯合會」的崛起，是一個霸權崛起的故事。他們之所以能在組織和活動上飛速地凌駕其他地區，成為留美學生團體的龍首與喉舌，主要是由於他們能克服種種來自於內部的危機和衝突，以及瓦解來自於其他留美學生團體的挑戰。因此，要了解東岸的留學生如何成為中國留美學生的代言人，我們還必須從留美學生團體從早期的發展，經過分裂、並峙，到東岸留美學生宰制全美中國留學生界的這一段歷史。

　　20 世紀初年的中國留美學生，在他們自己國家的仕紳階級都還沒開始請願開國會以前，就已經在美國開始從事他們具體而微的共和國的實驗。這是一個非常重要的歷史事實。葉維麗在她所著的《為中國尋找現代之路：中國留學生在美國（1900-1927）》（*Seeking Modernity in China's Name: Chinese Students in the United States, 1900-1927*）一書裡提出了一個類似公式一樣的對應關係。她說，留美學生對民主實驗的興趣之有無，是跟中國國內的政治情況成正比的關係。留美學生在辛亥革命以前所從事的民主實驗，就反映了他們是在用間接、想像的方式參與國內請願開國會的運動。她說，他們在留學生聯合會裡所制定的三權分立的制衡體制，就反映了他們對清廷的不信任。根據她的公式，留美學生在辛亥革命以後之所以會轉而支持一個強有力的中央政府，包括他們對獨裁的袁世凱的支持，其所反映的，是留美學生體認到中國面臨著內憂外患雙重的壓力，需要一個強有力的中央政府與領袖。這種「中央集權式的民族主義」（centralized nationalism），又回過頭來反映在留學生在留學生組織裡強調行政權的重要性。根據她這個公式，等中國在 1920 年代陷入了軍閥割據的亂局以後，留美學生對國內的局勢淪為沮喪的旁觀者；而這個沮喪的反應在美國的結果，就是讓留學生對他們自己的留學生組織失去了興

趣。[5]

　　葉維麗的這個公式最大的問題，在於她把留美學生說得天真無邪，說他們的政治態度完全是被動地因應著中國國內的情勢所做的回應。這種說法等於是在替他們脫罪，幫他們開脫了他們與中國近代諸多政權及其當權者所具有的共謀共犯的角色。最匪夷所思的地方有兩點。第一，她說留美學生用間接、想像的方式參與中國國內請願開國會的運動。他們在聯合會裡制定三權分立的制衡體制，是反映了他們對清廷的不信任。事實上，留美學生一直不敢參與請願開國會的運動，因為他們害怕會觸怒清廷。第二，即使在她對留美學生話說得最重的一刻，她所想要問的只是：留學生對袁世凱反民主統治的「容忍」，是否自我窄化了他們獨立的政治與社會空間，從而使他們自己在政治上邊緣化。她完全不知道留美學生在袁世凱反民主、走向帝制運動的進程上，是扮演著推波助瀾的共犯的角色。葉維麗會有這麼大的一個盲點，是因為她一味地認定留美學生對中國政局的態度，完全是以自由、民主、現代性作為依歸。

　　留美學生既不是葉維麗所形容的想像的參與者，更不是旁觀者。許多留美學生在留美的時候就已經迎合當權者，在回國以後更是投靠他們。這個模式，從垂死的清廷、獨裁的袁世凱、割據的軍閥，到國民黨政府一成不變。留美學生整體來說，在政治上保守，在社會經濟上屬於既得利益的階層。他們的意識形態以及階級利益，把他們與政治上的當權派牢牢地綁在一起。他們在美國的時候所服膺的民主信念，完全是光說不練的漂亮話而已；更經不起檢驗的，是葉維麗說他們是「現代性的追尋者」，說他們唯一做錯的地方是坐讓他們的愛國赤忱被反動的獨裁者劫持並濫用的說法。

　　留美學生之所以會先是支持清廷、然後又擁護袁世凱，一言以蔽之，就是他們的保守與菁英主義使然，請參見第四章的分析。同樣重要的是，他們的菁英主義以及保守的傾向是留學生聯合會內部經常產生衝突的主要

5　Weili Ye, *Seeking Modernity in China's Name: Chinese Students in the United States, 1900-1927*, pp. 26-44.

原因之一。葉維麗說留美學生體認到，如果他們要為中國人鑄造出一個現代國家的歸屬感，他們就必須要摒除省籍以及方言所造成的藩籬，他們於是刻意訂立英文作為討論會務的官方語言。[6]這又是一個不符事實的說法。事實上，留美學生團體裡充斥著由於階級、省籍、學校出身，以及來自中國與美國土生土長之間的不同所造成的矛盾與衝突。1920 年代革命思潮的風起雲湧使留學生聯合會的一些成員趨近於激進，於是又引進了一個新的衝突因素。

從某個角度來說，葉維麗是她自己這個公式的受害者。從她這個簡單化的公式看去，20 世紀初年的中國留美學生就像是一群看戲看得太過入戲的觀眾一樣。在一開始的時候，他們還用他們的想像參與戲裡的情節。只可惜那齣戲越演越爛，爛到他們在看得沮喪之餘，居然跟一起去看戲的朋友鬧翻了。她把她那本書時間的下限定在 1927 年，就表示她完全不知道留美學生為什麼鬧翻的原因。他們不是因為看戲看得沮喪而鬧翻。他們鬧翻的原因，是因為他們並不是觀眾，而根本就是戲中的角色。20 世紀初年中國政治上的起起伏伏，留美學生無役不與——即使只是在美國參與。國共合作，他們也在美國參與。1927 年，蔣介石在南京清黨。其餘波一直要到將近四年以後才掃到太平洋的彼岸。1931 年初，「全美中國留學生聯合會」上演了一齣清黨的戲碼。只是，留美學生領袖清了黨，卻連帶地賠上了他們的留學生組織。「全美中國留學生聯合會」隨之崩潰。

「美東中國留學生聯合會」的崛起

今天在文獻裡所留下來的「全美中國留學生聯合會」創會的故事，是一個典型的勝利者說他是如何開天闢地的例子。這個「全美中國留學生聯合會」的起源說，把它從「開天闢地」到聯合會成型的歷程說成是一個一脈相承的歷史。同時，這個起源說說得極其簡略而且連貫不起來——這些都是顯露出有意三緘其口、湮滅證據的線索。這個起源說，說在 20 世紀

6　Weili Ye, *Seeking Modernity in China's Name*, pp. 28-29.

的初曉，留學生到美國的數目從涓滴開始變成了細流。他們開始在加州、新英格蘭區以及中西部集結起來。由於加州既是入境的所在，又是早期華工移民的目的地，留學生人數最多的地方就以加州為首，新英格蘭區次之，中西部最少。

　　加州是中國留學生最早組織起來的地區。這點似乎是可以確定的。然而，文獻的可靠性就到此為止。比如說，創會的日期究竟為何？對這個問題，沒有一個一致的答案。「全美中國留學生聯合會」官方決定其創會的日期是 1902 年 10 月 17 日。[7]然而，至少還有其他兩種說法。1904 年從加州大學畢業的熊崇志（Samuel Young）是舊金山土生土長的華裔。他應該是「全美中國留學生聯合會」的創始者之一。他說聯合會創會的日期是 1901 年 10 月 17 日。[8]第三個說法是區克明提出的。他說是 1902 年 12 月 17 日，是大使館一個知曉內情的官員告訴他的。[9]同樣無法確定的是，創會會員究竟有幾位？「全美中國留學生聯合會」的官方歷史說，創會會員有 23 位，是來自於柏克萊、奧克蘭（Oakland）和舊金山的學生；創會的地點在舊金山的「綱紀慎堂」（Congregational Church）。然而，熊崇志說創會會員是 18 位，都是加州大學的學生。[10]

　　最令人省思，而且也預示了來自中國與美國土生土長的學生之間的裂痕與矛盾的，是為什麼要成立「全美中國留學生聯合會」的原因。顧維鈞在〈「全美中國留學生聯合會」簡史〉（A Short History of the Chinese Students' Alliance in the United States）一文裡說得很簡略：

　　　　在他們〔留學生〕抵達〔加州〕的時候，他們發現許多在美國土生

7　Wellington Koo, "A Short History of the Chinese Students' Alliance in the United States," *CSM*, VII.5（March 10, 1912）, pp. 420-431。除非另有註明，以下討論「全美中國留學生聯合會」的起源是根據顧維鈞這篇文章。

8　Samuel Young, "Chinese Students in America," John Fryer, ed., *Admission of Chinese Students to American Colleges*（Washington: Government Printing Office, 1909）, p. 179.

9　區克明，〈留美中國學生會小史〉，《留美學生季報》，卷 4，第 3 期，頁 66，1919。

10　Samuel Young, "Chinese Students in America," p. 179.

土長的中國學生上學的目的只是為了賺錢、對中國的情況一無所知、對其福祉漠不關心。為了要激起這些學生的愛國心，他們認為有必要跟這些學生維持一個比較良好的關係。這個原因，再加上他們自己希望能互相砥礪一心向學以謀救國之道，就促使他們召開了一個成立〔留學生〕組織的會議。

顧維鈞雖然說得很簡略，但他很清楚地把留學生成立「全美中國留學生聯合會」的兩個原因的重點放在第一個，亦即，要教育在美國土生土長短視近利的華裔，讓他們懂得愛中國，渾然忘了他們根本就是美國人。相較之下，第二個原因——互相砥礪——則彷彿像是一個附加的原因一樣。

可能因為這篇「簡史」是用英文寫的，而且是發表在《中國留美學生月報》——必須顧及到土生土長的華裔會員的反應，顧維鈞下筆還有所節制。在顧維鈞寫這篇〈簡史〉8 年以前，王建祖在一篇用中文所寫的〈學生會源起及初次大會記〉就肆無忌憚了：

> 中國留美學生，以華人之商於此土者數萬眾，而子弟之就學者寡。即有就學，亦唯以僅通西文，早謀衣食為志。是以小學卒業，即亟亟逐升斗。入中學者，十不得一；入大學者，則更如鳳毛，如麟角。既多未一履故鄉，又不求學以自啟悟。生長此土者，遂每每忘其為黃帝之裔，而自外於華人。外不能吸此土之文明，內無裨於祖國。處為學最便易之地，而竟成不中不美之人，此必非人情之所樂者。非人情而卒至是，其故在父兄無遠識，鼓舞乏人。欲提攜之，欲鼓舞之，使之知祖國之榮名，學問之大益，是非團結之而有以振其精神不可。留美學生又以為：學問貴通，精神貴結。學於美者既日多，苟無以通其學問，一其精神，將如恆河散沙，隨潮上下。近之，於學問無裨益。遠之，他時任事，哄未嘗聞問之人於一室，扞格必多。通今日之學問，去將來之扞格。是在團體。本此二意，而學生會之議起。[11]

---

11 王建祖編，〈學生會源起及初次大會記〉，《美洲留學報告》（上海，1904），頁 1。

土生土長的華裔真的是像留學生所說的「小學卒業，即亟亟逐升斗」、「不中不美」、「入中學者，十不得一；入大學者，則更如鳳毛，如麟角」嗎？在舊金山出生長大的熊崇志顯然不會同意這個看法。他在〈美國的中國學生〉（Chinese Students in America）一文裡說：

> 在美國的中國人的教育讓人鼓舞的地方，就是有越來越多的學生上預科學校〔注：預科上大學的學校，亦即，高中〕。這預科的意思，中國人比美國人更為當真。中國人很少到中學畢業就不再上學了；如果他們真會停學，多半都是在小學畢業的時候。這是因為從中學進大學要比從小學進中學容易多了。對中國人而言，關卡是在高中。一旦進了高中，他們就已經開始想大學要念什麼。[12]

如果熊崇志筆下的土生土長的華裔注重教育、進了中學就志在大學，不像留學生形容的短視近利、「入大學者，則更如鳳毛，如麟角」，那他是如何詮釋「全美中國留學生聯合會」為什麼組織起來的呢？他說得更為簡略，但完全不分來自中國與土生土長的軒輊：「體認到要把所有中國學生團結起來成為一個有機的整體、強調目標要一致、並灌輸愛國心。」[13]

即使組織「全美中國留學生聯合會」的想法是來自於中國的學生所提出的，他們在寫創會的歷史的時候，會對土生土長的華裔——華工的子女——流露出如此的優越感，甚至可以說是鄙夷感，其所反映的，是一個其來有自的更深層的階級上的問題。有關這一點，我會在第六章進一步分析。留美學生縱容這種居高臨下、充滿著教訓的口吻來對待華工及其子女，是跟他們所宣揚的團結就是力量的初衷是相違背的。這從一開始就注定是留美學生團體裡一個潛在的裂痕。

「全美中國留學生聯合會」官方的歷史把土生土長的華裔描寫成被

12　Samuel Young, "Chinese Students in America," p. 179.

13　Ibid.

表 3.1　「全美中國留學生聯合會」第一屆職員[15]

姓名	職稱	出生地	學校出身
陳錦濤 　遞補：劉軾倫	總理	廣東南海 舊金山（？）	北洋大學 　加州大學（？）（後轉史丹佛大學）
劉軾倫 　遞補：王寵惠	副總理	舊金山（？） 　　香港	加州大學（？）（後轉史丹佛大學） 　北洋大學
胡棟朝	華文書記	廣東番禺	北洋大學
朱神惠	英文書記	舊金山	加州大學
薛頌瀛	支應員	廣東香山	北洋大學

動，是要被鼓舞、提攜的對象，完全抹煞了他們在創會的時候所扮演的積極重要的角色。表 3.1 臚列了「全美中國留學生聯合會」第一屆職員五位：總理〔注：即會長，應該是從英文 President 翻譯過來的〕陳錦濤；副總理（副會長）劉軾倫；華文書記胡棟朝；英文書記朱神惠（Jee Pond Mooar）；支應員（會計）薛頌瀛。[14]

　　有意味的是，這五位職員原籍應該都是廣東人。其中，三位是中國來的，都是北洋大學送到美國留學的官費生。1902 年冬，因為陳錦濤轉學到美國東岸的耶魯大學，劉軾倫升為會長。王寵惠被選為副會長。王寵惠也是廣東人，在香港出生，也是北洋大學送到美國留學的。朱神惠雖然本籍是廣東開平，但是在舊金山出生長大的。我推測劉軾倫也是土生土長的華裔。如果我的推測正確，創會後所選出來的五位職員裡，有兩位就是土

14　王建祖在〈學生會源起及初次大會記〉，《美洲留學報告》（上海，1904），頁 2 上說的第一屆的會長、副會長的名字剛好顛倒過來。我是根據頁 18 的報導。

15　王建祖編，〈學生會源起及初次大會記〉，《美洲留學報告》（上海，1904），頁 18-19；《遊美同學錄》（*Who's Who of American Returned Students*）（清華大學，1917）。

表 3.2　「全美中國留學生聯合會」第二屆職員[17]

姓名	職稱	出生地	學校出身
薛頌瀛 　遞補：朱神惠	總理	廣東香山 舊金山	北洋大學 　加州大學
朱神惠	副總理	舊金山	加州大學
王建祖	華文書記	福建廈門	北洋大學
章宗元	華文副書記	浙江吳興	南洋公學
劉軾倫 　遞補：朱神恩	英文書記	舊金山（？） 舊金山	加州大學（？）（後轉史丹佛大學） 　加州大學
朱神恩 　遞補：熊崇志	英文副書記	舊金山 舊金山	加州大學 　加州大學
胡棟朝 　遞補：江順德	支應員	廣東番禺 廣東寶安	北洋大學 　北洋大學

生土長的華裔。

　　「全美中國留學生聯合會」第二屆的職員增為七人：會長，薛頌瀛；副會長，朱神惠；華文書記，王建祖；華文副書記，章宗元；英文書記，劉軾倫；英文副書記，朱神恩（Jee Shien-Yien），是朱神惠弟弟；支應員，胡棟朝。1903 年冬，因為薛頌瀛回國，朱神惠升為會長，兼副會長；胡棟朝赴東美，江順德被選為支應員；劉軾倫進史丹佛大學，朱神恩升為英文書記，熊崇志被選為副書記。[16]

　　比起第一屆，第二屆的職員的背景稍微多元了一點。雖然中國來的北洋大學畢業的學生仍然占多數，但已經不再全是廣東人了。現在有了一個福建人，還有一個浙江人。更有意味的是，來自中國以及土生土長華裔的

16　同上注。

17　同上注。

比重，已經從前者占多數轉變成後者占多數。剛選出來的時候是四比三：來自中國的薛頌瀛、王建祖、章宗元和胡棟朝；土生土長的朱神惠、朱神恩和劉軾倫。人事異動以後，這個比例變成了三比三：來自中國的王建祖、章宗元和江順德；土生土長的朱神惠、朱神恩和熊崇志。然而，由於朱神惠又兼副會長，以職位的數目來說，是四比三。

　　值得指出的是，土生土長的華裔之所以會把本籍填為廣東，是有其時代的背景的。由於當時美國排華，華裔在美國社會就業的機會極其有限。因此，有不少華裔到中國尋找發展的機會。就以「全美中國留學生聯合會」第一、二屆裡三位土生土長的華裔職員為例。舊金山出生、本籍為廣東梅縣的熊崇志在 1906 年到中國。他在 1907 年還參加了該年為留學生所舉行的洋科舉，得到了進士的功名。他當過唐山路礦學校校長。後來轉作外交，當過駐紐約總領事。國民政府成立以後，歷任駐墨西哥、巴西大使。朱神惠在 1909 年到中國。他當過東三省醫院主任醫官。民國初年，擔任京奉鐵路眼科醫生。後來的履歷不詳。朱神恩在 1910 年到中國，擔任過財政部官員，北大講師。後來的履歷不詳。[18]

　　早期的「全美中國留學生聯合會」不但組織極為簡單，而且它的工作也只不過是下列幾項：登記所有留學生的姓名和地址；收集並流通滿清政府的諭旨、奏摺以及學生所關心的新聞；幫助貧困的學生找工作；甄選北京話和中文作文的老師；以及義務為在小學上學的會員提供輔導。同時，它在 1904 年出版了一份中文年刊，然後在 1905 年又出版了一份名叫《龍種學生》（*The Dragon Student*）的中英文年刊。從這個相當平凡的開始，這個學生會的會員到 1905 年春天已經增加到 150 人。其中，35％散布在東部各州。

　　然而，彷彿像那耀眼、但只是瞬間的彗星一樣，就在「美洲中國留學生聯合會」成立的第二週年，分裂的危機就出現了。由於早期的留美學生

18　《遊美同學錄》（*Who's Who of American Returned Students*）（清華大學，1917）；有　　關熊崇志後來在外交上的履歷，請參見張朋園、沈懷玉編，《國民政府職官表（1925-　　1949》（台北：中央研究院近代史研究所，1987），第一冊，頁 562-568。

都不願意談起這一樁不愉快的往事，我們完全不知道這個事件的來龍去脈。但是，從零星的資料和含蓄的批評看來，分裂的原因是由於來自中國的留學生與土生土長的華裔之間無法協調的分歧與矛盾。1908 年 8 月，「美洲中國留學生聯合會」第一屆會長陳錦濤訪問美國，在美東留學生所舉辦的夏令營裡作了一個演講。當時，陳錦濤已經做到了「大清銀行」的監督，亦即，總裁。他這篇演講的主旨是呼籲留美學生要「訓練我們的思想以延續、提升國家與個人的生命」。他批判中國人有分裂的民族性，縱任省籍、地域、宗族、階級、職業等等的分野來分化彼此。他說西洋人能夠坐下來辯論解決問題，中國人則是非把與自己爭吵的對方打死不甘心。他說「美洲中國留學生聯合會」就是一個最好的例子：「從中國來的留學生和土生土長的華裔各自為營。其結果是『美洲中國留學生聯合會』一分為二，沒落到無足輕重的地步。」[19]

雖然我們不知道究竟爭端在哪裡，但我們知道在 1905 年 8 月 13 日，有 14 名「美洲中國留學生聯合會」的會員宣布退出該會，另外在舊金山東灣的加州大學柏克萊分校成立了一個獨立的學生團體，名為：「太平洋岸中國留學生協會」（The Pacific Coast Chinese Students' Association）。區克明 1919 年在《留美學生季報》發表的文章，雖然仍然語焉不詳，但可以確定這個新團體是土生土長的華裔宣布獨立所成立的：

> 此會會員，多是生長美國之青年。而其招收會員之章程，則不甚論資格。凡年十六以上者，無論在大學中學小學，均得入會為會員，有選舉被舉職員之權。此與美洲中國留學生會章程，頗有分別。美洲中國學生會之招收會員也，慎而苛。太平洋岸中國學生會則博而濫。數年之間，兩會各行其見，各辦其事，分道揚鑣，並行而不相悖。[20]

---

19 "An Address to the Chinese Students' Conference, Ashburnham, Mass., August 25th, 1908, by Chintao Chen," *CSM*, IV.1（November, 1908）, p. 37.

20 區克明，〈留美中國學生會小史〉，《留美學生季報》，卷 4，第 3 期，頁 66，1919。

　　換句話說，在「美洲中國留學生聯合會」成立才短短的兩年之內，光是在北加州舊金山灣區的留學生就已經分裂成為兩個團體。

　　除了土生土長的華裔宣布獨立以外，在舊金山所成立的「美洲中國留學生聯合會」之所以會快速地沒落還有另外一個原因，那就是中國留學生轉向東岸的大學。舉個例來說，聯合會在分裂以前的 150 名會員裡，有 35％在新英格蘭區的大學就學。我們不知道這 35％的會員裡，有多少是在加州的中學或大學畢業以後轉到東岸升學的？有多少是新從中國抵達但直接去新英格蘭區上大學的？留學生之所以會轉向美國東岸，一方面是因為廣東、湖北、浙江和江蘇派來了大批的官費留學生。另一方面，還有兩個主要的原因：一個是因為美東地區學府的名氣；另一個則是因為落磯山以東不像加州那麼排斥華人。[21]那些曾經在加州參與「美洲中國留學生聯合會」的會員在轉到東岸來以後，很自然地會積極鼓吹在大西洋岸組織一個留學生的團體。然而，由於留學生分散四處，這項主張遲遲沒能實現。

　　結果，留學生人數增長最快的東岸居然在組織留學生團體方面落在人數最少的中西部之後。1903 年，在芝加哥的幾個留學生成立了一個「中西部中國留學生聯合會」（The Chinese Students' Alliance of the Middle West）。

　　一年以後，1904 年，眼看著東岸的留學生一直不能起而行之，在紐約州綺色佳（Ithaca）的一些學生乾脆把在康乃爾大學及其附近地區的十幾個學生結合起來，自行組織了「綺色佳中國留學生聯合會」（The Ithaca Chinese Students' Alliance）。也許是受到了康乃爾大學學生行動的刺激，在美東組織學生團體的主張再起。在一些熱心學生的號召之下，有 36 名學生在 1905 年 8 月 28 日，在麻州艾梅斯特（Amherst）「麻省農業學院」（Massachusetts Agricultural College）的博物館召開了一個為期兩天的籌組會議。在會中，他們通過成立「美東中國留學生聯合會」（The Chinese Students' Alliance of the Eastern States）、制定了一份憲章、並且

21　C. T. Wang, "Chinese Students in America," *The World's Chinese Students' Journal*, VI.1 （September, 1911）, p. 486.

推選了職員。其宗旨有三：為中國謀福祉、結合在美國的中國留學生、以及促進在美留學生的共同利益。值得注意的是，美東聯合會是當時所有留學生團體中與清政府駐美使館關係最為密切的。據說，美東聯合會的成立甚得當時的駐美公使梁誠以及參贊周自齊的鼓勵與參與。[22]梁誠是容閎在1870年代帶到美國去的120名幼童生之一。他曾經就讀於艾梅斯特附近安多佛（Andover）鎮有名的菲利普斯學院（Phillips Academy）。由於他的一個兒子當時就讀艾梅斯特中學，梁誠似乎每到夏天就到艾梅斯特避暑。這個與中國駐美使館保持密切關係、以博取其嘉許與贊助的作法，是美東聯合會一個重要的傳統。梁誠與周自齊在1907年所舉行的第三屆夏令營中獲選為榮譽會員。這是美東聯合會日後推舉駐美公使和領事為榮譽會員的作法的開端。

　　總之，到了1905年夏天，在美國的中國留學生當中形成了五個留學生團體：第一個在舊金山，第二個在芝加哥，第三個在柏克萊，第四個在綺色佳，第五個是在艾梅斯特成立的「美東中國留學生聯合會」。這五個團體的活動力各有不同。儘管芝加哥的「中西部中國留學生聯合會」是第三個組織起來的，但是由於當時中西部留學生人數稀少，即使偶爾有中國學生向中西部進軍，他們所選擇的地方不外乎是芝加哥，因此，它的會員一直是局限在芝加哥及其近郊的少數中國留學生。然而，芝加哥的學生會野心原本就不很大；顧名思義，它和綺色佳的學生會不但同樣地自稱為地區性的學生組織，而且，在活動上也以地區性為限。

　　與之相較，加州的兩個留學生團體至少在開始的時候不是以地區性的組織自視。這兩個團體，毫無疑問地是處於相互競爭的關係。誠然，柏克萊的「太平洋岸中國留學生協會」不像舊金山的「美洲中國留學生聯合會」自稱是全國性的組織。然而，這兩個團體在成立的初期都同樣積極地吸收東岸的留學生以便擴大他們的組織。因此，我們有理由把它們看成是兩個有野心囊括全美中國留學生的團體。然而，奇怪的是，這兩個組織不但沒有繼續擴大，反而急速地萎縮。就以舊金山的「美洲中國留學生聯合

22　區克明，〈留美中國學生會小史〉，《留美學生季報》，卷4，第3期，頁67，1919。

會」的會員人數為例，其會員雖然在三年不到的時間內成倍地增加到 150
人。然而，到了 1907 年底，不過兩年的時間，其會員人數據說居然減少
到不足 20 人。[23]出版方面亦然，《龍種學生》在出版了兩期以後，就開
始遭遇困難。然後再加上 1906 年舊金山大地震的影響，造成無限拖期。
這個在成立當初有心囊括全美中國留學生的團體，居然淪落到只能在每個
月發行一張十六開大小的英文打字通訊的地步。

兩個留學生團體在舊金山灣區競爭，結果是兩敗俱傷。這是一個不難
以想像的結局。然而，這並不是根本的原因。「美洲中國留學生聯合會」
頓然中挫的根本原因，就是因為來自中國的留學生逐漸以美東作為目的
地，在加州的中國留學生開始相對地減少。等到原來在那兒就學的留學生
畢業，或者回國、或者轉到加州以外的地區升學以後，「美洲中國留學生
聯合會」就在吸收新會員上面臨了後繼無人的危機。王正廷在 1911 年所
發表的一篇文章裡也許說得浮誇。他說密西西比河以西已經沒有新來的中
國留學生。然而，他接下去所說的話顯然不是空穴來風的：舊金山的「美
洲中國留學生聯合會」已經變成了土生土長的華裔學生的組織。[24]

王正廷這句不是空穴來風的話有當時的證據可以支持。1907 到 1908
年度「美洲中國留學生聯合會」的會長是司徒彼得（Peter Soo Hoo）。他
雖然 1884 年在廣東開平出生，但他在 1894 年由他父親接他與一家人到了
加州。他舊金山高中畢業以後，進史丹佛大學主修土木工程，得廣西省官
費。[25]他在 1908 年初寫給「美東中國留學生聯合會」會長的一封信，就
透露出這個在舊金山的留學生團體所面臨的兩個問題：第一，其成員多半
是高中生，而大學生極少；第二，這些高中生由於缺乏足夠的大學生會員

23　Wellington Koo, "Editorial," *CSM*, III.2（December, 1907）, p. 55.

24　C. T. Wang, "Chinese Students in America," *The World's Chinese Students' Journal*, VI.1
　　（September, 1911）, p. 486.

25　"Students' Directory," *Chinese Students' Alliance: Pacific Coast. Annual Bulletin*（August,
　　1908）, p. 22; The Academic, "Boxer Indemnity Scholars: Peter Soo Hoo（司徒彼得），
　　https://boxerindemnityscholars.wordpress.com/2016/09/08/peter-soo-hoo-%E5%8F%B8%
　　E5%BE%92%E5%BD%BC%E5%BE%97/, 2020 年 11 月 13 日上網。

來作他們的榜樣，他們對教育和人生並沒有太高的理想，其結果是他們當中出現了「一大批的牙醫和醫生。更糟的是，那些對高等教育絲毫沒有概念的人，認為他們只需要學會足夠的英文，能夠替華青幫或雜貨店當翻譯就可以了」。[26]

　　或許由於體認到名實不符的事實，這個美其名為「全美洲」的留學生組織，終於先改名為「太平洋岸中國留學生聯合會」（The Pacific Coast Chinese Students' Alliance）──在名稱上與柏克萊的「太平洋岸中國留學生協會」幾乎完全雷同，然後又改名為「美西中國留學生聯合會」（The Chinese Students' Alliance of the Western States）。更有趣的是，柏克萊的「太平洋岸中國留學生協會」也只享有大約兩年的黃金時期。從 1905 到 1907 年之間，它除了和美東聯合會合作，在 1907 年出版了一本中英文的《年報》（*Annual Report*）以外，[27]並且以美西留學生代言人的姿態，邀請美東聯合會參加舊金山震災的救濟工作，以及就有關鐵路主權的問題兩次聯名向清朝政府致電請願。然而，不知道問題出在哪裡，它卻頓然中挫，不但退出了全美中國留學生團體之牛耳的角逐，而且把自己改稱為「柏克萊中國同學會」（The Berkeley Chinese Students' Club）。於是，加州的兩個留學生團體在兩三年不到的時間內，從全美性降格為地區性的團體。

　　如果留學生的動向導致了舊金山灣區兩個留學生團體的萎縮，在五個留學生團體成立最晚的「美東中國留學生聯合會」則蒙其利。它在成立的第一年就成倍地成長，從 36 名創始會員增加到 110 人左右。然而，「美東中國留學生聯合會」最讓人刮目相看的地方不在於它的會員的成長率，而是在於它除了能在行政、組織與結構上不斷地根據日益變遷的實際而加

26　Peter Soo-Hoo to C. C. Wang, n.d., *CSM*, III.4（February, 1908）, p. 163.

27　《〈中國留美學生月報》的廣告和《寰球中國學生報》的「社論」都稱這個出版品為《年報》。顧維鈞在他的〈「全美中國留學生聯合會」簡史〉裡，則稱這個出版品為同一系列裡的第三期。請參閱：Wellington Koo, "A Short History of the Chinese Students' Alliance in the United States," *CSM*, VII.5, p. 423.

以調整以外，還有囊括全美留學生的眼光。從某個角度說來，它而且是在當時的五個留學生團體中最具有「帝國主義」色彩的。在它成立不久以後，「美東中國留學生聯合會」就積極地推行它「統一」全美中國留學生的大業。它的第一個目標是比鄰的「綺色佳中國留學生聯合會」。這個往統一之路邁進的第一步進行得極為順利；就如「美東中國留學生聯合會」的祕書在 1906 年 8 月的一份報告裡所指出的：「我們特別感到欣慰的是，綺色佳的聯合會認為應該和我們合併。這確實是應該的；我們所涵蓋的地區既然相同、目標又是一致，要聯合才會有力量。」[28]

在它成功地統合了「綺色佳中國留學生聯合會」以後，「美東中國學生聯合會」繼續向西推進，試圖乘勝一舉也把芝加哥的「中西部中國留學生聯合會」轉化成附屬在它之下的一個地區性的「同學會」。雖然這項工作顯然進行得不順利，但令人驚奇的是，「美東中國留學生聯合會」居然在 1907 年中通過一部新的憲法，公然地宣稱在該會的定義之下，「美東」意指所有落磯山以東的各州，在紙面上一舉抹煞了「中西部中國留學生聯合會」的存在。

更有意味的，是「美東中國留學生聯合會」對舊金山的「美洲中國留學生聯合會」──最先成立的留學生組織──所擺出的「帝國主義」的姿態。由於「美東中國留學生聯合會」認為自己無論是在會員人數或者組織上都遠勝於「美洲中國留學生聯合會」，每當雙方偶有合作事宜需要討論的時候，它總覺得把對方視為是一個可以跟自己平起平坐的對手是相當不合理的一件事。[29]1907 年底，「美東中國留學生聯合會」建議雙方以會員人數為基準的比例代表制，來成立一個「聯席評議會」（Joint Council）以處理兩個聯合會之間的合作事宜。對這個建議做出回應的，就是我在前文所提到的「美洲中國留學生聯合會」的會長司徒彼得。司徒彼得的回信，就是我在前文所提到的那封信。司徒彼得不但歡迎「美東中國留學生

---

28 轉引自 Wellington Koo, "A Short History of the Chinese Students' Alliance in the United States," *CSM*, VII.5, p. 422.

29 Wellington Koo, "Editorial," *CSM*, III.2（December 1907）, pp. 53-55.

聯合會」設立「聯席評議會」的建議，而且表示舊金山聯合會的會員很希
望能參加「美東中國留學生聯合會」所舉辦的各種多采多姿的活動。他
說，遺憾的是，由於距離以及學生的財力所限，舊金山聯合會不太可能派
代表參加。[30]

　　由於司徒彼得在信中不但提到了舊金山聯合會所面臨的窘境，而且還
表露出他對「美東中國留學生聯合會」的欣羨，當時任「美東中國留學生
聯合會」會長的王景春認為這是舊金山聯合會願意俯首稱臣的表示。他於
是在回信裡以居高臨下的口氣對司徒彼得說：「依我看來，你們可以像東
岸的一些團體一樣，繼續維持你們的地區性組織，但同時把它轉化成本會
所屬的一個同學會。你們的會長就是你們的代表，他可以像所有其他同學
會的代表一樣，向本會的行政總部提出意見，並參與重大問題的決
策。」[31]不知道是不是因為王景春這封帝國主義口吻的信刺傷了他們，我
沒看到舊金山聯合會回信的紀錄。一年以後，1909 年，舊金山與柏克萊
的留學生團體合併，改名為我在前文已經提到的「美西中國留學生聯合
會」（The Chinese Students' Alliance of the Western States）。[32]

　　如果「美東中國留學生聯合會」的西進政策在西海岸暫時受挫，它的
影響力已經從美東擴展到中西部，其結果使芝加哥的「中西部中國留學生
聯合會」完全失去它的活動空間。在 1909 年春天，這個在芝加哥的團體
寫了一封意味深長的信給「美東中國留學生聯合會」的英文總編輯。一方
面，這是一封承認失敗的信；它坦白地指出由於「美東中國留學生聯合
會」在中西部的影響力，該會六年來想把中西部的中國留學生組織起來的
計畫已經完全失敗。因此，該會決定自行降格為一個地區性的組織，並改
名為「芝加哥中國同學會」（the Chinese Students' Club of Chicago）。但
是，另一方面，這也是一封向「美東中國留學生聯合會」提出「後會有

30　Peter Soo-Hoo to C. C. Wang〔王景春〕, n.d., *CSM*, III.4（February, 1908）, p. 163.

31　C. C. Wang to Peter Soo-Hoo, February 16, 1908, *CSM*, III.4（February, 1908）, p. 163.

32　See P. K. Yu, "Introduction," *CSM, 1906-1931: A Grand Table of Contents*（Washington, D.C.: Center for Chinese Research Materials, 1974）, p. vii.

期」的挑戰書。這封信明白地指出：「在我們把自己改組成為一個地區性的同學會以後，我們等於是把原有的中西部聯合會取消了。我們這麼做的目的，是希望取法美東聯合會，重新組織，以便把所有在中西部的同學會都囊括起來。」[33]

「美東中國留學生聯合會」與民主的實習

在組織與結構上，所有 20 世紀初年的中國留學生團體——不管是全國性的還是地方性的——都基本上相仿。每一個聯合會或同學會都會先制定一個憲章，然後再根據該憲章選舉幹部或職員。這些幹部的人數與頭銜，取決於團體的大小。然而，一般說來，都至少會有會長、副會長、祕書和會計等核心幹部。這些學生會職員的任期，大致上說來，在西部和中西部是每半年一任，在東部則是一年一任。在中國仍然還停留在帝制階段的時候，留學生能從事制憲、選舉的活動確實是一件不簡單的事，絕不能等閒視之。然而，他們之所以能夠看起來好像不費吹灰之力一樣，從帝制的政治文化傳統，一下就跳到民主的實踐，也並不表示他們有什麼特殊天生的民主異稟，那麼厲害地就能夠把美國的民主政治結構套到他們自己組成的學生組織裡。事實上，他們有現成的榜樣可學。他們先制憲、再依憲章成立同學會並選舉各部職員，以及同學會職員的任期因地區不同而有半年或一年之分的作法，都是從當年美國大學生和中學生那兒學習模仿來的。[34]

當時的中國同學會大致都有一個固定的集會地點，一般說來，或者是借用學校，或者是借用當時許多大學都有的「世界學生會」（Cosmopolitan Club）〔類似於後來的「國際學舍」〕的場地。一些少數的例外則買或租下民房作為同學會的會所。比較特別的例子有兩個：一個

33　陳榮謙〔W. H. Chaund〕致 C. C. Wang, *CSM*, IV.6（April, 1909）, pp. 405-406.

34　Henry D. Sheldon, *Student Life and Customs*（New York: Arno Press & The New York Times, 1969）, pp. 197-198.

是最早成立的「美洲中國留學生聯合會」，以舊金山唐人街的「中華會館」作為會所；另外一個是哥倫比亞大學的同學會，其早期集會的地點是中國駐紐約的領事館。同學會一般是每兩星期，或者每個月集會一次。每次集會除了先行討論會務以外，通常都會以茶點配合歌唱等餘興節目結束。一些學術氣氛比較濃厚的同學會，還在會中加入演說、辯論或學術報告等項目。但大致說來，同學會的活動是以聯誼為主、會務為輔、學術再次之，滿足了留學生在社交、娛樂與智性上的需要。

「美東中國留學生聯合會」的組織在初期也基本上是如此；它訂有一份憲章，並根據這份憲章選舉出會長、副會長、英文祕書、中文祕書以及會計。最有意味的是，在早期五個中國留學生組織中，「美東中國留學生聯合會」應該是最沒有生存能力的團體。其他四個學生會都各自有它們的根據地——舊金山、柏克萊，或者芝加哥，而「美東中國留學生聯合會」則基本上是一個架空的組織。雖然它是在麻州的艾梅斯特成立的，但是，艾梅斯特只不過是它制憲、立會的創始地。它有全國的視野，同時至少在名稱上是涵蓋了整個美東。然而，它最驚人的地方，是它從來就沒有一個永久、固定的會址；它的總部是隨著每年被選出來的職員的所在地而移動著。從這個角度來看，「美東中國留學生聯合會」是走在時代之前。就像一個用電子通訊網路來推行其分散式的營運模式的後現代的企業，「美東中國留學生聯合會」的主要職員用通信的方式來執行會務。因此，會長可以是哈佛的學生，會計在麻省理工學院讀書，而英文祕書則在紐約的哥倫比亞大學上學。然而，這完全不影響他們各自在其所在地履行其職責。

「美東中國留學生聯合會」從來沒有把留學生在美國東部大學所組成的同學會納入其組織架構之下。這可能是有其歷史與地理的原因的。早期的中國留學生四散在新英格蘭各州——主要在麻州，其次在紐約州。在一開始的時候，由於中國學生人數不多，新英格蘭區有很多學校根本就沒有足夠的留學生來組織中國同學會。因此，在美東留學的學生，從一開始就是個別直接地向「美東中國留學生聯合會」申請入會。等這種作法成為制度以後，即使各校成立了中國同學會，由於這些同學會並不隸屬於「美東中國留學生聯合會」之下，中國留學生還是必須個別直接地向「美東中國

圖 5 康乃爾大學中國同學會員合照，攝於 1912 年。
最前一排最右：胡適；最後一排最右：趙元任。
The Chinese Students' Monthly, VIII.8，頁 548 之後。

留學生聯合會」申請入會成為會員。早在 1910 年，後來做過會長的王正廷就建議把各校的中國同學會納入「美東中國留學生聯合會」的體制裡：如此，就會使「美東中國留學生聯合會」和各校中國同學會之間的關係，「類似於美國聯邦政府跟各州的關係，或者類似於基督教青年會的國際委員會跟所有世界上的青年會的關係。」[35]然而，不知道是惰性使然還是其他原因，王正廷的這個建議並沒有被推行成為政策。

從某個角度來說，「美東中國留學生聯合會」沒有發展成為類似一個觸手無數的章魚的動物是一個聰明的作法，因為那會使得學生人數太少而無法組成中國同學會的留學生失去了參與「美東中國留學生聯合會」的機會。然而，從另外一個角度來說，也就正由於它在校園裡沒有組織的存在，它會有讓留學生對它失去向心力或歸屬感的危險。為了促進會員對聯合會的向心力，同時也為了確保會員參與並監督會務的權利，他們把他們

35　C. T. Wang, "Is It Not Worth Our Consideration?" *CSM*, III.5（March, 1908）, p. 191.

1905 年 8 月下旬在艾梅斯特制憲立會的經驗變成一個制度；亦即在每年的八月下旬舉行一個夏令營。這個每年一度的夏令營是聯合會一年活動的高潮，每一屆聯合會的職員都為之全力以赴，它除了為會員提供一個對身心兩益，文娛、運動項目兩俱豐富的暑期活動以外，也是會員聽取會務報告、參與決策，以及選舉下一屆職員的場所。

這個夏令營的作法並不是「美東中國留學生聯合會」的創意。基督教青年會從 1886 年開始就在麻省的「北田」（Northfield）舉辦了夏令營。基督教青年會的夏令營裡，在上午有讀經班跟佈道，下午有休閒與體育的活動，晚上則安排各種能刺激人向上、康樂以及即興的娛樂節目。[36]由於「美東中國留學生聯合會」的創會會員大概都參加過基督教青年會所舉辦的夏令營，他們很有創意地把它拿來挪用。他們把上午的讀經班跟佈道，改成會務會議以及中美名人的演講。

這些夏令營的活動給予我們機會來觀察分析留美學生把美國大學校園活動與文化的效顰（mimicry）與挪用。夏令營是留學生聯合會一年活動裡的高潮。每年夏天，聯合會的職員都會竭盡全力地推出一系列最豐富、最有意義、最吸引人的節目，以吸引最多的會員參加。這些會員也在夏令營裡行使他們作為會員的權利，聽取會務報告、參與議事的辯論與表決，並選舉下一屆的職員。這個制度化了的夏令營因此等於就是「美東中國留學生聯合會」的最高立法議事機構。

問題是，夏令營一年只有一次；在會務方針既定、新職員選出、驪歌唱完以後，會員就一直要等到下年度的夏令營才能有再次參與會務的機會。「美東中國留學生聯合會」補救的方法，是除了把夏令營作為會員行使他們的集體意志的場合以外，又出版一本英文的《通訊》（*Bulletin*）作為向會員報導會務的管道。然而，《通訊》所能扮演的角色其實也相當有限。在該會成立的第一年，這本《通訊》不但不定期出版，而且還是打

36　有關基督教青年會夏令營早期的發展，請參見 C. Howard Hopkins, *History of the Y.M.C.A.. in North America*（New York: Association Press, 1951），pp. 294-308.

字油印的，每期不超過五百個字。[37]更重要的是，這本《通訊》作為一個溝通管道而言只是單向的。這也就是說，只是由職員向會員溝通。也許就為了彌補這個缺陷，在聯合會成立的第二年，1906 年，在正、副編輯顧維鈞（V. K. Wellington Koo）、王景春（C. C. Wang）的任內，這本《通訊》改頭換面，以鉛印正式雜誌的形式出版，同時命名為《中國留學生通訊》（*The Chinese Students' Bulletin*）。[38]一如他們在改版後第一期的社論中所說的：「我們現在已經不能把《通訊》局限在傳達職員對會員的會務報導。我們必須也把它變成一個所有會員公開表達他們意見的論壇。這是因為聯合會已經大到、而且重要到不能以少數幾個人的喜好來左右的地步；我們必須讓輿論來決定、引導聯合會的政策和事業。」[39]

儘管他們把話說得如此動聽，說「必須讓輿論來決定、引導聯合會的政策和事業」，說要把《中國留美學生通訊》當成會員的論壇；儘管他們頗具巧思地把夏令營作為一個表達輿論的場域，它們所可能扮演的議事和監督的角色是有限的。不滿的聲浪很快地就上揚起來。最有意味的是，「美東中國留學生聯合會」的職員居然自己就因為行事不透明而造成內鬨。這件內鬨事件發生在 1907 年。雖然我們所知的內情不多，但它提供了彌足珍貴的點滴讓我們一瞥聯合會在說與做之間的距離。這個內鬨的導火線是由「美東中國留學生聯合會」的一通電報引起的。這通電報呼籲清廷不要准許美國的巴拿馬運河公司招募華工去建造該運河。這個招募華工去建造巴拿馬運河的想法是該公司的總工程師史蒂文斯（John Stevens）在 1906 年提出來的。然而，由於此舉會違反美國的《排華法案》，巴拿馬運河公司很快就打消這個想法了。換句話說，那通電報等於是白打的。然而，問題是，美東聯合會的職員是在沒有知會會員、未經其同意的情況之下打那通電報的。而且，電報白打了也就罷了。現在，不知情、沒授權

37　C. C. Wang, "Editorial: The Monthly," *CSM*, IV.1（November, 1908），pp. 1-2.

38　*The Chinese Students' Bulletin* 並沒有附中文的刊名。其實就是後來擴充改名為 *The Chinese Students' Monthly* 以後，也泰半沒附有中文的刊名。

39　Wellington Koo, "Editorial," *CSM*, II.1（December, 1906），p. 1.

的會員卻要去負擔因為打了那通電報而造成的赤字。在《留美學生通訊》上揭發這個黑箱作業的電報事件的人是沈頤清（沈希南）。他是福州船政學堂畢業的學生，祖父就是從前鼎鼎大名的船政大臣沈葆楨。當時，沈希南是麻省理工學院的學生，學習造船工程。他同時也是「美東中國留學生聯合會」所選出來的 1906 到 1907 年度的「史官」（historian）。

更嚴重的是，一如另外一個職員指出的，這個行為可能會受到政府的制裁，因為學生是不可以干政的。[40]沈希南的抗議信指責聯合會遇事不先徵求民意，黑箱作業。打電報的事件只是冰山一角。他說聯合會修憲的作法是一個最令人髮指的例子。完全是聯合會職員先寫好劇本、自導自演的一齣戲。它的戲碼如下：先由《留美學生通訊》的編輯在社論裡提出一個修憲的呼籲，[41]然後再由會長順應這篇社論的呼籲，指派該編輯以及其他幾名職員組成一個修憲委員會，完全剝奪了會員全體或其代表參與修憲的權利。[42]

這個內鬨所反映的可能主要是聯合會幾個職員之間的權力之爭——畢竟沈希南自己也是聯合會的職員之一。然而，它毫無疑問地也反映了「美東中國留學生聯合會」發展初期的領導作風以及政治文化。用 1908 年在夏令營中當選為副會長的陸秀貞（Sieu Tsung Lok）的話來說，那是一個聯合會因為「少數專政」的危機而「衝突不斷的階段」。[43]質言之，就是一個憲政危機。

陸秀貞會用那麼重的字眼來描寫那個危機——因為「少數專政」的危機而「衝突不斷的階段」——顯然那次的內鬨是極為嚴重的。無怪乎陸秀貞雖然被選為 1908 到 1909 年度的副會長，但她在夏令營結束不到一個月就辭職了。她所提出的理由是：如果會長因故辭職副會長必須繼任，她可

40　P. H. Lo, "Work of Committee on W. C. S. F.," *CSM*, II.8（August, 1907）, p. 174.

41　Wellington Koo, "Editorial: The Revision of Our Constitution," *CSM*, II.3（February, 1907）, pp. 45-46.

42　Heenan T. Shen〔沈希南〕to Paul H. Linn〔林保恆〕, President of the Alliance, 3/24/1907, *CSM*, II.5（April, 1907）, pp. 112-115.

43　S. T. Lok, "Why Join the Alliance?" *CSM*, IV.3（January, 1909）, p. 172.

以想見這種情形如果發生，她會遭遇到多少困難和阻礙。可惜她沒有說明這些困難和阻礙是什麼性質的或者來自何方。[44]最可惜的是，「美東中國留學生聯合會」歷史上第一個女副會長就這樣一個月不到就辭職了。

結果，不知道究竟是因為這些「少數」確實無法取代，還是因為大多數的會員並不在乎，他們在 1907 年夏令營的職員改選中幾乎是全部再度當選。沒有連任的只有兩個人：前一屆的副會長 C. S. Bok 以及沈希南。事實上，沈希南連會都沒去開。在連任的職員裡，王景春從英文部副編輯升為會長，顧維鈞則是第三度當選為英文主編。也就在顧維鈞的第三任內，他所一手創刊、經營的《通訊》再度易名，從此定名為《中國留美學生月報》（*The Chinese Students' Monthly*）。[45]然而，儘管 1906 年「美東中國留學生聯合會」的原班人馬幾乎再度主政，至少「少數專政」的時代不再。「美東中國留學生聯合會」的會員在 1907 年的夏令營通過了修憲委員會草擬的憲章，正式採取兩權分立的原則，在聯合會中設立一個「代議部」（the Board of Representatives）來制衡原先不受任何牽制的「行政部」。

「代議部」的成立意味著聯合會在組織結構上正式成為一個美東中國留學生的中央機構。然而，一如我在前文已經指出的，美東聯合會是一個頭重腳輕的組織，因為它始終沒有把各個校園的同學會歸併成為它的地方性組織。一個留學生可以是他所在校園的中國同學會的會員，但不一定也同時是聯合會的會員；反之亦然。這也就是說，聯合會與各校園的中國同學會雖然在會員方面有所重疊，但是，它們兩者之間並沒有任何統屬的關係。這種架構的缺點是它不能利用各個校園裡現成的同學會來行使聯合會的會務。同時，由於參加同學會就已經可以滿足一個留學生日常社交生活上的要求，這種不相統屬的組織結構反而有變相鼓勵留學生不參加聯合會

44　S. T. Lok to C. C. Wang, September 22, 1908, *CSM*, IV.1（November, 1908）, pp. 58-59.

45　*The Chinese Students' Monthly* 一般沒附中文刊名。譯名也不統一。比如說，卷 5，第 4、5 期的譯名是《東美留學生會月報》，卷 6，第 5、6 期的譯名是《留美中國學生月報》。

The
Chinese Students' Monthly

VOL. IX　　　　　NOVEMBER 10, 1913　　　　　NUMBER 1

Published Monthly from November to June, Inclusive, Under the Authority of the Council of the Chinese Students' Alliance in U. S. A.

Contents

EDITORIALS—
The Supreme Task, Religion and State, Another Adviser, A Persona Grata Minister, Welcome, Amendments to the Alliance Constitution, Announcements.... 3
PRESIDENT YUAN—
President Wilson to President Yuan 9
President Yuan's Declaration of Foreign Policy 9
President Yuan Shi-kai, a Poll of the Press 10
COMMENTS 16
SURVEY OF HOME NEWS....... 19
INDUSTRIAL TOPICS 28
CONTRIBUTED ARTICLES—
The Japanese Episode—W. P. Wei 31
Address of Welcome, Acting President Crane 34
The International Student Movement, Suh Hu 37

CONTRIBUTED ARTICLES (Continued)—
Conservatism vs. Radicalism, R. Y. Lo 40
The Late Mr. Tong Kai-son, D. Y. Lin 44
Over-progressiveness, Yoeh-Liang Tong 46
The Problem of Opium Stocks, H. W. Harris and Gen. L. Chang. 50
THE STUDENT WORLD—
The Urbana Conference, C. P. Wang 55
The Ithaca Conference. Woon Yung Chun 59
Dean Crane's Statement......... 64
LOCAL INTELLIGENCE 66
PERSONAL NOTES 72
BUSINESS 75
President Wei's Reports.......
The Constitution of the Alliance.
FORUM 85
ANNOUNCEMENTS 89
OFFICIAL DIRECTORY 90

TERMS—$1.00 a year to non-members and $ .70 to members of the Alliance, payable in advance to the Chinese Students' Monthly. Postage prepaid in U. S. A.; 24c. extra for foreign countries.

CHANGE OF ADDRESS:—Notice to that effect must be given to the Circulation Manager one month in advance. Both the new and the old address must be given.

DISCONTINUANCE:—Subscriptions are continuous until notice to the contrary is received by the Circulation Manager.

ADVERTISEMENTS:—Rates and detailed information will be sent on application to the Advertising Manager.

VON-FONG LAM, Business Manager
General Office, 156 Huntington Avenue, Boston, Mass.

圖6　《中國留美學生月報》目錄舉例。

The Chinese Students' Monthly, IX.1（November 10, 1913）.

的可能性。我在前文指出王正廷早在 1910 年就建議把各校的中國同學會
納入「美東中國留學生聯合會」的體制之下，但一直沒有被採納。到了
1925 年，聯合會終於正式把這個提案列入當年修憲的條款裡。有趣的
是，當時的聯合會已經步入衰退期，這個修憲條款雖然勉強在夏令營中獲
得通過，但是它在留學生當中造成反彈，許多學校的同學會通過決議宣稱
它們並非聯合會的分會。[46]然而，必須指出的是，聯合會與同學會互不統
屬的優點在於它的彈性；這也就是說，在中國學生很少的地方，他們可以
跨校，以市、甚至以州為單位來組成一個聯合會的分會。

「代議部」的成立，讓會員在聯合會的中央有代表他們參與會務的代
表。聯合會的會員先在其所屬校園或地區的分會選出他們的代表，然後再
透過這些代表來行使他們對聯合會監督管理的權利。每個分會在「代議
部」的名額取決於其會員人數的多寡。人數較多的分會，每滿十個會員可
以選派一個代表；其人數在十人以下、五人以上的分會則可以選派一個代
表。「代議部」設有部長、祕書和查帳員。它是聯合會最高的立法機構；
它有立法權，也有撥款、貸款和募款權。聯合會會長有權否決「代議部」
的議案，但是，「代議部」也可以再以三分之二以上的票數駁回聯合會會
長對其議案所做的否決。[47]

「代議部」的成立為聯合會的會員提供了一個擬似民主政體的架構來
實習民主政治的程序。比如說，聯合會在一開始就面臨到如何在民主和行

46　哈佛大學同學會在 1926 年春所做的決議是其中的一個例子。請參見"Student World,"
　　CSM, XXI.7（May, 1926）, p. 81。由於資料的欠缺，我們不知道留學生反對這個提案的
　　原因究竟是在哪裡。一個可能的原因是聯合會已經中落，留學生看不出把同學會納入聯
　　合會的組織結構裡有什麼好處。我在此必須修正孟治在一篇文章裡所提供的一個錯誤的
　　資訊，他說聯合會：「是由各地學生會聯合而成的……但總會因修改會章的誤會，好多
　　分會脫離總會的關係。」請參閱孟治，〈留美學生現狀〉，《中華基督教會年鑑》，頁
　　64，1927。事實上，各地同學會原本並不是聯合會的分會，孟治「好多分會脫離總會」
　　的說法只有在針對 1925 年的新憲章而言才是正確的。

47　"Constitution and By-Laws of The Chinese Students' Alliance of Eastern States, U. S. A.,"
　　CSM, II.8（August, 1907）, pp. 166-172.

政效率之間取得均衡的問題。為了使這個最高的立法組織具有它的代表性，同時，也為了顧及到那些人數少於五人的分會的權益，聯合會在1908年把規定降低到每五個會員可以推派一個代表。但是，在實行兩年以後，由於聯合會會員的人數已經超過三百，每五個會員可以推派一個代表的規定使得「代議部」變得大而不當，於是，又恢復了原先每十個會員可以推派一個代表的規定。一年以後，在1911年，聯合會進一步把這個最低限提高到十五。基本上，「代議部」所扮演的角色主要是在學年當中，因為這個時候會員由於課業的關係而不能兼顧會務。在這個意義之下，聯合會的會員仍然是該會最高的立法者；同時，夏令營也仍然是該會最高的立法議事機構。換句話說，雖然「行政部」和「代議部」在學年當中推動會務，聯合會的會員仍然可以在參加夏令營的時候行使他們的主權；他們可以以三分之二以上的多數票修訂聯合會的憲章，或者以過半數的票數修改聯合會的章程。

　　毫無疑問地，「美東中國留學生聯合會」是有意地模仿美國的聯邦政府。在這個意義之下，「代議部」也就是聯合會的國會。從聯合會立會的理想來說，這個兩權分立體制的形成，是進一步地實現了它想把聯合會當成一個具體而微的共和國，以便從中學習民主政治的理想。我們可以想像當時的他們感覺多麼的驕傲；在清廷都還沒有正式立憲以前，他們已經開始為將來回國參政做出了準備！事實上，美東聯合會甚至還在1911年成立了一個「司法委員會」（Judiciary Committee），以便在需要的時候，從事解釋憲章以及仲裁「行政部」與「代議部」之間的爭執的工作。[48]這個「司法委員會」的成立，等於是把美國立法、司法、行政，三權分立的立國原則完整地移植到美東聯合會的組織結構上。然而，可能因為聯合會畢竟只是一個學生組織，其權力的結構和分配並沒有複雜、龐大到需要第三個制衡的機構的地步，這個「司法委員會」在一年以後居然也就無疾而終，恢復了聯合會兩權分立的體制。

48　W. P. Wei〔魏文彬〕to C. H. Liu〔劉嘉琳〕, Chairman of the Board of Representatives, September 30, 1911, *CSM*, VII.1（November 10, 1911）, p. 105.

　　問題是，只有在抽象與想像的意義之下，「美東中國留學生聯合會」是一個具體而微的共和國。由於聯合會的職員、會員散布在美國東岸的校園裡，會務是用通信的方法來執行的。聯合會的職員最喜歡說的口頭禪是恪遵會員的意旨。比如說，1908 到 1909 年度的會長王正廷就說：「行政部恪遵大多數會員透過其代表所表達的意願，遵照憲法執行會務。」[49]

　　雖然我們沒有必要把所有這些都一概貶為華而不實的口頭禪，但我們有許多證據可以證明「美東中國留學生聯合會」的領袖言行不一的所在。首先，聯合會的領袖雖然對聯合會憲章的制定和修訂付出了極大的心血；一屆又一屆的職員，一而再、再而三地在條款和字句上做琢磨的工作。然而，他們卻似乎不怎麼在乎他們是否遵照憲章上的條文來執行會務。比如說，1910 年負責修憲工作的決議委員會在提出他們的建議以後，就曾經這麼沉重地指出：「本委員會在總結這份報告以前，必須很遺憾地指出：聯合會的憲章和法規一直到現在為止，既沒有被好好地遵循，也沒有受到應有的重視。其結果是，某些聯合會職員的所作所為根本就與條文相牴觸。」[50]他們所舉的例子包括：會計沒有按照憲章的規定，讓查帳員先行審核所有超過美金 25 元以上的帳單，也沒有按月在《中國留學生月報》上公開每個月的帳目。更離奇的是，《中國留學生月報》的副編輯以及正、副業務經理究竟是應該由總編輯——「行政部」——還是應該由「代議部」來任命，憲章上居然有互相矛盾的條文存在。

　　我們也許可以說，由於法治的觀念還沒有充分地建立起來，所以聯合會的領袖不太懂得他們必須遵循該會的憲章和法規。但是，這個說法並不能完全解釋他們的行為，特別是他們一而再、再而三地在憲章的條款和字句上所做的修訂工作；這說明了他們認識到根本大法的重要性。問題的癥結可能還是出在民主和行政效率之間的矛盾。這基本上觸及到聯合會在組織結構上的一個根本的致命傷；換句話說，即使聯合會是一個具體而微的

49　C. T. Wang, "President's Message," *CSM*, IV.1 9（November, 1908）, pp. 23-24.

50　Wellington Koo, et al, "Report of the Resolutions Committee," *CSM*, V.8（June 1910）, p. 518.

共和國，它最多只是一個擬似的共和國。這是因為它的職員和代表分散在各處，除了少數幾個剛好同在一個校園的個例以外，所有行政、立法事宜都必須透過書信來處理。同時，聯合會職員和代表產生的時間也不相同。根據聯合會憲章的規定，「行政部」的主要職員是在夏令營期間選出，而各個地方分會推派到「代議部」的代表則一直要到十一月上旬才產生。在瞬息、多線同步的現代電訊時代來臨以前，可以想像這個「共和國」政務的進行既顯淤緩又多窒礙。雖然在「代議部」成立初期的幾任會長都一再地強調他們一切以會員的意旨為依歸；比如說，在1907到1908年度——「代議部」成立的第一年——擔任會長的王景春就強調說：「『行政部』的政策純粹是在遵循憲章以及大多數會員的意旨。會員所推派的代表所產生的眾意就是我們的指導。」[51]在王景春卸任後接著擔任會長的王正廷則把會長比喻成電訊局的總機，「他的工作是把會員的所作所為從線路的一端接通到另外一端。」[52]

我們沒有理由懷疑王景春和王正廷對立法權至上的說詞。然而，值得深思的問題是，如果他們必須在民主和行政效率之間做一權衡，他們寧可犧牲的究竟會是哪一方？這個問題的提出並不是為了對這些聯合會憲章的起草和修訂者吹毛求疵，而是為了釐清他們在對民主作訴求時候的根本心態。在這一個關鍵點上，當時任《留學生通訊》主編的顧維鈞在呼籲修憲時所寫的一篇社論也許不無參考的價值。我在前文談起「少數專政」的指控是當時修憲的主要原因之一。然而，在顧維鈞的社論裡，修憲的理由卻完全是環繞在行政改革上，完全與行政立法兩權分立的原則無關。他呼籲修憲的理由有二：第一，聯合會一直無法突破經費拮据的困境；第二，聯合會職員的事權不清。他認為聯合會所需要的是「一個適當、有效率的憲章來為聯合會提供一個可靠的財政基礎，以及管理分配各個職員的事權」。[53]

51　C. C. Wang, "President's Message," *CSM*, III.1（November 1907）, p. 27.

52　Ibid., IV.1（November 1908）, p. 23.

53　Wellington Koo, "Editorial," *CSM*, II.3（February, 1907）, p. 45.

　　了解了這個根本的心態，我們就不會訝異為什麼很快地，聯合會的行政部門就以提高行政效率為理由，希望修改憲章，精簡、甚至削減「代議部」的權責。「代議部」會變成了一個待宰的羔羊的原因無它。等聯合會的會員增加，「代議部」也隨之擴大以後，批評它大而無當、缺乏效率的聲浪也跟著上揚。比如說，顧維鈞在 1910 到 1911 學年度擔任會長的時候，就建議把「代議部」的事權集中在主席的手中。[54]有意味的是，雖然顧維鈞承認「代議部」應該如何運作，不在「會長職權所能干涉」的範圍之內，但他覺得他「有責任提出一些建議，以幫助貴部迅速地處理偶爾會提交貴部審議的問題」。這也就是說，以增進「代議部」的效率為名，顧維鈞不惜把「代議部」的部長降為「行政部」的副手。幸運的是，顧維鈞的建議被「代議部」拒絕。[55]這種以提高行政效率為理由，而在「代議部」裡實行中央集權的作法，等於是把「代議部」的主席變成「行政部」駐「代議部」的代表，根本地違背了兩權分立的精神。

　　顧維鈞並不是唯一一個亟亟要揚棄聯合會曾幾何時才把它吹捧到雲端的制衡原則的領袖。1914 年，「美東中國留學生聯合會」在 1914 年的夏令營提出廢除「代議部」的動議。這個動議在經過幾場辯論以後終被擊敗。《中國留美學生月報》的編輯宋子文在夏令營開完以後所發表的一篇文章裡表達了他的遺憾：「雖然這個動議得到許多在聯合會裡有多年經驗的人的支持，但在多次會議的辯論以後，它卻未能通過。」[56]

　　從「代議部」在 1907 年成立到 1914 年只不過是 7 年的時間，而這個「美東中國留學生聯合會」所引以為傲的兩權分立的組織結構幾乎慘遭腰斬。這除了說明了聯合會並不是一個民主共和的訓練場以外，也說明了「代議部」終究是不能和美國的國會相比擬的事實。以上這兩點，就被

54　Wellington Koo, "The Presidents's First Monthly Report," *CSM* VI.1（November, 1910），p. 83.

55　Wellington Koo, 'The President's Report for December," *CSM*, VI.2（December, 1910），p. 177.

56　T. V. Soong, "Eastern Conference at Amherst, Mass.," *CSM*, X.1（October, 1914），p. 31.

1909 到 1910 學年度擔任聯合會會長的朱庭祺（T. C. Chu）一語道破。當時在哈佛大學的朱庭祺雖然主張削減「代議部」的權責，但在基本上還是支持兩權分立的原則的。他在致修憲委員會的一封建議信裡就坦率地指出：「不像在政府裡當官一樣，擔任聯合會的任何職務純粹只是一種義務；它所帶來的是工作，而不是好處。」他也同時直言不諱地說出了他認為「代議部」在聯合會裡所應具有的地位：「在理論上說，『代議部』全權操持著聯合會的立法工作；但實際上，所有的法律都是由行政部門的建議而產生的。這樣的作法並不是不幸的；不，應該說是很幸運的。因為如果每一個會員都可以無限制地享有創制權，那個團體就不可能產生一個明確、一貫的政策，而這是一個團體要成功所不可或缺的條件。」在朱庭祺的理想裡，立法部門對行政部門的作用主要是在於輔佐、其次才是在於制衡。因此，他認為「代議部」在聯合會裡的主要任務有三：「第一、它賦予行政部門的措施以分量和威信。第二、它可以提高會員參與聯合會會務的興趣。第三、它可以防止會長做出盲動的措施。」[57]

　　我在本章起始提到了葉維麗在她所著的《為中國尋找現代之路：中國留學生在美國（1900-1927）》一書裡所提出的一個公式。按照她的公式，這第一個階段是留美學生最服膺三權分立的制衡原則的時候，因為那是他們用間接、想像的方式參與國內請願開國會的運動、並表達他們對清廷的不信任。[58]本章的分析很清楚地顯示了這個公式是禁不起考驗的。「美東中國留學生聯合會」的領袖從一開始所服膺的並不是制衡的原則，而是行政權至上的原則；他們所要的立法部門，是能夠幫助行政部門取得合法性，並增加其權力與威望的。葉維麗錯在她只看留美學生的說詞，而不去檢證他們的所作所為。她沒看見留美學生不但看不起國內的仕紳階級，而且一直到清廷覆滅的前夕為止對清廷忠心耿耿。歸根究底，她錯在她不但沒看見留美學生在政治上普遍的保守傾向，而且無視於他們所企望的是在朝為官。她把留美學生說成是「中國第一代的專業分子」，「有意

57　T. C. Chu to Wellington Koo, April 20, 1910, *CSM*, V.7（May, 1910）, pp. 433-434.

58　Weili Ye, *Seeking Modernity in China's Name*, pp. 26-27, 43.

在政府之外求取其獨立自主的地位」，[59]完全沒看出留美學生跟他們所瞧不起的仕紳階級一樣，要的就是學而優則仕。他們的行政權至上的信念所顯示的就是他們在政治上保守的傾向、學而優則仕的信念、以及服從當權者的態度——所有這些都是第四章會分析的重點。

如果我們把討論的焦點拉回到「美東中國留學生聯合會」，我們會發現這個保守的政治哲學崛起的時刻，是在該會發展的全盛期，同時也是在該會第一次真正面臨來自於其他地區的中國留學生團體的挑戰的時候。

「全美中國留學生聯合會」的成立

「美東中國留學生聯合會」在組織結構上所做的種種實驗和改革，充分地反映了它生氣蓬勃的一面。從 1905 年的 36 名創始會員開始，在短短的五年之間，它的會員人數已經增加到將近四百。[60]如果不是因為美國的疆域太過遼闊，而且當時交通所需費的時間太長，因而很難找到一個適中的地點來舉辦讓全美各地的留學生都能來參加的夏令營，這個具有「帝國主義」傾向的美東聯合會是有把全美的中國留學生都組織在它旗下的雄心。在這個地理條件的限制之下，美東聯合會退而求其次，以落磯山為界，把落磯山以東占美國領土三分之二以上的各州劃入其版圖，而把落磯山以西讓給那一蹶不振、絕不會構成威脅的美西聯合會。很意外地，「美東中國留學生聯合會」所面臨的第一個挑戰是來自於中國國內。

1905 年 7 月，在美東聯合會成立前一個月，「寰球中國學生會」

---

59 Ibid., pp. 50, 51. 雖然葉維麗好用「專業」、「獨立」等等字眼來形容留美學生，她還是不得不承認學而優則仕對他們的吸引力。

60 雖然聯合會的統計一向不是很精確，但是根據曹雲祥的統計，「美東中國留學生聯合會」截至 1910 年 12 月 10 日為止有 385 名會員。請參閱曹雲祥，"Statistical Report of the Membership Committee," *CSM*, VI.4（February, 1911），pp. 394-395.

（The World's Chinese Students' Federation）在上海正式成立。[61]在 51 名創始會員當中，1 名留英、5 名留美、6 名留日。他們以 1660 年創立的「倫敦皇家學會」（the Royal Society of London）為例，用他們說它從毫不起眼的開始，發展到歷任會長盡是傑出的科學家的歷史來自勵。他們深信「中國的救贖端賴其學生」。為了要幫助學生接下這個使命，「寰球中國學生會」立意：「要把他們結合在一起，讓他們互相了解；激勵沮喪者；接濟值得幫助的；引領新手。總之，要把目前分散、各自為營的力量結合成為一個有機的整體，使他們的效力與影響力增加百倍，來為中國謀福利。」

「寰球中國學生會」的會址在上海的公共租界。它舉辦各類的演講、音樂與戲劇活動，為出國留學的學生提供諮詢服務，而且，一如我在第一章所描述的，在夏季出國的高峰期為出國的留學生舉辦盛大的歡送會。它甚至還曾經創辦了一所小學和中學。值得特別指出的是，「寰球中國學生會」訂立北京官話為其執行會務的官方語言，並且在 1906 年夏天創刊了一本名為《寰球中國學生報》（The World's Chinese Students' Journal）的中、英文雙月刊。諷刺的是，由於中文讀者不多，《寰球中國學生報》從第二卷第六期開始取消中文的部分。[62]到了 1907 年底，「寰球中國學生會」會員的人數已經增加到四百，同時也在國內的幾個大城以及國外的檳榔嶼、新加坡和檀香山等地成立了分會。

從「寰球中國學生會」成立到它迅速茁壯的兩年之間，正是「美東中國留學生聯合會」才在起步的階段。雖然「美東中國留學生聯合會」從成立到茁壯也是同樣地迅速，但它畢竟起步較晚。更重要的是，「美東中國留學生聯合會」要把所有在美國的中國留學生都一統在它的組織體制之下。這個雄心已經是夠大了的。然而，跟「寰球中國學生會」不分肄業、

61　在本段落內有關「寰球中國學生會」的討論，主要是根據"A Historical Sketch of the Federation," *The World's Chinese Students' Journal*, I.1（July and August, 1906）, pp. 8-11, 以及其他散見於該雙月刊的〈社論〉。

62　"Editorials," *The World's Chinese Students' Journal*, II.6（May-June, 1908）, pp. 1-2.

畢業學校或留學國度，把海內外所有中國學生都結合起來的雄心相比，不啻是小巫見大巫。因此，從「寰球中國學生會」一成立，就一直有一些聯合會的會員呼籲應該把美東聯合會改組成為「寰球中國學生會」的一個分會。他們的理由是：此舉「可以鞏固聯合會、增加它在國內的影響力、而且便於為出國留學生提供資訊和服務」。[63]「美東中國留學生聯合會」在這些會員連續兩年不斷的壓力之下，終於在 1907 年初成立一個七人委員會來研究這個呼籲。

　　這就是典型的用研究為名、先拖延、然後再否決的戰術。值得注意的是，這個七人委員會裡包括了兩個聯合會的元老——顧維鈞和王景春。他們在該年夏令營中提出的正式的報告，建議否決「美東中國留學生聯合會」與「寰球中國學生會」合併的呼籲。他們提出了五大理由，主張聯合會不應該變成「寰球中國學生會」的分會。其中，最重要的理由有兩個：一、此舉與民主的觀念相違。由於美國與上海相距太遠，留美學生勢必無法選派代表前往參加「寰球中國學生會」的立法與改選的大會，其結果等於是接受了「一個沒有得到受治者所同意的政府。這完全違背了本聯合會所揭櫫的現代民主政治的法規」。

　　第二個理由最可堪玩味，因為它毫不掩飾地透露出七人委員會最大的憂慮，那就是：合併以後，聯合會會失去自己所專屬的人才庫的資料，會減低會員失去得到政府選秀的機會。用這個七人委員會自己的話來說：「我們出版自己的《年報》是極其重要的。如果我們加入『寰球中國學生會』，他們的資料上就只會有我們的名字，而沒有任何其他有關我們的資料；這對於我們想要把我們自己介紹或推薦給政府的目的來說，一點好處也沒有的，特別是，如果我們的政府想要多了解我們或者和我們個別接洽的話；反過來說，如果我們出版我們自己的《年報》，我們就可以在《年

63　Chas. S. Bok, et. al, "The Alliance and the World's Students' Federation," *CSM*, III.1（November, 1907）, p. 24.

圖7　《寰球中國學生報》封面舉例。
The World's Chinese Students' Journal, VI.1（September, 1911）.

The World's
Chinese Students' Journal

Vol. VI   September, 1911.   No. 1.

Contents

1.   Editorials 479
2.   China Students in America.. 485
3.   Personal Hygiene 489
4.   Our Chinese Problem... 494
5.   Poem 500
6.   Report of the Chinese Students.................................. 501
7.   Japan's Gigantic Scheme of donimating the Far East 505
8.   Fantastic Cambridge Story 509
9.   Some Possibilities of Froebel Educational system in China 514
10. China and the World........................... 519
11. Old Chinese Gems 522
12. Good and Bad in Western Invasion of China...................... 523
13. The Eighteenth Univeral Peace Conference..... 530
14. Evolution and Constitution 543
15. Science and the Chinese 547
16. Miscellaneous News 550
17. Univeral Races Congress.. 556
18. Home News 559
19. Book Reviews 560

THE WORLD'S CHINESE STUDENTS' JOURNAL, is an Illustrated Bi-monthly Magazine. It is published on the 1st day of every other month— six issues a year.

PRICE.—The subscription price is three (Mex.) a year, payable in advance ; sixty-five cents a single copy ; postage extra.

CHANGE OF ADDRESS.—When a change of address is ordered, both the new and the old addresses must be given. The notice should be sent one month before the change is to take effect.

DISCONTINUANCES.—If a subscriber wishes his copy of the World's Chinese Students' Journal to be discontinued at the expiration of his subscription, notice to the effect should be sent ; otherwise it is assumed that a continuance of the subscription is desired.

HOW TO REMIT.—Remittances should be sent to the General Manager, P. K. Chu care of W. C. S. Federation, E. 562, Burkill Road, Shanghai.

COMMUNICATIONS.—(1) All communications relating to advertisements should be addressed to the General Manager, P. K. Chu W.C.S. Federation, Shanghai.

(2) All matters relating to publications of articles and all correspondence to the Journal should be addressed to the Editors, care of W. C. S. F. Headquarters, Shanghai.

(3) All literary communications must be written on one side of the paper only. While contributions are solicited, the Editors do not guarantee the publication, and will not undertake to return manuscripts which are not accepted for publication.

圖 8　《寰球中國學生報》目錄舉例。

The World's Chinese Students' Journal, VI.1（September, 1911）.

報》上詳細地提供每一個會員的資料。」[64]

　　不管他們是為了捍衛民主——受治者同意的政府——的原則，還是為了不願意失去他們「投牒自進」的機會，大多數參加 1907 年夏令營的會員投票贊同七人委員會主張聯合會應該保持獨立的建議。事實上，「美東中國留學生聯合會」能化解「寰球中國學生會」併吞的企圖並不算是一件太困難的事，因為兩者所爭取的對象極不相同。儘管它自稱為一個學生團體，由於其刊物的主要語言是英文，「寰球中國學生會」所吸引的基本上是歸國留學生、以及一些上海教會大學裡會說、會寫英文的學生。不管它想把全球的中國學生聯合起來，以謀中國之復興的理想是多麼地崇高，它並沒有辦法越洋幫忙留美學生解決他們在課業之餘的種種社交、聯誼上的需要。

　　從某個意義上來說，來自「寰球中國學生會」這個外來的挑戰是「美東中國留學生聯合會」發展史上的一個里程碑。就在它成功地克服了這個考驗的這一年，美東聯合會劃落磯山為界，與美西聯合會兩分美國的天下。這個作法等於是不承認芝加哥的「中西部中國留學生聯合會」的存在。

　　半年以後，美東聯合會向美西聯合會建議以邦聯的方式，按照會員人數的比例，由雙方派代表組成一個我在上文所提到「聯席評議會」（Joint Council）來處理東西兩個聯合會合作的事宜。對美東聯合會而言，併吞美西聯合會是首選；併吞不成，「聯席評議會」則是它羈縻美西聯合會的次選方法。美東聯合會之所以提出這個建議是有它的理由的。雖然在 1908 年以後，美東聯合會與美西的聯絡對象是在舊金山的美西聯合會，但在這以前是柏克萊的「太平洋岸中國留學生協會」。而舊金山、柏克萊這兩個互相競爭團體曾經三次用先斬後奏的方式，要求美東聯合會聯名向美國政府與清廷請願：第一次是有關《排華法案》向老羅斯福總統請願的聯名信；第二次是致電留日學生要求與他們合作反對列強將對中國禁運武

64　Chas. S. Bok, et. al, "The Alliance and the World's Students' Federation," *CSM*, III.1（November, 1907）, p. 25.

器的傳聞；第三次是向清廷請願反對跟倫敦的「中英銀公司」貸款興建滬寧鐵路。

「聯席評議會」的成立可以讓美東聯合會便於控制雙方合作的程序和議案。當時美東聯合會的會員人數在 140 名左右，美西則不到 20 名。在這種懸殊的比例之下，美東聯合會等於是握有「聯席評議會」的主宰權。由於美西聯合會遲遲沒有回應，美東聯合會索性也用先斬後奏的方式在 1909 年的夏令營裡通過了「聯席評議會」的組織。面對這個既成事實，美西聯合會終於在其 1909 年所召開的夏令營裡決定接受「聯席評議會」的組織。

「聯席評議會」的成立意味著「美東中國留學生聯合會」霸權的形成。任何在「美東中國留學生聯合會」憲法規定的版圖之外的中國留學生團體，只要有五十名以上的會員，都有資格申請加入。它們在得到三分之二的「聯席評議會」代表的贊成票以後，就可以派代表參加。每一個參加的團體可以推派到「聯席評議會」的代表如下：一個首席執行長、一個編輯、評議員若干名（每 50 名得選一名；超過 50 名以上，每 26 名得選一名）。[65]

毫不意外地，真正主導留美學生事務的，並不是「聯席評議會」，而是「美東中國留學生聯合會」。就像顧維鈞在 1912 年從美東聯合會會長的職務卸任以後，在〈「全美中國留學生聯合會」簡史〉裡傲然地宣稱的：

　　強大的美東聯合會是「聯席評議會」之下的一個組成分子。它用其所擁有的豐富的資源、人才以及效率高的政府與行政機制，野心勃勃地全面拓展其各種對留美學生有利的事業。兩相對照，「聯席評議會」幾乎毫無能力證明它是一個名正言順〔的上級機構〕……許多與留學生全體有關的事業，例如：《留美學生年報》、《中國留學生月

65　"Constitution and By-Laws of the Joint Council of the Chinese Students' Alliance in the United States of America," *CSM*, V.1（November, 1909）, p. 38.

報》、《留美同學錄》、《中西對照日曆》等等，都完全是由美東聯合會一手控制和經辦的，與「聯席評議會」毫不相干。[66]

顧維鈞這段夸夸其談美東聯合會霸權無遠弗屆的話，暴露出其建議在美東、美西學生聯合會之上成立一個最高的機構——「聯席評議會」——根本就是言不由衷的漂亮話。諷刺的是，就在美東聯合會沉湎於其霸權的滋味的時候，偏偏禍起蕭牆，中西部的留美學生突然宣布獨立。我在前文指出，美東聯合會在「聯席評議會」的憲章裡明文規定：只有在美東聯合會的版圖範圍以外的留學生組織，才有加入「聯席評議會」的資格。中西部留美學生的獨立不但會使美東聯合會失去中西部的版圖，而且也會迫使它接受一個嶄新的全美留學生組織。在這個嶄新的全美留學生組織之下，美東聯合會誠然還會是一個強大的分部，但它就不但必須接受它是一個分部的事實，而且必須承認它跟其他的分部是屬於平起平坐的關係。

在〈「全美中國留學生聯合會」簡史〉裡，顧維鈞為了要把「全美中國留學生聯合會」的歷史描繪成為一個一脈相承的歷史，這一段全美聯合會的史前史上的分裂與爭雄的歷史，顧維鈞只是輕描淡寫地一筆帶過。這一段留美學生兄弟鬩牆的歷史，被他輕描淡寫地描繪成為彷彿像是青少年發育期間所經歷的掙扎（growing pains）；等這個青少年發育期的掙扎解決以後，「全美中國留學生聯合會」於焉誕生。[67]

這段歷史當然沒有顧維鈞所寫的官方歷史那麼單純。我在前文提到芝加哥的「中西部中國留學生聯合會」，由於經不起美東聯合會的挑戰，而在 1909 年春天自動降格改組為「芝加哥中國同學會」，但是也同時表明了它立志重整旗鼓、以便來日再與美東聯合會互別苗頭的決心。只是，沒

66　Wellington Koo, "A Short History of the Chinese Students' Alliance in the United States," *CSM*, VII.5（March 10, 1912）, p. 427.

67　Wellington Koo, "A Short History of the Chinese Students' Alliance in the United States," *CSM*, VII.5（March 10, 1912）, pp. 426-429。又參見區克明，〈留美中國學生會小史〉，《留美學生季報》，卷 4，第 3 期，頁 68-69，1919。

想到中西部不但真的實踐了後會有期的誓言，而且回來得迅速並且力道威
猛。1909 年的 12 月 28 日，一些中西部的留學生在芝加哥的一個餐會上
通過一項決議，敦請印第安納州的普渡大學向中西部的留學生發出一份通
啟，調查他們是否願意在中西部另行舉辦夏令營；如果他們願意的話，請
他們推派代表組成一個夏令營籌備委員會。

　　中西部的留學生之所以會在這個時候提出獨立的要求並不是偶然的。
如果芝加哥的「中西部中國留學生聯合會」能有後見之明，它會發現在它
自動降格改為「芝加哥中國同學會」的困頓之際，其實正是破曉前的片
刻。在 1907 年以前，除了芝加哥大學的幾個學生以外，中西部幾乎是沒
有中國留學生的影子。但是，這種情況在 1907 年以後完全改觀。可能由
於中西部的學費和生活費都比東岸低廉，留學生開始往中西部進軍。比如
說，1909 和 1910 年所派出的頭兩批庚款留美學生總共有 116 名，其中，
有 45 名，也就是說，39％，選擇了中西部的大學。[68]此外，廣東省在
1912 年所派出的 25 名官費生也多半選擇了中西部。[69]其結果是，在中西
部的幾所主要大學裡，中國留學生的數目都以成倍以上的幅度成長。比如
說，在 1907 到 1912 年之間，伊利諾大學的中國留學生從 2 名增加到 48
名；密西根大學從 7 名增加到 59 名；威斯康辛大學則從 3 名增加到 30 多
名。[70]

　　相對於中西部留學生人數的激增，東岸則已經過了它成長的尖峰期。
換句話說，如果美東聯合會想要繼續維持高度的成長率，中西部的留學生
是其必爭的對象。雖然留美學生的統計數字一向不是很精確，但是，我們
還是可以從表 3.3 的粗略統計看出中西部的留學生在所有中國留學生中所
占的比重：

　　當然，表 3.3 的留學生總人數並不等於美東聯合會的會員人數，因為
並不是所有的留學生都加入聯合會；同時，中西部有相當多的留學生沒有

68　"No Money for Private Students Yet," *CSM*, VI.1（November, 1910）, p. 101.

69　"Arrival of New Students," *CSM*, VIII.1（November 10, 1912）, p. 40.

70　這些數目主要是根據《中國留學生月報》上的〈同學會訊〉（Club News）。

表 3.3　中國留學生分布統計，1909-1911[71]

年分	留學生總人數（％）	東岸人數（％）	中西部人數（％）
1909	183*　（100）	136（74）	47（26）
1910	465　　（100）	306（66）	156（34）
1911	650**（100）	330（51）	201（31）

* 該年度的總人數應是 239 名。由於資料不全，此處的分布比例只包括大學生。

** 這個數字包括美西的留學生。

加入美東聯合會。比如說，在 1911 年，伊利諾州有 90 名中國留學生，其中，只有 32 名是美東聯合會的會員。[72]但這更加說明了中西部有待開發的價值。

　　在一開始的時候，美東聯合會對中西部的留學生想要自己在中西部開夏令營的想法的反應是正面的，因為他們知道夏令營是留美學生一年中的高潮。即使有些留學生會覺得夏令營裡的演講以及會務會議極其枯燥無味，但他們可以用這個很小的代價，來換取夏令營裡人人翹首以待的音樂表演、演講、運動比賽、各校同學會競相絞盡腦汁所推出的短劇與娛樂節目，以及，最重要的，1910 年代末期所開始舉辦的舞會。美東聯合會理解由於距離以及旅費的關係，很少中西部的留學生有辦法去參加美東聯合會的夏令營。一直到 1908 年為止，美東聯合會的夏令營都是在麻省舉

71　這個粗略的統計表的資料來源，是根據：T. L. Chao, "English Secretary's Report," *CSM*, V.1（November, 1909），p. 30; 楊錦森（Chinson Young），"Statistical Report of the Membership Committee," V.5（March 1910），p. 268；以及曹雲祥，"Statistical Report of the Membership Committee," VI.4（February, 1911），p. 395. 在這裡所必須指出的是，朱庭祺在《留美學生年報》的一篇文章上所徵引的數字顯然和曹雲祥的屬於同一個來源，但可能由於筆誤或者排版錯誤，他所報告的總人數是 562 人。請參閱朱庭祺，〈美國留學界〉，《留美學生年報》，頁 1-41，1911。

72　曹雲祥，"Statistical Report of the Membership Committee," VI.4（February, 1911），p. 395.

行。從那以後，他們開始輪流在新英格蘭其他州召開夏令營。比如說，1909 年是在紐約上州的「漢摩頓學院」（Hamilton College）；1910 年是在康乃狄克州哈特福市（Hartford）的「三一學院」（Trinity College）。

　　然而，美東聯合會很快地就體認到它所面臨的是一個脫離（secession）的運動，或者更精確地說，類似一個殖民地要求獨立的運動。到了 1910 年春，美東聯合會已經領悟到所謂的「我們在中西部的會員」[73]——會長顧維鈞對中西部要求獨立的會員的稱呼——所要爭取的，並不只是他們自己的夏令營，而是他們自己的聯合會。可以想見的，美東聯合會的直接反應是拒予承認；它除了在《中國留美學生月報》的社論上呼籲中西部的會員以團結為重以外，完全沒有記載該年八月中西部留學生所舉辦的第一屆夏令營。然而，這個鴕鳥政策最多只能封鎖新聞，而阻擾不了中西部學生獨立分家的要求。

　　到了 1910 年 8 月，當 116 名留學生集結在伊利諾州艾文斯頓（Evanston）的西北大學（Northwestern University）召開第一屆中西部中國留學生的夏令營的時候，一個獨立的中西部留學生的組織已經是呼之欲出了。一些與會留學生提出了一個動議，提議成立一個委員會來研究是否成立一個獨立的組織的問題。這個動議立刻被輕易地否決掉了。另外一個動議，提議跟美東聯合會維持既有的關係，但輪流在美東與中西部開夏令營。這個動議遭受到強烈的反對。眼看著與會的留學生就要投票成立一個獨立的中西部留學生聯合會的時候，突然間有人提出了一個替代的動議。由於這個替代的動議所表露出來的態度是如此的崇高、眼光是如此的遠大，它立即被與會者接受，並且全體一致投票通過。這個替代的動議建議成立一個全美中國留學生聯合會，其下分有美東、美西與中西部三個分會。為了替這個全美留學生團體的產生做催生的工作，或許也為了造成既成的事實，他們在會中議決成立北美中國留學生聯合會中西部分會，並參照美東聯合會的憲法與組織結構推選了以俄亥俄州伍斯特（Wooster）大

73　Wellington Koo, "Executive Board: The President's Message," *CSM*, VI.1（November, 1910）, p. 57.

學的應尚德（Z. T. Ing）為會長的各個行政部的職員。[74]在中西部分會成立以後，他們更責成中西部分會的祕書致電當時也正在康乃狄克州哈特福市召開夏令營的美東聯合會，知會他們中西部的留學生建議成立一個全美中國留學生聯合會的決議。[75]

我們不難想像美東聯合會接到這通電報以後的反應會如何。中西部留學生所造成的既成事實，對美東聯合會來說，根本就是一個叛變的行為。中西部留學生一獨立，美東聯合會就會失去了阿帕拉契山以西到落磯山以東的版圖。其結果不但是美東聯合會必須拱手出讓它的半壁江山，而且失去大量的會員。值得指出的是，那 116 名在艾文斯頓夏令營裡集會的留學生裡，有 78 名原來是美東聯合會的會員。從美東聯合會的角度去看，中西部是以把全美中國留學生團結在一個全國性的組織之下為名，來進行其叛變之實。這一個高招著實把美東聯合會將了一軍，因為美東聯合會如果反對成立一個全國性的留學生組織，就會招來它用團結的名義阻止中西部另組分會的作法根本就是謊言一通之譏了。

事實上，美東聯合會並不是沒有預料到中西部的留學生會宣布獨立。他們在康乃狄克州哈特福市開夏令營的時候，就想出了一個先發制人的策略。他們通過了決議成立一個五人委員會來研究下列兩個對策：一、接受承認一個獨立的中西部聯合會，並給予其參與「聯席評議會」的資格；二、拒絕承認，但以成立一個類似「一國兩制」的「一會兩團」（one alliance, two conferences）——一個聯合會，兩個各有其職員的團體——的制度作為交換的條件。[76]

在中西部以中西部分會為名建議成立一個全美留學生聯合會的電報抵達以後，這個五人委員會就完全失去其意義了。美東聯合會的會長顧維鈞

74　John Y. Lee〔李耀邦〕to 顧維鈞，October 11, 1910, *CSM*, VI.1（November, 1910）, pp. 62-65.

75　"The Middle West Alliance Question: Secretary John Y. Lee's Reply to President Koo," *CSM*, VI.1（November, 1910）, pp. 62-65.

76　"Resolution Passed at the Conference in Hartford Concerning the Committee on Investigation," *CSM*, VI.1（November, 1910）, p. 62.

於是將計就計地想出了一個顛覆中西部的提案的方法。他任命了一個五人的調查委員會來研究中西部的提案：耶魯大學的王正廷、哈佛大學的朱庭祺、伊利諾大學的王景春、伍斯特大學的應尚德，以及芝加哥大學的李耀邦（John Y. Lee）。值得注意的是，雖然這個五人委員會的成員有三個是在中西部，但是前三個都擔任過美東聯合會的會長；同時，雖然王景春當時在伊利諾大學念研究所，他不但大學部是在耶魯念的，而且他還是美東聯合會的元老。因此，儘管表面上看來，中西部的成員占大多數，顧維鈞很可能希望這三個前任會長能站在美東聯合會的立場來否決中西部獨立的願望。他給這個五人委員會的任務是：研究「是否應該有一個中西部聯合會或者全美聯合會？或者兩者都不應該有？」換句話說，顧維鈞利用他作為會長所給予他在行政上的特權，變了一個戲法；他把中西部所提出來的建議成立一個全美留學生聯合會的動議完全改寫，把它變成為二中選一：要有中西部聯合會和全美留學生聯合會？或者維持現狀？

　　除了如此公然濫用會長的職權以外，顧維鈞還動用留美學生界唯一的輿論管道──《中國留美學生月報》──來對付中西部分會。他用法律條文主義（legalistic）為藉口，完全在行文裡拒絕提起中西部分會的名稱。他說：「美東聯合會的憲法禁止會長去理睬任何由其會員違憲所成立的組織。」[77]他批評所謂狂熱的分離分子積極吸收會員的作法，在新來的留學生心中製造了一個「錯誤的印象，以為中西部分會已經成立了」。更讓他生氣的是，他們鼓勵美東聯合會在中西部的會員拒繳會費。[78]顧維鈞不是美東聯合會裡唯一不承認中西部分會存在的重要職員。一直到 1911 年 1月，《中國留美學生月報》在該期的社論裡，還教訓了「被誤導了的大眾」（the misinformed public），提醒他們說：「眼前並沒有一個所謂的『中西部聯合會』。」這篇社論甚至糾正了自己在前一期裡所犯的一個錯

77　President Koo to Chairman Ing, "Should There Be a Middle-West Alliance?" *CSM*, VI.1（November, 1910），p. 60.

78　Wellington Koo, "The President's Report for December," *CSM*, VI.2（December, 1910），pp. 175-176.

誤：「12 月號的《中國留美學生月報》稱呼應尚德為『中西部會長』是
不正確的。」[79]

　　與美東聯合會拒絕承認、詆毀與壓制的手法相比，中西部顯得溫和、
理性多了，因為他們知道呼籲成立一個全美聯合會，是讓他們站在一個道
德的制高點上。也正由於他們是站在道德的制高點上，他們毫不妥協。他
們指責美東聯合會以團結為名，而行霸權之實。中西部分會會長應尚德在
《中國留美學生月報》的一篇長文裡，老實不客氣地直指美東聯合會說：
「在所有各色各樣的人類組織裡，只有那些能因時制宜的，才能做出真
切、有效的貢獻。它們一旦失去了面對新的挑戰的能力，就只剩下一個空
殼。它們如果不能以新的面貌再生，就遲早會銷聲匿跡。」他強調中西部
要的，是一個全美留學生聯合會，所有其他形式的組織都不能接受，包括
美東聯合會所提出的「聯席評議會」的方案。他說「聯席評議會」就像是
美國在 1787 年修憲以前散漫、群龍無首的邦聯制度。在那樣的制度之
下，「聯席評議會」是「幾個聯合會的聯盟。中央政府對這些聯盟並沒有
直接控制的權力」。反之，一個全美的聯合會就會類似美國現有的中央、
地方權限分明的聯邦制度，因為它會是「一個真正具有中央、又能團結的
聯合會，而且還有著一個有效率的中央行政部門」。[80]

　　像顧維鈞這樣天生的政治外交長才，是不可能不會知道他這場仗是難
逃失敗的命運的。他一定很清楚在大聯合的旗幟之下，中西部是無往不
利、所向批靡的。中西部除了在道理上占上風以外，他們在顧維鈞所任命
的五人委員會裡也其實占了絕對多數票。顧維鈞成立這個五人委員會的目
的，是寄望那三個曾經擔任過美東聯合會會長的委員會偏袒美東聯合會，
而把中西部分會的提案否決掉。然而，他沒想到的是，王景春和王正廷不
但都先後做過「聯席議會」的會長，在立場上已經比較超然，而且王景春
當時已經轉到伊利諾州念研究所，王正廷則曾經在密西根州念過書。因

79　Lui-Ngau Chang, "Editorials: The Joint Council," *CSM*, VI.3（January, 1911）, p. 243.

80　Z. T. Ing, "Should We Not Have Only One Chinese Students' Alliance in North America?"
　　CSM, VI.2（December, 1910）, p. 131.

此，毫不意外地，這個五人委員會在 1910 年 12 月底裡，建議成立一個全美留學生組織。[81]這個建議在隔年的夏天，由美東、中西部以及美西在其各自所舉行的夏令營裡獲得了通過。「全美中國留學生聯合會」（The Chinese Students' Alliance in the United States of American）於是正式成立。

　　「全美中國留學生聯合會」的成立意味著中國留學生在美國有了美東、中西部以及美西三個在地理上清楚劃分的分會。美東分會的版圖包括阿帕拉契山脈（Appalachians）以東的各州，中西部分會則擁有從阿帕拉契山脈以西到落磯山以東的各州，美西分會則轄有落磯山以西的諸州。所有分會的會員也同時是全美聯合會的會員；他們只要在其所屬的分會繳交了會費，他們在該年度的會員資格就不因轉學而失效。在這個以美國的聯邦制度為典範的體制之下，各分會在內政方面完全獨立，但在涉及全美中國留學生的利益和事宜方面，則以全美聯合會為其執行和仲裁的機構。同樣地，「全美中國留學生聯合會」也奉行三權分立的原則。只是它最後還是只有兩權分立，因為它沒有必要設有司法的部門。它的立法議事機構是「評議會」（Council），其組織方式與美國的眾議院相仿。這也就是說，除了各分會會長是當然的評議員（Councilmen）以外，各個分會以其會員人數的比例推選他們派到「評議會」的「評議員」。全美聯合會的行政機構是「行政委員會」（Executive Committee），它設有由「評議員」所選舉產生的正、副會長各一，外加一個祕書和一名會計。此外，各分會的主席也都是這個「行政委員會」的當然委員。值得指出的是，「全美中國留學生聯合會」似乎沒有完全貫徹實行制衡的原則。各分會的會長既是「評議會」當然的評議員，也是「行政委員會」當然的委員——兩個應該互相制衡的部門。只是，「全美中國留學生聯合會」的憲法並沒有載明他們是否有投票的權利。為了貫徹聯合的理想，所有原來美東聯合會所發行的出版品，例如《中國留美學生月報》、中文的《留美學生年報》、《留

81　C. T. Wang et al, "Report of the Investigation Committee," *CSM*, VI.3（January, 1911），p. 300.

美同學錄》等等，都完全移交到全美聯合會的負責之下。

　　事實上，「全美中國留學生聯合會」的成立，與其說是使美東聯合會的霸權受到中挫，不如說是迫使它在新的體制之下施展其霸權。我們可以從表 3.4 的各分會會員對照表看出其端倪。一方面，中西部在 1912 年以後也過了它留學生成長的尖峰期。美西雖然在會員人數上有大幅上升的跡象，但是，其會員的視野似乎局限在校園或者地區性的同學會裡，而對美西分會沒有太大的向心力。另一方面，美東則除了能持續不斷地吸引新來的留學生以外，還能從美西或中西部吸引來轉學生以及進入研究所深造的大學畢業生。我們雖然只有 1910 到 1915 年的數據，但是，從《中國留美學生月報》上零星的記載，我們知道 1910 年代中期以後，東岸的幾間著名的大學都有相當大數目的中國留學生。比如說，紐約哥倫比亞大學的中國留學生就每年都多到百人左右。同時，美東分會的優勢不只是在留學生人數上。它還能壟斷它在「全美中國留學生聯合會」裡的領導地位；全美聯合會會長的職位，以及《中國留美學生月報》和《留美學生年報》的主編及其總經理一直是由美東的留學生所擔任。

　　我們只要看圖 9、10、11，美東、中西部、美西三個分會所舉行的夏令營的照片，就可以看出這三個分會勢力的對比。美東聯合會之所以會作為龍頭、之所以能夠施展其霸權，可以在這三張照片裡看出其端倪。

　　無可否認地，「全美中國留學生聯合會」能在 1911 年成立，是中國留美學生歷史上一個劃時代的里程碑。雖然美東分會會繼續在「全美中國留學生聯合會」裡扮演著龍頭的角色，但他們並沒有在全美聯合會裡說一套，做一套。儘管在中西部分會要求獨立並成立一個全國聯合會的時候，他們抗拒、不承認。然而，至少他們遵循了民主的規則與程序抗拒著。等他們輸去了那場戰爭以後，他們能夠翩然、瀟灑地接受事實，把自己改組成為全美聯合會裡的一個分會。即使他們在全國聯合會裡繼續擁有霸權，他們能夠遵循民主的原則來行事。

表 3.4 「全美中國留學生聯合會」各分會會員人數對照，1910-1915[82]

年分	美東（％）	中西部（％）	中西部（％）	總數（％）
1910	385	--[1]	--[2]	
1911	175（52）	120（36）	40（12）	335（100）
1912	239（61）	155（39）	--[2]	394（100）
1913	275（44）	232（37）	122（19）	629（100）
1914	290（45）	232（36）	122（19）	644（100）
1915	339（40）	--[2]	--[2]	830（100）

[1] 還沒成立。

[2] 無資料。

留美學生界的斷層線

　　歷來有關 20 世紀初年中國留學生的研究——留日、留法、留美全都包括在內——除了涉及到籍貫的問題以外，都傾向於把留學生當成同質的團體。[83]從某個角度來說，這是因為這方面的史料是最容易找到的。同

82　這個統計表的資料來源，是根據 Y. S. Tsao〔曹雲祥〕，"Statistical Report of the Membership Committee," *CSM*, VI.4（February, 1911），p. 395; Chimin Chu-Fuh〔朱復〕，"Statistical Report for Eastern Section," *CSM*, VII.4（February 10, 1912），pp. 368-369; P. W. Kuo〔郭秉文〕，"President's Report," *CSM*, VII.8（June 10, 1912），p. 709; C. F. Wang〔王正黻〕，"Report of Alliance Treasurer for Year 1913-1914," *CSM*, X.3（December, 1914），p. 175; Loy Chang〔鄭萊〕，"Alliance and Sectional Business," *CSM*, X.2（November, 1914），p. 111; Y. L. Tong〔唐悅良〕"President's Report for the Year 1914-1915," *CSM*, XI.1（November, 1915），p. 60; Y. T. Ying, "Report of the Treasurer of the Eastern Section, Sept. 10, 1914-June 10, 1915," *CSM*, XI.2（December, 1915），p. 131.

83　有關留美學生，我已經徵引了汪一駒、葉維麗以及畢樂思的著作。有關留日、留法學生的著作，請參閱 Paula Harrell, *Sowing the Seeds of Change: Chinese Students, Japanese Teachers, 1895-1905*（Stanford: Stanford University Press, 1992），pp. 62-73; and Marilyn Levine, *The Found Generation: Chinese Communists in Europe during the Twenties*（Seattle: University of Washington, 1993），pp. 32-35.

圖 9　美東聯合會 1911 年在普林斯頓大學召開的夏令營。
The Chinese Students' Monthly, VII.2（December 10, 1911），卷首。

圖 10　中西部聯合會 1911 年在威斯康辛州麥迪遜召開的夏令營。
The Chinese Students' Monthly, VII.1（November 10, 1911），頁 72-73 之間。

圖 11　美西聯合會在 1913 年召開的夏令營。
The Chinese Students' Monthly, 9.1（November 19, 1913），頁 64 之後。

時，這也是因為學者試圖從留學生的社會經濟背景來描繪出他們的群像所造成的結果。然而，這種研究方法頂多只能從他們是來自於富庶或貧瘠的省分──外加幾個有傳記資料可稽的個人──來推斷他們的社會經濟背景。更嚴重的是，描繪留學生群像的結果，是凸顯出了共相，而淹沒了留學生團體裡的矛盾與衝突。葉維麗的著作就是一個典型的例子。由於她立意要把 20 世紀初年的留美學生描繪成為從日常生活裡來實踐現代性的第一代的中國人，她的著作適足以助長留美學生是一個具有共同的利害與價值的團體的神話。事實上，就像所有自由結合的團體或社群一樣，留美學生雖然因為有共同的理想與利害而相結合，但他們之間也有因為黨派意見、地域觀念、偏見所形成的鴻溝存在。更精確地來說，留美學生界充滿著因為階級、意識形態、省籍、出身的學校、以及是否來自中國或是土生土長的華裔之間的矛盾與衝突。

　　「全美中國留學生聯合會」的成立是一個非凡的成就。它最完美地體

現了留美學生崇高的理想與識見。然而，一個團體可以在展現出它崇高的
理想與識見的同時，也流露出它漠不關心與充滿黨派意見的面向。即使在
這個「全美中國留學生聯合會」的第一個階段——那葉維麗禮讚為會員們
各個都「全心全意」地（consumed）參與夏令營所舉行的會務的黃金時
代[84]——會員的漠不關心已經是「全美中國留學生聯合會」非常頭痛的一
個問題。就以會費為例。在一開始的時候，會費是美金 1 元；1913 年漲
成 2.5 美金。會費是「全美中國留學生聯合會」唯一經費的來源。聯合會
用會費的收入來支付行政的費用以及出版《中國留美學生月報》。然而，
從美東聯合會開始，收取會費就是一個極大的挑戰。即使在美東聯合會在
1907 年成立「會費徵收委員會」（the Committee on Collection of
Membership Fees）以後，它仍然只能徵收到 60％會員的會費。1913 到
1914 學年度的會計羅惠僑，打破紀錄收到了 80.8 ％會員的會費。他的敬
業精神敦促他窮追不捨。他除了在該學年度向欠繳會費的會員寄出了四次
欠繳會費的通知以外，甚至還追到了夏令營——他在夏令營結束以後任
滿！[85]然而，會員欠繳會費的大勢是無法逆轉的。到了 1919 年中期，欠
繳會費的會員已經超過了半數。1918 到 1919 學年度是我能找到資料最慘
澹的一年；只有 37％的會員繳交了會費。[86]

　　會員欠繳會費的比例會這麼高，其所反映的就是會員普遍對聯合會的
會務漠不關心。早在 1908 年，美東聯合會就已經呼籲會員要多關心會
務。[87]然而，最能夠顯露出會員對聯合會會務漠不關心的，莫過於他們在
夏令營裡的表現。這為期一個星期的夏令營中，每天早上到十點半左右的
時間大約都是用來討論會務。問題是，出席這些會務會議的會員一向只有
小貓兩三隻。顧維鈞在 1910 年夏令營結束以後，就曾經痛心地指出會員
在夏令營期間對聯合會會務漠不關心。他說：「每天上午的會務會議裡，

84　Weili Ye, *Seeking Modernity in China's Name*, p. 25.

85　W. G. Loo〔Luo Huiqiao〕, "Report of Eastern Treasurer, W. G. Loo," *CSM*, X.2（November,
　　1914）, p. 116.

86　F. H. Huang, "Alliance President's Message," *CSM*, XIV.2（December, 1918）, p. 126.

87　K. L. Carlos Sun, "English Secretary's Report," *CSM*, IV.1（November, 1908）, pp. 47-48.

出席的人數很少是超過幾個人。」[88]絕大多數去參加夏令營的會員，目的是去看女留學生、娛樂節目、舞會，而不是為了去聽演講比賽，更不是為了去參加會務會議。1914 年中西部分會夏令營的「史官」，留下了一篇刻意用戲謔的口吻所寫的夏令營大事記。該年中西部的夏令營是在伊利諾州立大學厄巴納－香檳（Urbana-Champaign）校區舉行的。這篇大事記裡的重點環繞在參加夏令營的女留學生：

這屆〔夏令營〕在聯誼活動方面辦得極為成功的事實可以從以下幾個方面證實：「校際同學會聯歡晚會」（Inter-Club Night）〔注：各校同學會競相挖空心思設計短劇表演〕座無虛席。女學生受人歡迎的程度，使她們所住的那一棟樓房從早到晚都是人滿為患。她們的監護人（chaperons）每個都累得半死。那棟樓房雖然很大，但還是沒有足夠的空間來容納每一個女生和她的朋友。客廳、門廊裡擠滿了人，連每一個門階上都站滿了。所有能接到女學生的邀請的男生，都興高采烈。

由於女留學生對男留學生具有如此驚人的吸磁力，他用了一段日記式的敘述來調侃會務會議終於如何湊足法定人數的絕妙方法：

8 月 30 日晨 9:30　　未足法定人數，主席看起來不太高興。

9 月 1 日晨 9:30　　未足法定人數，主席相當著急。

9 月 2 日晨 9:30　　未足法定人數，主席動怒，派庭衛去找代表來開會。可是，他們連一個在女生樓房裡「獻殷勤的人」（fusser）都拉不出來。

9 月 3 日晨 9:30　　未足法定人數。嚴主席技窮，只好乞求女士們帶她們的朋友來開會。只有五分之一的代表在極端不情願的情況下出現。

88　Wellington Koo, "The President's Message," *CSM*, VI.1（November, 1910）, p. 56.

這段日記式的敘述還帶了一個附注：

　　如果你在夏令營期間需要找人，第一個該去的地方是女生樓房。如果在那兒沒找著——這幾乎是不可能的事——你大概一定可以在運動場上找到。你大可以不必費神到會務會議的會場或者演講比賽的會場去找人。會務會議的開法大致如下：一個委員提出動議，祕書附議，主席宣告通過。至於演講比賽，為了有多一點的觀眾在場，通常的作法是擴大裁判的人數。[89]

　　除了會員對會務漠不關心以外，「全美中國留學生聯合會」的三個分會之間充滿著疑忌與競爭。因為會員欠繳會費致使聯合會財政拮据的窘狀，加深了各分會之間的衝突與矛盾。當聯合會按照會員人數要求各分會分攤赤字的時候，各分會都互相推諉。然而，當聯合會有了難得一見的盈餘，誰都想分一杯羹。「儲備金」（Reserve Fund）的爭議，就是一個最好的例子。這個「儲備金」是美東聯合會在 1909 年未雨綢繆所設置的。到了 1911 年，這個「儲備金」居然累積到了 1,500 美金。「全美中國留學生聯合會」在該年一成立，中西部分會就以分家為名，要求分這 1,500 美金的「儲備金」。中西部分會試圖再度祭出那以全國聯合會為出師之名，讓它得以馬到成功爭取到獨立的論點：「除非美東分會主動同意把其所有權移交給『全美聯合會』，中西部分會要求有權跟美東分會分享，或者至少擁有按照會員人數比例所可以分配到的部分。」[90]中西部分會這種以自居於道德的制高點的姿態而行赤裸裸要錢之實的作法，受到美東分會強烈的抵抗。這個爭議一直拖到 1914 年，方才用一個妥協的方案解決。根據這個妥協方案，美東分會同意從「儲備金」裡撥 400 美金給中西部分會，而中西部分會則同意捐出 50 美金充為「全美中國留學生聯合會」的

89　Chang Ping Wang〔王昌平〕，"The Urbana Conference," *CSM*, IX.1（November 10, 1913），pp. 56-57.

90　"The Reserve Fund," *CSM*, VIII.1（November 10, 1912），p. 54.

圖 12　1911 年夏令營活動花
絮漫畫。
The Chinese Students'
Monthly, 7.1（November 10,
1911），頁 32、33 間。

「儲備金」。美東分會沒有解釋為什麼它的「儲備金」在三年以前已經積
累到了 1,500 美金，現在卻只交出了 400 美金。然而，中西部分會自己也
一點都沒能展現出大公無私的態度。它不但遲遲不願交出那 50 美金，而
且在它終於交出以後，卻禁止「全美中國留學生聯合會」使用那筆儲備金
的款項：「除非那符合中西部分會的意旨或者其規定。」[91]

91　F. Chang, "Report by Mr. F. Chang, Alliance President, 1917-1918," *CSM*, XIV.1（November,
　　1918），p. 45.

　　除了三個分會之間的疑忌與競爭以外，「全美中國留學生聯合會」一直得不到會員的向心力。有很高比例的會員不繳會費而且對聯合會的會務漠不關心，已經是夠難堪的了。然而，更難堪的是，會員居然會積極地抗拒聯合會想要把其組織拓展到校園的作法。我在前文已經指出，中國留學生在校園所組織的同學會一直就不是聯合會的地方單位。一直到 1925 年，「全美中國留學生聯合會」才在一個憲法修正案裡提出這個想法。這個憲法修正案在該年所舉行的夏令營裡勉強通過。意外的是，這卻激起了許多大學的中國同學會的抗議，紛紛通過決議拒絕成為聯合會的地方分會。哈佛的中國同學會就是一個最顯著的例子。[92]如果聯合會一直就激不起會員的向心力，它也一直就有困難吸收會員。即使在其全盛期，聯合會只能網羅到不到 80％的中國留美學生。參加聯合會的中國留學生大約是在 50％到 60％之間。

　　從某個角度來說，「全美中國留學生聯合會」所遭遇到的這些問題，只不過是在中國留美學生團體中造成分歧——但也同時團結他們——的更深層的因素的表象。換句話說，留美學生團體裡有幾條主要的斷層線。這些造成留美學生分歧的斷層線裡，有三個值得特別指出來：省籍、出身學校、來自中國或者是土生土長的華裔。先談省籍的問題。葉維麗在她研究留美學生一書裡說，聯合會所出版的《同學錄》裡最引人注目的，是沒有省籍一欄。她說這是跟傳統仕紳階級以及當時的留日學生的作法最不相同的所在。她說：這種「新穎、現代的標示人名身分（identify people）的作法」，說明了留美學生「刻意而且用具體的行動去促成一種『新的民族主義』（new nationalism）」。她甚至宣稱：為了要減少省籍、地域所造成的畛域，留美學生還特意「把英文作為夏令營裡的『官方』語言」，以「避開中國複雜的方言問題，縮小地區性的差異，並塑造出一個共同的認

92　有關哈佛中國同學會在 1926 年春天所通過的決議，請參見"Student World," *CSM*, XXI.7（May, 1926）, p. 81. 也請參閱孟治，〈留美學生現狀〉，《中華基督教會年鑑》，頁 64，1927。請注意：孟治誤以為各大學的中國同學會一直是聯合會的分會。「脫離總會」的說法只有在針對 1925 年的新憲章而言才是正確的。

同感」。[93]

　　事實上，所有聯合會所出版的《同學錄》都有籍貫一欄。[94]所有留美學生所出版的同學錄，跟留日學生或者傳統科舉制度之下的登科、題名、同年齒錄一樣，都載有籍貫的資料。留美學生所出版的《同學錄》是以姓氏的英文拼音——依據留美學生自己所用的羅馬拼音——排序。緊跟著姓名之後的資訊就是籍貫。然後是抵美時間、公自費的身分、中國畢業學校、在美國所上學校以及通訊地址。

　　我們沒有必要像葉維麗那樣，以為在《同學錄》裡載有籍貫的資訊，就一定是傳統地域觀念的遺留，就一定跟現代的國家觀念背道而馳。已經有研究指出，同鄉會館的組織可以被動員、挪用來為現代的民族主義所用。[95]然而，我在此處的重點是在指出，留美學生的地域偏見，並沒有因為他們在美國留學而減輕。即使他們是在所謂的自由之國留學，但中國留學生的地域偏見還是如影隨形地跟著他們飄洋過海到了美國。

　　很少留學生提到他們留美時候所遇到的地域偏見。這也許是因為他們不覺得這是個問題，或者是因為他們覺得這是少見多怪——就像他們很少提到美國種族歧視的問題一樣。值得注意的是，留下這方面的資料的學生，不是在社會邊際的人，就是外人，特別是說廣東話的土生土長的華裔。梅其駒（Ernest Moy）的見證是一個極佳的例子。梅其駒是土生土長的華裔。他後來到中國發展，從事新聞工作，是英文《大陸報》（*The China Press*）的編輯。他在中國為國民政府做新聞宣傳的工作，後來回到美國以後，是國民黨在美國從事宣傳與遊說的成員之一。他 1923 年在《中國留美學生月報》上發表了一篇留美學生歧視廣東人的文章。

　　梅其駒說他第一次也是最後一次成為中國同學會會員是在 1910 年。

93　Weili Ye, *Seeking Modernity in China's Name*, p. 28.

94　葉維麗的根據顯然是美東聯合會在 1907 年的《中國留美學生月報》上所連載的會員資訊摘要。當時美東聯合會才成立不久，會員很少，還沒有出版《同學錄》的需要。

95　Bryna Goodman, "The Locality as Microcosm of the Nation?: Native Place Networks and Early Urban Nationalism in China," *Modern China*, 21.4（October, 1995）, pp. 387-419.

可是，在那以後的 13 年間，他還是一直和中國留學生交往。在他唯一一次參加那個有 30 多名留學生的同學會裡，他說有兩名非常驕傲的會員，是兄弟，來自於一個某省有錢的官員的家庭。他說他們不把他看在眼裡，因為他們討厭廣東人。他不可思議地說：「那是我第一次感覺到省籍居然會跟當中國人是有關的！」他說在民國成立以後，情況稍微改觀。然而，他不認為所有的中國留學生都已經矯正了這種近視的國家觀（myopic vision of nationality）：「我的經驗告訴我，一直到今天，還是有許多新派（接受過西方教育的）學生，甚至官員，在跟同胞來往的時候，無法擺脫省籍地域的畛域。」[96]

當然，省籍的偏見並不是一成不變，而是可以因應客觀環境與權力結盟的需要而移形換位的。因此，在北方人與華中地區人眼裡的省籍優劣榜裡，廣東人並不一定永遠都是在最底層。檀香山出生長大的蔡增基（Jun Ko Choy），哥倫比亞大學畢業以後到中國去發展。他歷任國民政府財政部金融管理局局長、鐵道部管理司司長以及建設委員會的祕書長。他在辛亥革命以後到哥倫比亞大學讀書。他注意到哥倫比亞大學六十幾名中國同學會會員在省籍聯盟上有一個模式：「在政治上，北方人、湖南人、廣東人因為在性情上直接、坦率、好鬥，常相結盟；長江流域、四川、湖北、廣西、浙江和江蘇來的人，因為一般來說都比較迂迴、順服、精明，則結合成對立的一派。」[97]

然而，毫無疑問地，廣東是最受留美學生歧視的省籍。一直到 1920年代中期為止，在南加大（the University of Southern California）就讀的土生土長的 Mamie-Loius Leung，還為美國西岸中國學生的省籍偏見感到嗟嘆。她說中國學生的省籍偏見根深蒂固，無孔不入，以至於：「許多人認為是到了無可救藥，不可能和諧共處的地步。他們把〔英國詩人〕吉卜林

96　E. K. Moy, "Thirteen Years of Chinese Students," *CSM*, XIX.2（December, 1923）, pp. 7-8.

97　Jun Ko Choy, "The China Years, 1911-1945: Practical Politics in China after the 1911 Revolution," Revised and edited by Lillian Chu Chin, Chinese Oral History Project, East Asian Institute of Columbia University, New York, 1971, p. 59.

（Rudyard Kipling）〔東西方永不相遇〕的詩句改編成：『北方是北方，
南方是南方，兩者永不相遇。』」她描述省籍的偏見使中國學生沉淪的地
步：

　　在我們的同學會裡，廣東人占多數，因而握有權力；北方來的學生
束手無策。當然，他們可以拿到一些小職位，但必須識相自己是池塘
裡的小蝦米。因為如此，他們很自然地對同學會的會務意興闌珊；被
走了運的廣東人譏詆為「無趣」（deadheads）、「笨伯」
（dumbbells）。反之，在北方人占上風的西岸的學校裡，南方人就
只好坐冷板凳。在這兩個例子裡，能力根本就不是考量的因素；而只
是如何讓自己的人上台的問題。事實上，用難聽的話來說，同學會的
選舉只是淪於「腐敗的黨派政治」。[98]

　　她認為這種偏見是來自於自認為優秀而視「他者」卑劣的錯覺。因
此，「北方人有南方人不喜歡的特質；反之亦然。他們各自活在自認為優
越的錯覺之下來對待彼此。」[99]她說，有些人把這種強烈的偏見以及公然
表現出來的敵意歸因於彼此在方言上的不同；比較悲觀的人，則認為問題
是出在生理上的不同。

　　廣東人有反擊的能力，因為他們在人數上占優勢，不管是在西岸，或
者是在全美國。一如我在第二章裡所指出的，在留美學生裡，廣東人是人
數最多的，特別是在 20 世紀初期。問題會變得比較複雜，是因為這些廣
東學生裡，有很多是土生土長的華裔。因此，來自華北與華中的學生與廣
東學生之間的敵意，又加上了來自中國與土生土長的華裔之間的緊張與矛
盾。根據 Mamie-Loius Leung 的觀察：「前者認為他們在中國出生賦予了
他們某種崇高的優越性，使他們更加看不起土生土長的華裔。後者在憤慨
之餘，覺得來自於中國的學生木訥、呆板、衣著邋遢，根本就夠不上美國

98　Mamie-Loius Leung, "Lest We Forget," *CSM*, XIX.7（May, 1924）, p. 43.

99　Ibid., p. 44.

的標準。」[100]

　　土生土長的華裔英文說得流利，並沒有讓來自於中國的學生對他們肅然起敬。恰恰相反。當「真正的中國人」（Chineseness）的定義，是建立在生於中國這個基礎上的時候，土生土長的華裔就被打入了一個四不像的種族的冷宮（ethnic limbo）。現代民族主義所催生出來的「大中華主義」（pan-Chineseism），鼓吹所有在海外出生長大的華人都是中國人。然而，骨子裡，在這些華人能證明他們是「真正的中國人」以前，他們其實還是在察言觀行（probationary）之下的準中國人而已。那常被用來作為檢驗的標準，就是他們會不會說北京官話。英文雖然流利，但不會說北京官話的土生土長的華裔，對來自於中國的留學生而言，就不是真正的中國人。在他們眼裡，廣東話或台山話不算中國話。

　　有意味的是，用語言來作是不是中國人的檢驗標準是一種兩面刃。說廣東話的華裔並不認為北京官話比廣東話高級，或者更能代表中國。廣東人一樣也可以是語言沙文主義者。後來出任北京大學校長的蔣夢麟，在留美時代就有過一個對他來說是不可思議，對北方人來說應該是當頭棒喝的經驗。他在他的回憶錄《西潮》（*Tides from the West*）裡，有一段回憶他在舊金山唐人街的一個雜貨店裡的經驗。在他把他所知道的廣東話都用盡了還是無法溝通以後，他於是用筆寫出了他所想要的東西。看到他會寫中文字，店裡的一個老婦人困惑地冒出了一句話：一個不會說唐話的人，怎麼居然會寫唐文呢？[101]

　　問題是，等北京話從官話搖身一變在 20 世紀初期成為國語以後，那就讓說北京話以及說北方話的人對美國的華裔產生一種優越感，特別是如果那些華裔只會說廣東話或台山話但不會說英文的話。

　　除了語言的問題以外，還有階級的問題。從中國來的留學生知道許多土生土長的華裔的父親是華工。他們對土生土長的華裔所具有的優越感與其說是基於家庭收入，不如說是基於他們——在傳統士農工商階級觀念制

100　Ibid., pp. 44-45.

101　Monlin Chiang, *Tides from the West*（New Haven: Yale University Press, 1947），p. 86.

約之下——想當然耳認為華裔所欠缺的文化上的資本。階級與省籍偏見結合在一起，在留美學生當中所造成的分歧，是非常醜陋的。用梅其駒用嘲諷的口吻所寫下來的文字來說：

> 我們的同學會裡有兩個穿著講究的會員。他們的舉止和外表一直都吸引了我的注意。像大多數的會員一樣，他們固定參加同學會的會議，而且不管是什麼問題，他們都有話說。雖然我有極大的困難想要了解他們到底說的是什麼，但我不得不說這兩位是不尋常的人物……我聽說他們是兄弟，是一個我無須說出名字的省分的一個顯赫又有錢的大官的兒子。由於他們自視極高，他們不願意跟其他會員來往，以免有受到污染的危險。他們不把我看在眼裡，因為他們討厭廣東人。[102]

雖然在北方與華中留美學生的眼中，廣東人在省籍優劣榜裡總是墊底，但在這個優劣榜裡位居霸權地位的，也並不是同質的一群。舉個例來說，後來會成為銀行家的陳光甫是江蘇人。他就很清楚地意識到留美學生裡有很多人很勢利。他在哥倫比亞大學所作的口述史裡說：「留美學生人數很多，但我沒有幾個朋友。我出國以前當過學徒。而他們很多人是北洋大學的畢業生。有些還是顯赫家庭的後代。」[103]

等中國的現代教育系統制度化，越來越多同一所學校的畢業生到美國留學以後，學校出身逐漸取代了省籍與階級而成為留美學生依附的對象。於是，從南洋、聖約翰以及後來的清華大學畢業的留學生就開始利用他們所組織的校友會來促進他們共同的利益。當這些校友會強大以後，它們在留美學生的團體裡爭奪權力與影響力。我在上文所提到的蔡增基敏於觀

---

102 E. K. Moy, "Thirteen Years of Chinese Students," *CSM*, XIX.2（December, 1923）, p. 8.

103 Ch'en Kuang-fu, "The Reminiscences of Ch'en Kuang-fu（K. P. Chen）（December 20, 1881- July 1, 1976）," As told to Julie Lien-ying How, December 6, 1960 to June 5, 1961, Chinese Oral History Project, East Asian Institute of Columbia University, New York, 1963, p. 18.

察。他參加了 1913 年美東聯合會在康乃爾大學所舉行的夏令營。他用嘲諷的語氣描寫他的觀察說：「那些上海聖約翰大學畢業的學生政客們控制了會議，選他們的朋友作為夏令營的職員以及下學年度的《中國留美學生月報》的編輯。」[104]

在這些同學會裡，最強大的清華同學會甚至威脅到了「全美中國留學生聯合會」。它在人數、組織架構以及主辦的活動的範圍各方面，已經大到可以成為一個獨立的留美學生組織的地步。就像上海聖約翰出身、1915 到 1916 學年度《中國留美學生月報》的主編宋子文所指出的：

有些「全美中國留學生聯合會」的會員最近相當擔心清華同學會在這個國家裡的行為⋯⋯

有些人認為清華同學會的行為已經僭越了「全美中國留學生聯合會」專屬的活動範圍。清華校友會出版它自己的《年報》、組織校園同學會、模仿聯合會把全國分成三個分會的作法等等，就是他們所舉出來的證據或者僭越的先兆⋯⋯

公平來說，即使清華同學會的行為並沒有逾越了南洋或聖約翰同學會的範圍──這個說法許多人持懷疑的態度──這並不意味著說它的存在像其他同學會一樣，不會侵害聯合會的福祉⋯⋯那擁有五十、六十個南洋或聖約翰的校友會，即使再強大，都可以很容易被擁有五六百名會員的聯合會所吸納，而且不會造成威脅。然而，當聯合會一半的會員都是清華校友的時候，我們留美學生界可以很容易地就會分裂成為清華與非清華的兩個團體。[105]

---

104 Jun Ko Choy, "The China Years, 1911-1945: Practical Politics in China after the 1911 Revolution," Revised and edited by Lillian Chu Chin, Chinese Oral History Project, East Asian Institute of Columbia University, New York, 1971, p. 63.

105 T. V. Soong, "Tsing-hua Alumni Association," *CSM*, XI.5（March, 1916）, pp. 299-300.

　　清華留美學生在留美學生界的勢力，可以從圖 13、14 窺見其一斑。清華「庚款學生同學會」──胡適、趙元任等人都是成員──定期舉辦聚會的活動。圖 13、14 是「庚款學生同學會」1912 年利用在參加美東、中西部聯合會所舉行的夏令營的時候舉辦聚會時所攝的照片。

　　宋子文所擔心的「分裂」並沒有發生。然而，校友會的存在，特別是那使聯合會擔心會另立門戶的強大、活動力強的清華同學會，就在在地顯示了留美學生並不像是葉維麗所描述的一個同質的團體。雖然同學會比訴諸原始的鄉土情結的同鄉會要高了一個層次，但在排他的傾向上則無分軒輊。除了具有排他性以外，這些同學會還夾帶著成績好或有錢的名聲。於是，清華、北大同學會的會員以他們畢業的名校為傲；聖約翰同學會的會員則不忘其有錢公子哥兒的形象。同學會在留美學生裡營造出等級的高下，因而是製造分裂的原因之一。

　　除了同學會以外，還有兄弟會與姊妹會。由於當時中國留美學生無法加入美國大學生所組織的用希臘字母命名的兄弟會與姊妹會，他們於是模仿美國大學生組織自己的兄弟會與姊妹會。根據 1925 年《中國留美學生月報》的一篇社論，留美學生至少組織了四到五個全國性的兄弟會，保守估計至少有四到五百個會員。他們的會旗飄揚在美國和中國的大都市裡。[106]1920 年代留美的葉秋原舉出了三個兄弟會的名字：F. F.、A. L.，以及「正義社」（the Cross Sword）。他說：

　　　　中國留美學生，也學了美國人的樣，有兄弟會和姊妹會的組織。兄弟會方面，據說有 F. F.、A. L.，同「正義社」（the Cross Sword）這幾個。F. F.是顧維鈞所組織，其中大半是聖約翰中人。從前在留美學生界裡頗有勢力，現在漸漸呈露衰退的現象。A. L.是鮑明鈐等組織，其中大半是清華及東吳大學中人。現在最為發達，在留美學生界要算最有勢力的了。「正義社」（the Cross Sword）是王正廷所組織，其中大多無所屬，勢力也不甚大的。關於姊妹會方面的，在下卻

---

106 "Current Comments," *CSM*, XX.7（May, 1925）, p. 3.

圖 13　美東「庚款學生同學會」1912 年美東聯合會在麻省威廉鎮召
開的夏令營團聚合照。
胡適是第三排右二，雙手放在前排同學肩上者。
The Chinese Students' Monthly, VIII.2，頁 122、123 之間。

圖 14　中西部「庚款學生同學會」1912 年中西部聯合會在密西根州安納堡召開
的夏令營團聚合照。
CSM, 8.2，頁 122、123 之間。

不甚明白，只好付之闕如了。這些兄弟會，每年也開一次大會，或者在中國學生會年會〔夏令營〕的時候，或者則〔在〕耶穌聖誕的時候。他們的開會，完全是社交性的。大多在著名的旅館中舉行，如紐約底 Hotel Astor〔阿斯特飯店，現在的「阿斯特廣場一號」（One Astor Plaza）就是在其原址蓋起來的〕等。有的時候，據說豪富人家的女兒，也請來參加他們的跳舞。在中國兄弟會中人眼光看來，這實是一年的最盛大的事啊。[107]

在這些兄弟會裡，我們所知最多的，是葉秋原剛好沒有提到的「成志會」（CCH）。我們之所以會知道最多，是拜從前南開大學經濟研究所的方顯廷在他的回憶錄透露了些許點滴之賜。兄弟會是祕密會社。我在1980 年代打電話給從前「成志會」的會員陳國平（Rockwood Chin）教授。他從前也同樣是在南開經濟研究所任教，後來在美國康乃狄克州大學任教。我在電話上問他能不能談一談「成志會」。他很訝異地問我為什麼會知道「成志會」。我回答說是在方顯廷的回憶錄裡讀到的。他非常生氣，說那是祕密，是不可為外人道也的事。他拒絕接受我的訪問。

跟美國大學的兄弟會一樣，留美學生組織兄弟會的目的，除了是要在學的時候互相砥礪以外，也是要把他們像兄弟一樣的情誼維持一生，在未來走入社會以後，在事業上互相扶持。從方顯廷在回憶錄裡所透露的點滴，我們知道南開大學校長張伯苓是「成志會」的會員。張伯苓很顯然地善用了「成志會」的關係幫南開爭取到了許多優秀的教授。這些會員包括：歷史學家蔣廷黻；經濟學家何廉、方顯廷、李卓敏、陳國平；政治學家凌冰、蕭公權、張純明。[108]

只可惜我們沒有留美女學生所組織的姊妹會的資料。美國大學的兄弟

---

107 葉秋原，《美國生活》（上海：世界書局，1929），頁 54。

108 H. D. Fong, *Reminiscences of a Chinese Economist at 70*（Singapore: South Seas Society, 1975），pp. 23-25. 也請參閱拙著 Yung-chen Chiang, *Social Engineering and the Social Sciences in China, 1919-1949*（New York: Cambridge University Press, 2001），p. 83.

會、姊妹會除了祕密以外，也投射出家裡有錢、關係好的形象。無怪乎葉秋原形容說兄弟會的社交活動常是在有名的飯店裡舉行的盛會，而且去參加舞會的舞伴也常是富豪家的女兒。

雖然我們對留美學生所組織的兄弟會、姊妹會所知極少，但這些祕密會社提醒了我們這又是留美學生界裡的另一條斷層線。這讓我們意識到留美學生團體裡因為省籍、學校出身、階級所造成的矛盾與分歧是遠比我們所想像得到的還要錯綜複雜。1925 年得到美國國際青年協會的獎學金到芝加哥大學、哈佛大學各研究一年的謝扶雅，在《遊美心痕》裡留下了他所觀察到的留美學生在結社方面的一些面向。在全國性的組織方面，他提到了「全美中國留學生聯合會」。宗教性質方面，他提到了「北美中國基督徒留學生協會」。此外，他說：

> 有國家主義的「大江會」；有研究學問性質的「經濟學會」、「法政學會」、「社會學會」等等；又有以國內學校分類的「清華同學會」、「北大同學會」、「嶺南大學同學會」等等。此外有組織而不宣布的集團，至少還有五、六百個〔也許是指兄弟會、姊妹會〕。

這些團體固然有結合留美學生的好處，但也是分裂留美學生的因素之一。謝扶雅以他在芝加哥的觀察為例：

> 試想一處地方像芝加哥那樣，至多留學生不及百人，而團體之多，幾及二十。其間自難免不生出黨派意見來。有時偶加入一、二好事之徒，從中略事掀弄，便不免發生風潮。或鬧選舉，或訐帳款，種種怪象，不一而足。[109]

我在本節所分析的留美學生界裡的幾條主要的斷層線——階級、省籍、來自中國與土生土長的華裔之間的矛盾、學校出身以及兄弟會——當

---

[109] 謝扶雅，《遊美心痕》（上海：世界書局，1929），頁 59-60。

然不是一直都是活斷層。有些可以休眠；然而，有些也可以跟其他斷層線交叉，產生新的斷層線。然而，我們沒有理由像葉維麗所說的，隨著時間的進展，「像『全美中國留學生聯合會』那樣，能以共同的目標，把大量的學生組織起來的龐大的組織的時代已經過去了。」那一直活動到 1947 年的「北美中國基督徒留學生協會」，就是一個最好的反證。然而，葉維麗接著所說的話就接近事實了。她說 1920 年代留美學生界的分崩離析，也許反映了「中國當時在政治上以及意識形態上越來越嚴重的分歧」。[110] 只是，她沒有進一步做分析。事實上，雖然「全美中國留學生聯合會」並沒有像葉維麗所說的在 1920 年代急速式微，但意識形態上的決裂，是直接導致聯合會在 1931 年崩潰的原因。

　　「全美中國留學生聯合會」的崩潰，我會在第四章分析留美學生保守的政治哲學的結尾討論到。在此處，我只要指出中國在 1920 年代洶湧澎湃的革命浪潮觸動了留美學生界已經休眠了的意識形態的斷層線，使之復甦。儘管留美學生整體來說是保守的，但他們在意識形態上並不是渾然一體的。在聯合會的歷史上，中國發生了兩件大事。這兩件大事都驅使了許多留美學生採取了他們的立場，從而產生了對立。第一件大事就是辛亥革命。在猶豫了一段時間以後，「全美中國留學生聯合會」終於決定支持革命。在辛亥革命期間與民國成立以後，聯合會的會員對袁世凱出現了正反的意見。問題不是因為聯合會裡有會員支持孫中山；孫中山在聯合會裡的支持度等於是零。一如我在第四章裡會分析的，大多數留美學生所最關切的是中國的治安與穩定。他們認為中國要有治安、能穩定，就是要有一個強有力的領袖。兩派的辯論除了集中在袁世凱是不是當這個強有力的領袖最適合的人選以外，也環繞著共和和君主立憲制何者更適於中國的辯論。

　　第二件凸顯出留美學生界的斷層線的大事，就是聯俄容共以後開始北伐的國民黨的興起。北伐所掀起的統一中國、打倒帝國主義與軍閥的革命旋風也席捲了留美學生界。最戲劇性的，是 1927 年蔣介石清共、寧漢分裂以後，聯合會的英文刊物《中國留美學生月報》的持續地激進化。於

110　Weili Ye, *Seeking Modernity in China's Name*, p. 48.

是，在蔣介石清共三年以後，聯合會也跟著清共。1931 年 1 月，聯合會開除了其稱之為「一月赤色恐怖」（the January Red Menace）的主謀：《中國留美學生月報》的主編以及一個副編輯。聯合會清共，肅清了激進的分子，但也失去了會員對聯合會的支持與興趣。「全美中國留學生聯合會」也隨之而崩潰。

在 20 世紀剩下來的歲月裡，中國留美學生就再也沒有一個像「全美中國留學生聯合會」那樣具有遠見、活力與持久力的組織。唯一的例外，是我在本章裡所提到的一直持續到 1947 年的「北美中國基督徒留學生協會」。另外一個在架構與活力方面堪與「全美中國留學生聯合會」比擬的，是中國留學生在 1989 年「六四」以後所成立的「全美中國學生學者自治聯合會」（The Independent Federation of Chinese Students and Scholars; IFCSS）。只可惜這個「學自聯」在不到 10 年的光景就崩潰、解體了。

第四章

國之棟梁，當權是從

　　我放眼看去，〔在座諸位裡〕有未來的總統、省長、國會議員以及
雄心萬丈的政治家；我放眼看去，有許多會是未來的工程公司、工業
集團的總裁等等；列位當中，有些會成為鋼鐵工業鉅子，石油、鐵路
大王。[1]

　　各位在大學裡有健身房和操場來鍛鍊身體，有辯論社來增強思辨的
能力，有學生刊物來磨練寫作的藝術，有良好的楷模來做勵志的功
夫，有各式各樣的學生團體來汲取組織管理的經驗。上述種種不但能
夠幫助我們開發身心方面的潛能，而且能夠幫助我們養成今日中國所
最欠缺的犧牲、負責以及奉獻的精神……各位同學！各位年輕的中國
公民！在不久的將來，你們就會被徵召返國，賦予治國育民的大任。
請務必利用各位在大學這一個準備階段，來陶冶品格、健全體魄、增
進智力、廣汲經驗，以便將來各位入主國政的時候……都會是國之棟
梁！[2]

1　Tzonfah Hwang〔黃宗法〕，"The Demand of the Hour," *CSM*, VIII.4（February 10, 1913），p. 245.

2　K.〔Wellington Koo〕，"An Appeal to Chinese Students," *CSM*, III.6（April, 1908），pp. 221-222.

　　作為預言，本章起首的第一段引文當然完全不準。然而，當黃宗法在1912 年中西部聯合會的夏令營的英文演講比賽裡說這一段話的時候，對他以及所有的聽眾而言，這段話並不是預言，而是即將到來的事實。沒有一個 20 世紀初年的留美學生會懷疑他們是國家未來的棟梁。黃宗法是第三批庚款留美生。1912 年，他才剛到美國一年，就讀密西根大學。他在這個英文演講比賽裡得到了第二名。本章起首的第二段引文的作者就是後來鼎鼎有名的顧維鈞。他寫這一段文字的時候，是《中國留美學生月報》的主編。顧維鈞的文章在先，黃宗法的演說在後，前後相差 4 年，但他們所表達的信念則同一。這個信念用顧維鈞的話來說，就是：「在不久的將來，你們就會被徵召返國，賦予治國育民的大任。」因此，顧維鈞呼籲每一個留美學生都要在美國讀書的時候「陶冶品格、健全體魄、增進智力、廣汲經驗，以便將來各位入主國政的時候……都會是國之棟梁！」

　　顧維鈞與黃宗法所表達的，是傳統儒家學而優則仕的信念。這個傳統儒家的信念根深蒂固，並不因為他們到了美國留學而稍有鬆動。事實剛好相反。他們在出國以前所體驗到的歡送會以及抵達美國以後的接待會，特別是像 1919 年動用到 50 部汽車，浩浩蕩蕩遊覽舊金山市區及金門大橋的氣派，只有可能讓他們更加覺得他們確實是菁英中的菁英。更諷刺的是，他們在美國這個所謂的「自由之土」（the land of the free）的所學所見所聞，反而加深了——而不是挑戰了——他們堅如磐石的菁英主義。從小就浸潤在儒家學而優則仕的傳統之下的他們，很自然地會去接受美國社會裡氣味相投的理念。同樣重要的，就像我在第六章裡會進一步分析的，美國以種族來分等級的社會實際，特別是對黑人、東南歐、愛爾蘭來的新移民，以及唐人街裡的華工的歧視，在一方面有駕馭並規訓留美學生的作用，但在另一方面卻也強化了他們的菁英主義。

　　與留美學生的菁英主義以及自視為國之棟梁的信念結合在一起的，是他們在政治上保守的心態。葉維麗說得對，留美學生迴避的不是政治，而是「激進」的政治。[3]然而，為了要平反留美學生在中國革命典範宰制之

3　Weili Ye, *Seeking Modernity in China's Name*, p. 20.

下的宣傳所污衊的冤屈，葉維麗卻又走到了另一個極端，完全歌頌留美學生。她惋惜留美學生作為「百折不撓地為中國尋找到現代之路」的先驅者所留下來的「豐碩、重要、不可或缺」的遺產，在將近半個世紀之久的歲月裡被查禁、而且被不公平地污衊。[4]

她沒有去分析留美學生保守的政治立場，而是轉移問題。她說：「跟中國那些執拗於意識形態的政治激進分子相比」，留美學生「所服膺的是務實的哲學（pragmatic philosophy）；他們採取的是用技術的方法，來解決中國複雜的問題，而且主張漸進而不是革命」。[5]一般來說，留美學生確實是認為中國大部分的問題都可以用技術的方法來解決，而且他們反對革命。問題是，葉維麗並沒有嘗試去分析這兩者之間的連結關係。比如說，她沒有分析為什麼政治上保守的留美學生，會比「執拗於意識形態」的激進分子要用技術的方法來解決中國的問題。而且，當她判斷說留美學生務實的態度的淵源是儒家的經世思想的時候，她並沒提供任何的證據；當她說他們務實的態度、對專業權威的追求，以及要把他們所學的西方的學科「中國化」的努力都是息息相關的時候，她也是沒有提出任何的證據。

葉維麗會迴避留美學生在政治上保守的問題，就是因為她做了一個傳統與現代的二分法——雖然她稍微做了一點修正。在這種二分法之下，傳統就是保守，而現代就是進步。[6]她對留美學生「現代」與進步的成就所作的歌頌，完全替留美學生做開脫，開脫他們在多災多難的中國近代史上所扮演的同流合污的角色。她為他們的不幸扼腕，因為「在 20 世紀上半葉惡劣的環境之下，許多專業人士不是無法一展抱負，就是被迫做出妥協」。[7]她說得彷彿留美學生主要是惡政與各種禍害了中國的社會經濟制度之下的受害者，而不是其主犯與幫兇。

4　Weili Ye, *Seeking Modernity in China's Name*, pp. 15, 227.

5　Ibid., p. 52.

6　Ibid., pp. 2-7.

7　Ibid., p. 52.

　　同樣是在替留美學生脫罪的，是她把留美學生拿來跟所謂「執拗於意識形態」者相對比的作法。那就彷彿是說留美學生沒有屬於他們的意識形態一樣。將近一個世紀以前，卡爾・曼海姆（Karl Mannheim）提出了一個知識分子是一個「社會上獨立的」、「不屬於任何階級」、自由流動、能夠超越其階級利益的理論。[8]不管葉維麗是否受到了曼海姆的影響，在她筆下的留美學生就彷彿是一個超越了意識形態的團體一樣。最有意味的是，對留日學生，她的態度就完全不同了。她不認為留日學生是超越意識形態的，雖然留日學生在所有中國近代的專業團體的人數上遠遠超過留美學生。而這些專業團體就恰恰是葉維麗拿來作為賦予留美學生為中國第一代現代人身分的指標。

　　事實上，留美學生不但意識形態鮮明，而且以之而自豪。他們自詡為新派的保守主義者。這新派的保守主義者的意思，一方面是指他們在美國接受到了進步的眼光與世界觀；另一方面，是跟他們回國以後所要取代的守舊的官僚相對比而言。然而，儘管他們自詡是進步的保守派，他們的保守是到了不敢挑戰當權者的地步。這是他們跟留日學生相比最大的不同的所在。也許正由於他們一心想要做官，他們總是對當權者效忠。20 世紀初年，代表留美學生集體的利益與認同的聯合會所遵循的模式，是對當權者效忠到最後一分鐘。然後，等到那個政權倒了以後，立即把他們的效忠移轉到新的政權，接著再一直效忠到那個新政權垮台為止。

　　從它在 1902 年創立到 1931 年崩潰為止，「全美中國留學生聯合會」眼見了中國經歷了好幾個政權的更迭，從滿清的覆亡、短暫的民國、袁世凱、軍閥，到國民黨的興起。他們在政治上的保守使他們特別敵視革命分子。因此，即使中國國內的輿情已經開始轉變，大多數的留美學生仍然效忠慈禧太后以及後來的袁世凱。與此同時，他們批評孫中山毫不留餘地。在辛亥革命以前，《中國留美學生月報》從來沒有提起過孫中山的名字。一直到他們確定滿清已經覆亡、革命已經成功以後，他們才開始以英雄來

8　Karl Mannheim, *Ideology and Utopia*（New York: Harcourt, Brace & World, 1936）, pp. 153-164.

稱呼孫中山。在大多數留美學生眼中，袁世凱才是他們支持的領袖。在孫中山領導的反袁的「二次革命」失敗以後，留美學生殘酷地揶揄嘻笑孫中山。一直到 1920 年代初期為止，許多留美學生毫不留情地訕笑孫中山；笑他是一個小丑，不知道他已經過氣，而且他的想法已經被揚棄了。留美學生最後一次見風轉舵是在 1920 年代中期，眼看著已逝的孫中山建立的國民黨所領導的北伐即將統一中國的時候。

「民有、學優者治、民享」的共和國

20 世紀初年的留美學生，他們的整個靈魂裡所浸潤著的，是菁英主義。由於他們自知他們是少數享有留美教育機會的人，他們深信變動中的中國需要他們，而且他們的使命就在領導中國。在他們的眼中，傳統中國所遺留下來的知識已經過時，傳統知識所孕育出來的仕紳階級已經落伍、被時代淘汰了。然而，如果留美教育重新定義了領袖所需要的條件，他們作為當然的領袖的假定卻是來自於傳統與儒家的思想，跟傳統仕紳階級所想的完全沒有兩樣。這也就是說，他們會是中國的領袖，因為他們是留美優則仕。就像後來會成為北大校長與教育部長的蔣夢麟所說的：「只有受過教育的人才能賦予領導的責任。一般大眾必須接受領導。」他借用美國總統林肯在蓋提斯堡（Gettysburg）演說裡的名言來說：「我們的座右銘是：一個民有、學優者治（by the educated class）、民享──在人民的知識成熟以後，再把『學優者治』改為『民治』──的政府。」[9]

留美學生認為他們到政府裡去當官是理所當然的。最赤裸裸的表現就是他們一再籲請要求政府優先任用他們。他們擁護清廷從 1905 年開始連續 7 年為歸國留學生所舉辦的科舉任官特考。關於這一點，葉維麗的推測完全錯誤。她說她相信接受現代專業精神洗禮過的留美學生，一定會認為這種洋科舉的特考是一種不正當（illegitimate）、不可忍受，而且羞辱了

9　Monlin Chiang, "Notes on Chinese Political Philosophy," *CSM*, VII.7（May 10, 1912）, pp. 612-613.

他們的「外行評內行的考試（outside evaluation）」。然而，她卻又接著矛盾地說，根據當時的報導，有越來越多的歸國留學生「一窩蜂地趕赴北京覓官職」。[10]

　　對留美學生而言，清廷為歸國留學生舉辦洋科舉特考是再正當也不過了。1906 年所舉辦的特考允許考生用留學國語言回答考題。有一個考生連自己的中文名字都寫不好。這個荒唐的例子，雖然連留美學生都不得不承認是有點極端，但他們又以國家需才孔亟來為之辯解。對他們來說，那些都是枝節。重點是標準是否定得夠高和考試的結果是否公平。他們不但詰問考官的資格、能力與判斷，而且指控他們因為自己留日，因而偏袒留日歸國學生，例如給他們的畢業證書較高的點數，又如改他們的卷子改得比較鬆等等。[11]他們悲憤地說，這種不公平的作法，「對所有因為在西方國家受過教育，以至於公道與公平競爭的觀念已經成為第二天性的人而言，是極為令人灰心的一件事。」[12]

　　我們有理由相信對大多數留美學生來說，留學而優則仕就是他們的志向。我在第三章分析了美東聯合會在 1907 年擊退了上海「寰球中國學生會」想要把它納入其體制之下的嘗試。美東聯合會警告會員說，失去他們

10　Weili Ye, *Seeking Modernity in China's Name*, p. 64.

11　"Editorials: The Recent Imperial Metropolitan Examination for Returned Students," *The World's Chinese Students' Journal*, I.3（December 1, 1906）, pp. 1-2; "Editorials: The Examination in Peking," *The World's Chinese Students' Journal*, II.2（September-October, 1907）, pp. 7-8; A Returned Student, "The Recent Metropolitan Examination for Returned Students," *The World's Chinese Students' Journal*, II.2（September-October, 1907）, pp. 38-40; A Chinese Student, "The Value of the Peking Examination of the Foreign Educated Students," *The World's Chinese Students' Journal*, III.6（May-June, 1909）, pp. 368-374; "Editorials: The Peking Examination," *The World's Chinese Students' Journal*, V.2（November, 1910）, pp. 85-86; "Educational Comments: The Returned Eight Hundred," *The World's Chinese Students' Journal*, V.2（November, 1910）, pp. 130-131; and "Editorials: The Returned Students and the Peking Examination," *The World's Chinese Students' Journal*, V.6（July, 1911）, pp. 388-389.

12　"Editorials: The Examination in Peking," *The World's Chinese Students' Journal*, II.2, p. 8

自己的團體會有嚴重的後果：「如果我們加入『寰球中國學生會』，他們的資料上就只會有我們的名字，而沒有任何其他有關我們的資料；這對於我們想要把我們自己介紹或推薦給政府的目的來說，一點好處也沒有的，特別是，如果我們的政府想要多了解我們或者和我們個別接洽的話；反過來說，如果我們出版我們自己的《年報》，我們就可以在《年報》上詳細地提供每一個會員的資料。」[13]清廷在其覆亡以前所舉辦的洋科舉特考，既能滿足歸國留學生學而優則仕的渴望，又能藉以拔擢人才。從 1905 到 1911 年，一共有 1,388 名歸國留學生通過這些特考取得了洋進士和舉人的功名。其中，1,252 名是留日歸國的，136 名則是留西洋歸國的。[14]然而，這些數字並不能真正顯示出歸國留學生學而優則仕強烈的程度。燕京大學社會系創系的元老步濟時（John Burgess）最先到北京的任務是美國基督教青年會的祕書。他在 1911 年的年度報告裡，有一段非常能讓人省思的話：

　　北京也是從歐洲、日本、美國歸國的留學生聚集的中心。這些歸國留學生大多數想要的是政府的職位。而要找政府的工作，最好的地方就是北京，沒有別的。許多人以教書作為騎馬找馬的過渡。等他們跟中央各部年輕的官員熟稔，又考過了學部所舉辦的〔洋科舉〕特考，在外務部、兵部或其他部會得到職位以後，他們就一個個辭去教書的工作而走上仕途的老路了。[15]

　　到了 1911 年，由於北京各部會都已經到了歸國留學生人滿為患的地步，清廷宣布要在次年停止舉辦洋科舉的特考。隨著滿清的覆亡，洋科舉

13　Chas. S. Bok, et. al., "The Alliance and the World's Chinese Students' Federation," *CSM*, III.1（November, 1907）, p. 25.

14　黃福慶，《清末留日學生》（台北：中央研究院近代史研究所，1975），頁 74。

15　John Burgess, "Annual Report, September 30th 1910 to October 1st 1911: the Princeton Work in Peking," pp. 6-7, the YMCA Archives, deposited at the University of Minnesota, Princeton-in-Peking Box, 1906-1912 Folder.

圖 15　歸國留學生的機會。
僕傭：「各位先生！請能否再等幾個鐘頭呢？老爺還沒起床呢！」
The Chinese Students' Monthly, VII.1（November 10, 1911），頁 64-65 間。

當然就不了了之了。1914 年 12 月號的《中國留美學生月報》報導了一個留美學生為之額手稱慶的好消息，那就是袁世凱宣布要歸國留學生持畢業文憑到總統府的政事堂公所登記，以便為政府延攬人才之用。據報導，有超過 700 名歸國留學生去做了登記。[16]次年，袁世凱舉辦了民國時期第一次、也是最後一次的洋科舉特考。報考的人數一說是 192 名，另一說是240 名左右。錄取者有 151 名，都授予了實缺。[17]

其實，不管有沒有洋科舉特考，北京就是留學生回國以後的首選之地。因此，歸國留學生在北洋政府裡任職的人數之多，已經到了《申報》在 1917 年底的一篇報導裡，用〈政海中之留學人數〉的篇名來報導他們的地步。根據這篇報導，留學生在京者共 950 人，投身政界者有 806 人。各部中主事、簽事、司長、參事、技士、技正等留學生占 23％，其在農商部者幾及 50％。[18]

雖然洋科舉特考是一去而不復還了，學而優則仕的觀念使得歸國留學生一直無法揮別政府應該優先任用他們的想法。他們在回國以後，仍然是到北京鍥而不捨地找政府的工作。根據一個美國基督教青年會祕書在1918 年的估計，北京有好幾百名從西洋回國的留學生在找政府的工作。如果加上留日的歸國留學生，數目就將近兩千。[19]在粥少僧多的情況之下，留學生向政府求助的呼籲也就越加焦急，而且埋怨越深。《中國留美學生月報》在 1917 年的一篇社論裡責備政府：「完全沒有企業眼光，浪

16　"Editorials: Government Service for Returned Students," *CSM*, X.3（December, 1914）, p. 126.

17　Y. C. Wang, *Chinese Intellectuals and the West, 1872-1949*, p. 103；朱曉東，〈民國初年留學生甄拔考試及影響探析〉，《中州學刊》，第 9 期，頁 129-134，2020。

18　〈政海中之留學人數〉，《申報》，1917 年 12 月 14 日，第 16104 號，轉引自朱曉東，〈民國初年留學生甄拔考試及影響探析〉，《中州學刊》，第 9 期，頁 134，2020。

19　"Annual Report Letter of J. L. Childs, Secretary, Young Men's Christian Association, Peking, China, for the Year Ending September 30, 1918," p. 1, the YMCA Archives, Annual & Quarterly Reports 1918（A-M）box（A-Ch）1918 Folder.

費資源」，用「毫無章法、放任（laissez-faire）的政策」，「讓大量的學生付出高昂的費用〔其實他們當中有很大的比例用的是公費〕出國留學，然後聽任他們在回國以後自生自滅。」[20]

學而優則仕的觀念不只深根蒂固，而且是到了因為留了美而更深信留學優則仕的地步。留美學生認為回國以後取得一官半職是他們的特權。最驚人的一個例子是梅華銓。梅華銓中學、大學都是在美國念的。他在1911年拿到了美國哥倫比亞大學的法律學位，而且據說是第一個考取紐約律師執照的中國人。1917年，在歸國留學生特考已經成為歷史陳跡，而且連帝制都早已一去而不復返了好多年以後，他居然一本正經地寫了一篇為留學優則仕請命的文章：

> 　歸國留學生在視野、精神與個性上容或各有所不同，但他們有一個共同的希冀與抱負，那就是，要求政府優先任用（civil or political preferment）他們。從他們開筆破蒙，學而優則仕就已經是他們的志向了。在經年累月的淬鍊以後，隨著他們的資格（fitness）與知識的增長，他們對學而優則仕的渴望也就變得更加強烈。這是再自然也不過的，因為不管是政府也好，民間也好，都一直鼓勵學生階級即使不以國家的救星（saviors）自視、也要以其領袖自居。[21]

留美學生這種一而再再而三、臉不紅氣不喘地要求政府優先任用他們的呼籲，顯示了葉維麗的說法是錯誤的。她說，洋科舉特考的停止，迫使留美學生必須「自食其力」，其「無心插柳的（unintended）結果」，是讓他們捨仕途而他去。[22]她以民國時期各種學科學會的成立作為例證，來

20　"Editorials: Government Service and Returned Students," *CSM*, XII.5（March, 1917），p. 239.

21　Hua-Chuen Mei, "The Returned Students in China," *The Chinese Recorder*（March, 1917），p. 167.

22　Weili Ye, *Seeking Modernity in China's Name*, p. 65.

證明留美學生成功地開創出了一個獨立於政府之外的自由獨立的專業領域與就業空間。然而，這是一個待證的假設；她並沒有分析這種英美國家所特有的專業團體是如何被移植到中國的。她所徵引的是拉爾森（Magali Larson）的經典名著。問題是，拉爾森說專業團體是在「英美這兩個自由資本工業國家（laissez-faire capitalist industrialization）作為代表的自由市場經濟」的發展的脈絡之下形成的。用拉爾森的話來說，專業團體「與官僚與官僚的組織模式是對立的（antithesis）」。在其他有悠久的國家官僚體系以及強有力的中央政府的歐洲社會裡——這也完全適用於中國——專業團體的發展就「比較不是『自由自發的』（spontaneous）。他說，像拿破崙治下的工程學會、普魯士的法律學會、沙俄時期的西醫學會，都比較近於「文官體系，而異於英國，特別是美國的專業團體」。[23]然而，葉維麗一點都不在乎拉爾森所做的對比：英美與歐陸專業團體的不同。她在徵引了拉爾森的專業團體的理論以後，就轉移問題，談起民國時期學科的形成，特別是燕京大學社會系在社會學中國化方面的努力。她這種浮光掠影的敘述完全忽略了燕京社會系裡，有「社會學派」與「社會工作派」之間的競爭。更諷刺的是，等政府跟他們招手的時候，所有燕京社會系的資深教授——全都是歸國留學生——就一個接一個，乃至於最後全部都學而優則仕去了。[24]這完全推翻了她說歸國留學生因為組織了專業團體，而開創出了在政府之外的一個自由獨立的領域的說法。

對留美學生來說，學而優則仕理應是一個迂腐的理念，理應是被他們所看不起、被他們所想淘汰的傳統仕紳才會去信奉的。為什麼留美學生也會如此無可自拔地眷戀著呢？他們在美國留學的經驗非但沒有讓他們反思傳統儒家的菁英主義，反而可能還增強了他們對之的信心。就像我在第六章會詳細分析的，儘管他們接觸到了美國的民主思潮，他們也同時很清楚

23　Magali Larson, *The Rise of Professionalism: A Sociological Analysis*（Berkeley: University of California Press, 1977）, pp. xvii-xviii.

24　請參閱拙著 *Social Engineering and the Social Sciences in China, 1919-1949*（Cambridge: Cambridge University Press, 2001）, Chapters 3 and 4.

美國社會裡存在著難以逾越的種族與階級的藩籬。更重要的是，他們已經
習於被美國人——特別是他們請到夏令營為他們作演講的宗教、學術、民
間團體的名人——稱許為中國的菁英以及未來的領袖。在這方面，最好的
例證就是威斯康辛大學有名的經濟學教授伊利（Richard Ely）。1917 年，
中西部聯合會在威斯康辛大學麥迪遜校區舉辦的夏令營裡，伊利被邀請作
主題演講。他演講的題目是：〈民主國家的領袖〉（Leadership in A
Democracy），主旨是在闡述兩種對立的社會哲學：平等的哲學與不平等
的哲學。[25]他說，啟蒙運動的平等的哲學認為所有的人都是平等的。與之
相對，新起的不平等的哲學則強調遺傳與天生的不平等。伊利聲稱說，
19、20 世紀的生物科學已經澈底地證明了教育與文化非但沒有降低，反
而是增添人與人之間的不平等。

　　伊利在 1894 年被指控他在威斯康辛大學教社會主義經濟學、贊成罷
工、提倡社會主義。威斯康辛大學組織了一個委員會，舉辦公聽會調查。
這個委員會裁決對伊利的指控不實。[26]其實，伊利一直就自命為一個保守
主義者。他的不平等哲學，可以用他徵引維也納法學家、社會思想家門格
爾（Anton Menger, 1841-1906）的一句名言來概括：「用平等的方法來對
待不對等的人，是世界上最不平等的作法。」[27]他以美國歷史為例，說反
對蓄奴者就是誤入歧途的平等哲學的擁護者。他說反對蓄奴者及其哲學是
造成美國內戰以後最不幸的一段歷史的原因，因為他們要沒有能力自立的
黑人去為自己找生路。美國可以避免在解放黑奴以後所犯的許多錯誤，如
果它「讓優勝的白人肩負起教導魯鈍的黑人（weaker brethren）的責任。
慢慢地提升他們的能力，一直到他們受過教育、置產，知道如何投票並參

25　Richard Ely, "Leadership in A Democracy," *CSM*, XIII.1（November, 1917），pp. 28-38.

26　Benjamin Rader, *The Academic Mind and Reform: The Influence of Richard T. Ely in
　　American Life*（University of Kentucky Press, 1966），pp. 130-158.

27　孟格這句話可以在下述伊利這本書裡找到：Richard Ely, *Property and Contract in their
　　Relations to the Distribution of Wealth*（New York: The MacMillan Company, 1914），Vol. 2,
　　pp. 604, 619.

與政治的地步」。[28]他曉諭參加該次夏令營的留美學生說：「強者必須肩負起教導弱者的責任，幫助他們發揮出他們的潛力。」[29]

伊利所提供給留美學生的，不只是一種可以幫忙他們把傳統儒家的菁英主義賦予現代精神的社會哲學，他還提供了他們一組新的詞彙。伊利在一篇文章裡刻劃了他自己：

> 我是一個保守主義者，而不是一個激進主義者；在嚴格地定義下，我是一個貴族，而不是一個民主主義者。然而，當我用「貴族」這個字眼的時候，我心中所想的當然不是法律定義下的貴族，而是一個天生的貴族；不是一個生下來就得享榮華富貴的貴族，而是一個活著是為了〔要為社會〕做出卓越的貢獻（special service）的貴族。[30]

伊利是一個多產的作家、知名的演說家。他又是好幾本廣為大學所採用的經濟學教科書的作者、「美國經濟學會」的創會者、祕書、會長。他一定是學習社會科學的留美學生所熟知的。我們雖然沒有直接的證據，但伊利所使用的「貴族」這個詞彙給予留美學生的靈感是可以找得到的。比如說，哈佛大學企管碩士、1909-1910 學年度美東聯合會會長朱庭祺，就在一篇文章裡說，中國自從貴族階級在兩千年前從歷史的舞台上消失以後，就一直存在著一個知識的貴族。他幾乎是模仿伊利的說法一樣，說這個知識的貴族既是天生的，也是民主的，因為它的門戶是開放的，而且是具有流動性的。每一個「有能力、優秀、受過教育」的人都屬於這個階級，而任何不再具備這些條件的人就會失去其資格。[31]

就像傳統的儒家仕紳一樣，留美學生認為知識與德行是領袖的要件。

28　Richard Ely, "Leadership in A Democracy," p. 31.

29　Ibid., p. 32.

30　Richard Ely, "Fundamental Beliefs in My Social Philosophy," *The Forum*, XVIII（October, 1894）, p. 183.

31　T. C. Chu, "Review of Home News: The Revolution: A Survey," *CSM*, VII.5（March 10, 1912）, p. 404.

就以留美學生在 1911 年所成立的「愛國會」為例。這個「愛國會」胡適
在留學日記裡提到。創會者是康乃爾、密西根大學畢業、當時剛進入威斯
康辛大學就讀、回國以後做到農商部林務處會辦的韓安。「愛國會」的壽
命不長，1913 年就壽終正寢了。韓安強調「愛國會」是一個非政治性、
不贊成革命的組織——它成立的時候滿清還沒覆亡。他說成立「愛國會」
的目的是在聯合所有海內外受過教育的中國人，以增進中國老百姓在教
育、社會、經濟方面的福祉。[32]韓安這篇文章用了許多西方討論公民道德
的新名詞，也徵引了許多西方名人的名言。他說「愛國會」可以作為一個
為老百姓提供資訊、技術援助以及慈善工作的中心。對社區服務有興趣的
「愛國會」會員可以參與塑造生性順服的老百姓的工作。

　　連韓安自己都意識到「愛國會」的主張簡直就是傳統儒家菁英主義的
翻版。他先徵引了科弦須戴納（Georg Kerschensteiner）的一句話：「如
果上層階級失去了道德情操（moral fiber），我們就不可能有希望去改造
下層階級。」他嘖嘖稱奇地接著說：「大家不覺得這句話很像是我們從小
就背得滾瓜爛熟的孔老夫子的那句話：『君子之德風，小人之德草；草上
之風必偃』嗎？」[33]

　　事實上，韓安說科弦須戴納說得話跟孔子說的話很像，只是說到了表
象。雖然科弦須戴納相信知識階級可以扮演以身作則的角色，來促進一個
國家人民的公德心，但作為德國慕尼黑學區總長，科弦須戴納主張老百姓
必須得到公民的訓練。雖然他也是菁英主義者，但他很堅定地認為老百姓
的福祉——一個國家的福祉——是「靠老百姓自己根據他們所有的權利與
自由，用自己的方法去爭取來的」。[34]他引赫胥黎（Thomas Huxley）的一
句妙語來支持他的論點：「我們所該做的是從排水溝架一道樓梯一直通到

32　N. Han, "The Ai-Kwoh-Hwei," *CSM*, VII.3（January 10, 1912），pp. 222-223.

33　N. Han, "The Ai-Kwoh-Hwei," *CSM*, VII.3, p. 226。有關科弦須戴納所說的這句話，請參
　　見 Georg Kerschensteiner, *Education for Citizenship*（New York: Rand McNally & company,
　　1911），p. 13.

34　Kerschensteiner, *Education for Citizenship*, p. 22.

大學，讓每一個不列顛王國的孩子都有盡他的能力爬到最高點的機
會。」[35]因此，科弦須戴納從來就不把老百姓當成「之風必偃」的
「草」。韓安之所以會覺得科弦須戴納的看法和孔子很像，是因為他用傳
統儒家的菁英主義的有色眼鏡去看的結果。他在介紹「愛國會」一文裡，
有一段可以讓大家共賞的奇文：

> 如果我們用現代的詞彙來表達，並以日常生活舉例來說明，我們可
> 以說，如果一個中國的社會領袖出入坐汽車、戴著巴拿馬草帽，或穿
> 著西洋皮鞋，所有在他圈內的人一定會跟他學，否則就會覺得不舒
> 坦。如果一個歸國留學生把他的家用各式各樣西方奢侈品裝潢得富麗
> 堂皇，他所有來往的友朋就會開始跟進口舶來精品的商家接洽。人是
> 社會的動物。他們模仿甚於自創。人類歷史的經驗顯示了下層階級總
> 是以上層階級作為榜樣來模仿的。[36]

韓安這段話固然可笑，但更可悲的是他用如此簡直是天方夜譚的物質
的標準來描述菁英在經濟落後、貧富懸殊的中國社會裡所可以扮演的領袖
的角色。然而，不管這段話再可笑、可悲，我們絕不能因而忘了它嚴肅的
目的，以及它誠摯地呼籲留美學生要負起他們在社會上領導並鼓吹愛國的
責任。《中國留美學生月報》上充滿著許多動人心弦的社論、論文、夏令
營演講比賽的得獎講詞，呼籲留美學生要為國服務與奉獻。這些文章的長
短不一、文體不同，從簡練的短論到長篇的宏論，申論各種論題，從品格
鍛鍊、學業、留學生擔任民間大使的角色，到未來領袖所應具有的智慧與
眼光。這些文章裡，表達得最好的，詞藻優美，洋溢著真切的愛國心以及
領袖的意識。且看顧維鈞在〈今天的中國學生所必須肩負起的任務〉
（The Task before China's Students Today）演講詞裡所說的一段：

35　Thomas Huxley, *Science and Culture, and Other Essays*（New York: Rand McNally &
　　company, 1911），科弦須戴納徵引的所在，在其所著 *Education for Citizenship*, pp. 41-42.

36　N. Han, "The Ai-Kwoh-Hwei," *CSM*, VII.3, p. 226.

　　作為「新學」的提倡者以及改革的支持者，他們必須承擔起傳播西方的思想與理想、引進現代科學以及現代科學器具的任務。在國會請願運動風起雲湧的當下，他們必須要確定中國絕不能不找到一個能為最大多數人謀求最大幸福的憲法。他們必須喚醒同胞關心國事，加深他們對社會的了解，激起他們要以國事為己任。中國學生而且也必須要負起激底掃除吸食鴉片、纏足等等有害的社會習俗，而代以健全的生活與娛樂的方式。他們也不可迴避責任，要去創造一個理性、深思熟慮、明辨是非的輿論，以遏止中國官員貪腐的習性，並引導國家走向改革的道路。[37]

　　我在第三章提到美國土生土長的梅其駒。他說 13 年交往的經驗，讓他對中國留學生刮目相看。他回憶他參加美東聯合會 1911 年在普林斯頓大學所召開的夏令營：「看著學生們上台用流利的英文講得頭頭是道，讓我的心跳都加快了。」他說：「他們大多數都很嚴肅莊重。讓我覺得他們很正確地意識到他們作為中國人的代表，以及作為外國學生在異鄉應該如何自處的責任。」[38]

　　這種有關愛國以及領袖的論述所漏掉的，是假定一般的老百姓跟中國的現代化是不相干的。留美學生在一篇又一篇文章裡高談闊論他們的使命，但卻幾乎沒有提到中國的老百姓。最驚人的是，在《中國留美學生月報》發行了四分之一個世紀之久的歷史裡，只有兩篇文章提到留美學生與老百姓的關係。一篇是舊金山土生土長的華裔楊華燕（In Young）所寫的。楊華燕體認到一個國家不可能強盛，如果一般老百姓無知和窮困的話：「就像一條溪流不可能流到比其源頭還高的地方一樣，一個以人民的素質來定強弱的國家不可能臻於富強的巔峰，除非其一般的老百姓是優秀的。」楊華燕用了一個類似上文所提到的科弦須戴納的論點，主張一個好的學校體制是把一般的男女老百姓訓練成為好公民最有效的方法：「把愛

37　V. K. W. Koo, "The Task before China's Students Today," *CSM*, IV.5（March, 1909）, p. 322.

38　E. K. Moy, "Thirteen Years of Chinese Students," *CSM*, XIX.2（December, 1923）, p. 8.

國心、男性氣概（manhood）、公民責任灌輸給學童的教室，就是『人民的堡壘與防衛線』。」[39]

　　儘管《中國留美學生月報》一再地討論菁英所需有的作為領袖的條件，楊華燕這篇文章是留美學生所寫的文章裡滄海一粟體認到一個共和國是由一般老百姓以及菁英所共同組成的。同樣罕見的，是把女性包括在公民的論述裡。即使楊華燕比大多數的留美學生進步，即使他在前一句話裡，說學校體制是把一般的男女老百姓訓練成為好公民最有效的方法，但在下一句話裡，他卻就把女性給抹煞掉了〔注意黑體字的標示〕：「把愛國心、**男性氣概**、公民責任灌輸給學童的教室，就是『人民的堡壘與防衛線』。」換句話說，在留美學生的心裡，愛國心與公民責任是男性的德行，也是男性的特權。

　　另外一篇提到老百姓的文章是孫恆寫的。他也是庚款生，跟胡適同在1910 年留美，得到耶魯大學的學士學位、哈佛大學的企管碩士學位。孫恆這篇文章似乎更加進步，因為他比楊華燕走向社會更低的底層——苦力。他訴諸留美學生的公義之心（sense of justice），呼籲他們「在投身其專業，享受著美國或歐洲專業人士的生活水準」的時候，不要忘了苦力所處的悲慘的環境。然而，孫恆對苦力的同情心，主要是因為他擔心他們會敗壞了中國的名聲，就像我在第六章裡會分析的，留美學生擔心唐人街的華工會損傷中國人在美國的形象一樣。他擔心到中國去的西洋遊客會由於天天看到苦力，而留下了中國人「都是赤貧、淒楚」的印象。他體認到未來中國的工業化不會完全只是靠著千百個專家，而必須靠千萬老百姓的努力與進取。然而，即使他有這個體認，他仍然認為中國的未來完全是落在留美學生的肩頭之上：「要把這個遼闊的國家從中古式的混亂改造成為一個現代富強的國家，靠著的就是他們。」他說留美學生該做的事就是：「簡化漢字、改善出版等等。最重要的是，在社會裡營造出一種認識，體

39　In Young, "True Citizenship," *CSM*, VI.4（February, 1911）, pp. 359-365.

認到街上的苦力也是中國政治、工業發展上一個重要的分子。」[40]

　　《中國留美學生月報》在其發行了 25 年之久的歷史裡，只有兩篇文章提到留美學生與老百姓的關係，而且其作者完全無法跳開菁英來想像中國的未來。這代表了什麼意義呢？這意味著說，留美學生之所以沒有提到老百姓並不是無心的疏忽，而是有意的抹煞。我在上文提到了中學就到了美國念書、哥倫比亞大學畢業的梅華銓。梅華銓直言不諱地描述了留美學生回國以後對中國處處看不順眼的感覺。他強調說，留美學生回國以後有「對中國水土不服」的問題，錯是在中國，而不是留學生。他用半打趣的口氣解釋說：

　　　一個離開了中國四到十年的中國年輕人，在那段時間裡，他所過的生活、穿的衣服、跟外國人一起娛樂、說外國話。就是他已經回到中國半年，你要他去習慣國人（home folks）的生活方式、處處不方便的環境以及精神上抑鬱沉悶的氣氛，我認為那根本是不可能的。你一定要去同情剛回國的留學生，要去了解他的心理。他剛畢業、自鳴得意他書讀得多、自視極高、把自己的身價高估了百分之五十──簡言之，他就像是剛離開了白宮的美國前任總統，還沒想好他接著要做什麼。[41]

　　梅華銓所歌頌的留美學生「所過的生活、穿的衣服、跟外國人一起娛樂、說外國話」等等，值得用侯米・巴巴（Homi Bhabha）用「效顰」（mimicry）的概念來分析。[42]請待我進一步在第七章裡分析。跟我們在此處的分析相關的，是梅華銓筆下的「國人」。雖然他沒解釋它的意思，

40　Hyne Sun〔Sun Heng〕，"The Returned Students and the Coolie," *CSM*, VIII.7（May 10, 1913），pp. 456-459.

41　Hua-Chuen Mei〔Mei Huaquan〕，"The Returned Students in China," *The Chinese Recorder*（March, 1917），pp. 166-167.

42　Homi Bhabha, "Of Mimicry and Man: The Ambivalence of Colonial Discourse," in Homi Bhabha, *The Location of Culture*（London and New York: Routledge, 1994），p. 86.

但「國人」顯然是他對所有沒出國留學的人的泛稱。對他而言，歸國留學生自成一個新的階級，遠勝於他鄙夷為「沒有一丁點兒履行其職責的準備或條件」的傳統仕紳階級。[43]他一定會完全同意另外一個留美學生所自問自答的問題。那個留美學生問說：「如果我們……不會成為領袖的話，誰可以呢？」他慷慨激昂地回答說：「我們腐敗、徇私的官員？我們食古不化的仕紳？比我們年輕但不幸留在中國讀書的學生？我們精明但無知的商人？我們〔種地〕有經驗但目光短淺的農民？答案是不可以！絕對不可以！」[44]

　　自詡為極為美國化的梅華銓，說得一口流利的英文。他喜歡把話說得滿，說得誇張。他就是愛標榜他的菁英主義。最有意味的，是他在 1913年寫的一篇文章。在那篇文章裡，他恭賀古德諾（Frank Goodnow, 1859-1939）——哥倫比亞大學行政法與市政學教授，後來成為約翰霍普金斯大學校長——被任命為袁世凱的憲法與法律顧問。梅華銓知道古德諾的任命是透過「卡內基國際和平基金會」（the Carnegie Endowment for International Peace）安排的。然而，他還是堅持說古德諾的任命，對中國來說，是一大斬獲（coup）。這是因為即使所有報導都說古德諾的任命是沒有政治上的意涵（non-political），他相信「雖然合約上沒有加蓋兩國的國璽，但其政治上的意涵是不言而喻的」。他自己為古德諾編造了一個很長的頭銜：「代表美國制度的精神用美國在民治進步上的理想與方法給予中國的民主以道義上的支持的全權大使。」[45]諷刺的是，古德諾這個立憲顧問，到頭來卻變成了一個毀憲顧問；先是把袁世凱所解散的國會降格成為一個諮詢總統的機構，然後在袁世凱發動洪憲帝制運動的時候變成他

43　Hua-Chuen Mei, "The Returned Students in China," *The Chinese Recorder*（March, 1917）, p. 168.

44　J. L. Li, "Chinese Students and Sociability," *CSM*, XII.2（December, 1916）, p. 129.

45　Hua-Chuen Mei〔Mei Huaquan〕, "China's Constitutional and Legal Adviser," *CSM*, VIII.7（May 10, 1913）, p. 442.

的辯護士。[46]

梅華銓對古德諾有那麼大的期許，其反映的是大多數留美學生對袁世凱的擁護——這是我在下一節分析的主題之一。我在此處的重點有兩個。第一，梅華銓夸夸其談裡的一個重點是在攻擊所有不是留美的歸國留學生。他在稱讚歸國留學生的時候，他所指的其實只是留美的歸國留學生。在古德諾所可能會碰到的問題裡，他說他最擔心的，是「那群庸碌無能的雜牌軍國會議員（motley crowd of non-descript legislators）」。他警告說：「在古德諾先生所可能會碰到的情形裡，最令人尷尬的可能性，是內閣以及在日本、德國、法國受到半吊子的教育的國會議員頑固的反對。」[47]彷彿他已經預料到而且預先就贊同袁世凱會用獨裁的方式控制中國一樣，他說，最好的情況，就是由行政權來壓制立法權：「如果即將到來的總統選舉能選出一個強有力、能夠帶領並影響國會的總統，那也許就可以讓古德諾先生在國會那群人有時間勾結串通起來以前實施一些有力的改革。」[48]

中國的憲政與法律這種巨大的改革，在梅華銓的筆下，就這樣被化約成為一個如何駕馭「那群庸碌無能的雜牌軍國會議員」的手段的問題。他給「那群庸碌無能的雜牌軍國會議員」的按語是：「喋喋不休的教條主義者（loquacious doctrinaires）、毫無定見者（latitudinarians）、反動分子（reactionaries）、可想而知的自以為無所不知者（the inevitable know-it-alls）。」

在梅華銓的眼中，連國會議員都只是庸碌無能的雜牌軍，是袁世凱必須去駕馭收拾以便讓古德諾可以放手一搏的一群，遑論是老百姓了！他自

46　For a brief discussion of Goodnow's stint as Yuan's adviser, see Ernest Young, *The Presidency of Yuan Shih-k'ai: Liberalism and Dictatorship in Early Republican China*（Ann Arbor: The University of Michigan Press, 1977）, pp. 172-176, 221-222.

47　Hua-Chuen Mei, "China's Constitutional and Legal Adviser," *CSM*, VIII.7（May 10, 1913）, p. 444.

48　Hua-Chuen Mei, "China's Constitutional and Legal Adviser," *CSM*, VIII.7（May 10, 1913）, p. 445.

問自答地提出是否有必要讓老百姓了解古德諾此行的目的：

> 至於他不可能跟老百姓會有所接觸這個問題，我認為那也許是一件
> 好事（blessing），而不是缺點。他不是一個傳教士，因為他並不是
> 要我們的老百姓皈依、相信他的觀點。對老百姓來說，我們政府所希
> 望能從他那裡得到的建議，等於是「天書」（"Greek"）一樣。我
> 們當然希望老百姓能懂得珍視他給予我們的幫助。然而，會想要去對
> 我們廣大的老百姓解釋這些事的人，不啻是患了自虐狂（painful
> pleasure）。[49]

問題還不在於梅華銓與大多數的留美學生覺得中國就只有他們——梅
華銓略表謙遜地說，中國並不是百分之百只有他們。[50]他們所一再擺出來
的姿態，所一再顧盼自豪地宣示他們的使命與領袖的地位，其高傲的程度
已經是到了自戀的地步。不管我們是否需要從佛洛伊德學說的角度來分析
他們的自戀，這種以菁英的視野之管來窺天的局限，就在在地顯示在我在
下一節所分析的問題上。

當然，並不是所有的留美學生都患了自戀症。然而，值得指出的是，
唯一一個公開挑戰這種高傲、顧盼自喜的心態的留美學生是一位女性。謝
婉瑩，有名的冰心，在波士頓近郊的衛斯理學院讀書的時候，就彰顯出勇
氣公開地對所有的留美學生提出挑戰。在「大波士頓區中國同學會」在
1924 年 10 月 9 日所舉行的「雙十節慶祝晚會」裡，謝婉瑩是第一位演講
的來賓。她的主題是：「不作領袖」（Non-leadership）。根據《中國留
美學生月報》的報導，冰心批判留美學生普遍都接受的一個信念：就因為
他們留美，所以他們會成為未來中國當然的領袖。她提醒她的聽眾：他們
能到美國留學是因為他們有機會。而且，踏上了美國的土地，並不會讓他
們立地成佛地成為領袖。她很遺憾有些留美學生已經自詡為中國的領袖。

49　Ibid.

50　Hua-Chuen Mei, "The Returned Students in China," p. 171.

她說這種心態不但扭曲了（poisoned）他們自己的心靈，而且阻礙了國家進步之路。冰心在結論裡強調：真正的領袖的特質是體現在謙卑之心，以及有從底層做起的意願。她激勵所有的留美學生跟她一起用這種領袖的特質——更確切地說，不作領袖的特質——來為國服務。[51]

保守：基於信念？還是為了做官？

對於深信他們的使命就是要主掌國政的留美學生來說，他們理所當然地認為他們一回國就會位居要津。根據汪一駒的研究，從政是 20 世紀前半葉留美學生第二個最熱衷的職業選擇，僅次於在大學教書。留美學生從政的比例，最高在 1934 年，占 42％；最低在 1925 年，占 15％。相對地，在大學教書所占的比例，最高在 1919 年，占 39％；最低在 1937 年，占 24％。[52]另外一個有意味的指標，是西洋歸國留學生在政府最高層——部會首長——任職的人數陸續攀升：1915 年，12 名中的 5 名；1923 年，12 名中的 7 名；1932 年，18 名中的 14 名；1937 年，16 名中的 12 名；1943 年，20 名中的 16 名；1947 年，24 名中的 17 名。[53]

西洋歸國留學生熱衷於從政，是當年許多中外觀察家一致的結論。當時在中國的西方人說留美學生所支持的是當權者，而且立場是在意識形態光譜的右端。比如說，從 1923 到 1941 年在上海出版《密勒氏評論報》（*The China Weekly Review*）的發行人兼主編鮑威爾（John B. Powell）就說：「我所知道的美國大學畢業的中國學生，沒有一個加入共產黨的陣營。成千的留美歸國學生是國民黨黨員。」[54]說得更為辛辣的，是共產國際的代表鮑羅廷：「任何一個中國的土匪，只要他能搖身一變成為一個軍

51　"Student World: Double Ten Celebration in Boston," *CSM*, XX.2（December, 1924），p. 70.

52　Y. C. Wang, *Chinese Intellectuals and the West*, Appendix C, p. 514.

53　Ibid., p. 178.

54　John B. Powell, *My Twenty-Five Years in China*（New York: The Macmillan Company, 1945），p. 140.

閥，就可以不費吹灰之力，招買到夠多的歸國留學生來為他組織一個政府。」[55]

　　相對地，1920、1930 年代的中國人，由於科舉制度的記憶猶新，則傾向於把歸國留學生熱衷於從政的現象歸因於傳統學而優則仕心態的遺留。他們不談意識形態，而專注於批判歸國學生從政以後的惡習：傲慢、腐敗、與社會脫節。[56]後來在美國的汪一駒承續了 1920、1930 年代的批判，把民國的失敗與共產黨的勝利歸罪於西洋歸國留學生。他譴責說：那些沒有從政的人，背棄了他們所應負起的政治和道德上的領導責任；而那些從政的，則「甘願作為當權者的工具」，相當近於鮑羅廷的批判。[57]

　　1980 年代中國改革開放以後的翻案史學，揮別了革命史學的典範，一反從前對歸國留學生的詆毀謾罵。以葉維麗所為他們描繪出來的集體群像為例，留美學生搖身一變成為一個理性務實、不為意識形態所囿的——彷彿世界上存在著沒有意識形態的人一樣——專業階級。他們專心致志為中國尋求現代化的努力，不幸地被中國長期的混亂以及接二連三的意識形態掛帥的政治運動所摧毀。[58]

　　事實上，留美學生有著極為顯明的意識形態。整體來說，他們接受的是保守的意識形態——不管是基於信念還是因為那樣對自己有利。當然，這並不表示留美學生裡沒有共產黨員。在共產黨被禁，共產黨員被捕、被處決的時代，沒有一個留美學生會笨到透露其共產黨員的身分的。20 世紀前半葉最有名的馬克思主義農村經濟研究專家陳翰笙就是一個最好的例子。他 1920 年得到加州波莫納學院（Pomona College）的學士學位、1921 年得到芝加哥大學的碩士學位。他在 1926 年成為共產國際的一員、1935 年成為中國共產黨員，但一直要到 1949 年以後才公開他的身

55　Kwei Chen, "Thoughts of the Editor," *CSM*, XXIII.1（November, 1927）, p. 62.

56　舒新城，《近代中國留學史》，頁 209-211、216-217。

57　Y. C. Wang, *Chinese Intellectuals and the West*, p. 502.

58　Weili Ye, *Seeking Modernity in China's Name*, pp. 15-16, 35, 51-61, 226-227.

分。[59]1926 年得到芝加哥大學學士學位、1936 年得到哥倫比亞大學博士學位的冀朝鼎是另外一個絕佳的例子。據說他是留美學生裡第一位成為共產黨員的人。他而且在 1940 年代活躍於國民黨財政高層，是孔祥熙身邊的一個紅人。[60]除了陳翰笙與冀朝鼎以外，一定還有其他成為共產黨員的留美學生。這包括了 1920 年代末期《中國留美學生月報》越來越激進的作者，而且也包括在留學生聯合會在 1931 年發動反制所謂的「赤色恐怖」的政變時被剷除的會長以及《中國留美學生月報》的總編輯。這些我都會在本節結尾的部分分析。

　　然而，毫無疑問地，大多數留美學生表忠的對象是當權者。就正因為他們所想望的領袖的角色是在現有的政治體制之下，因此，不管誰當權，就是他們所效忠的對象。代表留美學生集體的利益與認同的聯合會所遵循的模式，是對當權者效忠到最後一分鐘。然後，等到那個政權倒了以後，立即把他們的效忠移轉到新的政權，接著再一直效忠到那個新政權垮台為止。這個模式第一次的展現就在滿清覆亡前後。雖然滿清政府已經搖搖欲墜，但美東聯合會就是小心翼翼地對之表忠，一直到它確定已經覆亡為止。

　　當然，我們不能一竿子打翻一船人地說留美學生對清朝的效忠完全是因為他們顧慮到自己的利益，因為他們保守可能是為了利己，也可以是基於他們的信念。許多留美學生就以他們的保守為榮。比如說，曹雲祥在 1911 年拿到耶魯大學的學士學位，1914 年哈佛大學企管碩士的學位。他是 1911 到 1912 學年度《中國留美學生月報》的主編，後來成為清華大學的校長。他就在一篇名為〈我們的位置〉（Our Place）的文章裡歌頌保守是一種美德：

59　請參見拙著 *Social Engineering and the Social Sciences in China, 1919-1949*, Chapters 7 and 8.

60　請參見「冀朝鼎」條，Howard Boorman and Richard Howard, eds., *Biographic Dictionary of Republican China*（New York: Columbia University Press, 1967），I: 293-297.

大家所公認的事實是：真正能夠為國家做出貢獻的人，是舊派裡的激進者、新派裡的保守者，因為他們有寬廣的見識（broad principles）與理性的觀點（sane ideas）——不會舊到故步自封，又不會新到輕舉冒進。由於我們不可以冒進而棄我們的國人於不顧，我們的位置就是要作為國內這兩派人之間的橋梁，作為把混雜的各個部分黏成一個同質的整體的凝固劑。[61]

顧維鈞不但標榜美東聯合會保守的立場，他而且解釋那種保守主義是有利於國家，同時也有利於留學生的保守主義。他在 1908 年 1 月號的《中國留美學生月報》的社論裡說：「我們確實是提倡保守主義。但我們所提倡的，是屬於那種可以確保中國及其在國外留學的學生最大的福祉的保守主義。」[62]

在實行上，「新派裡的保守者」所能做的，就是要懂得曹雲祥所說的「我們的位置」：「我們目前不應該干預政治，應該專注於課業，以便讓我們能夠勝任未來所想做的工作，報效國家。」[63]最好的例子，就是「全美中國留學生聯合會」在是否參與國內請願運動方面先是有爭議，然後緊急踩煞車。我在第三章提到了「全美中國留學生聯合會」有三次用打電報給清廷的方式參與請願的運動。聯合會主要的職員裡有一些人反對，害怕會觸怒政府。曹雲祥在〈我們的位置〉一文裡，譴責這種行為「超出了學生所屬的範圍」。這種行為：「除了可能會讓國內不負責任的人拿去為其張目以外，並不能造成任何好的影響，因為政府裡有的是知道怎麼做對中國是最好的人。」[64]然而，那些覺得自己在政治上頗有手腕的職員不同意。一直到 1907 年春，還有一些包括顧維鈞在內的職員仍然夸夸而言：「我們的聯合會過去在發揮其政治功能方面表現得很好。它幫助了政府處

61　Y. S. Tsao, "Our Place," *CSM*, III.2（December, 1907）, p. 76.

62　Wellington Koo, "Editorial," *CSM*, III.3（January, 1908）, p. 102.

63　Y. S. Tsao, "Our Place," *CSM*, III.2（December, 1907）, p. 75.

64　Ibid.

理了粵漢鐵路的爭議；建議政府應該如何處理巴拿馬運河華工的問題。如果不是因為我們的聯合會積極地介入，我們完全沒有把握我們的政府可以把這些事情處理得那麼好。」[65]

　　哪裡知道情勢急轉直下。清廷在 1907 年 11 月頒布諭旨禁止學生干預政治。[66]顧維鈞馬上見風轉舵。我在上文提到他在 1908 年 1 月號《中國留美學生月報》上寫他提倡保守主義的社論。他在那篇社論裡警告留學生說：因為中國還處在「民族主義的幼稚期」，「過度狂熱（overenthusiasm）有極大的危險」。在他知道清廷會嚴懲干預政治的學生以後，他就呼應了曹雲祥的勸告，說：「我們所要強調的，不是說聯合會應該避免討論國事，而是不應該貿然、輕率地捲入實際政治的問題，因為那不屬於還沒有準備好從政的學生的範圍。」[67]

　　留美學生要如何根據「我們的位置」來表現？這個問題很快地就有了一個答案了。慈禧太后跟光緒皇帝先後在 1908 年 11 月 14、15 兩日過世。許多留美學生立即用曝光度最高的方法來服國喪。哈佛大學與麻省理工學院的中國同學會在 1908 年 11 月 25 日設立了靈堂拜祭，並任命了一個委員會擬出了一個決議：

　　　鑑於：皇上與慈禧皇太后離世昇天，留下了不世的功業予我們所愛的祖國，以及

　　　鑑於：吾等代表麻省理工學院同學會與哈佛大學中國同學會，對皇上、皇太后對吾國無比之貢獻敬致最高的敬意，並敬執忠順臣民之儀，茲

65　N. C. Yang, T. C. Sun, V. K. W. Koo, and C. C. Wang, "Preliminary Report of Committee on W. C. S. F.," *CSM*, II.6（May, 1907）, p. 124.

66　〈整頓學務論〉，《清末籌備立憲檔案史料》（北京：中華書局，1979），2: 1000-1001。

67　Wellington Koo, "Editorial," *CSM*, III.3（January, 1908）, p. 101.

決議：吾等向國內外全體國民致哀。中國人民因皇恩而得享太平盛世、將永誌皇恩而不忘，茲又

決議：將本決議在《中國留美學生月報》上刊布。[68]

美東聯合會在《中國留美學生月報》的社論裡，代表其會員表達了他們集體的哀悼以及對光緒與慈禧的貢獻的禮讚：「當皇上與太后在世的時候，我們或許並沒有真切地了解到他們的重要性。然而，現在整個國家都深切地體會到失去了他們的領導的損失。事實上，我們真的太沒去注意到他們為國家所做的貢獻了。例如，禁止吸食鴉片、纏足、蓄奴，以及確定召開國會與制憲，都是在他們的領導之下所實現的。」[69]

溥儀登基，留美學生也同樣地要懂得根據「我們的位置」來做出適切的表現。在三歲大的溥儀登基以前，《中國留美學生月報》就在一篇社論裡擊節稱讚說：選擇溥儀繼任「不是一時間的決定，或者倉促的商議」，而是「深思熟慮的結果」。[70]然而，另一篇敬誌溥儀登機的社論引了莎士比亞戲劇裡的一句台詞，不禁讓人懷疑是引用失當，還是別有用心。這句台詞是《馬克白》第四幕裡，馬克白看到了第三個幽靈——一個頭戴著皇冠，手裡握著一棵樹的孩子——時候所說的一句話：「童稚的頭上戴著一頂至尊之冠。」[71]

這幕《馬克白》裡戴著皇冠以幽靈現形的孩子是麥爾康（Malcolm），是被馬克白謀殺、篡位的蘇格蘭國王鄧肯（Duncan）之子。麥爾康以幽靈現形預示了他後來會戰勝而收復河山。寫這篇社論的人是王景春。他在 1908 年拿到耶魯大學的學士學位，1909 年拿到伊利諾州

68　"News from Harvard," *CSM*, IV.3（January, 1909）, p. 161.

69　"Editorial," *CSM*, IV.2（December, 1908）, p. 81.

70　Ibid.

71　William Shakespeare, *Macbeth*, ed. Nicholas Brooke,（Oxford: Clarendon Press, 1990）, IV.i. 88; quoted in "Editorial," *CSM*, IV.3（January, 1909）, p. 143.

立大學的碩士學位，1911 年拿到博士學位。他寫這篇社論的時候，是美東聯合會的會長。他用這個後來會成為麥爾康三世的孩子來形容溥儀。如果溥儀是麥爾康三世，難不成那殘酷、邪惡的馬克白就是慈禧太后的暗喻？這到底是引用失當，還是挪用異域文學裡的典故來作指桑罵槐的顛覆手法？

　　挪用當時的中國人所不知道的異域文學裡的典故來作指桑罵槐的顛覆？這也許只是一廂情願的假想。像所有當時的留美學生一樣，王景春所效忠的是滿清政府。比如說，辛亥革命以後，王景春出任臨時政府外交部參事以及京奉、京漢鐵路管理局局長。因此，作為臨時總統的孫中山還一度是他的大老闆。然而，1904 年的國際博覽會在聖路易斯舉行的時候，王景春一行人碰巧跟孫中山住在同一家旅館裡。據說，王景春等人刻意地迴避了孫中山。[72]當然，誰也不能責怪王景春等人在當時對孫中山避之如蛇蠍；畢竟他是清廷的通緝犯。然而，明哲保身是一回事，政治效忠是另一回事。一如我在本節裡會提到的，在 1915 年袁世凱把民國改回帝制的時候，王景春——很顯然地在脅迫之下——跟所有其他「國民代表」一致投票贊成。

　　事實上，王景春所處的「難局」是所有志在為官的留美學生從清末開始不止一次被捲入的。他們所面對的第一個難局就是應該如何面對清末的立憲運動。在中國紳商階級所領導的縮短預備立憲期限的請願運動展開以後，留美學生有贊同之心，卻又不敢觸怒清廷。因此，美東聯合會不但採取觀望的態度，而且強調清廷堅持用循序漸進的時程召開國會是明智的作法。我在上文提到了「愛國會」的發起人韓安。他在 1908 年 12 月號的《中國留美學生月報》所發表的一篇文章裡說，就像作用力會引來反作用力一樣，請願運動會遭受挫折是一定的。他舉的反作用力的例子之一，就

72　Ch'en, Kuang-fu, "The Reminiscences of Ch'en Kuang-fu（K. P. Chen）（December 20, 1881- July 1, 1976）," As told to Julie Lien-ying How, December 6, 1960 to June 5, 1961, Chinese Oral History Project（New York: East Asian Institute of Columbia University, 1963）, p. 14.

是清廷把主張在三年內召開國會的法部主事陳景仁革職。他呼籲大家要有耐心：「如果我們回想法國大革命以後的恐怖統治，或者成千上萬死於戰爭、成為大英聯邦的聖壇之祭的人，則我們目前所遇到的困難根本就是微不足道的。」[73]

等清廷在 1908 年宣布以 9 年為期召開國會以後，王景春在《中國留美學生月報》上發表了一篇以〈中國的改革是真的嗎？〉（Is the Reform of China Sincere?）為名的長文。其中一段就是禮讚清廷訂 9 年為期召開國會是明智的作法：「有鑑於地方自治是憲法的基礎，而且有鑑於老百姓必須被逐步地訓練到可以肩負起較重的義務與責任，政府很明智地把召開國會的日期延展到 9 年以後。」[74]

不管國內政局如何起伏，留美學生始終謹言慎行，不敢逾越他們所自訂的「我們的位置」的雷池一步，以免毀了他們回國以後的仕途。不管清廷的政策如何讓他們瞠目結舌，他們總是一再地為之粉飾太平。比如說，我在〈序曲〉裡提到了唐紹儀赴美的特使團在 1909 年 1 月因為袁世凱被罷黜而召回。王景春在社論裡儘管用了「晴天霹靂」一詞來形容，但他馬上接著說：「然而，在對情況還沒有正確的報告以前，我們無法、也不該對這些事件遽下判斷。光從事情發展的表面，我們美國的朋友可能會認為這意味著反動的趨勢。然而，即使再如何仔細地觀察，表象常常是不足以作為基礎來下結論的……這些事件根本的意義，我們學生不在其位，是沒有置喙的餘地的。」[75]

然而，中國國內風起雲湧的請願提前召開國會的運動不可能不會影響到留美學生的。雖然美東聯合會的領袖特別謹言慎行，但是一般的留學生就沒有那麼大的顧忌。美東分會 1910 年在康乃狄克州「三一學院」所舉行的夏令營就是一個最好的例子。該年夏令營所舉行的英文辯論比賽的題目是：「決議：中國應該在 1917 年以前召開國會」（Resolved, that China

---

73　N. Han, "A Plea for a National Convention," *CSM*, IV.1（December, 1908）, p. 123.

74　C, "Is the Reform of China Sincere?" *CSM*, IV.5（March, 1909）, p. 316.

75　C. C. Wang, "Editorials," *CSM*, IV.4（February, 1909）, pp. 212-213.

should summon her National Assembly before 1917）。正方是賓州大學，反方是耶魯大學。辯論結果，反方勝利。耶魯大學的王正廷而且膺選為最佳辯論員。[76]雖然贊成提早召開國會的賓州大學隊失敗，但參加該年夏令營的會員顯然有很多人不但贊成賓州大學隊的立場，而且甚至於認為應該立即召開國會。在他們的壓力之下，夏令營一致通過了一項決議案，要求美東聯合會成立一個委員會，來研究美東聯合會是否應該聯合在美國的其他聯合會，積極參與立即召開國會請願的活動。美東聯合會會長顧維鈞於是在 1910 年 9 月底成立了一個五人委員會。這個五人委員會裡，包括了英文辯論比賽正、反方各一位的成員。顧維鈞說，由於夏令營所作的決議裡並沒有界定這「積極」的方式為何，他責成這個五人委員會澈底地研究立即召開國會的利與弊，並在 1911 年 2 月 1 日以前提交研究的報告。[77]這可能就是顧維鈞以及其他美東聯合會領袖所慣用的拖延戰術。後來的《中國留美學生月報》裡沒有這份五個委員會的報告的紀錄，顯然是無疾而終了。

　　沒想到的是，1911 年 2 月，俄國在滿洲邊境一個威脅到中國主權的行動，意外地把美東聯合會捲入了籲請召開國會的運動。俄國在 1911 年 2 月 18 日對中國提出一紙最後通牒，要求中國接受俄國在滿洲的經濟與商業要求。事實上，俄國原來的目的是要併吞北滿。[78]哥倫比亞大學中國同學會在一個緊急會議裡作出了一項決議，要求美東聯合會打電報給在北京的國會，敦促國會一面盡力維持和平，一面備戰。這個決議並指出如果美東聯合會沒有在 48 小時以內打出電報，哥大同學會將單獨行動。美東聯合會決定打了這個電報。然而，其過程相當戲劇化。美東聯合會會長顧維鈞在他 1911 年 2 月份的報告裡描述說：

76　Y.S. Tsao, "A Brief History of the 1910 Conference," *CSM*, VI.1（November, 1910）, pp. 36-37.

77　President Koo to Chairman Liu, "Committee on Immediate Convocation of the Parliament," *CSM*, VI.1（November, 1910）, pp. 72-73.

78　David Dallin, *The Rise of Russia In Asia*（New Have: Yale University Press, 1949）, pp. 107-108.

打這通電報花了 30.50 美金。結果是沒有遞達，因為北京電報局說
《國家規章》（National Convention）第 7 條禁止傳送煽動性的字
眼──「國會」。由於中國危急的情況並沒有改變，我們因此決定把
電報打給上海的《時報》（*Eastern Times*），請其轉致各省諮議局。
這通電報的主旨是：列強陳兵邊境。茲籲請各省諮議局請國會召開緊
急會議，制定方案，一面維持和平，但一面備戰；並籲請召開國會以
為國家生存的屏障。這通電報花了 35.38 美金。

　　《紐約太陽報》（*New York Sun*）在 2 月 28 日以〈中國學生遭訓
斥〉（Chinese Students Rebuked）──打電報回北京──為名刊載了
一篇不實的報導。本會長辦公室立即寫了一封信給該報編輯要求更正
該報兩天前報導的錯誤。這封信刊登在今天發行的該報上。[79]

美東聯合會在 1911 年 2 月底打這通電報的時候，中國的紳商階級已
經發動了四次、也是最後一次大規模的籲請提前召開國會的請願運
動。事實上，這幾乎已經是到了辛亥革命的前夕。然而，留美學生明哲保身的工
夫已經是到了爐火純青的地步。1911 年 2 月號的《中國留美學生月報》
發表了一篇社論，為已經結束了的庚戌年作了一個回顧。其謳歌清廷的用
詞與口氣只有諂媚二字可以形容：

　　在天朝的史乘裡，沒有任何一年有像去年一樣絕佳的紀錄。有許多
　　事件簡直是只有在童話裡才會發生的。有誰能夢想到中國可以邁出這
　　麼多驚人的巨步呢？[80]

這些所謂的「驚人的巨步」是什麼呢？一、1910 年 6 月到 11 月在南

79　V. K. W. Koo, "President's Report for February," 3/2/1911, *CSM*, VI.5（March, 1911）, pp.
　　486-487.

80　"Editorials: A Balance Sheet," *CSM*, VI.4（February, 1911）, p. 346.

京所舉行的「南洋勸業會」——中國所舉辦的第一個博覽會；二、由基督教青年會發起，在 10 月間借用「南洋勸業會」場地所舉行的第一次全國運動會；三、禁鴉片運動；四、從 10 月間所開始的剪辮運動；五、請願及早召開國會運動。

八個月以後，辛亥革命發生。美東聯合會並沒有等太久，就把清廷甩掉了。在一開始的時候，美東聯合會還有點猶豫。最明顯的證據就是朱庭祺在《中國留美學生月報》上所發表的文章。朱庭祺是 1909-1910 學年度美東聯合會的會長，1910-1911 年度，他是《中國留美學生月報》〈國內新聞〉版（home news）的主編。他在轉述辛亥革命的新聞的時候，是「叛變」（revolt）與「革命」（revolution），以及「叛兵」（rebels）與「革命軍」（revolutionists）交相互用，而且對情勢發展的趨勢採取騎牆的態度。[81]

到了 1912 年春天，《中國留美學生月報》已經開始出現了讚揚革命的文章。比如說，考取 1909 年第一屆庚款留美的朱復，就在一篇文章裡讚嘆不已地說：「從美國革命以後，這個世界上可能還沒見過像領導中國革命這一群領袖那麼能自我犧牲、愛國、有能力、有經驗的了。」[82]朱庭祺也早已不再騎牆，他提出了他對清廷的蓋棺定論：「支撐著舊政權的是三條柱子：腐朽的皇室、腐朽的官僚、腐朽的軍隊。」[83]

留美學生能夠如此輕易地、毫無掙扎地、好像換一件新衣服一樣，就斬斷了他們對清廷的效忠，這就說明了他們所效忠的，不是滿清，也不是君主立憲的體制，而是他們自己。換句話說，他們一向所夸夸而言的保守的政治哲學，並不是基於信念，而是基於支持現狀對他們有利的考量。用傳統的老話來說，就是為了做官而保守。

81　T. C. Chu, "Current News from China: Revolution in Wuchang," *CSM*, VII.1（November 10, 1911）, pp. 16-17.

82　Chimin Chu fuh, "The Present Revolution in China," *CSM*, VII.6（April 10, 1912）, p. 519.

83　T. C. Chu, "Review of Home News: China's Revolution," *CSM*, VII.6（April 10, 1912）, p. 490.

圖 16　「新冠軍」。

The Chinese Students' Monthly, VII.2（December 10, 1911），頁 152、153 之間。

　　現在，他們棄清廷如敝屣，轉而支持辛亥革命以後所成立的臨時政府。然而，這並不意味著他們支持的是共和。他們不相信共和。他們對孫中山的態度就是一個最好的例子。在辛亥革命發生以前，《中國留美學生月報》從來就沒有提起過孫中山的名字。現在，《中國留美學生月報》把孫中山拱為英雄，因為他能識時務，自動辭去臨時大總統的職位，把大總統的職位禮讓給袁世凱。對許多留美學生來說，他們所支持的是袁世凱。早在 1911 年 12 月，朱庭祺就宣布共和已經是一個既成事實。形勢逆轉的程度，已經是到了即使清廷下諭旨宣布立即成立君主立憲體制都無法挽回的局面。朱庭祺說，他最擔憂的，是如果內戰拖下去，是否會造成列強的干預。[84]

　　後來會成為清華大學校長的曹雲祥說得更為直接。曹雲祥是《中國留

84　Ibid. *CSM*, VII.2（December 10, 1911），p. 139.

美學生月報》1911 到 1912 年度的總編輯。他說，現在對峙的著，已經不是勤王派和革命派，而是君主立憲派與共和派。由於「革命的目的已經達成」，他認為現在中國所必須決定的是：「哪一派的主張比較可以確保老百姓——他們才是真正的國家的主人——的安全、和平與繁榮？」在他的心目中，唯一有能力為中國掌舵的人是袁世凱。他以統一義大利的英雄加富爾（Camillo Benso di Cavour）來比擬袁世凱。他說，從他過去的作為，「大多數人認為袁世凱比較可能給予我們的國家一個穩定的政府，並維護我帝國的完整，因為他會給予清室比較優厚的待遇。不像那些嫉妒心極強的共和派的領袖，由於他們對清廷充滿嫉視，他們可能會鋌而走險地引外力介入。」[85]

在當時的留美學生裡，是否有真正矢志效忠滿清的勤王派是值得懷疑的。儘管曹雲祥反對革命派，他並不是一個勤王派。最好的證據，就是他在 1911 年 12 月號的《中國留美學生月報》裡所寫的一篇社論：〈效忠於忠〉（Loyalty to Loyalty）。在這篇社論裡，他說忠有好幾個層次，從最低的私忠、到對群、對黨、對國、對理想的忠。然而，在所有這些忠之上，還有一個最高層次的忠，那就是效忠於忠，亦即，信守那指引作為一個理性的人的根本原則。他進一步地解釋說：

> 這最後一種形式的忠需要我們一再地做調整，並做出冷靜的判斷，因為那可能意味著我們必須犧牲以前的忠。這在表面上看起來是不忠，其實是涵蘊著進步與先進的理想在內的……

> ……愛國並不表示我們必須在任何情況下都忠於政府。政府的存在是為了確保老百姓的福祉。如果他們的利益無法得到保障，則為了履行我們對老百姓這個更高的忠，我們就必須斬斷我們以前對政府的忠。根據這個原則，西方的政治制度承認「革命的權利」。我們的座

85　Y. S. Tsao, "Editorials: Revolution and the Supreme Cause," *CSM*, VII.3（January 10, 1912），p. 204.

右銘是：「愛國是從」（Patriae Amore Ducamur; the love of country leads）〔曹雲祥在 1911 年 11 月號開始的第七卷《中國留美學生月報》的封面上，都印有這個拉丁文的座右銘，並用「知恥近乎勇」來翻譯〕。如果我們正確地定義國家的概念，我們就可以很容易地判斷在目前的政治危機之下，我們所應遵循的最高形式的忠為何的問題。[86]

一個月以後，曹雲祥在 1912 年 1 月號《中國留美學生月報》以〈革命與最高的目標〉（Revolution and the Supreme Cause）為名的社論裡說得更為清楚：

> 效忠皇清政府誠然是每一個愛國公民必要的責任，而且在正常的情況之下是無須給理由的。然而，當一個政府陷入無能、腐敗的沉痾，違背了它對老百姓的承諾與信誓，則——在任何神聖的契約需要雙方忠實地履行契約的原則之下——行使革命的權利是合理的。這是民有、民治、民享的現代政治概念。然而，任何建立在君權神授的觀念之上的政府跟這個現代的概念是不相契合的。中國的皇帝被稱為是「天子」，但君權神授的概念在西元前 350 年就被孟子給粉碎了。他說：「民為貴，社稷次之，君為輕。」無論是根據古訓或現代的理論，我們可以很有把握地說，當老百姓處在飽受政府壓迫、官吏腐敗的煎熬的情況之下，革命就變成了一種權利。[87]

曹雲祥不是勤王派，但可能是君主立憲派，而且在留美學生裡，他也許真正是少數基於信念而保守的人。然而，到了 1912 年初，即使他也體認到共和已經是勢不可當了。曹雲祥現在只能寄望他心目中的「中國的加

86　Y. S. Tsao, "Editorials: Loyalty to Loyalty," *CSM*, VII.2（December 10, 1911）, pp. 124-125.

87　Y. S. Tsao, "Editorials: Revolution and the Supreme Cause," *CSM*, VII.3（January 10, 1912）, p. 203.

富爾」能夠去控制住那「共和的烈焰」（fire of republicanism）——去引導它，而不是去撲滅它。[88]

　　我們沒有資料可以用來判斷曹雲祥的立場是否具有代表性。然而，如果哥倫比亞大學中國同學會在 1911 年 12 月 25 日打給袁世凱——副本給伍廷芳——的一通電報，是大多數留美學生所能接受的話，則曹雲祥還可能真的代表了留美學生裡的主流的意見。這通電報是由一個包括顧維鈞在內的三人委員會起草，而以全體留美學生的名義寄出的。許多大學的中國同學會，包括芝加哥、伊利諾、密西根、麻省理工學院以及耶魯大學，都贊同而且分攤了打這通電報的費用。根據《中國留美學生月報》所刊載的英譯，這通電報舉了四個理由，籲請袁世凱加入革命的陣營：　一、全國幾乎已經都加入了革命的陣營；二、如果讓帝制苟延殘喘，那很有可能會引生出革命的循環，就像法國大革命以後的情形一樣；三、四分之三的省分既已宣布獨立，只有共和的體制才能夠團結這個國家；四、內戰持續，很可能誘使外國侵略。這通電報在結尾列出了幾項留美學生的建議：

> 　　請皇帝退位，把熱河劃歸給他作為禮遇；給予滿人、旗人與漢人一樣的公民權，給予蒙古、西藏其他省分所享有的權利。這樣就會讓所有的老百姓都同心戮力為國效勞。這個意見是客觀的西方人士所認同的。國家的安危就繫於尊駕一念之間。中國或將有其華盛頓。願尊駕垂思之。[89]

　　把袁世凱說成是中國的華盛頓或加富爾當然是荒唐可笑的。然而，留美學生之所以會把希望寄託在袁世凱身上的理由並不全然是荒唐的。曹雲祥在寄望袁世凱能夠去控制住那「共和的烈焰」的社論裡，提出了中國可能會有一個「災難性的過渡階段」，從而引來列強干預的憂慮。這不是新的憂慮。早在辛亥革命以前，這就是梁啟超與革命黨在日本所展開的論戰

88　Y. S. Tsao, "Editorials: A Republic Is Inevitable," *CSM*, VII.4（February 10, 1912）, p. 283.

89　"Club News: Columbia," *CSM*, VII.4（February 10, 1912）, pp. 305-309.

裡的主題之一。[90]只是，如果留美學生裡也有類似當年在日本跟梁啟超論戰的革命派的話，《中國留美學生月報》就從來沒有刊登過他們的文章。然而，最有意味的是，辛亥革命終究還是引發了留美學生團體裡第一次公開的言論衝突。因而也第一次透露出留美學界裡在意識形態上的一個斷層線。

　　1912 年 1 月 17 日，26 名康乃爾大學的中國留學生，包括趙元任、胡適在內，聯名寫了一封由胡適起草的公開信向曹雲祥抗議。[91]在曹雲祥所寫的幾篇社論裡，他們特別舉出來抨擊的是〈革命與最高的目標〉。最讓他們不能接受的有四點：一、把袁世凱媲美為中國的加富爾；二、把革命派的領袖形容為「嫉妒心極強」；三、說：「大多數人認為袁世凱可能給予我們的國家一個穩定的政府」；四、說：「把重建的工作付託給袁世凱比較可靠」：

> 在《中國留美學生月報》——中國留學生在美國的唯一刊物——上看到這些言論，讓我們憤慨莫名。在所有對中國最近的歷史稍知一二的人的心裡，袁世凱是一個小人，是一個奸臣（traitor）。他背叛了已駕崩的皇上，使戊戌變法失敗。如果不是因為袁世凱，戊戌變法可能成功，至少也可能使世界上不會發生庚子拳亂，中國也不至於會承受那鉅額賠款的恥辱。然而，這個世界〔西方世界〕是非不分地把袁世凱當成是中國最偉大的人物。〔西方〕世界會這樣想情有可原，因為他們只看到袁世凱在 1900 年的作為〔取締義和團，參加東南互保運動〕以及他建了新軍。可是，作為中華男兒、知曉中國歷史的我們，怎麼居然也會把這個叛徒（traitor）、這個阻遏了中國的進步與

90　Hao Chang, *Liang-Ch'i-ch'ao and Intellectual Transition in China, 1890-1907*（Cambridge, Mass.: Harvard University Press, 1971），pp. 220-271；張朋園，《梁啟超與清季革命》（台北：中央研究院近代史研究所，1964），頁 207-252。

91　有關這封信是胡適起草的證據，請參閱我在《舍我其誰：胡適〔第一部〕璞玉成璧，1891-1917》裡的分析。

救贖的人，是非不明地拿來跟義大利的加富爾相比擬？

很明顯地，中國的新共和已經成功了。同樣明顯的是，「大多數」的人贊成共和，而不是帝制。然而，《月報》說「大多數」的人認為袁世凱〔漏了原文「比較」〕可能給予我們的國家一個穩定的政府，而且說把重建的工作付託給袁世凱比較可靠！……

在這個國家〔美國〕已經有很多報紙和期刊稱讚並支持袁世凱的野心政策。我們認為《月報》有責任去打破〔西方〕世界對袁世凱的盲信與崇拜。《月報》是「聯席會議」的機關報，是我們在美國的學生所出版的唯一一份英文刊物。它應該表達真正代表我們學生的意見……

我們嚴肅地告知主編閣下，以下署名的我們不承認《月報》一月號〈革命與最高的目標〉的社論代表了我們在美國的中國同學的意見。我們誠摯地要求主編閣下在下一期的《月報》裡發表聲明，說那篇社論只是個人的觀點，不代表全美中國留學生的公論。如果閣下不作更正，我們要求閣下在二月號的《月報》上刊載此信。[92]

由於沒有其他的資料來佐證，我們無法知道胡適所起草的這封公開信的代表性有多高。雖然胡適在這封公開信裡說：「『大多數』的人贊成共和，而不是帝制」，但他並沒有明確地說明這所謂的「『大多數』的人」指的是在中國的人，還是留美學生。如果大多數的留美學生反袁世凱，它所代表的就是主流的意見。反之，如果留美學生當中的主流的意見是擁護袁世凱，則其所反映的就是少數派的反對意見。值得指出的是，並不是所有康乃爾大學的中國留學生都參加簽署這封公開信。當時康乃爾大學有

---

92 "Notes and Comments: Yuan Shi-Kai—A Traitor," *The Chinese Students' Monthly*, VII.4（February 10, 1912）, pp. 344-346.

48 名中國留學生，[93]其中，只有 26 名簽署了這封公開信。

有意味的是，曹雲祥拒絕讓步。他說，他為他個人的意見負責，而且歡迎讀者以公開信或者投稿的方式來批評他的意見。然而，要他順從康乃爾大學的公開信來發言，則是違反了新聞專業的原則。他反駁袁世凱是「叛徒」的說法。他反駁的方法不是舉出證據，而是用了十幾個反問句，來引出他認為可以證明袁世凱的超然、貢獻、光明正大與眾望所歸的答案。這一長串的反問句沒有徵引的必要，因為後來歷史的發展更勝於雄辯。然而，曹雲祥最陰狠的回馬槍，是提醒這些批評他的人說：只要清朝還在一天，他們就都是皇清的子民。如果真要揪叛徒的話，「叛徒」不是袁世凱，而是那封公開信的簽署人：

> 《中國留美學生月報》是「全美中國留學生聯合會」的機關報。聯合會到現在為止還沒宣布它擁護共和，雖然可能有會員心嚮革命。我們頂多只能用學理的角度來為共和辯護。大多數公費生還在領皇清政府撥給的公費，而且我們還受皇清政府所任命的遊學監督管理。只有從黨同伐異的角度來說，我們才可能說袁世凱是一個「叛徒」；而對方可以說我們每一個都犯了叛國罪。在聯合會對革命發表正式的立場之前，《月報》必須維持學理與超然的立場。[94]

就在曹雲祥回擊胡適等人的公開信的時候，「全美中國留學生聯合會」正式公開宣布支持共和。聯合會 1911 到 1912 學年度會長郭秉文在 1912 年 1 月 26 日宣布：「『全美中國留學生聯合會』認為在全中國所擁有的疆土之上建立一個聯合的共和國是可行的，而且是最適合發揮中國的特質、權力與長處的體制。」他並且在致曹雲祥的信裡責成他：「要推動團結一致的行動以鼓吹中國成立一個共和體制的政府。」他在該信的結尾

93　"Club News: Cornell News," *CSM*, VII.1（November 10, 1911）, p. 29.

94　"Notes and Comments: Yuan Shi-Kai—A Traitor," *CSM*, VII.4（February 10, 1912）, pp. 347-348.

裡說：「我希望作為我們的機關報的《月報》從此要能傳達聯合會的立場，並發揮最大的影響力來促進共和的福祉。」[95]

　　驚人的是，《中國留美學生月報》的編輯部居然不聽指揮。表面上，曹雲祥好像是遵從了聯合會的立場，但他在 1912 年 3 月號的《中國留美學生月報》裡還是補了臨別的三槍。第一槍是吐露出他以及他所謂的「頭腦冷靜」的留美學生支持的是君主立憲，而那所謂的多數、但卻瘋狂的民意要的是共和：

　　　毫無疑問地，許多頭腦冷靜的學生在學理上主張〔君主〕立憲（the constitutional cause）。然而，從我們中國占壓倒性多數的老百姓屬聲鼓譟（vociferous clamorings）吵著要共和的情形看來，那即將召開的各省代表會議一定是會投票贊成成立共和政府的。為了要獻身謀求國家的福祉這個更高的理想，每一個忠於國家的公民都必須遵循大多數人的意志，而拋棄個人不同的意見。

　　曹雲祥臨別的第二槍是：共和救不了分崩離析的帝國。只有一個強有力的中央政府才能使其免於崩潰的命運：

　　　這艘「新共和國之船」（the New Republican Ship of State）即將啟航，駛向驚濤駭浪之海。船長（不管是孫中山還是袁世凱）必須要能躲開那重重泡沫四濺的碎浪——像那叛亂的突厥斯坦〔新疆〕、三頭對峙的蒙古、獨立的滿洲以及袖中藏有種種狂妄的需索的敵國。唯一能夠確保這艘「最古老的帝國、最年輕的共和國」之船不會去撞到這些險惡之礁的方法，就是迅速地建立一個強有力的中央政府，把所有帝國裡桀驁不馴的分子打得服服貼貼的。一個由渙散的獨立邦國拼湊起來的帝國是不會受到尊重，也無法要求人家承認的。

95　P. W. Kuo, "President's Message on the Revolution," *CSM*, VII.4（February 10, 1912）, pp. 363-364.

曹雲祥臨別的第三槍是：一個國家不是改稱民國就變成了一個共和國。只有一個強有力的中央政府才可能把中國打造成功為一個共和國。

頭戴斗篷不會使一個人立地成僧；空有名號，不會使一個國家立時成為一個真正的共和國。共和要在中國成功，一定要有一個強有力的聯邦政府。這會確保中央集權以及行動一致。把共和建立在各州的權力的基礎上會是一個災情慘重的實驗。現實，而不是空想，才是建立一個現代國家的基礎。慷慨激昂的民氣誠然有助於激起激情與奉獻，但繼續縱容其氾濫，就終究會把個人與社會都席捲而去。這是歷史所一再地證明的。[96]

曹雲祥君主立憲的主張，我們不知道留美學生裡有多少人認同。然而，他擁護袁世凱，並主張要有一個強有力的中央政府的立場，則是留美學生裡的主流意見。即使在《中國留美學生月報》的編輯部裡，他也不是孤軍奮戰的。同樣在 1912 年 3 月號的《中國留美學生月報》，朱庭祺在他的〈國內新聞評論〉一欄裡也附和了曹雲祥擁護袁世凱的言論。他責備反對袁世凱的留美學生不懂得袁世凱是一個政治天才，不了解他是在用治大國如烹小鮮的方法拿捏處理（a delicate balancing act）他與革命派與滿清宗社黨之間的關係。他舉例說，袁世凱以討伐南方的革命軍為名，把大量的清兵調出北京。接著，再把漢軍調進北京。他把清軍調離北京的作法，不但先發制人地防止了滿人屠殺漢人，而且也一招將死了滿清。[97]

同樣驚人的是，「全美中國留學生聯合會」的會長已經訓令他「要推動團結一致的行動」，曹雲祥居然公然抗命。他在 1912 年 3 月號的《中國留美學生月報》裡，規劃要轉載「全美中國留學生聯合會」美西分會在

96　Y. S. Tsao, "Editorials: A Strong Central Government," *CSM*, VII.5（March 10, 1912）, pp. 395-397.

97　T. C. Chu, "Review of Home News: The Revolution: A Survey," *CSM*, VII.5（March 10, 1912）, pp. 404-407.

舊金山所舉行的一場辯論比賽——共和與帝制，何者更適於中國？——的
辯詞。我們不知道他這樣做的居心：究竟是要繼續宣揚他君主立憲的主
張？還是只是要引起學理的討論？站在主張共和的立場、贏得這場辯論比
賽的姚觀順（George Bow，1914 年得 Norwich 軍校學士學位），當時在
加州大學柏克萊校區就讀。他的辯詞以〈最適於中國的政制是共和〉
（The Government Most Adapted for China Is A Republic）的題目發表在 3
月號的《中國留美學生月報》上。[98]然而，站在主張君主立憲更適於中國
的史丹佛大學學生 M. L. Woo 沒有提供《中國留美學生月報》他的辯詞。
曹雲祥在惋惜之餘，在《月報》上摘述了 Woo 主張君主立憲的要點：
一、交通不發達；二、老百姓愚昧；三、中國人保守的特質。[99]

　　然而，曹雲祥不以此為滿足。為了彌補沒有反共和立場的文章這個缺
憾，他轉載了當時在倫敦大學留學、後來擔任過清華大學英語系主任的王
文顯（John Wong-Quincey）所寫的〈中國的危機〉（The Crisis in
China）。王文顯在這篇文章裡說他並不反對共和。他強調他在該文裡沒
有一個字主張君主立憲；他只是在敲幾聲警鐘而已。然而，他這警鐘不只
是從頭敲到尾，而且敲的就只是中國不適於實行共和的聲音。他說：

　　　共和確實是一個實驗，而且是一個奢侈的實驗，因為我們不是法
　　國，也不是美國；我們有我們特殊的情況，是法國和美國所沒有的。
　　其中，有兩個原因說明了為什麼我們在此時絕對不能嘗試任何極端的
　　實驗：第一，我們擔不起做這個實驗的風險；第二，歷史告訴我們不
　　可以。

　　為什麼當時的中國擔不起做共和的實驗的風險呢？為什麼歷史告訴中
國人說不可以呢？原來，王文顯大體上還是回到了梁啟超在跟革命黨論戰

98　G. Bow, "The Government Most Adapted for China Is A Republic," *CSM*, VII.5（March 10,
　　1912）, pp. 435-439.

99　"Editor's Note to The Crisis in China," *CSM*, VII.5（March 10, 1912）, p. 440.

的時候所提出來的觀點。一、中國是處在內憂外患兩相夾攻之下；二、列強環伺，實驗失敗，就會淪於被瓜分的命運；三、老百姓的水準太低；四、中國能在幾千年當中維繫其帝國於不墜，完全是拜中國人固有的保守心態之賜。有些中國的想法誠然已經過時，然而，總不能因為一棵樹有些枝椏病了，就把整棵樹給砍了。他給中國人的忠告，跟曹雲祥、朱庭祺的如出一轍：

> 　　要小心謹慎，就必須澈底地研究我們自己特殊的情況。中國的老百姓必須先提升知識的水準，方才能安全地把選票交給他們。過早給予普遍的選舉權是危險的作法。那只會給那種「廉價」的煽動家害己、害國、害千萬同胞的機會。況且，在這個關鍵時刻，我們所需要的是強有力的中央政府。[100]

　　曹雲祥公然違背「全美中國留學生聯合會」支持共和的立場，卻又沒有受到制裁，這是值得注意的一件事。這可能意味著說，並不是所有聯合會高層的職員都接受這個官方的立場。這種分裂的現象有蛛絲馬跡可尋。在舊金山的辯論比賽裡主張共和的姚觀順就說：「中國國內普遍的看法是傾向君主立憲，而不是共和。」[101]姚觀順這個說法很可能也適用於留美學生界。然而，在另一方面，支持共和的聯合會會員以及中國同學會很可能會覺得聯合會官方的立場無異於是向袁世凱輸誠。根據《中國留美學生月報》4月號一篇〈籲請團結〉（A Plea for Unity）的文章，「全美中國留學生聯合會」美西分會面臨了許多同學會要求獨立行動的壓力：

> 　　「全美中國留學生聯合會」美西分會收到至少十幾個中國同學會的決議。一個決議是打電報回上海，建議革命軍繼續打，不要延長休戰

100　J. Wong-Quincey, "The Crisis in China," *CSM*, VII.5（March 10, 1912）, pp. 440-445.

101　G. Bow, "The Government Most Adapted for China is A Republic," *CSM*, VII.5（March 10, 1912）, p. 435.

的協定。另外一個決議提議在留美學生當中募集革命基金。[102]

　　不管留美學生界是否有君主立憲與共和對峙的兩派，等袁世凱鞏固了他的權力以後，所有這些都失去了實際的意義。《中國留美學生月報》上完全沒有袁世凱專權的報導或批評。這所顯示的，並不像是葉維麗所說的，是留美學生「容忍袁世凱反民主的措施。」[103]她把留美學生說得多麼的委屈與無奈。事實剛好相反。留美學生從一開始就寄望袁世凱用中央集權來救中國。就像楊格（Ernest Young）在他研究袁世凱一書裡所說的，袁世凱成為第一任總統，是得到廣泛的仕紳階級的支持以及列強幾乎是一致的贊同的。他說，仕紳階級對代議制度的興趣並不是建立在對民主堅實的信仰之上的。對個人的權利、立法權對行政權的制衡、代議政治等等，是沒有什麼人賦予至高無上的價值與意義的。[104]

　　重點是，留美學生並不是唯一支持袁世凱、或者擁護中央集權的一群。中國的仕紳階級不論，光是楊格在他書裡所特別舉出來的兩個例子就可以見這種心態普遍的一斑。這兩個例子就是後來在意識形態的光譜上各居左右兩個極端的李大釗與丁文江。1912 年 5 月 5 日，在袁世凱和南方的革命政府達成協議，清室退位，袁世凱成為民國第一任大總統兩個月以後，當時從英國留學回到中國一年的丁文江，寫信給三個月後成為袁世凱顧問的莫理循（G. E. Morrison）。他對中國的前景樂觀無比：「我認為我們的革命裡最讓人雀躍的（wonderful）一件事，就是袁世凱個人的氣概罩住了所有的人（complete predominance of Yuan Shih-k'ai personality）。」[105]

　　同樣地，後來成為中國共產黨創始人之一的李大釗，當時也是擁護袁世凱的一人。他主張中央集權最為淋漓盡致的所在，是他在 1913 年 6 月

102　W. C. C., "A Plea for Unity," *CSM*, VII.6（April 10, 1912）, pp. 528-529.

103　Weili Ye, *Seeking Modernity in China's Name*, p. 44.

104　Ernest Young, *The Presidency of Yuan Shih-k'ai*, pp. 50-83.

105　V. K. Ting to G. E. Morrison, May 5, 1912, quoted in Ernest Young, p. 74.

1 日所發表的〈裁都督橫議〉。茲舉出這篇長文裡與此處的分析最為切題的幾點。第一，都督的權力有礙於中央集權：「都督一職，產生於革命怒潮之中。或擁戴以稱雄，或攘竊以自立」、「都督一日不裁，國權一日不振，民權一日不伸」；第二，專權之慮不在中央，而在地方：「今人不察，徒斷斷於中央之是防，而不知跳梁違憲者，實不在總統，而在都督也；不在中央，而在地方也」；第三，鞏固中央政權，內在於防止分裂，外在於防列強瓜分：「中國大勢，合則存，分則亡」、「若猶各自雄長，不速籌共救之謀，近蹈巴爾幹之覆轍，遠步埃及之後」、「忍見四千餘載聲華明盛之族，為波蘭、為印度、為朝鮮，寶玦王孫，相泣路隅，長為異類之奴乎？」[106]這所反映的，完全是梁啟超在清末跟革命黨論戰時的觀點。

我們大概很難找到像丁文江、李大釗在性情與世界觀方面這麼不相同，但卻同時都支持袁世凱——或者，更確切地說，當時唯一能夠維持安穩、阻擋列強進逼的袁世凱——的兩個人了。

從這個脈絡之下來看，留美學生之所以會擁護袁世凱也就不足為奇了。他們依附當權者的保守心態，最赤裸裸地表現在他們對孫中山毫不留情的譏諷上。在辛亥革命發生以後，留美學生雖然短暫地尊敬過孫中山一段時間，但他們從來就沒有喜歡過他。等他領導的反袁世凱的「二次革命」失敗以後，孫中山對留美學生來說，就完全像是一隻落水狗了。《中國留美學生月報》上嘲笑、譏諷孫中山及其同志的文章，其辛辣的程度以及其數量之多，是相當驚人的。值得特別指出的是，美東聯合會連續兩個夏令營英文演講比賽的冠軍，都是歌頌袁世凱、譴責孫中山。這第一個演講冠軍是唐悅良。後來在國民政府初期做到外交部次長的唐悅良，在1913 年拿到耶魯大學的學士學位，1915 年拿到普林斯頓大學的碩士學位。他是 1914-1915 學年度「全美中國留學生聯合會」的會長。唐悅良在美東聯合會 1913 年在康乃爾大學所舉辦的夏令營裡得到英文演講比賽的

---

106 李大釗，〈裁都督橫議〉，《李大釗全集》（北京：人民出版社，2006），卷 1，頁 31-39。

第一名。他得獎的演講題目是〈前進過了頭〉（over-progressiveness），
其主旨就在譴責他所謂的「沒有接受到保守主義所克制與制衡的前進」。
他用來描述「前進過了頭」的危險的例證，就是中國當時的政黨。他譴責
當時的各個政黨沒有任何有意義的政綱或政治哲學，而只是一味地爭權奪
位。他們只顧自己的利益，沽名釣譽，罔顧國家的福祉。他完全沒有證明
這種爭權奪位的作法跟「前進過了頭」究竟關係何在，而是以之作為罪名
來嚴厲地指責孫中山及其追隨者：「他們以其毫無道理的嫉妒之心慫恿其
追隨者，例如，藉宋教仁被謀殺的案子，煽動革命反對中央政府。」[107]

唐悅良還只是以孫中山及其追隨者作為例證，來描述〈前進過了頭〉
的危險。在 1914 年美東聯合會在麻省安謀斯特（Amherst）夏令營得到演
講比賽冠軍的李美步（Mabel Lee），則是通篇歌頌袁世凱。胡適在《留
學日記》裡所盛讚的李美步，當時是哥倫比亞大學巴納女子學院
（Barnard）的學生。她演講的題目是〈中國的愛國主義〉（Chinese
Patriotism）。顧名思義，她是在表彰中國人愛國，特別是以袁世凱作為
現代中國愛國主義的表率。她讚揚袁世凱是「具有遠見、開明的政治
家」。她說，庚子事變的時候，袁世凱把慈禧諭旨裡「殺洋人」的字眼改
成「保護所有的洋人」。袁世凱犧牲自己的安全，保全了國家後來免於被
瓜分的命運。她在略作其他的鋪陳以後，用反問句問說：「在反革命
〔「二次革命」〕的時候，臨時大總統〔當時已經是正式的大總統〕袁世
凱該怎麼做才可以表現他的愛國心呢？他是該接受敵人的要求而引退嗎？
他如果那樣做的話，中國的命運會何如呢？」李美步的答案是把袁世凱跟
華盛頓拿來相媲美。如果愛國心使華盛頓婉拒接任第三任總統，愛國心則
責成袁世凱繼續當國：

> 喬治·華盛頓拒絕接受第三任的總統，這充分地證明了他的愛國
> 心；袁世凱的作法，則是繼續當國，恪守激流中的崗位。前者是為了
> 美國未來的福祉著想；後者則以中國當前的危機為懸念。他們的作法

---

107 Yoeh Liang Tong, "Over Progressiveness," *CSM*, IX.1（November 10, 1913），pp. 46-49.

圖 17 哥倫比亞大學同學會會員合照，攝於 1915 年。
由上而下第三排右數第三位是李美步。
The Chinese Students' Monthly, VII.1（March, 1915），頁 310 之後。

雖然相反，他們的動機則同樣是盡美與盡善。國家制度的確立決定了
華盛頓的作法；國家安全的考慮則引領了袁世凱的作為。[108]

　　後來歷史的發展凸顯了李美步對袁世凱的謳歌相當令人噁心。然而，
她的演講據說是轟動了整個夏令會。《留美學生月報》1915 學年度主
編、留學哈佛大學的宋子文在 1914 年夏令會的報導裡說：李美步的演
說，「人人爭頌，與會代表在聽了她的演說以後，每個人都被李美步化了
（Mabelized）。」[109]楊銓的夏令會中文報導也說：「女士之文辭姿勢，

108 Mabel Lee, "Chinese Patriotism," *CSM*, X.1（October, 1914）, pp. 23-26.

109 T. V. Soong, "Eastern Conference at Amherst, Mass.," *The Chinese Students' Monthly*, X.1
　　（October, 1914）, p. 32.

無不中節感人，為近年學生會中不可多得之演說家也。」[110]連說袁世凱是「蠢物可鄙」，袁世凱死後又說他一死都「不足以贖其蔽天之辜」的胡適，在參加這次夏令會的感想裡說：「女子中有數人倜儻不凡，如廖、李（美步）、江諸女士，皆其尤者也。」[111]

　　許多留美學生痛恨反袁世凱的人士。其強烈的程度是到了必除之而後快的地步。比如說，1914 年拿到密西根大學博士學位、論文題目是「孔子的社會哲學」（The Social Teaching of Confucius）的羅運炎，就認為對叛徒絕不能寬容。他說：「不管這些自命為改革派的人的目的是什麼，我們要強調說，每一個具有破壞性的批評者，都是頑梗不化的異端（true iconoclast）。社會對付他的方法沒有別的，就是立時把他斬草除根。」[112]

　　羅運炎說得狠，當時留學哈佛大學、後來精神失常的徐承宗則說得辣。他在 1914 年 1 月號《中國留美學生月報》〈時事短評〉欄裡，寫一篇〈迎接 1914 年〉。這是一篇慶祝國民黨在「二次革命」失敗以後流亡的諷刺短文。新年新希望。他祝福他們永遠在日本流亡：

> 對那些心嚮革命的流亡人士，我們給他們新年的祝福是：長命百歲、多呼吸些新鮮空氣。我們也敬祝他們可鄙的宣傳澈底失敗。因為：

> 無限革命＝革命到荒謬至極之境（Revolution ad absurdum）
> （墨西哥‧牛頓爵士的感動〔emotion〕定律）
> ＋革命＝－國土
> （俄國、日本發明的最新定理）
> ∴萬歲！「三次革命？」萬歲！

---

110 楊銓，〈東美中國學生會十齡紀念夏會記事〉，《留美學生季報》，I.4（December, 1914），頁 72.。

111 《胡適日記全集》，1.473.

112 Ren Yen Lo, "Conservatism vs. Radicalism," *CSM*, IX.1（November 10, 1913），p. 40.

（孫中山博士閣下妙算的結論，或者是記者一時的臆想。）[113]

　　徐承宗所定出來的公式是否荒謬，暫且不論，其所反映出來的憂慮，亦即，革命可能會引來外力的干涉，從而造成疆土的喪失，則是 20 世紀初年以來許多中國知識分子所共有的焦慮。羅運炎要把「具有破壞性的批評者」「立時斬草除根」。這種心態惡毒可怕。問題是，羅運炎跟留美學生主流的意見的距離有多遠？他公然要把政治異議分子「立時斬草除根」的主張，固然可能在留美學生當中不具代表性。然而，其所反映出來的壓制政治異議分子以維護社會安寧的心態，則符合大多數留美學生所服膺的政治哲學。

　　值得注意的是，對袁世凱在「二次革命」以後厲行高壓政策，打擊追殺政敵的作為，[114]《中國留美學生月報》一點批評都沒有。當然，向袁世凱呼籲，懇請他對政敵手下留情的輕聲細語也不是完全沒有。最可堪玩味的，是一篇不具名、夾在毫不起眼的時事短評之間的短文。袁世凱在 1913 年 11 月解散國民黨，取消三百名國民黨的議員資格。這篇短文呼籲袁世凱要用對待婦人與小孩的方式來對待反對黨，以贏得文明國家的好感。「就好像要衡量一個國家的文明，就看它如何對待婦人與小孩一樣，一個國家怎樣對待其反對黨，也就是它的政治智慧（genius）的指標。」幾個月以前在眾院裡還是多數黨的國民黨，現在不但失去了它的黨鞭，宋教仁已經被刺，孫中山也在「二次革命」以後流亡了日本。「當那些『不可妥協派』在重整旗鼓的時候，就讓中國人傳統的容忍心態去靜觀其變吧。」這彷彿好像在說：那「不可妥協派」已經被「除牙」（defang）、「去勢」，更確切地說，被「女性化」了。作為男性當家的「我們」——袁世凱、留美的精英、未來國家的棟梁——在把反對黨「女性化」、「家

113　Zuntsoon Zee, "1914," *CSM*, IX.3（January 10, 1914）, p, 184.

114　Ernest Young, *The Presidency of Yuan Shih-k'ai*, pp. 138-176.

內化」（domesticate）了以後，「需要反對黨批評和溫煦的影響力」，[115]
就好像當家的男主人需要一個在壁爐邊旁依偎著他的女性的柔化的影響力
一樣。

　　留美學生所服膺的，是行政權至上，不管是在中國，還是在留美學生
聯合會裡。就像我在第三章裡所分析的，他們在聯合會裡的所作所為，其
所反映的，就是行政權至上。那所謂的聯合會是一個「具體而微」、三權
分立的共和國的說法，其實只是一句檯面話。這也就是說，只有在立法權
能認證並增強行政權的情形之下，他們才願意支持立法權。同樣地，這也
是他們對中國應該如何治理的看法。值得注意的是，他們不但讚揚袁世凱
鎮壓反對黨，他們而且支持他用憲法來包裝其獨裁的作法。有關這點，最
好的例子是《天壇憲法》。這《天壇憲法》是由參議院、眾議院各選 30
名所組成的委員會起草的。雖然這 60 名起草委員裡，是以國民黨占多
數，但在起草的過程中，袁世凱已經擊垮了「二次革命」。在這種肅殺的
氣氛之下，袁世凱一定以為起草委員會會制定一個迎合他的憲法。沒想到
在 1913 年 10 月公布的《天壇憲法》，雖然把總統的權力擴大，但保有的
是內閣制。震怒之下，袁世凱發表通電，指斥《天壇憲法》被國民黨操縱
把持，其結果是「憲法草案侵犯政府特權，消滅行政獨立，形成國會專
制」。[116]許多都督以及民政長覆電支持袁世凱，要求取締國民黨，解散國
會，重新選舉議員。袁世凱在 11 月取消國民黨議員的資格。然後，接著
在 1914 年 1 月解散國會。

　　《中國留美學生月報》1913 學年度的主編是魏文彬。他是 1911-1912
學年度美東聯合會會長。他在 1914 年拿到哥倫比亞大學的博士學位。魏
文彬在 1914 年 1 月號的社論裡抨擊《天壇憲法》。他不否認：「政府有
權力，就有壓迫的危險。」然而，他反問說：「這個憲法使行政權臣屬於

---

115 "Does the Minority Have Rights?" *The Chinese Students' Monthly*, IX.1（November 10,
　　1913），p. 86.

116 陶菊隱，《北洋軍閥統治時期史話》（北京：生活‧讀書‧新知三聯書店，1957），第
　　二冊，頁 10。

立法權。關鍵是：有沒有能牽制來自於另外一個角落——立法權——的權力濫用？」他說國會也可以是不負責任和專制的。對國會專制最有效的制衡是輿論。然而，民智未開的中國，欠缺這一個要素。歸根究柢，《天壇憲法》最讓他不能接受的地方，在於其所揭櫫的立法權至上的原則。他說：「我們相信要有一個強有力的中央政府，我們認為只有把權力與〔該權力的〕自由行使權（liberty）結合在一起，才能有一個自由、人人愛戴（popular）的政府。」[117]《中國留美學生月報》還特別在魏文彬的社論之後，刊載了古德諾一篇意見書的摘要來支持《月報》的觀點。

我在前文已經提到了古德諾。他跟日本早稻田大學的國際法教授有賀長雄一起受聘為袁世凱的法律顧問。這兩個搭檔是經過算計後的安排，因為有賀長雄反對代議政治是眾所周知的；任命古德諾是一個高招。由來自於作為共和國典範的美國、又所謂超然的古德諾來下裁斷，說中國和中國人還不到實行民主的程度，然後再撰文，先是認證袁世凱的獨裁政策有理，然後再認證他的洪憲帝制符合國情。還有什麼人能比古德諾更有權威呢？不管古德諾究竟是搞不清楚狀況誤入叢林（unwitting dupe），還是一個雇傭兵，[118]還是我在第七章會分析的東方主義者，他完全沒有讓他的大總統雇主失望。他當袁世凱的憲政與法律顧問的作法，就是當他的辯護士。《天壇憲法》就是一個很好的例證。除了抨擊《天壇憲法》的一些牽制總統權的作法，等於是「立法控制行政走火入魔（run wild）」以外，古德說袁世凱有權提交約法會議修改憲法：

　　他〔袁世凱〕認識到他有權這樣做是非常得宜的。我們不要忘記，由於他過去這兩年治國的經驗，全國大概找不到第二個像他那麼有資格去審斷憲法草案的優缺點的人。我無法想像國民會議可以因為技術

117　Wen Pin Wei, "Editorials: Government and Constitution," *CSM*, IX.3（January, 1914）, pp. 173-176.

118　Ernest Young, *The Presidency of Yuan Shih-k'ai*, p. 221.

上的考量，而去剝奪能向他請益討教的機會。[119]

　　毫不足奇的，受命修憲的委員會恭順地取消了立法權至上的原則。1914 年 5 月 1 日公布的《中華民國約法》改為總統的權力至上。雖然古德諾在表面上說他跟新約法沒有關係，但在私底下他很自豪地說：「他們接受了大部分我在去年所建議的想法。」雖然他們給予總統獨立於立法的權力是比我建議的更大，「整體說來，我能接受。」[120]

　　這個《中華民國約法》究竟給袁世凱多大的權力呢？有意味的是，魏文彬在《中國留美學生月報》6 月號的社論裡，是用徵引美國的報導的方式，來說明袁世凱的總統權：「總統有權召集、停止、解散國會；宣戰、媾和；全權任命或罷斥所有文武官員；統率海陸軍；否決所有國會制定的法案的絕對的權力。」作為「全美中國留學生聯合會」機關報的主編，魏文彬在這篇社論裡對美國輿論界批判《中華民國約法》的聲浪表示不解。他反詰說：「我們看不出這部新約法有什麼值得大驚小怪的地方。這些權力，袁總統在解散國會以前早就統統都有了。」他責備美國的報界錯把「這些當成是永久的措施，渾然不知那完全只是一時的權宜之計」。[121]

　　值得注意的是，並不是所有的留美中國學生都為這個「權宜之計」而喝采。胡適就是一個最好的例子。胡適自始至終是反對袁世凱的。他在《留學日記》裡提到武昌起義後，北京政府震駭失措，要啟用袁世凱為陸軍總帥。1911 年 10 月 17 日的日記說：「相傳袁世凱已受命，此人真是蠢物可鄙。」[122]根據《康乃爾太陽日報》1911 年 11 月 21 日的報導，由康乃爾大學的中國留學生帶頭擬具的電報，已經獲得其他大學中國留學生的贊同，聯名打給伍廷芳。這個電報呼籲召開各省代表會議，制定憲法。《康乃爾太陽日報》的記者說，康乃爾大學的中國留學生相信留英的伍廷

119　"Dr. Goodnow on the Draft Constitution," *CSM*, IX.3（January 10, 1914）, pp. 181-182.

120　Ernest Young, *The Presidency of Yuan Shih-k'ai*, p. 175.

121　Wen Pin Wei, "Editorials: The Political Outlook," *CSM*, IX.8（June 10, 1914）, p. 569.

122　《胡適日記全集》，1.187.

芳。他們認為清廷重新啟用的袁世凱不是新政府的適當領導人選，而且也不得人心。這個記者接著說，康乃爾大學的中國留學生對袁世凱的看法，正好跟美國的輿論相反。[123]

胡適在 1914-1915 學年度擔任《中國留美學生月報》〈國內新聞〉（Home News）欄的編輯。他很技巧地利用其編輯的職權，在該年 10 月號的〈國內新聞〉欄裡很含蓄、但又一語中的地指出：「任何細讀了新約法的人，都會訝異為什麼找不到總統選舉法以及總統任期的規定。」[124]接著，他又打鐵趁熱，在 11 月號的〈國內新聞〉欄裡撰寫短文，暗指民主的程序不保。他說有關選舉法和總統任期的規定，修法機構互相推諉。參政院把它推給約法會議，而約法會議已經開了兩個多月的會，還是沒有頭緒。[125]等到 1915 年 2 月號出版的時候，木已成舟，他只須照本宣科就可以揭發那「司馬昭之心」了：總統由「總統選舉會」產生、任期 10 年、可以連任、或者可以因為政情的需要而無限期續任。[126]

在袁世凱取得了獨裁統治的一年之間，「全美中國留學生聯合會」依舊效忠袁世凱。這除了是因為他們在政治上保守以及為了自己的仕途而投鼠忌器以外，也因為有其他重大的國際以及在中國所發生的大事。這些大事包括第一次世界大戰、日本在 1914 年 11 月占領了德國在膠州的租借地，以及日本在 1915 年向中國提出「二十一條」。一直要等到袁世凱開始推動帝制運動，「全美中國留學生聯合會」才開始對他轉變態度。

1915 年 8 月，「籌安會」成立。那傳聞已有一段時間的袁世凱的帝制運動已成事實。古德諾當時已經成為約翰霍普金斯大學校長。他留職停

---

123 "Approval of Republic Expressed by Chinese," *Cornell Daily Sun*, XXXII.50,（November 21, 1911），p. 1.

124 Suh Hu, "Home News: Presidential Election and Tenure of Office," *CSM*, X.1（October, 1914），p. 10.

125 Suh Hu, "Home News: To Consider System of Presidential Election," *CSM*, X.2（November, 1914），p. 102.

126 Suh Hu, "Home News: Procedure of Presidential Election," *CSM*, X.5（February, 1915），pp. 304-305.

薪六個星期，在 1915 年夏天抵達北京。時間安排得再巧合也不過的，讓
他適時地頒賜他權威的意見，贊成中國把共和的體制改回帝制。[127]「全美
中國留學生聯合會」在 11 月初打電報回國籲請袁世凱不要變更國體，正
式採取了反對的立場。許多中國同學會也各自打電報回國反對。《中國留
美學生月報》1915-1916 學年度主編宋子文，忠實地在《月報》裡提倡了
聯合會的立場。當然，留美學生裡有支持恢復帝制的人。然而，這次的分
裂跟留美學生在辛亥革命以後的分裂的程度是今非昔比。由於贊成與反對
的人數不成比例，宋子文完全不覺得他有必要在《中國留美學生月報》上
用對等的比例來刊登贊成與反對的文章，因為比例懸殊太大了：「我們
〔在本期〕刊登了兩篇。它一篇，我們就收到了半打持反對意見的文
章。」[128]

　　由於贊成與反對袁世凱洪憲帝制的言論已經有很多人研究，而且留美
學生的言論基本上是援引、或是呼應中國國內正反方面的意見，因此沒有
在此贅述的必要。重點是，不管是在中國，或者是在留美學生當中，正反
方面的立場常常都是建立在同一個前提之下。這個前提，借用胡適批評古
德諾的話來說，就是要「擁護一個強有力的中央政府。」[129]事實上，同樣
服膺菁英主義的胡適自己，在這一點上也是半斤八兩，因為他相信：「對
於像中國這樣民智未開的國家，最好的形式的政府……是那種能讓開明的
階級運用他們的才智去教導愚頑大眾的政府。」他批評古德諾雙重標準：
「舉個例來說，如果我們只用下層階級的愚昧、街上來往的民眾〔對政
治〕的漠不關心——或者甚至是大學生〔對政治〕的漠不關心——來衡量
美利堅共和國，我們會認為美國是適合哪種形式的政府呢？」當然，胡適
在留美學生裡是一個異數；他不接受行政權至上的理念。他同樣特別的地
方，在於他批判古德諾對中國以及中國人的看法是東方主義式的。詳情請

127　Ernest Young, *The Presidency of Yuan Shih-k'ai*, pp. 210-240.

128　Tse Vung Soong, "Editorials: The Monarchy Question: One More Word," *CSM*, XI.3（January, 1916）, p. 149.

129　Suh Hu, "A Philosopher of Chinese Reactionism," *CSM*, XI.1（November, 1915）, p. 17.

見第七章。

　　所有其他在《中國留美學生月報》上發表文章的人，包括宋子文，都服膺行政權至上的理念。在他為這個問題所寫的第一篇長篇社論裡，宋子文鄙夷「籌安會」所舉的支持帝制的言論為宣傳：「可供消遣，可以讓人捧腹，如果情況不是那麼可悲的話。」比較讓他感到挫折的，是他們找到了像古德諾這樣的「受人尊敬的導師」。宋子文被迫必須要面對古德諾所提出來的論點：中國悠久的帝制傳統、民智未開又復缺乏參政經驗、帝制可以確保繼承問題平順。他反駁說，所謂的中國人整體來說民智未開、不能自治：「是一種污衊，很容易就可以用我們的整部歷史來駁斥。」他承認在短短幾年的歷史裡，民國已經飽受了「無可名狀的苦難……那可以使一個比較衰弱的民族灰心喪志。」可是中國人卻能「站穩腳跟，屹立不搖」。最後，宋子文把他反對帝制的立場歸結在繼承的問題。他把支持帝制的人所用的這個論點完全推翻：「中國歷史上充斥著皇帝諸子爭奪皇位的例子。」況且，他以袁世凱評斷他自己的兒子的話來說：「大人物很少出虎子。」要恢復帝制，是犯了一個時代錯誤的觀念。他說：「中國在眼前這個階段，需要的是一個強有力的領袖。」如果問題是在於權力的交接（transition of power），他相信：「建立一個共和的體制，在全國一致的支持之下，選出一個強有力的人來接替袁總統不會是一件難事。」他在該社論的結尾呼籲說：「那將會是袁世凱最高的榮耀，如果他能夠不把帝制的死屍復活當作仙丹，而是把他的希望放在共和的體制，漸次地賦予老百姓權力與義務，把現政府淬鍊成器，以至於等他任滿下台以後，即使接替他的人沒有他英明，也能把國家團結在一起的地步。」[130]

　　在《中國留美學生月報》上所刊載的支持帝制的文章的作者，跟宋子文一樣，最關注的問題就是要有一個強有力的行政領袖來團結國家以禦外侮。其中的兩位後來都成為「全美中國學生聯合會」的會長。第一位是當時在哈佛大學就讀的張福運，他是 1916 學年度「美東中國學生聯合會」

130　Tse Vung Soong, "Editorials: Republic or Monarchy?" *CSM*, XI.1（November, 1915）, pp. 1-5.

的會長，1917 學年度「全美中國學生聯合會」的會長，1923 年還當過交
通大學校長。他定出了中國該有的政治體制的準則：「如果一個人認為君
主立憲比共和，更能提升中國的行政效率、提高其福祉、並促進團結，則
其答案就必須是：是〔亦即，支持恢復帝制〕。」他認為由於日本害怕中
國恢復帝制會得到的好處，因此力促中國要等到第一次世界大戰結束再做
決定：「我唯一能想出來的解釋，是因為帝制比較能讓中國團結起來抵抗
日本的侵略。如果這個解釋是正確的，日本人要遠比那些因為武斷不喜歡
帝制、不懂得以團結與效率來作為檢驗標準的人聰明多了。」[131]

　　第二位在《中國留美學生月報》上撰文支持袁世凱洪憲帝制的未來會
長是黃鳳華。他當時在威斯康辛大學就讀，1918-1919 學年度「全美中國
學生聯合會」的會長，1919 年拿到哥倫比亞大學的博士學位。他雖然在
文章裡故作謙遜地說，他要把國體的問題留給「最有思想的人」來做決
定，但他實際上是支持恢復帝制的。他說體制其實不重要，因為政府不是
目的，而只是達成目的的方法而已。他認為檢驗的標準是：備戰的能力、
開發國家的資源、為最大多數的老百姓取得最大的幸福。他用反問句來問
究竟共和還是帝制比較能夠實現以下這些標準：訓練公民備戰、率領專家
團隊治國、確保安寧與秩序。[132]

　　宋子文說投稿到《中國留美學生月報》的文章裡，支持恢復帝制跟支
持共和的比例是一比六。這個比例有進一步解釋的必要。這意味著說，支
持恢復帝制的留美學生一定比我們想像中的多，因為許多留學生大概不會
願意公開承認他們是支持這種說不出口的政治運動的。他們沒說出來，並
不表示他們不支持。當然，也有可能他們根本就漠不關心。這就是我在第
三章提到的檀香山出生長大的蔡增基的看法。蔡增基在他的回憶錄裡提起
哥倫比亞大學同學會邀請古德諾演講他對中國實行帝制的看法。為了保持
平衡的原則，他們也邀請了觀點比較前進的畢爾德（Charles Beard）教授

---

131 F. Chang, "The Monarchy Question: Thoughts on China's Government," *CSM*, XI.3（January,
　　1916）, pp. 160-164.

132 F. H. Huang, "Some Phases of the Question," *CSM*, XI.3（January, 1916）, pp. 164-167.

去演講。蔡增基說他記得畢爾德說了甘比大（Léon Gambetta）的故事。甘比大在普法戰爭以後：「為民主的理念在法國巡迴演講三年，說服法國人支持第三共和。」畢爾德期許大家在回國以後都作中國的甘比大。蔡增基說，很遺憾地，「沒有人把他的話當真。」他回憶說：「大多數學生學的是工程或者行政方面的專業，而且一般說來都很實際，對政治抱持著中立的立場。」[133]

蔡增基徵引畢爾德對哥大中國留學生作甘比大的期許，其目的是在指控留美學生。他說他們多半都是「來自富裕的家庭」。他們「不是只顧自己的利益，就是幫古德諾那個『假先知』（false prophet）完成他未完成的工作，去支持反動與獨裁」。[134]蔡增基指控的是所有的留美學生。他可能說得不公允，有一竿子打翻一船人的傾向。然而，他有可能親眼目擊了留美歸國學生「幫古德諾那個『假先知』完成他未完成的工作」；他是《北京郵報》（Peking Post）副主編，在 1915 年因為反對袁世凱的帝制運動而辭職。[135]

到了 1915 年，已經有很多留美學生回國進入政府工作。我在前文指出袁世凱在 1915 年舉辦了民國時期第一次、也是唯一一次的洋科舉特考。一共有 151 名歸國留學生通過而且獲得實缺。雖然我們不知道他們的名字以及他們留學的國家，但我們知道超過半數的他們補實缺的部會：外交部，9 名；內務部，9 名；財政部，22 名；農商部，21 名；交通部，18 名；教育部，16 名。[136]

根據楊格的研究，「在為袁世凱登基效勞這件事上，年輕的官吏以及

---

133 Jun Ko Choy, "The China Years, 1911-1945: Practical Politics in China after the 1911 Revolution," Revised and edited by Lillian Chu Chin, Chinese Oral History Project, East Asian Institute of Columbia University, New York, 1971, pp. 60-61.

134 Jun Ko Choy, "The China Years, 1911-1945: Practical Politics in China after the 1911 Revolution," pp. 61-62.

135 *Who's Who in China*（Shanghai: The China Weekly Review, 1925）, pp. 730-731.

136 Ernest Young, *The Presidency of Yuan Shih-k'ai*, p. 162.

歸國留學生扮演了重要的角色。」[137]在這些為袁世凱效勞的歸國留學生裡，最有名的莫過於顧維鈞了。1912 年，在他哥倫比亞大學博士學位口試之前，他就被袁世凱徵召作為他的英文祕書。他在兩個月裡考過他的口試，並完成他的論文。到了 1915 年他 28 歲的時候，他已經成為中國駐美公使。楊格非常生動地描寫了顧維鈞如何在美國為「萬民推戴為皇帝」的袁世凱作辯護。1916 年 1 月，顧維鈞在「美國政治社會科學學院」（the American Academy of Political and Social Science）所作的一篇演講裡，把中國描述成一個分裂的國家；一邊是舊的仕紳階級，另一邊是歸國留學生，造成了「如何在保守派與激進派之間尋求出雙方都能接受的作法的問題」。與此同時，中國又因為不平等條約而失去了行動的自由。顧維鈞把中國描寫成為一個內部分裂、外受列強威逼、呈癱瘓之態的國家。其用意就是像大多數的留美學生一樣——不管是支持帝制，還是支持共和的——強調行政權至上的必要。他用他三寸不爛之舌、適量地揮灑他慣用的誇大的語詞、以現實政治的語言——高明地掩飾了他其實是跟當權者妥協的事實——宣稱帝制的決定反映了中國需要「一個能把國家團結在一起、開發其富源、實現老百姓強烈的愛國心的政府」。[138]

　　顧維鈞有辦法販賣袁世凱的八股，而仍然看起來頗為清白、有尊嚴的樣子，因為他是在千里以外的華盛頓。那些不幸人在帝制運動的中心的歸國留學生則沒有做出有尊嚴的演出的可能性。對袁世凱的洪憲帝制採取批判立場的《京報》（*Peking Gazette*）就刊載了一篇文章，讓我們有幸得以一窺一個從美國回去的留學生難堪的表演。首先，全國各省國民代表大會在 1915 年 11 月下旬以 1993 票全票通過變更國體。12 月 11 日，134 名參政院的「國民總代表」在原參議院集會，投票表決是否變更國體。這 134 名「國民總代表」中的一名是交通部的王景春。我們記得他是「全美中國留學生聯合會」1909-1910 學年度的會長。投票的方法是記名投票。「國民總代表」一個接一個上台，先在投票簿上簽名以後，就在選票上寫

137　Ibid., p. 230.

138　Ibid., p. 215.

上「贊成」或「反對」的選擇。在 134 名「國民總代表」投完票以後，選務人員就從票箱裡取出選票，每次一張。選務人員高聲朗誦選舉人的姓名以及其做出的選擇。結果是全票一致贊成把國體變更回帝制。「國民總代表」接著通過決議推戴袁世凱為皇帝。決議通過以後，「國民總代表」通過休會二十分鐘，由一個六人委員會起草推戴書。推戴書寫成，「國民總代表」簽名以後，主席就在所有代表三呼「萬歲」——第一個萬歲是對中國、第二個對新皇帝、第三個對《中華民國約法》——之下宣告會議結束。[139]

這整齣鬧劇是一個寓言，其寓意在於告訴大家選擇效忠反動政權可能會有的結果。在本書所分析的留美學生的脈絡之下，其所顯示的是：留美學生在政治上的保守以及他們臣服於當權派的傾向，可以把他們逼到一個最為屈辱與難堪的死角——公開地做出與他們在留美時期所擺出的民主姿態相左的反動的政治演出。

結果，袁世凱注定是當不成皇帝。他在 12 月 11 日推戴書第二次呈遞給他以後接受推戴。等蔡鍔、唐繼堯等人在 12 月 25 日宣布雲南獨立，發動護國運動，引發其他省分獨立，以及諸省將軍通電呼籲取消帝制以後，袁世凱被迫延遲登基，以至於在 1916 年 3 月底取消帝制。[140]接著，他在 6 月死去。

宋子文在《中國留美學生月報》的一篇社論裡寫下了他的感慨：

　　五年以前，當他就任大總統的時候，他受到了全世界的支持。如果他誠心地給予他的國家一個自由進步的政府，他可能會獲得很大的成就。最可以確定的是，國家不會走到今天的這步田地。我們這樣說，並不表示我們沒有意識到要把一個古老的帝國轉變成為一個現代的共和國所會有的困難。比袁世凱更偉大的人都可能會失敗。如果袁世凱

---

139 "The King-Making Election"（reprint from the *Peking Gazette* of December 11, 1915），*CSM*, XI.4（February, 1916），pp. 279-282.

140 Ernest Young, *The Presidency of Yuan Shih-k'ai*, pp. 222-240.

試了，但失敗了，沒有人會責怪他。我們要說的是：他一生的名譽就敗壞在他沒有履行他〔就職時候〕所宣誓要盡忠的職守。[141]

宋子文這段話雖然說得重，但用字遣詞相當克制，完全沒有攻擊他的人格。最奇特的，是《中國留美學生月報》居然在 1919 年 6 月號刊登了袁世凱的女婿薛學海的一篇文章。其中，有一段謳歌袁世凱。薛學海是清華在 1911 年所遴選到美國留學的 14 名幼年生裡的一名。他先進了麻省有名的私立住宿學校菲利普斯學院（Phillips Academy）念書以後，再到威斯康辛大學讀書。他歌頌袁世凱的那一段話加了徵引號，也許是從什麼地方徵引來的引文：

> 沒有任何一個有良心的中國人會後悔享有袁世凱治下那半民主的五年，不管他在人格與判斷上是否有什麼可以被指責的地方。國家至少和平，而且有秩序。他的死使中國失去了其唯一的領袖。[142]

孫中山所受到的待遇就完全不同了。一直到 1920 年代初期為止，留美學生對孫中山口誅筆伐仍然是毫不留情。他們譏訕他是一個小丑，不知道他已經過時，而且他的主張已經被揚棄了。對「全美中國留學生聯合會」來說，位於北京的政府——不管是在哪一個軍閥的控制之下——是中國唯一一個合法的政府。《中國留美學生月報》的主編裡最喜歡嘲弄孫中山的，是桂中樞。桂中樞清華 1919 級，1925 年拿到哥倫比亞大學的學士學位。他是《中國留美學生月報》任期最久的主編，做了 3 年，從 1922 學年度開始。沒想到他在 1925 年 4 月因為在上海的美商美亞保險公司找到了工作，就突然辭職，撒手不管了。雖然他說他對孫中山跟各個北方軍閥政府作對不採取立場，但只要有機會，他就是不忘譏刺孫中山。比如

---

141 Tse Vung Soong, "Editorials: The Passing of Yuan Shih-kai," *CSM*, XI.8（June, 1916）, p. 533.

142 H. H. Hsieh, "Leadership in A Democracy," *CSM*, XIV.8（June, 1919）, p. 484.

說，他在 1923 年 4 月號的社論裡說：「孫中山最後唯一必須與之合作的自然就是北京政府。建設之前必須要有澈底的破壞。這句話大家太輕信了。破壞過頭的結果，就會使建設困難，甚至是不可能。」[143]又如 1924 年 12 月，他在評論孫中山跟東北軍閥張作霖結盟企圖推翻北京政府的時候，他憤怒地說：「再度與張作霖將軍結盟的所謂的『國父』孫中山，是今日中國最為可鄙的人物。由於他攻擊北方一再地失敗，失意、氣餒、狗急跳牆的他現在又要以全國為芻狗，著手進行推翻北京政府的自我毀滅政策。除了眼睛已經瞎了的人以外，沒有人不會看不出他轟轟烈烈開始的生涯已經接近尾聲。」[144]

諷刺的是，孫中山在留美學生眼中的地位，是在他死後方才開始提升的。1925 年 4 月號的《中國留美學生月報》在報導了孫中山去世的消息以後，作了一個類似訃聞一樣的評斷：「被尊為中國的華盛頓，攻訐為叛徒，被刺客在世界各處跟蹤……對孫博士的政治方法和實驗，可能會有不同的評價，但他會永遠被認為是中國最為堅定地主張憲政之人。」[145]此外，《中國留美學生月報》也對美國各地所舉行的孫中山追思儀式作了長篇的報導，而且也給予一兩篇為孫中山所作的訃聞以顯著的版面。

時代改變了。從 1920 年代中期開始席捲了中國沿海地區的革命浪潮，其震波也開始傳到留美學生界。1925 年的「五卅慘案」是一個轉捩點。1925 年 5 月 30 日，上海公共租界罷工擴大，守衛老閘捕房的英國巡捕下令向遊行隊伍開槍，造成了 4 人死亡，多人受傷，其中 8 人後來因傷而死的慘劇。這個慘劇引發了全市罷工、罷市、罷課的風潮。列強部署了「萬國商團」（Shanghai Volunteer Corps），亦即上海義勇隊，並動用了五個國家的 1,300 名海軍陸戰隊在上海的公共租界巡邏。「五卅慘案」所

143　C. S. Kwei, "Current Comments," *CSM*, XVIII.6（April, 1923）, p. 2.

144　Ibid., *CSM*, XX.2（December, 1923）, p. 1.

145　"March of Events at Home: Dr. Sun Yat-sen Succumbs after Operation in Peking," *CSM*, XX.6（April, 1925）, p. 60.

掀起的罷工、罷市、罷課風潮蔓延到 28 個城市。[146]

「五卅慘案」的漣漪很快地就傳到了留美學生界。「全美中國留美學生聯合會」的美東以及中西部分會，決定把「民族主義與中國」定為它們該年夏令營的主題——美東在雪城大學（Syracuse University）舉行，中西部在普渡大學（Purdue University）舉行。[147]在夏令營結束的時候，他們一致以「全美中國留美學生聯合會」為名，起草並通過一項宣言。這是留美學生第一次用帝國主義這個名詞來表達中國的積怨。他們呼籲列強放棄所有它們危害了中國的領土與主權的不平等條約。[148]

國民黨在 1926 年發動的北伐的成功，沖垮了留美學生歷來對北京政府的支持。國民黨打倒軍閥、打倒帝國主義的口號也開始在留美學生當中流行起來。1927 年 2 月，密西根大學安納堡中國同學會是第一個通過決議，籲請美國承認國民政府是中國唯一的合法政府的中國同學會。[149]《中國留美學生月報》開始刊載支持國民黨的文章。其中，有一篇雄辯滔滔地引用林肯的名言，說只有國民黨才有資格說它是代表中國人民，而北京政府則是軍閥有、軍閥治、軍閥享的政府。[150]

最戲劇性的是《中國留美學生月報》的激進化。帝國主義一詞會成為《中國留美學生月報》的社論與專題文章裡常用的詞彙一點都不意外。比較意外的是，在蔣介石在 1927 年清黨、國共分裂以後，《中國留美學生月報》仍然維持其激進的立場。三年之間，白色恐怖籠罩著中國，而《中國留美學生月報》卻越來越激進。它刊載了列寧的〈民族與殖民革命〉

---

146 Nicholas Clifford, *Shanghai, 1925: Urban Nationalism and the Defense of Foreign Privilege*（Ann Arbor: Center for Chinese Studies, University of Michigan, 1979）.

147 Sinley Chang, "The Syracuse Conference," *CSM*, XXI.1（November, 1925）, pp. 72-74; C. F. Chang, "Lafayette Conference," *CSM*, XXI.1（November, 1925）, pp. 74-79.

148 "Manifesto of the Chinese Students' Alliance in the United States of America," *CSM*, XXI.1（November, 1925）, pp. 71-72.

149 "Personal and Otherwise: Ann Arbor Chinese Students' Club," *CSM*, XXII.6（April, 1927）, p. 83.

150 T. W. Hu, "The Story of the Kuomintang," *CSM*, XXII.7（May, 1927）, p. 49.

（National and Colonial Revolution）、〈列寧論馬克思主義〉（Lenin on Marxism），以及史達林的〈山鷹列寧〉（Lenin, the Mountain Eagle）。[151]其他發揮了共產黨的立場的文章還有：一篇發表在法國共產黨報紙上有關 1927 年 12 月廣州白色恐怖的目擊報告、一個共產國際分子對南京政府的分析、當時已經是美國共產黨員的冀朝鼎用 R. Doonping 的筆名所寫的一篇文章、許多篇美國共產黨書記白勞德（Earl Browder）所寫的文章。[152]

這幾篇文章大部分都是在胡敦元於 1929 年 3 月接任《中國留美學生月報》主編以後所刊載的。胡敦元，清華大學 1924 級，1927 年拿到威斯康辛大學碩士學位，1929 年拿到哥倫比亞大學博士學位。他在 1927 年加入美國共產黨。胡敦元彷彿是有意在挑釁國民黨政權，向它示威說它壓迫的觸手伸不到美國一樣，他對這些文章都加了編者注來引申。比如說，他解釋說刊載那篇共產國際分子對南京政府的分析的目的，在於「讓讀者接觸到被殘暴地言論封鎖之下的中國大眾所不可能得到的政治觀點」。[153]同樣地，他希望〈列寧論馬克思主義〉：「能激起大家對革命理論盎然的興趣，並把對這種理論客觀的討論──這在南京政權恐怖的統治之下是不允許的──在我們的學生當中流傳。」[154]

在左派思想在中國噤聲的時候，留美學生界裡向左轉的不只是《中國留美學生月報》，還有「全美中國留美學生聯合會」。冀朝鼎當選 1927-

---

151 Lenin, "National and Colonial Revolution," *CSM*, XXIII.5（March, 1928）, pp. 36-39; Joseph Stalin, "Lenin, the Mountain Eagle," ibid., pp. 40-45; "Lenin on Marxism," ibid., XXV.1（December, 1929）, pp. 32-47.

152 法國共產黨報紙文刊載在 CSM, XXIII.7; 共產國際分子那篇刊載在 XXIV.7；冀朝鼎那篇刊載在 XXV.1；白勞德的文章刊載在 XXIII.1, XXIV.5, XXIV.6, XXIV.7, XXIV.8, XXV.2。

153 "Communist International Appraises the Nanking Regime," "Editorial note," CSM, XXIV.7（May, 1929）, p. 285.

154 "Lenin on Marxism," *CSM*, "Editorial Note," XXV.1, p. 32.

1928 學年度的副會長。[155]美東聯合會在 1928 年在耶魯大學所舉行的夏令營的主題是「帝國主義與中國」（Imperialism and China）。「全美反帝國主義聯盟」（the All-American Anti-Imperialist League）祕書蓋瑞斯（Harris Garris），是受邀作主題演講的來賓之一。在討論會裡，對階級鬥爭在中國現階段革命裡是否必要或者明智的問題，產生了激烈的辯論。反對的一方，主張為了對列強的宰制採取一個聯合的陣線，階級鬥爭必須盡可能地排除；肯定的一方，則認為階級鬥爭並不是由個人或群體去製造出來的，而是不同階級在利益上的衝突必然的結果。

胡敦元在刊載在《中國留美學生月報》的夏令營報告裡，以夏令營主席的身分作出了討論會的結論。他沒說是否有少數派的結論。在他所摘述的八點結論裡，比較重要的有四點：一、帝國主義是資本主義的最後一個階段；二、只有在透過聯合帝國主義國家裡受壓迫的階級以及殖民與半殖民地被壓迫人民，大家一起成功地抵抗帝國主義的情況之下，中國才可能得到其政治與經濟的解放；三、中國最近革命的歷史，清楚地證明了中國的布爾喬亞階級──以其對帝國主義與軍閥投降的行為為證──沒有能力、甚至背叛了我們與帝國主義的鬥爭；四、中國的布爾喬亞階級已經在革命開始的階段完成了其所扮演的歷史角色，現在已經變成是反革命。[156]

突然間，政變發生。彷彿像是重演蔣介石三年前清黨的一幕一樣，「全美中國留美學生聯合會」剷除了其激進的職員。1930 年 2 月號的《中國留美學生月報》宣布主編胡敦元被撤職，罪名是「蓄意推行赤色的編輯政策」。[157]該期《月報》刊載了一份一整頁加上黑框的聲明，直截了當地說那是為了反對「一月赤色恐怖」（the January Red Menace）所發動的政變。該期的〈留學生界：「全美中國留美學生聯合會」消息〉

---

155 "The Results of the Election of the Executive Board of the Chinese Students' Alliance, 1927-1928," *CSM*, XXIII.2（December, 1927）, p. 68.

156 T. Y. Hu, "A Report of the Twenty-Third Eastern Conference," XXIV.1（November, 1928）, pp. 60-63.

157 H. C. Wu, "Announcement," *CSM*, XXV.3（February, 1930）, no pagination.

（Student World: Alliance News）欄裡，進一步地宣布了「聯合會」罷黜了會長 Tse-pei Yu。在指控她的罪名裡，最重要的是：「非法使用『全美中國留美學生聯合會』之名從事赤色宣傳。」1929-1930 學年度《中國留美學生月報》副編輯 K. S. James Mo 也被撤職，罪名是 Tse-pei Yu 的「黨羽」。[158]對 Tse-pei Yu 我們所知極少，只知道她是威斯康辛大學的學生，當選 1929-1930 學年度的副會長。她應當是在該學年當中遞補為會長的。

這三位在 1930 年「全美中國留美學生聯合會」政變中被剷除掉的留學生，我們所知都不多。胡敦元我們知道得最多。除了他的學歷以外，我們知道他是安徽績溪人，胡適的同鄉。從胡適在 1930 年代末期與 1949 年以後在美國的日記裡提起過他幾次的紀錄看來，他和胡敦元一直保持連繫。1946 年胡適回中國的時候，胡敦元還去送行。這三位裡，我們完全沒有資訊的是 James Mo。政變以後，胡敦元顯然一直是住在紐約，直到 1951 年回中國。至於 Tse-pei Yu 和 James Mo，我們完全不知道他們的下落。

我們也幾乎完全不知道發動政變的人是誰，背景為何。我們只知道其領袖是 H. C. Wu。他是《中國留美學生月報》的經理。政變以後，他同時兼任主編。在宣布政變那一期的《中國留美學生月報》上，他用顯著的版面刊載了一份謝辭，感謝他的：「父親和他心愛的妻子在『一月赤色恐怖』期間所給予他的財政上的奧援以及鼓勵。」[159]他是哥倫比亞大學的學生，1930 年春天哥倫比亞大學中國同學會會長。在政變以後，「全美中國留美學生聯合會」成立了一個「執行委員會」，成員有三名。這三名成員都不是聯合會所選出來的職員。然而，通告上說，他們三位：「是經由正當的程序被選為代理本學年度所餘任期的行政。」[160]H. C. Wu 自己則繼續擔任 《中國留美學生月報》的行政編輯，或許擔任經理與編輯的雙重

---

158 "Student World: Alliance News," *CSM*, XXV.3（February, 1930）, p. 138.

159 The General Manager, "A Word of Thanks," *CSM*, XXV.3（February, 1930）, no pagination.

160 這三名之中的 C. W. Liang 是 1929-1930 學年度《中國留美學生月報》巴爾的摩（Baltimore）地區的代表。

角色，完全違反了「全美中國留美學生聯合會」憲法規定要有一個由主編
與若干副主編所組成的編輯部的條例。

　　1930 年的政變剷除了「全美中國留美學生聯合會」裡的激進主義，
回歸保守。在一篇題名為〈中國的民主與獨裁〉（Democracy and
Dictatorship in China）的社論裡，H. C. Wu 強調和平與秩序的必要。這一
切都似曾相識（déjà vu）；只是，它有了一個新的轉折。以往的保守是要
有一個強有力的行政領袖——不管是皇帝還是強人；現在的保守是一種加
上了列寧主義的新保守主義〔只是，其英文寫得有點詞不達意〕：

　　　　現在的中國所最亟需的是全國立時的工業化。然而，除非我們能確
　　保長期的和平與秩序，我們是不會有成績的。在考慮到我們該有什麼
　　樣的政治制度、有什麼樣的工具可用，以及政治制度所必須面對的條
　　件與環境等等問題以後，毫無疑問地，用黨的獨裁的方法——在黨員
　　的成分方面稍作修正——會是可行（workable），而且可以行之久遠
　　的（lasting）。[161]

　　「全美中國留美學生聯合會」回到了原點。留美學生裡的保守派再度
控制了他們的組織。他們會效忠新上台的國民黨政權，只要它握有政權，
就為其服務——就像從前的留美學生為滿清、袁世凱以及各個北洋軍閥政
府效忠服務一樣。保守派復辟成功，終結了聯合會一段激進分子滲透進入
其最高領導階層的不尋常的歷史。他們贏得了控制，但卻扼殺了聯合會。
這次的政變對會員的震撼力也許是太大了。「全美中國留美學生聯合會」
在 1931 年春天倏然崩潰。

161　H. C. Wu, "Democracy and Dictatorship in China," *CSM,* XXV.6（May, 1930）, p. 187.

第五章

持家就業，不可得兼

很不幸地，除了極少數的例外，此地的中國女生既不年輕又不美麗，只剩下她們本來就不起眼的青春的餘燼。然而，沉醉於所謂的男女平等的觀念——那條頓民族—基督教（Teutonico-Christian）愚蠢至極的主張——這些從中國來的女生恬不知恥地霸占在希臘女神的供桌上搔首弄姿著。[1]

誠然，有些中國女生也許「既不年輕又不美麗」；有些也許有點奢侈；有些也許有些冷漠。這些不同形態的女生全世界都有；不是中國對世界文明特有的貢獻！有這些特質，或者沒有，也不是女性所專有的。有些男人也有。我們可以嗟嘆說：人啊！你的弱點！[2]

趙敏恆說得刻薄。黃倩儀回得一針見血、卻又恰到好處；點到了趙敏恆的痛處，卻又不留一絲回罵的痕跡。他們兩位都是清華送到美國留學的。黃倩儀是 1921 級專科女生。她 1924 年拿到芝加哥大學的學士學位，1925 年拿到哥倫比亞大學碩士學位。趙敏恆是 1923 級；1924 年拿到科羅

1　Thomas Ming-heng Chao, "Cabbages and Onions: On Love, Taxi, Marriage and Other follies," *CSM*, XXII.6（April, 1927）, p. 77.

2　Dorothy T. Wong, "Cabbages and Onions: Pickles," *CSM*, XXII.8（June, 1927）, p. 61.

拉多學院（Colorado College）的學士學位；1925 年拿到密蘇里大學的新聞學士學位；1926 年拿到哥倫比亞大學的碩士學位。他是 1926 到 1927 學年度《中國留美學生月報》的主編。同樣是留美學生，但因性別不同，他們說話的尺度迴異。作為男性，趙敏恆可以把話說得絕，說得狠；不但無須擔心會造成反彈，而且可以預期會贏得拍案叫絕之嘆。反之，作為女性的黃倩儀就必須中規中矩，不逾越社會賦予她所屬的性別的規範。趙敏恆不是一個特例。男留學生可以愛說什麼就說什麼，一點後果都不會有。有意味的是，雖然只有極少數像黃倩儀這樣的女留學生反詰，但她們所說的話常能令人擊節稱賞。

女學生到美國留學要比男學生晚了幾十年。一直要到 20 世紀開始的 10 年間，她們才開始持續地來到美國。雖然她們的人數會快速增加，占 20 世紀初年留美學生總數的 10%到 15%，[3]但她們一直是留美學生裡引人注目的少數。她們泰半都是自費生，換句話說，大概都是來自富裕的家庭。作為在美國的外國學生，她們跟男留學生有許多共通的經驗，諸如，入關時候人人談虎色變的《排華法案》，以及在文化、語言與學業上的挑戰。然而，作為女性，她們具有有別於男留學生的特殊的經驗。這是因為她們還必須承受來自於在中國的教養以及美國的社會與教育習俗的雙重制約。少數女留學生活躍於課外活動，諸如，校園裡的演說家、作家、社團負責人、校刊編輯，以及「全美中國留學生聯合會」和「北美中國基督徒留學生協會」的職員。然而，除了在少數的情況之下，少數的女留學生被逼得如鯁在喉不吐不快的例外，她們一直都是循規蹈矩，站在男留學生後面，協助他們處理聯合會的會務、提高其形象、表達其意見。雖然她們的聰明與能力不輸給男留學生，但她們回國以後的機會則完全無法跟後者相比。她們當中，超過半數結婚。在結婚的歸國女留學生裡，超過半數回歸到家庭裡。選擇就業的多半不婚。婚姻與事業是兩個不可得兼的選擇，至

3　「華美協進社」所做的 1854 到 1953 的百年調查，顯示了 18%的留美學生是女性。請參見 *A Survey of Chinese Students in American Universities and Colleges in the Past One Hundred Years*, pp. 26-27.

少在 20 世紀的初期是如此。

對留美女學生的研究，現在還處於剛起步的階段。葉維麗在她先驅性的研究裡，把 1880 到 1920 年代的留美女學生分成三個世代：一、1880、1890 世代的「醫生」；二、1910 年代的現代「賢妻良母」；三、1910、1920 年代的「五四世代」。這三個世代的留美女學生各有其特徵，而其特徵所反映的，是留美女學生持續地向性別平等的道路邁進。最先開始的，是那四位走在時代之先的女醫生。然後是一時的挫敗，因為賢妻良母的世代的留美女學生多半學的是人文學科與家政。然而，隨著五四世代的出現，留美女學生又重拾起這個向性別平等的道路邁進的衝力，因為她們開始打進了一向被認為是「男性」的學科。[4]

葉維麗的這個公式看起來很清楚俐落，但過於誇張，特別是有關五四的世代。問題不只在於這個持續向前邁進的假設，而且在於她對這三個世代的描述。我們可資利用的資料誠然不多，但葉維麗並沒有充分地利用這些已經很少的資料。而且，即使她用了，她又常常作出她的資料所無法證明的結論。為了要比較正確地了解這些女學生在美國受教育的經驗以及她們回國以後的情形，我只好重新梳理葉維麗所沒有好好利用的資料。

我們可以從留美女學生所選的課業，來初步地領略到的她們的經驗是如何有別於男留學生。比如說，20 世紀初年在美國留學的女學生到底學的都是什麼？她們的性別是否決定了她們所選的學科？專業的興趣是否是她們選科的一個因素？雖然資料不多，我們所能作出的結論只能是暫定的，但我們並沒有證據支持葉維麗說留美女學生到了 1920 年代初期，在選課方面已經多樣化，而且已經打入了「男性」所專有的學科的說法。[5]事實上，她們大部分所選的學科——教育、音樂、化學、社會學、人文學科、家政、歷史——是當時被公認為適合女性的學科，而且跟美國女學生選科的主要趨勢相符。然而，這個概括的說法並不能捕捉到長期趨勢之下的變化。以她們所學以及所沒有學的學科，或者比較少學的學科來看，可

4　Weili Ye, *Seeking Modernity in China's Name*, pp. 114-116.

5　Ibid., p. 115.

以說是有進也有退，並不像是葉維麗所形容的直線進步。

　　如果 20 世紀初年的留美女學生並沒有集體持續地向男性所專有的高等教育的領域邁進，她們回國以後在就業上的成績也同樣地沒有類似的進展。美國 19 世紀末年出版了一本描寫許多女性在大學畢業以後，發現她們的高等教育沒有用武之地的挫折感。那本書名是：《女子上了大學，然後呢？》（*After College, What? For Girls*）。[6]我們幾乎可以借用那本書的書名來問留美女學生說：「在美國上了大學，然後呢？」儘管有些女學生在留美的時候提倡要能經濟獨立，儘管偶爾有幾位會寫下她們回到中國結了婚以後的省思，但她們所面對的無情的現實無異於美國女性到 1920 年代為止所面對的：結婚與就業似乎是不可得兼的。就像美國女性一直到 19、20 世紀之交所面對的一樣，結婚與事業幾乎是兩個互不相容的選擇。選擇就業的獨身；結了婚的不工作。當然，有極少數歸國女留學生結了婚又在外工作，成功地打破了這個就業與婚姻的兩難。雖然我們知道有些歸國女留學生在外工作，但我們不知道她們的職業為何，因而無法判斷整體來說，她們在事業上是否獲得了顯著的進展。然而，葉維麗說歸國女留學生，到了 1920 年代以後，「在社會上新出現的女性職業上嶄露頭角」的說法毫無疑問地是太誇張了。[7]

　　留美歸國女學生所面對的結婚與就業之間的兩難一定是特別尖銳的。家庭（domestic sphere）的吸引力，除了是對羅曼蒂克的愛情與婚姻伴侶的憧憬以外，也是社會壓力內爍的結果。歸國女留學生會選擇退回或者擁抱家庭，是由許多錯綜複雜的個人、社會、文化、政治、經濟等等因素所糾雜造成的。葉維麗說五四世代的留美歸國女學生作出了女性主義的突破。[8]事實並非如此。她們大多仍然服膺著賢妻良母的理想，或者是賢妻良母與 19 世紀美國中產階級白人女性所頌揚的「純美的女性」（true womanhood）典型的混合。即使那些極少數走在時代之前，主張女性要有

6　Helen Starrett, *After College, What? For Girls*（New York: Crowell, 1896）.

7　Weili Ye, *Seeking Modernity in China's Name*, p. 146.

8　Ibid., pp. 115, 141-146.

經濟獨立的能力、要有自己的工作的留美女學生，也常常是用所謂女性所具有的特質來論述女性所該有的職業。留美女學生從來就沒有啟口說出她們心目中理想的現代中國男人應該是什麼樣子。反之，男留學生總是大剌剌地宣揚他們所要的女人是長什麼樣子。

留美女學生所讀的科系

葉維麗在她的書裡所作的三個世代的留美女學生的描述，其所反映的，是社會是註定持續地向現代化邁進的一種歷史觀。她的書名《為中國尋找現代之路》，套用在那些比較「前進」的女學生身上，就是一個有意識地打進「男性」的學科，乃至於打進「男性」的專業領域的進程。因此，留美女學生「為中國尋找現代之路」，就額外地帶有了性別上的意義，亦即，尋求性別的平等，或者用葉維麗的話來說，女性主義。本節所要分析的主題，就是 20 世紀初年的留美女學生是否有意識地要衝破高等教育裡的男性之牆。

在開始分析之前，我必須先指出葉維麗一個沒有經過檢證的命題。她把留美女學生追求經濟獨立與就業的想望稱之為女性主義的訴求。這等於是把追求經濟獨立與女性主義劃上等號。其實，一如柯特（Nancy Cott）所指出的，女性主義與專業身分認同之間存在著一個緊張的關係。[9]那自詡為唯個人的才力是問、超然追求真理的專業精神（ethos），衍生了一種所謂在性別上中立的信條。這種專業的意識形態，鼓勵職業女性認為她們與職業男性具有共同的利益，而製造了她們與非職業女性之間的鴻溝。其結果是：「雖然自稱為女性主義的女性可以是職業女性⋯⋯但這並不意味著說職業女性就一定是女性主義者。」[10]

我在本節分析的重點是葉維麗所描述的第二個世代，亦即，五四世代

9　Nancy Cott, *The Grounding of Modern Feminism*（New Haven: Yale University Press, 1987）, pp. 230-239.

10　Nancy Cott, *The Grounding of Modern Feminism*, p. 238.

的留美女學生。第一個世代的四位女醫生可以無庸再次分析，因為我已經在第二章裡討論過她們了。這五四世代的女學生究竟學的都是什麼呢？葉維麗說五四世代的女學生打進了一向為男性所專屬的學科的說法，是建立在單一一組數據之上。為了證明這個五四世代展現了「女留學生所選的學科有多樣化以及『男性化』的趨勢」，她製作了一個表格，表 5.1，比較了清華在 1916 與 1921 年派送的兩批女學生——每組各 10 人——抵達美國的時候所計畫選修的學科。[11]葉維麗所製作的這個表 5.1 有三個問題。第一，她用清華女學生來代表五四世代的留美女學生，完全沒有考慮到她們是否具有代表性的問題。第二，表 5.1 所根據的資料是根據《中國留美學生月報》報導那些女學生抵達美國的時候所計畫要選讀的科系。必須指出的是，《中國留美學生月報》上報導的資料並不可靠。除了資料不完整以外，我們不能用一個學生在上大學的時候所計畫要選讀的科系，作為她後來真正選讀的科系的資料。這是因為個人興趣、學習情況、就業考慮等等因素會改變一個學生的想法。這個現象現在如此，一百年前的清華女學生也是如此。第三，她用這一組薄弱的數據，作出了一個那麼大的結論。雖然她說資料實在太少，但就以清華派送留美的女學生來說，一共就七批，53 名。為什麼不把她們都包括在數據裡呢！原因無他，因為她如果把七批、53 名所選修的科系的資料都列出來，那數據就無法讓她自圓其說她所謂的「男性化」的趨勢了。

　　表 5.2 提供了清華從 1914 到 1927 年所派送的七批、53 名女學生所選修的科系。雖然我們很難用表 5.2 裡的數據來作出任何概括性的結論，但任何人都會注意到這 53 名清華女留學生裡有極高的比例讀醫學：11 名。如果我們把牙醫也計入，就是 12 名，亦即，這 53 名裡，有 12 名，高達 22.64％是讀醫科的。當然，我們也可以看出讀醫學的清華女學生是逐年下降。然而，我們不禁也會聯想清華女留學生對醫學的興趣，是否跟那四位先驅世代女醫生所留下來的影響有關係？

11　Weili Ye, *Seeking Modernity in China's Name*, pp. 142; 268, 116n.

表 5.1　葉維麗製 1916、1921 年清華女生所選科系

學科	1916	1921
教育	4	4
醫學	3	1
藝術	3	0
科學	0	2
農學	0	1
新聞	0	1
未填寫	0	1
總數	10	10

資料來源：Weili Ye, *Seeking Modernity in China's Name*, p. 268, 116n.

　　整體而言，從表 5.2 的數據，我們也許可以說清華女留學生所讀的科系顯示出了多樣性，但很難說它顯示出了一個趨勢。即使我們接受葉維麗在表 5.1 裡所提出來的數據——迥異於我根據《清華同學錄》所製作的表 5.2 的數據——我們看到的也只是多樣性而不是「男性化」。葉維麗所謂的「男性化」也者，顯然是根據「科學」從 1916 年的 "0" 到 1921 年的 "2" ——雖然並不正確——以及「新聞」從 1916 年的 "0" 到 1921 年的 "1"。如果她的數據是不正確的，她所據以得出的結論是謬誤的。她不只是把一年間——她跳過了她認為攪亂了她的「趨勢」的 1918 年——的變化當成是一個長期的趨勢，而且把它變成了一個雙重的謬誤，把女留學生選讀她認為是男性的科系作為她們打進「男性化」科系的趨勢的證據。

　　事實上，在當時美國女大學生選修科系的趨勢的脈絡之下來看，清華留美女學生主修科學並不是一件特別不尋常的一件事。表 5.3 把清華留美專科女生所讀的科系合併在學科之下，再作出她們所讀的學科所占的比例。然後，再把清華留美專科女生所讀的學科，跟表 5.4 美國紐約州有名的私立瓦莎女子學院（Vassar College）學生在 90 年間——從 1865 到 1957

年──所讀的學科相比。這一相比，我們就會得出相當有意味的結論。

表 5.2　清華留美專科女生所讀科系，1914-1927*

科系	1914	1916	1918	1921	1923	1925	1927	總數
醫學	0	4	2	2	2	1	0	11
音樂	3	0	1	0	2	1	0	7
教育	1	0	2	2	0	0	0	5
化學	0	1	0	0	0	1	2	4
歷史	1	1	0	1	0	1	0	4
社會學	1	1	0	1	0	0	0	3
人文學科	2	1	0	0	0	0	0	3
數學	0	0	1	1	0	0	0	2
動物學	0	0	2	0	0	0	0	2
牙醫	0	1	0	0	0	0	0	1
物理	0	0	0	0	1	0	0	1
經濟學	0	0	0	1	0	0	0	1
美術	0	1	0	0	0	0	0	1
文學	0	0	0	0	0	1	0	1
新聞	0	0	0	1	0	0	0	1
家政	1	0	0	0	0	0	0	1
不詳	1	0	0	1	0	0	3	5
總數	10	10	8	10	5	5	5	53

* 本表格裡所列的科系是以最高學歷為準。
資料來源：《清華同學錄》（北京，1937）。

表 5.3　清華留美專科女生所讀學科比例，1914-1927

學科	百分比
社會科學	28.30%
醫科	22.64%
藝術	22.64%
科學	16.98%
不詳	9.44%
總數	100.00%

資料來源：《清華同學錄》（北京，1937）。

表 5.4　瓦莎女子學院（Vassar College）學生所讀學科比例，
1865-1869 到 1953-1957

學科	1865-1869	1901-1905	1927-1931	1953-1957
科學	39.3	25.4	19.7	16.5
希羅古典	21.2	16.3	4.1	1.7
現代語言	20.6	15.3	18.3	14.9
藝術	11.6	23.3	29.0	29.4
社會科學	7.2	19.7	28.9	37.4
總數	100.0	100.0	100.0	100.0

資料來源：Mabel Newcomer, *A Century of Higher Education for American Women*（New York: Harper & Brothers Publishers, 1959），p. 92.

　　對比表 5.3 跟表 5.4 的四組數據，我們會發現清華留美專科女生在選修社會科學與藝術方面的比例跟瓦莎女子學院的學生的比例相近，但清華留美專科女生在選修科學方面則遜色許多，特別是跟瓦莎女子學院前半段的比例相比。我們也可以發現葉維麗把學科與性別的屬性定得太過死板了。誠然，選修藝術、數學、現代語言與宗教的女學生要多過於男學生。

相對地，選修物理科學、經濟與哲學的男學生要多過於女學生。然而，在其他學科，性別的屬性不是那麼的明顯。牛康茉（Mabel Newcomer）跟索羅門（Barbara Solomon）從她們對美國大學女生的研究得出結論說，性別差異對選課的影響並沒有想像中的大。就像牛康茉所指出的：

　　一般來說，當學生並不是特別為了要為未來的職業做準備，像工程、商業、家政或護理，而主要是根據興趣、並且不計職業的可能性的話，男性、女性興趣的差別並不是那麼大。[12]

　　牛康茉舉例證明她這個結論：「雖然在物理科學方面，男學生在人數上占絕對優勢，但今年〔1957年〕曼荷蓮女子學院（Mount Holyoke）選修化學的人數，要比阿默斯特學院（Amherst）〔男校〕多；而阿默斯特學院選修英文的人數，要比曼荷蓮女子學院的多。」[13]牛康茉的觀察，也從索羅門的研究裡得到證實。索羅門說：在大學部，男女學生對人文素養的教育的興趣無分軒輊。

　　事實上，重點不在於興趣。男學生會去選大家以為女學生才會選的課，或者女學生去選大家以為男學生才會選的課，這是興趣使然，跟性別沒有關係，更遑論是把後者錯誤、誇張地詮釋成為女學生打進男性的學科領域。重點在於興趣跟就業是否是結合在一起。牛康茉跟索羅門就一針見血地指出：人文素養的教育對男學生與女學生的意義完全不同。索羅門說：「每一個男學生都知道，人文素養的教育是在為他奠基〔給予他一個全人的教育〕以幫助他未來從事專業、商業或公職……人文素養的教育對女學生來說，就完全是為了學習而學習，完全跟就業沒有關係。」[14]

12　Mabel Newcomer, *A Century of Higher Education for American Women*（New York: Harper & Brothers Publishers, 1959）, p. 94.

13　Ibid., p. 94.

14　Barbara Solomon, *In the Company of Educated Women: A History of Women and Higher Education in America*（New Haven and London: Yale University Press, 1985）, p. 83.

　　在釐清了葉維麗以清華女留學生為代表，說留美女學生打進了「男性」的學科的說法只是一個她想當然耳的臆想以後，接下來必須分析的，就是清華女留學生是否在留美女學生裡具有代表性的問題了。我指出葉維麗以兩批清華派送的專科女生作為根據是以偏概全。其實，即使以清華所派送的所有七批、53 名專科女生都計算進去，仍然還是以偏概全。這是因為正如葉維麗自己也指出的，就以 1922 年為例，在美國的女留學生就超過了 200 名。[15]清華所派送的專科女生是經過了考選，用美國所退還的庚款到美國留學的。她們是女留學生裡的翹楚，在女留學生中具有代表性嗎？可惜的是，我們沒有跟清華專科女生留美期間相應的數據，可以來對比她們與其他女留學生在選課上的異同點。幸運的是，我們有已經徵引過好幾次的「華美協進社」所做的 1854 到 1953 的百年調查。表 5.5 列出了從該調查所汲取出來的留美男女學生百年間十大熱門科系排行榜。

　　必須指出的是，「華美協進社」的這個數據必須審慎使用，否則就會像盡信書不如無書一樣，盡信數據不如無數據。首先，這個百年調查是「華美協進社」在 1953 年對美國大學所做的問卷調查。就像所有的問卷調查一樣，這個調查成果的好壞，取決於收到問卷調查的學校是否能夠通力合作。因為收到問卷調查的學校所寄回的資料不全，各別數據加起來的總和常有不符合的所在。跟我們在此處的分析最有關係的是，表 5.5 所根據的數據，有極高的百分比是所學學科不詳——高達 29％的男留學生，28％的女留學生。然而，這個百年調查所提供的數據，可能是研究到 20 世紀中留美學生最好的了；再好的，不可能會有了。

　　那麼，我們能從表 5.5 的數據做出些什麼觀察嗎？至少有三個。第一，清華留美專科女生所讀的學科在留美女學生裡確實具有代表性，只是不是葉維麗所以為的。我們可以發現表 5.2 所列出來的清華留美專科女生所讀的科系，跟表 5.5 所列出來的留美女學生百年間十大熱門科系排行榜極為相近——即使排行的次序不同。如果我們把表 5.2 清華留美專科女生所讀科系的數據也用十大排行榜來呈現，則有七個科系——都各只有一名

15　Weili Ye, *Seeking Modernity in China's Name*, p. 114.

表 5.5　留美男女學生十大熱門科系排行榜，1854-1953

排名	女學生	男學生
1	教育	企業管理
2	化學	經濟學
3	社會學	土木工程
4	家政	工程
5	英文	機械工程
6	人文藝術	化學
7	音樂	教育
8	經濟學	政治學
9	企業管理	電機工程
10	歷史	藝術

資料來源：*A Survey of Chinese Students in American Universities and Colleges in the Past One Hundred Years*（New York, 1954）, pp. 34-35.

選修——並列第十名：牙醫、物理、經濟學、藝術、文學、新聞、家政。這一名主修文學的，幾乎可以確定學的是英文。

　　這麼說來，表 5.5 所列出來的留美女學生十大熱門科系排行榜裡，有九個——教育、化學、社會學、家政、英文、人文藝術、音樂、歷史、經濟學——也出現在表 5.2 所列出來的清華留美專科女生所讀科系的前十名。表 5.2 裡唯一沒在表 5.5 裡出現的是醫學。我們不知道美國醫學院在 1890 年代開始用配額來限制女學生是否產生了負面的影響。[16]然而，早年有相當高比例的留美女學生讀醫學的紀錄，後來就不再有了。在表 5.2 裡，醫學在清華專科女生所學科目的排行榜排第一；在表 5.5 所根據的數

16　根據 Mary Walsh 的說法，美國醫學院在 1890 年代定下了一個配額限制，不讓女學生超過 5%。請參見 Mary Walsh, *Doctors Wanted: No Women Need Apply*（New Have: Yale University Press, 1977）, pp. 224-225.

據裡，醫學降到第 19 名。[17]相對地，家政與經濟在清華專科女生所讀的科系的十大熱門排行榜裡墊底，卻在表 5.5 名列第四與第八。此外，沒有一個清華專科女生讀企業管理，而在表 5.5 的百年排行榜裡，企管名列第九。只是，這可能是時代不同所造成的。企管是一個相對來說比較晚設立的科系，而且也是清華專科女生所念的人文教育的名校所不太可能會設立的。舉個例來說，我所服務的學校到現在還是不願意設立企管系。

如果這第一個觀察是說清華留美專科女生所讀的科系在留美女學生裡確實具有代表性，這代表性的意義是什麼呢？這代表性並不是像葉維麗所說的，是她們開始打進了一向被認為是「男性」的科系。我們只要看表 5.5 留美男女學生十大熱門科系排行榜的對照表，就可以看得出來那男女有別的差異有多大了。如果清華留美專科女生所讀的科系跟百年間留美女學生全體所讀的科系極為相近，而且不是打進了所謂「男性」的科系，那麼她們跟其他的女留學生是否有什麼不同的地方呢？就像我在第二章結尾討論清華留美男學生跟其他男留學生的異同裡所指出的，作為中國第一流大學畢業的學生，他們當中最高的成就與最差的表現都優於其他的男留學生，但在中等的表現方面則與其他男留學生不分軒輊。同樣的評斷可以拿來用在清華專科女生身上。中等的表現暫且不論。在最高的成就方面，她們全部 53 名當中有 11 名，21％，學的是醫學。她們被譽為女留學生當中的翹楚真是當之無愧。在低的方面，如果我們可以把所學科系不詳當成一個指標的話，清華專科女生裡只有 5 名，9％，所學科系不詳。反之，百年調查裡有高達 28％的女留學生所學科系不詳。

我們從表 5.5 的數據可以作出的第二個觀察是：有幾個科系一直到 20 世紀中期為止，是留美女學生最可能選修的。不依排名順序，它們是：教育、音樂、化學、社會學、人文藝術、家政、歷史。除了表 5.2、表 5.5 的數據以外，我們還有另外一組數據，雖然不無瑕疵，但可以用來佐證。表 5.6 的數據所涵蓋的是清華專科女生留美以前的階段。我們可以發現表

17　*A Survey of Chinese Students in American Universities and Colleges in the Past One Hundred Years*, p. 35. 請注意，這個排名是根據我的計算。

5.6 前四個最多女留學生所選修的科系，除了醫學以外，都在表 5.5 裡出現。值得指出的是，那是葉維麗稱之為「賢妻良母」的階段。然而，表 5.6 顯示了醫學是當時最多女留學生所選讀的第四名，而家政反而不在其列。

表 5.6　留美女學生所選讀的科系或學校，1890s-1917*

科系/學校	人數
人文藝術	6
教育	3
音樂	3
醫學	2
數學	1
哲學	1
文學／音樂	1
高中	1
不詳	1
總數	19

* 包括兩位在美國土生土長的華裔。
資料來源：*Who's Who of American Returned Students*（Peking, 1917）.

　　第三個觀察是：留美女學生所選修的科系，在半個世紀裡幾乎沒有變化。儘管在 1854 到 1953 的百年調查裡，經濟學與企業管理是在女留學生所選修的十大熱門科系裡，但這並不代表她們打進了「男性」的科系。在選修經濟學與企管的人數增加的同時，選修家政與護理的也同樣增加。家政排名第四，護理排名第十一。[18]實際上，在男女留學生十大熱門科系排

18　*A Survey of Chinese Students in American Universities and Colleges in the Past One Hundred Years*, p. 35.

行榜裡，有一半是相同的。雖然工程仍然是男留學生所選修的科系，但女留學生所最常選修的科系，在半個世紀裡大致沒變。

必須注意的是，如果不加分辨的使用，整體的數據是可以誤導人的。光看整體的數據，人們可能會忽略雖然有熱門的科系，但熱門的科系也會隨著時代而改變的事實。一如表 5.2、5.6 裡的數據所顯示的，醫學在早期的女留學生裡是一個熱門的科系，但後來輸給了其他的科系。反之，家政與護理卻變得越來越熱門。在表 5.5 裡，經濟學與企管名列第八與第九，其所反映的，是 20 世紀中期以後的現象。還有另外一點我在第二章裡已經提過，但因為太重要了，必須再提一次，那就是，「華美協進社」所做的百年調查必須審慎使用，因為其數據所顯示出來的趨勢，很有可能被 1949 到 1954 年間從台灣到美國去留學的一波女留學生而導致偏差的結果。

總之，我們對 20 世紀初年留美女學生所選修的科系的了解極為有限。然而，即使我們所知有限，我們知道一直到 20 世紀中期為止，教育、音樂、化學、社會學、人文藝術、家政、歷史是她們所選修的熱門科系。雖然她們所選的科系具有多樣性，但她們所選的，仍然是一般認為適合女性的科系，而且符合美國女大學生所做的選擇的趨勢。她們所獲得的成果是勝負參半的。她們是打進了比較能有就業機會的經濟學與企業管理。然而，與此同時，隨著 20 世紀的推進，越來越少的留美女學生選讀醫科，而越來越多選修以女性為主（feminized）的家政與護理。

事實上，我們不能夠太執著於留美女學生所選修的科系。就像我在上文所徵引的牛康茉跟索羅門的研究所指出的，如果不考慮就業的問題，男女學生對學科本身的興趣是沒有太大性別上的差異的。這兩位學者的研究最大的貢獻，在於指出了真正關鍵是在於學科與就業的關聯。要看女性追求性別的平等，不是去看她們所學的學科為何，而是去看她們所學的學科與就業的關聯有多大。我在前文徵引了施達瑞特（Helen Starrett）研究 19 世紀美國女大學生的書名：《女子上了大學，然後呢？》。我們也可以問：女學生留美，然後呢？

結婚或就業

　　可惜的是，我們對「女學生留美，然後呢？」這個問題所有的資料，比她們在美國所選修的科系的資料更少。當時代的人有一個成見，認為大多數女留學生回國以後就結婚，沒有幾個人就業。這種成見流行到連留美女學生自己都相信的地步。1923 年，一位沒有具名的女學生在《中國留美學生月報》上發表了一篇投書。她那篇投書的目的是在抗議清華 1922 年 12 月決定不再派送專科女生留美的宣布。在引起輿論的撻伐以後，清華在次年宣布收回成命。那篇抗議的投書說，贊成不再派送女學生留美的人最喜歡用的理由，那就是說，她們一回國就結婚，浪費了高等教育的資源。她說：「這種快速成婚的情形有，但不是那麼多。」諷刺的是，她接著為歸國女學生結婚辯護的長篇大論，卻等於是變相地證明了批評者的論點：

> 　　歸國學生結婚是罪嗎？難道就因為她們有較好的受教育的機會，她們就應該一輩子獨身嗎？如果是這樣子的話，為什麼許多男生建議在此留學的女生選修簡單、容易的家政課？如果每一個受到好教育的女性都不結婚的話，我不知道男生會怎麼說。誠然，結婚會妨礙到女性就業；家庭和孩子會用去她大部分的時間。但是，家事和教育兒女攸關一個國家的福祉，比所有其他職業都更重要。這個選擇是女性自己的。她有自由選擇何者為重：家庭還是職業。所以，用歸國女學生結婚作為理由要停止給予女生高等教育，不是一個好藉口。[19]

　　那位留美女學生說得不錯。批評女學生從美國留學回來就結婚，其理論基礎就是資源的浪費。這種批評從 1920 年代以來，無論是在輿論或學

19　A Girl Student, "Open Forum: In the Name of Justice," *CSM*, XVIII.3（January, 1923）, p. 64.

術研究方面都是主流。[20]

　　葉維麗在分析留美女學生一章裡反對了這種批評，但卻沒有挑戰或反駁。她的作法是提出她自己的看法，彷彿她的說法一出，1920 年代以來的批判就應聲倒地一樣。她描寫三個世代的留美女學生在選修的科系方面持續地向性別平等的道路邁進，一直到五四世代終於打進了一向被認為是「男性」的學科。她描寫那三個世代的女留學生從美國歸國以後也是持續地向就業與經濟獨立的道路邁進。那四個女醫生的世代，除了一位結了婚以外，其他三位都獨身。四位醫生都為醫學奉獻了她們的一生。作為現代「賢妻良母」的第二個世代雖然注重家庭，但她們打進了教書的行業；教書是「留美女學生最喜愛的行業」。[21]到了五四的世代，步伐又加快了，以至於從美國回來的女留學生「在社會上新出現的女性職業上嶄露頭角」。[22]

　　然而，就像她描述留美女學生選修的科系打進了「男性」專屬的領域是沒有證據來支持一樣，葉維麗說她們回國以後邁向經濟獨立與專業成就的說法也是沒有證據的支持的。葉維麗所描述的四位女醫生的成就是完全正確的。她們卓越的成就不但超越了她們所處的時代，而且還可以讓後代的人自愧弗如。她所描寫的「賢妻良母」的世代至少是根據了一項調查。只是她並沒有好好地利用了那項調查的資料。最令人訝異的，是她用來支持她說五四世代的女留學生在職業上嶄露頭角的資料。她所用的資料是汪一駒根據清華所派送的 53 位專科女生所計算出來——不夠精確，以下會說明——的數據：五分之二是家庭主婦、五分之一是大學教授、五分之一是醫生、五分之一從事例如基督教女青年會方面的工作。雖然汪一駒用這

20　請參見舒新城，《近代中國留學史》，頁 265-266；以及 Y. C. Wang, *Chinese Intellectuals and the West, 1872-1949*, pp. 112-113.

21　Weili Ye, *Seeking Modernity in China's Name*, p. 135.

22　Ibid., p. 146.

個數據的目的，是要凸顯出：「給女性獎學金大概沒有多大的效益。」[23]
葉維麗引用汪一駒這個數據的目的，則是在作出剛好相反的結論。[24]只
是，她完全沒有解釋她如何可以根據汪一駒的數據，卻作出與他完全相反
的結論。

　　表 5.7 矯正了葉維麗從汪一駒的著作裡所徵引的——但不夠精確
的——有關 53 名清華專科女生在 1937 年的職業的分布。這個數據顯示了
清華專科女生在回國以後所從事的職業的多樣化。53 名裡，有 18 名，亦
即 33.96%，成為家庭主婦。無怪乎 1920、30 年代的批評，會說社會用珍
貴的資源送女學生到美國去留學，卻眼見她們回國以後結婚而不工作，是
一種資源的浪費。然而，1920、1930 年代的批評者、汪一駒、葉維麗都
錯誤的地方，在於他們都只從一個靜態的角度去詮釋這個數據。他們的錯
誤在於從一項單一的調查——當然，也是我們有的唯一的一項調查——去
詮釋這 53 位女性在回國以後在婚姻與就業之間所做出的極為複雜與流動
性的選擇與決定。換句話說，我們如果只看表 5.7 的數據，而不進一步去
探究，我們就很容易輕忽了 20 世紀初年留美女學生回國以後在婚姻與就
業之間所必須面對的緊張與矛盾。

　　事實上，即使是葉維麗所謂的「賢妻良母」世代的歸國女留學生也面
對了結婚與就業之間的矛盾與緊張。換句話說，不管是哪一個世代，所有
留美女學生在回國以後都面對了或者結婚、或者就業兩條生涯選擇的道
路。這跟美國大學畢業的女性一直到進入 20 世紀以後所面對的問題完全
一樣。由於兩國女性所面對的經驗是如此的相似，我們可以參考資料豐
富、研究詳盡的美國的情況，來幫忙我們詮釋資料殘缺不全的留美女學生
的經驗。

23　Y. C. Wang, *Chinese Intellectuals and the West*, p. 112。葉維麗引汪一駒的數據的所在是她
　　出書以前所發表的“*Nü Liuxuesheng*: The Story of American-Educated Chinese Women,
　　1880s-1920s,” *Modern China*, 20.3（July, 1994）, p. 343, 15n.

24　葉維麗出書的時候，刪掉了她徵引汪一駒的紀錄。請參見 *Seeking Modernity in China's
　　Name*, p. 269, 138n。請注意：《清華同學錄》裡沒有葉維麗所說的這個表格。其用詞、
　　分類與不精確的地方都是來自於汪一駒所作的表格。

表 5.7　1937 年 53 名歸國清華專科女生的職業分布

職業	人數	％
家庭主婦	18	33.96％
大學教授	11	20.76％
醫生	5	9.43％
中學教師	3	5.66％
公職	3	5.66％
自營者	2	3.77％
在美就業	1	1.89％
亡故	1	1.89％
不詳	9	16.98％
總數	53	100.00％

資料來源：《清華同學錄》（北京，1937）。

　　與我們此處的分析最相關的，是兩個有關美國大學畢業女性的觀察。一個就是婚姻與就業兩相得兼的困難。從 19 世紀末年到 20 世紀初年，結婚與就業，對美國大學畢業的女性來說，是代表了兩個生涯的選擇。雖然兩者並不是截然不相容的，但婚姻確實影響了就業。舉個例來說，根據 1929 年的一項調查，在一千兩百位大學畢業的單身女性裡，只有 4.4％從來沒有就業過。相對地，在同一項調查裡，在一千名結了婚的女性——其中超過四分之三大學畢業——裡，有 40％從來就沒有在外工作過。[25]換句話說，儘管女性自身有追求專業的想望，儘管她們也面對了經濟上的壓力希望能進入職場，但一直到 20 世紀初年，對大多數美國女性而言，她們希望在婚姻和就業上兩相得兼的想望仍然是難以實現的。根據柯特（Nancy Cott）的研究：到了 1930 年，「全國只有不到 4％的結了婚的女

25　Barbara Solomon, *In the Company of Educated Women: A History of Women and Higher Education in America*, p. 173.

性嘗試著……既要有婚姻也要有工作。」[26]

　　有關美國大學畢業女性的第二個觀察是針對就業。從整體的數據來看，美國女性從 19 世紀末年到 1920 年代在就業上的進展是極為可觀的。舉個例來說，到了 20 世紀初年，在美國人口普查局定義為「專業及其相關職業類」（professional and kindred）的就業人口裡，有超過 40％是女性，而在整個就業人口裡，女性只占 20％多一點。然而，整體的數字所沒告訴我們的事實是：女性沒有什麼機會進入男性所掌控的專業。在 1920 年代以前，女性專業人士的增長，有四分之三都是教師和護士——典型的以女性為主（feminized）的職業，既沒有男性所掌控的專業所具有的自主性，也沒有他們所得享的高薪。[27]女性在男性所掌控的專業裡，例如，法律與科學，只獲得了一些象徵性的進展。即使在女性曾經有過極為耀眼的成就的醫學方面，在 19 世紀末到 1910 年的巔峰期，女醫生到了占所有醫生的 6％的比例。然而，從那以後，女性所占的比例就一再萎縮，一直到 1970 年代方才扭轉回來。[28]

　　對只能用殘缺不全的資料來詮釋留美女學生的經驗的我們而言，這兩個有關美國大學畢業女性的觀察對我們極有價值。這兩個觀察提醒了我們以下幾個事實：即使是走在中國之前的美國，其大學畢業的女性在當時也同樣必須面對著婚姻與就業之間的兩難；婚姻與就業是兩種生涯的選擇，她們常常被迫必須在兩者之間做一選擇；很少有女性能夠在婚姻與就業上兩相得兼。葉維麗說雖然 1910 年代「賢妻良母」世代的留美女學生內爍了男留學生的憂慮，擔心她們受教育會有害於家庭的理想，但她們還是出去找了工作。她用的證據是 1911 年對 20 位留美歸國的女學生的調查：「有 5 位結了婚，大概沒在外工作、6 位是醫生（包括那第一世代的 4 位女醫生）、8 位是老師。」[29]然而，葉維麗沒有進一步地從那個調查裡發

26　Nancy Cott, *The Grounding of Modern Feminism*, pp. 182-183.

27　Ibid., p. 217.

28　Ibid., p. 218.

29　Weili Ye, *Seeking Modernity in China's Name*, p. 135.

現婚姻與就業幾乎是兩個斷然的生涯選擇。我在表 5.8 裡用了同樣那份調查，顯示出除了一個例外，結了婚的不工作，而就業的則單身。表 5.8 也同時矯正了葉維麗使用這個調查所犯的兩個錯誤：一、她誤把一位職業不詳的單身歸國女學生列為老師；二、結了婚的不是 5 位，而是 6 位。那第 6 位結了婚的在外工作，是一位老師。

表 5.8　1911 年 20 位留美歸國女學生婚姻就業的調查*

結婚/家庭主婦	5
結婚／就業	1
單身／就業（教師）	7
單身／就業（醫生）	6
單身／就業與否不詳	1
總數	20

* 這 20 位裡的一位女醫生是在加拿大多倫多受教育的。
資料來源：F. Y. Tsao,“A Brief History of Chinese Women Students in America,” *CSM*, VI.7（May 10, 1911）, p. 622.

我們還有另外一份調查，也同樣說明了對 20 世紀第一個十年歸國的留美女學生來說，婚姻與就業是兩個不同——即使不是截然不相容——的生涯的選擇。表 5.9 是根據 6 年以後所做的另外一份對留美歸國學生的調查所得出的數據。這個 1917 年的調查包括了 19 位留美歸國的女學生。我們可以發現表 5.8 裡所顯示的婚姻與就業是兩個難以相容的生涯的現象，也出現在表 5.9 所呈現的數據裡。更值得注意的是，在比對了表 5.8 與表 5.9 的數據以後，我們可以發現婚姻影響了就業。有 6 位留美歸國的女學生，在這兩次的調查裡都被調查到。6 位當中的 5 位在 1911 年單身而且就業；她們在 1917 年調查的時候，仍然單身而且就業。然而，6 位當中有一位在 1911 年調查的時候單身而且就業。她在 1917 年調查的時候已經結婚而成為家庭主婦。當然，這兩份調查做得都很粗糙，而且調查人數不

多。同時，在兩份調查都被調查到的人數也太少。我們不能就遽以作為證據來作出結論。然而，這兩份調查的結果仍然值得令人省思。我在上文徵引了施達瑞特（Helen Starrett）研究 19 世紀美國女大學生的書名：《女子上了大學，然後呢？》索羅門（Barbara Solomon）也借用了這個書名來問：「結了婚，然後呢？」[30]

　　一言以蔽之，女性面臨著結婚或就業兩個生涯的選擇的時間點不是在大學畢業的時候，而是在要結婚的時候。維持單身的女性就業，而結了婚的則退入家庭。

　　值得提醒的是，我們不能太過死板地使用表 5.8 與表 5.9 裡的數據。這兩組數據有可能讓我們低估了歸國女學生在婚姻與就業之間的兩難。舉個例來說，表 5.8 裡的一位女老師在調查的時候才剛從美國回國。雖然我們不知道她教了幾年的書，但 6 年以後，在表 5.9 裡，她已經是一個家庭主婦。反之，太過死板地使用表 5.8 與表 5.9 裡的數據，也可以讓我們誤把婚姻與就業看成是兩個截然不能相容的生涯。這兩份調查相隔的時間只有 6 年，沒有足夠的時間來反映出有些歸國女學生可能會在孩子長大以後又回去工作。

　　總而言之，表 5.8 與表 5.9 裡的數據仍然是很具有參考作用的。這兩組數據所顯示出來的婚姻與就業幾乎是兩個截然不能相容的生涯的現象，跟同一個時代的美國婦女所面對的情況是極為一致的。中美兩國情況相似的程度還不只如此。就像社會與經濟條件足夠的美國女性從 1920 年代開始嘗試把婚姻與就業結合在一起，我們也可以看到留美歸國的女學生也開始在做同樣的嘗試。

　　表 5.10 的數據顯示了清華留美歸國專科女生在 1937 年的婚姻就業情況。我們可以發現表 5.10 的數據所顯示出來的趨勢與表 5.8 與表 5.9 的數據所顯示的相當不同，亦即，婚姻與就業不再是一個二中選一生涯選擇。雖然已經結婚與否仍然是清華留美歸國專科女生當中一個重要的分野——55％結了婚，45％單身——但結婚與否已經不再是一個她們是否就業的決

30　Barbara Solomon, *In the Company of Educated Women*, p. 122.

表 5.9　留美歸國女學生：所讀科系、婚姻、就業情況，1890s-1917*

科系	人數	結婚／家庭主婦	結婚／就業	單身／就業
人文藝術	6	3	1	2
教育	3	1	0	2
音樂	3	2	0	1
醫學	2	0	0	2
數學	1	1	0	0
哲學	1	0	0	1
文學／音樂	1	1	0	0
高中	1	0	0	1
不詳	1	1	0	0
總數	19	9	1	9

* 包括兩位美國土生土長的華裔。

資料來源： *Who's Who of American Returned Students*（Peking, 1917）.

定因素。雖然在就業方面，單身的清華留美歸國專科女生，在人數或是比例上，都高過已經結了婚的，但婚姻與就業已經不再是不相容的。誠然，在 24 位單身的清華留美歸國專科女生裡，有 14 位，也就是 58％工作。然而，在 29 位結了婚的清華留美歸國專科女生裡，有高達 11 位，也就是 38％，也在外工作——1930 年美國相應的數字才 24.7％！[31]

　　表 5.10 的數據特別有價值的地方，在於那是第一批清華留美專科女生回國將近 20 年以後所做的調查。也許是因為間隔了這麼長的時間才做調查，才會在比較年長的那幾批裡出現那麼高的結了婚卻又在外工作的比例，特別是 1914 與 1916 年那兩批——她們很可能是在孩子長大以後回去工作。反之，對於才回到中國不是很久，又因為結婚、辭去工作、成為家

31　Nancy Cott, *The Grounding of Modern Feminism*, p. 183.

表 5.10　1937 年清華留美歸國專科女生婚姻就業情況

	總數	結婚	就業	家庭主婦	單身	就業	不詳
1914	10	9	3	6	1	1	0
1916	10	7	4	3	3	2	1
1918	8	6	1	5	2	2	0
1921	10	4	2	2	6	3	3
1923	5	0	0	0	5	2	3*
1925	5	3	1	2	2	0	2
1927	5	0	0	0	5	4	1
總數	53	29	11	18	24	14	10

* 包括當時已逝的一位。

資料來源：《清華同學錄》（北京，1937）。

庭主婦的清華留美歸國的專科女生而言，這份調查就所捕捉到的，就是她們成為家庭主婦的階段。總而言之，表 5.10 的數據顯示了清華留美歸國的專科女生在婚姻與就業方面所做的選擇與調適：一、婚姻與就業仍然是兩個截然不同的生涯選擇。雖然超過半數的清華留美歸國的專科女生選擇了婚姻，但有相當高的比例維持單身——不管是不是有意的選擇。二、雖然大多數結婚回歸家庭，但有一小部分在婚姻與就業方面兩相得兼——不管是同時的，還是在把孩子養育大以後才做到的。

　　然而，我們不能忘了清華留美專科女生畢竟是留美女學生裡的翹楚。由於我們沒有其他留美女學生回國以後婚姻就業方面的資料，我們絕對不能用清華留美歸國的專科女生的經驗來推論。然而，我們可以從前一個世代的留美女學生回國以後的經驗、她們所學的科系，以及美國大學畢業女性的就業情況等等，來做一些初步的觀察。當然，一如我在前文已經分析過的，所學的科系並不是一個有用的就業的指標。然而，在沒有其他資料的情況之下，那是我們唯一可以拿來作為提出暫定結論的依據。如果教職——從幼稚園到高中——在 20 世紀初年成為留美歸國女學生最主要的工

作，這個趨勢應該是會持續的。由於留美歸國女學生的人數不多，她們進入教職不可能會像美國的情況一樣造成教職的女性化（feminization）。不但絕大多數的老師是男性，而且校長以及其他行政主管也都是男性。

　　我們很難從上述的分析裡得出確切的結論，因為我們對留美女學生回國以後的情況所知實在是太少了。然而，如果我們要作出任何的推斷，那一定不會像葉維麗那麼樂觀。根據她的描述，留美女學生是持續地向性別平等的道路邁進。我們所能想像的實際的情況是相當複雜的。在進步中，有退步的情況；在喜悅與成功的例子以外，一定也有許多扼腕與幻滅的例子。葉維麗所特別舉出來支持她的說法的三位女學生就是最好的例證。第一位是張繼英，1921 年清華留美專科女生。葉維麗說張繼英決心學新聞，因為那是能「確保女性經濟獨立」的職業。[32]可惜的是，葉維麗沒有告訴我們張繼英回國以後，是不是成功地從事新聞的專業，並獲取了經濟的獨立。事實的發展沒有像葉維麗所想的那麼順利。張繼英在 1924 年拿到密蘇里學院的新聞學士學位，1925 年拿到哥倫比亞大學的碩士學位。她回國以後先是出任上海基督教女青年會編輯部的主任。後來，一直到 1930 年代初期，她在南京擔任「合眾社」（United Press）——1958 年跟「國際社」（International News Service）合併以後，成為「合眾國際社」（UPI）——的記者。[33]過後，她就似乎從公眾的眼裡消失了。1933、1937 年的《清華同學錄》都只列出了她的姓名、學歷、通訊地址，沒有任何職業的訊息。[34]

　　葉維麗所舉的第二位是顧岱毓，1918 年清華留美專科女生。顧岱毓在 1922 年拿到歐柏林學院的音樂學士學位。她在 1922 年 11 月號的《中國留美學生月報》裡發表了一篇振奮人心的文章，鼓勵女性進入商界以爭取經濟上的獨立。[35]葉維麗說顧岱毓在回到中國以後，「在上海創立了一

32　Weili Ye, "*Nü Liuxuesheng*," p. 335.

33　趙敏恆，《採訪十五年》（台北: 龍文出版社，1994），頁 45。

34　《清華同學錄》，1933、1937。

35　D. Y. Koo, "Woman's Place in Business," *CMS*, XVIII.1（November, 1922），pp. 34-36.

家女子銀行。」[36]然而，實際的情況並沒有那麼多采多姿。我找不到顧岱毓在上海創立一家女子銀行的資料。民國時期唯一一家以女子為名的銀行是「上海女子商業儲蓄銀行」。顧岱毓回國以後，曾經在這家銀行當過副經理。後來她是在「金陵女子大學」教音樂。1933 年的《清華同學錄》說她在金陵女大教音樂。[37]兩年以後，1935 年的《上海清華同學錄》沒列出她的職業，應該已經成為家庭主婦。[38]1937 年的《清華同學錄》裡同樣沒有她在職業方面的訊息，應該就是家庭主婦。顯然顧岱毓至少在1935 年以後就成為家庭主婦——不管是暫時的，還是永久的。她之前在金陵女大教音樂，我們不知道究竟是否全職。她的先生是清華 1917 級的王祖廉，1919 年拿到芝加哥大學的經濟學碩士學位，1922 年拿到芝加哥大學的銀行學博士。1937 年同學錄記他的職位是「川黔鐵路公司總稽核」。顧岱毓的名字冠著夫姓，是王顧岱毓。[39]

　　葉維麗所舉的第三位是這三位清華留美專科裡最為人所知，也是資料最多的陳衡哲。她是 1914 年清華留美專科女生，1919 年拿到瓦莎女子學院的學士學位，1920 年拿到芝加哥大學的碩士學位。許多人喜歡稱頌陳衡哲是第一位在北大任教的女性。然而，實際上的故事比這個稱號複雜，而且也簡單多了。她在 1920 年學成歸國。同年，她成為北京大學第一位女教授，並和任鴻雋結婚。陳衡哲任教北大不久，就因為懷孕而辭職。從那以後，除了曾經 1924 年在南京的東南大學教過一年的書以外，她是一個家庭主婦。如果她曾經有過重拾起工作的希望，「七七事變」的發生大概就粉碎了這個想望了。陳衡哲不甘只是作為一個家庭主婦；她繼續從事智性上的追求。在 1920 年代，她除了在報章雜誌上發表評論時事的文章以外，更出版了一本西洋史教科書以及一本短篇小說選集。

　　那本短篇小說集裡的〈洛綺思的問題〉所描寫的，就是婚姻與就業不可相得而兼的兩難。〈洛綺思的問題〉的素材，是根據瓦莎學院娃須本

36　Weili Ye, *Seeking Modernity in China's Name*, p. 146.

37　《清華同學錄》，1933。

38　《上海清華同學錄》，1935。

39　《清華同學錄》，1937。

（Margaret Washburn）教授和康乃爾大學提區納教授（Edward Tichener）
之間的戀愛故事。葉維麗說得對，洛綺思的問題就是陳衡哲的問題。在這
個故事裡，洛綺思在 20 年前取消了她與她的老師的婚約，因為她擔心婚
姻會影響到她的學術事業。有一天，她作了一個甜夢，夢見她結了婚，有
兩個可愛的孩子。只是，那個甜夢剎那間變成了一個噩夢。當她走到在屋
子的另一個角落抽菸的先生，想跟他分享她從婚姻與家庭中所得到的甜蜜
的時候，突然發現那個先生不是她從前的老師，而是一個完全不認識的粗
工。從噩夢驚醒的洛綺思思量著她在婚姻與事業之間所做的選擇。她領悟
到她是失去了人生裡一個重要的元素：

> 她此時方明白她生命中所缺的是什麼了。名譽嗎？成功嗎？學術和
> 事業嗎？不錯，這些都是可愛的，都是偉大的，但他們在生命之中，
> 另有他們的位置。他們或能把靈魂上升至青天，但他們終不能潤得靈
> 魂的乾燥和枯焦。[40]

　　洛綺思誠然在夢醒以後悵惘莫名，覺得學術與事業「終不能潤得靈魂
的乾燥和枯焦」。葉維麗說，洛綺思終於領悟到事業與婚姻就像山與湖一
樣，「需要彼此才可能譜出一個美麗的景色。」[41]

　　葉維麗這個詮釋完全錯誤。很可能因為她亟亟於以陳衡哲為例，來證
明五四世代開始成功地做到了把婚姻與事業結合起來的嘗試，她把問題看
得太簡單了。陳衡哲在〈洛綺思的問題〉裡表明得非常清楚，就像婚姻與
事業無法兩全一樣，湖山相映的光色在女性的人生裡，注定是不可能有
的。山與湖就像是人生裡的兩顆金鑽，女性可以選其一，但不可能兩者皆
有。對洛綺思來說，她窗外看出去的山美則美矣，但就是美中不足：

> 有一天，她正坐在廊上這樣癡癡地想著。猛抬頭看見對面的一帶青

40　陳衡哲，〈洛綺思的問題〉，《小雨點》（台北重印本，1980），頁 90-91。

41　Weili Ye, *Seeking Modernity in China's Name*, p. 149.

山，正落著夕陽的反照，金紫相間，彩色萬變，說不盡的奇偉美麗。她對著青山注視了許久，心中忽然如有所悟，覺得那山也和她的生命一樣，總還欠了一點什麼。她記得她從前在離山數十里的地方，曾見過一個明麗的小湖，那時她深惜這兩個湖山，不能同在一處，去相成一個美麗的風景，以致安於山的，便得不著水的和樂和安閑，安於水的，便須失卻山的巍峨同秀峻。她想到這裡，更覺慨然有感於中，以為這真是天公有意給她的一個暗示了。[42]

葉維麗說，陳衡哲寫〈洛綺思的問題〉，可能有助於她釋懷她當初結婚的決定。[43]這一筆就帶過了陳衡哲刻骨銘心的掙扎與煎熬。山與水，她只能選其一，不可能兼得。陳衡哲說得多麼的悵惘：「這真是天公有意給她的一個暗示」：「安於山的」，「得不著水的和樂和安閑」；「安於水的」，「便須失卻山的巍峨同秀峻」。

陳衡哲這山和水的典故，不消說，是《論語》裡的：「仁者樂山，智者樂水。」就像那巍秀的山與明麗的湖不可能同在一處一樣，洛綺思既然選擇了要當一個智者，她就無法同時也要當一個仁者了。相對地，陳衡哲既然選擇了要當一個仁者，她也就無法兼當一個智者了。

陳衡哲沒有她自己獨立的事業。她一生中只教了四年的書；最後一次是 1930 年在北大。誠然，她持續追求智性上的生活，勤於寫作。然而，無可否認的事實是，她放棄了自己的專業。婚姻與事業——山與水——對陳衡哲和洛綺思一樣，是二者選一的抉擇。洛綺思選擇了水，但「失卻山的巍峨同秀峻」；陳衡哲選擇了山，卻失去了「水的和樂和安閑」。

雖然陳衡哲選擇了不去追求她自己的事業，但這並沒有妨礙她成為近代中國知名的一位女性。她是一位有成就的作家、敏銳的評論家、一位能與 1920 、1930 年代一小群文化菁英平起平坐的女性。如果她是活在一個安穩、富庶的社會裡，她是大可以靠寫作來為生的。她也大可以繼續留在

42　陳衡哲，〈洛綺思的問題〉，頁 90-91。

43　Weili Ye, *Seeking Modernity in China's Name*, p. 149.

北大任教。然而，她選擇了家庭，夫唱婦隨地跟著她的先生任鴻雋南北遷徙。就像表 5.10 的數據所顯示的，清華留美歸國專科女生裡有相當高的比例——1914 級清華留美專科女生裡有三分之一，所有清華留美專科女生裡的 38％——得享山水相映的美麗的景色。陳衡哲有可能可以兩者得兼，但她做了一個很可能是很困難的決定。陳衡哲能夠以家庭主婦的身分在近代中國的文化界裡開創出屬於她的一片天，這是一個很大的成就。大部分選擇了婚姻的留美歸國的女學生就沒有那麼幸運了。她們一旦結了婚，就不會再有讓她們能夠從家庭的畛域裡與外在的世界交流互動的管道了。

美國風的中國女性特質

　　女性特質，一如男性特質，是在整個文化的性別關係的脈絡之下所塑造出來的。我們要了解留美女學生如何扮演她們的女性特質，就必須在留美學生團體的性別關係的脈絡下來觀察。中國留美學生，不論男女，都必須遊走於兩個行為制約機制之下：一個是他們從出生長大視為當然的；一個是她們在美國所新接觸到的。然而，雖然男女留學生都必須遊走於這兩個行為制約機制之下，但只因為她們是女性，女留學生又多受到了一層的制約。女留學生除了受制於她們所內爍了的行為機制以外，還必須承受男留學生所加諸她們的。沒有一個女留學生敢公開地說她們理想中的男留學生應該是什麼樣子；男學生卻可以大放厥詞地高論中、美女性的異同，或者幾分的美國化可以使中國的女性更加地讓人喜歡。絕大多數的女留學生選擇保持緘默。然而，這並不表示她們在討論如何以賢妻良母的角色來救國的時候，她們只不過是在反芻社會所餵食給她們的論述。在她們宣揚家庭是社會與國家的基石的論述的時候，她們也同時是在用這些論述來推展她們自己的理念。更有意味的是，偶爾就是會有一兩位女留學生敢於發出不吐不快的肺腑之言。她們快言快語、一語中的的反詰，不但說明了那加諸女留學生身上的雙重的制約機制，其實是有其缺口與裂縫的，而且也淋漓盡致地表露出女學生是如何高明地堵住了男學生對所謂的女性的特質的

喋喋不休。

　　家庭（domestic sphere）對女留學生的吸引力，除了有她們對羅曼蒂克的愛情與婚姻伴侶的憧憬以外，也是社會壓力內爍的結果。對絕大多數那個時代的中國女性及其父母來說，獨身不只是讓人聞之色變，而且是無可想像、不可接受的夢魘。當時落後的經濟也是一個主要的因素。落後的經濟也是一個主要的原因。在工業化以及經濟發展帶來適合歸國女留學生的工作機會以前，結婚常常是一個最好的歸宿。此外，回歸家庭的呼喚，也有來自文化方面的吸引力。「持家有方」（domesticity）是一個具有驚人的彈性的意識形態。它不但可以因應不同時代不同的需要與思潮，它而且可以跨越文化的藩籬。中文裡誠然有「女子無才便是德」的說法。然而，儒家傳統體認到女子教育在母教方面的重要性，因為賢母教子有方，就是為國家社會培養了治國平天下的人才[44]——無異於美國 18 世紀的「共和國之母」（Republican Motherhood）以及 19 世紀的「純美的女性」（true womanhood）的理想。

　　在這種傳統中國女性或母教的理想之下，母親與外在世界的連結是間接的，是透過其所養育有成的兒子治國平天下來達成的。在 19、20 世紀之交，在民族主義論述的挪用之下，就賦予了傳統母教的理想以新的詮釋，把「婦女的畛域」（women's sphere）與外在的大世界找到了直接的連結，為近代中國女性找到了新的天職。[45]這個新的民族主義論述，把日本明治時期所鑄造出來的「良妻賢母」的名詞與觀念引進中國，成為近代中國女性的新理想，從體質、性格與性向方面，重新塑造了男女有別的標準，強調女性特有的薰陶、養育的責任與角色——頗類似於美國 19 世紀的婦女運動的說法。[46]這個「賢妻良母」的新論述與美國婦女運動，特別

44　Dorothy Ko, *Teachers of the Inner Chambers: Women and Culture in Seventeenth-Century China*（Stanford, Cal.: Stanford University Press, 1994）, pp. 158-160.

45　Wang Zheng, *Women in the Chinese Enlightenment: Oral and Textual Histories*, pp. 69, 172-173; Weili Ye, *Seeking Modernity in China's Name*, pp. 134, 150.

46　Nancy Cott, *The Grounding of Modern Feminism*（New Haven: Yale University Press, 1987）, pp. 6-7,16-37.

是進步主義時期的婦女運動不同的所在，是在於它所著重的不是「婦女的畛域」的擴充，而毋寧是其新的命意與使命。更重要的是，這個「賢妻良母」的論述完全不能想像女性可以走出家門，從事社區的服務與工作。

這個 19、20 世紀之交的女性理想牢不可拔地宰制著本書所分析的女留學生。從 19 世紀末年到 1930 年代初年本書的故事的結束點，留美女學生的人數從一開始那四位由教會資助學醫的女學生，增加到大約兩百名，遍布美國各大學，學習各種不同的學科。在這幾近半個世紀的時光裡，中國經歷了滿清的覆亡、民國的糜爛、五四新文化運動、軍閥，到國民黨北伐統一中國。在美國方面，新起的女性運動揚棄了許多 19 世紀婦女運動的教條，特別是從本質主義的角度去闡述那所謂的女性的特質的論述。[47]然而，許多留美女學生仍然墨守著「賢妻良母」的理想，或者是「賢妻良母」與美國 19 世紀的婦女運動所揭櫫的理想的混合。一小部分的留美女學生開始揭櫫從「純美的女性」的理想轉化成為新女性的理念。[48]她們所用的語言以及她們所揭櫫的理想散發出一種獨立、自信的氣息。然而，即使在那些極少數走在最前端、提倡女性要在經濟上獨立、要有自己的事業的女學生，常常還是退回到以所謂女性所擁有的特質來作為立論的基礎。

然而，我們不能陷入從前許多學者所落入的窠臼，用美國中產階級白人女性向女性主義的目標邁進的軌跡來分析留美女學生。[49]如果留美女學生仍然持續地視家庭為她們的領域，這並不一定表示她們落在美國女性之後，或者她們一定就是比較守舊或傳統。中國女性向女性主義的目標邁進的軌跡迥異於美國中產階級的白人女性。五四新文化運動對傳統中國家庭制度的批判是激進的，是打倒偶像崇拜的。五四時期批判傳統的人絕大多

47　Nancy Cott, *The Grounding of Modern Feminism*, pp. 37, 96, 151.

48　Barbara Welter, "The Cult of True Womanhood: 1820-1860," *American Quarterly*, Vol. 18, No. 2, Part 1.（Summer, 1966）, p. 174.

49　有關援引西方女性主義的觀點來研究第三世界婦女的謬誤的批判，請參見 Chandra Monhanty, "Cartographies of Struggle: Third World Women and the Politics of Feminism," in Chandra Mohanty, Ann Russo, and Lourdes Torres, eds., *Third World Women and the Politics of Feminism*（Bloomington: Indiana University Press, 1991）, pp. 1-47.

數都是男性。他們視傳統家庭制度是專制的中國傳統具體而微的體現。他們對傳統家庭制度的批判，是集中在體現了父權的數代同堂的家庭結構、媒妁之言的婚姻，以及對個人——男女皆同——的壓制。他們心目中理想的家庭是核心家庭。如果五四男性對家庭以及女性的論述是激進、打倒偶像崇拜的，參與從事這種論述的女性——不管她們是呼應男性的批判者，還是提出屬於自己的論述豈不也是如此嗎？[50]作為一個整體，留美女學生誠然是保守的。然而，從她們的故事，我們得以管窺這一群留美、養尊處優的女性如何回應社會上——中國的、美國的——以及留美學界的男性試圖加諸其身的女性特質。從她們對這些所謂的女性特質的回應與挪用，我們可以管窺她們是如何發揮她們的理念。

留美女學生在本書所分析的將近半個世紀的時光裡，並沒有呈現出像葉維麗所頌讚的從家庭走向專業的軌跡。同時，她們也沒有因為世代或出身學校的不同，而呈現出不同的對女性與社會的看法。對女性在社會上的地位提出最前進的看法的，可以是早期的女留學生。反之，晚期才留美的女學生，可能反而是最憧憬成為家庭主婦的人。留美女學生裡最有個性的，不會被所謂的男女各有其專屬的領域的想法所自限。反之，那些有小鳥依人的性向的，則認為結婚就是她們的歸宿。

宋氏三姊妹裡的大姊宋靄齡是早期留美女學生裡一個極有意味的例子。這位 1904 年到美國留學，後來跟孔祥熙結婚，據說在中國的聚斂讓他們在美國擁有 10 億美元資產的宋靄齡，留美的時候就不是等閒之輩。她在 1907 年 4 月號的《中國留美學生月報》上發表了一篇題目看似平淡無奇，但卻是用文明那麼大的字眼來討論女性的地位的文章。她的題目是：〈為中國女子教育請命〉（A Plea for the Education of Woman in China）。她的立論基礎是：文明的進步是用女性的地位來衡量的：

50　有關高彥頤對五四論述視女性為受害者的批判，請參見 Dorothy Ko, *Teachers of the Inner Chambers*, pp. 1-10。有關五四的男性論述，請參見 Gilmartin, *Engendering the Chinese Revolution: Radical Women, Communist Politics, and Mass Movements in the 1920s* （Berkeley: University of California Press, 1995）, pp. 19-24.

　　無可否認的事實是：盎格魯‧撒克遜民族為這個世界的文明、進步
與啟蒙所做出的貢獻要超過所有其他民族。這其中最重要的因素，恐
怕莫過於這個民族對女性的尊重了。一個社會的基礎必然是家庭；而
家庭裡最具有影響力的就是那女主人。所以，盎格魯‧撒克遜民族給
予她──統御國家的精神力量──這崇高的地位與尊崇的作法，就為
他們的文明立下了最堅實的基礎。[51]

　　毫無疑問地，宋靄齡的立論基礎是女性持家的「純美的女性」的論
述。然而，她用來論述為什麼中國需要女子教育的反證是慈禧太后。她把
中國的落後怪罪在慈禧身上。這是當時的男留學生沒有一個敢說的話。她
批評慈禧迷信。她說：「這位女性很顯然地是有她的潛力的，因為雖然她
迷信，她有統御的權力與智力。試想：如果她能在進步的精神之下來治理
的話，她可以把中國提升到沒有人所可以夢想的高度。」

　　重點是，宋靄齡把男女的畛域打破了。在以慈禧作為反證的時候，她
並沒有質疑慈禧擅權──從傳統男性的角度來看，是顛倒了男女之別的極
致。她所假想的是：如果慈禧能有現代的教育的話，那會對中國帶來多大
的好處：「如果一個被她的國家的習俗所囿的女性能握有這樣的權力，設
想如果像她這樣聰慧又具有世界眼光的人，能有像幸運的美國婦女一樣接
觸到的學問與自由，她所可能做出的成就會有多大？」然而，就在宋靄齡
如此大膽地打破了男女的畛域以後，她卻又倒退了好幾步。不知道是不是
為了攻心為上，她很技巧地訴諸男留學生自己的利益來提倡女性教育。她
問說：一個男人，在美國留學以後，特別是「在與有教養、聰明的美國女
性交往過後」，怎麼有辦法在回到中國以後接受一個「因為沒有機會受
教」，而沒有能力作為他的伴侶的女人呢？因此，雖然宋靄齡打破了男女
的畛域，她還是以「純美的女性」的理想作為立論的基礎來論述。

　　20 世紀初年，在《中國留美學生月報》上發表過文章討論女性及其

51　以下分析宋靄齡這篇文章是根據 E. Ling Soon〔Soong Ai-ling〕, "A Plea for the Education
　　of Woman in China," *CSM*, II.5（April, 1907）, pp. 108-111.

在社會上的角色的留美女學生裡，唯一一位不折不扣，唯一一位使用女性主義這個名詞的女性主義者是李美步。在廣州出生的她，從小就由她母親帶到紐約，跟在紐約擔任浸信會牧師的父親團圓。她在 1921 年拿到哥倫比亞大學的學士學位。李美步 1914 年在《中國留美學生月報》上所發表的文章題目是：〈婦女參政權的意義〉（The Meaning of Woman Suffrage），顧名思義，是一篇提倡婦女參政權以及女性主義的文章。[52]她說，很少有像婦女參政權以及女性主義被如此誤解的問題：

> 原因是婦女參政在一開始的時候，被視為是不正常、怪異、異常的。於是，就變成了一個代表荒謬的字眼。女性會想要擔任母親以外的角色，乍看之下，真的是悲劇到滑稽的地步；然而，如果我們坐下來仔細地想想，拋開所有的情緒，我們就會發現這只不過是進一步地實現公義與平等的觀念而已。

李美步說婦女參政是女性主義運動四階段或面向裡的一個：「第一個是心靈（moral）、宗教或精神上的；第二個是法律上的；第三個是政治上的；第四個是經濟上的。」女性主義只不過是把民主的原則應用在女性身上而已：「只不過是讓女性有平等的機會來證明她們的能力以及她們所能勝任的工作而已。」至於女性主義運動裡的四個面向，她認為法律上的面向是最不重要的，因為那場仗已經打勝了。政治上的面向則是戰鬥的最前線，婦女參政的示威運動就是其表徵。精神上的面向，像是自我表現的自由，像是不從俗的自由——「愛穿什麼就穿什麼，愛學什麼學科就學什麼學科」——乍看起來似乎並不重要，但終究會是。李美步認為女性主義運動裡最重要的，同時也是整個女性運動所繫的，是經濟的面向：

> 這個經濟面向的歷史可以分成三個階段或觀念。第一，從前的看法認為女性，不管是單身還是結了婚，都應該留在家裡。後來，工業革

52　Mabel Lee, "The Meaning of Woman Suffrage," *CSM*, IX.7（May 12, 1914）, pp. 526-531.

命發生，把工業帶出家庭，同時也把婦女帶出家庭。為了應付這個新的情況，於是出現了第二種觀念，亦即，女性必須在兩種特權裡選其一：結婚或者出去工作。女性一結婚就必須放棄她的工作留在家裡。這第二個觀念，就是我們現在所面對的。然而，第三種觀念已經到來了，那就是不管結婚與否，女性應該有經濟上的自由。

作為一個女性主義者，李美步體認到絕大多數的中國女性會結婚。她認為擁有自己的經濟自由的專業婦女對先生和孩子都是有利的：「理想的婚姻是一種同伴情誼（comradeship）。」這種同伴情誼不可能產生，「除非雙方在智性上是投合的。」如果雙方都有職業，婦女可以在心智上繼續成長，同時也知曉世界上所發生的事情。職業婦女結婚不是為了「錢」；「如果夫妻都有經濟獨立的能力，他們雙方就會更加尊敬地對待彼此。」同樣地，有屬於自己的職業的母親的孩子也會受益。雖然他們的母親不可能隨時隨地在他們身邊照顧他們，但他們所得到的益處會更大，因為他們「會有可以在智性上跟他們交流的母親」。這對母親也有好處。這是因為「如果一個母親在白天有智性方面的事務需要處理，她就可以比一個整天待在家裡被孩子吵昏了頭的母親，能用比較清新的態度去對待孩子。」

站在宋靄齡與李美步的對立面的，是那些服膺因為男女有別而應該有不同的領域的意識形態的留美女學生。比如說，Margaret Wong 在她於1909 年美東留學生聯合會所舉辦的夏令營裡英文演說冠軍的演講裡就認為女性的天職是在家庭。她說，中國女性從來就沒有像現在一樣，更加體認到「她的能力與機會、她對國家的價值、她對家庭的責任，希望把自己訓練得讓自己能更加勝任地在造物者所分配給她的領域裡工作」。她說中國女性所懇求能夠接受的教育，是那種「真正能讓她們成為受過教育的先生的好幫手、孩子的好母親」。[53]何恩明夫人，我們不知道她的本名。她

53　Margaret Wong, "What Does an Education Mean to a Chinese Woman?" *CSM*, V.2（December, 1909）, pp. 107-109.

是新英格蘭音樂學院的學生，1909-1910 學年度《中國留美學生月報》的副編輯。她也認為不管「男女天生在智力與其他方面是平等的」的說法是否正確，大自然是分配給了男人與女人不同的領域與責任：「給較強壯的性別的，是海上的工作與危險、田地裡的辛勞；給弱小的性別的，是打點家事、烹飪、做衣服、養育孩子。」[54]

認為女性天性是比較適合留在家庭裡的信念是堅不可摧。葉維麗說在1914 年以後留美的女學生──她所謂的五四世代──「比較沒有興趣去證明現代教育與女性的優點之間的關聯。」[55]事實正好相反。在留美女學生裡，用最經典的「純美的女性」的論述來強調男女有別的領域的，就恰恰是一位清華留美專科女生──葉維麗所謂的五四世代的代表。她的名字是蔡秀珠，1916 年的清華留美專科女生。她在 1920 年拿到瓦莎女子學院的學士學位，1921 年拿到哥倫比亞大學的碩士學位。她得到 1919 年《中國留美學生月報》女子徵文比賽的第二名。在這篇題名為：〈理想的女性〉（Ideal Womanhood）的得獎文章裡，蔡秀珠說：「女性的職業是去提升男性的生活，使其更為高貴。」她歌詠著說：

男人在外面的世界做粗重的工作一定會遭遇到各種危險與試煉……白天工作如此辛苦，他回到我們稱之為「家」的所在尋找休憩與平和。家不是「那外在世界的一部分，只是剛好有屋頂可遮、有壁爐的火可生而已」。它是平和、幸福與愛的所在。那兒沒有危險或誘惑；沒有憂傷；只有愛與共同在智性上的興趣。只要她調理得好，一切都會順遂。家是社會的中心，是人類的核心。當所有這些都淨化、人性化，社會也將會是如此。女性這個把社會淨化、精神化、人性化的任務，是人類所有任務裡最高的一種，是比任何天才或政治家所能做的更加高貴。[56]

54　Mrs. En Ming Ho, "The Influences and Duties of a Woman," *CSM*, V.6（April, 1910），pp. 361-363.

55　Weili Ye, *Seeking Modernity in China's Name*, p. 141.

56　Sieu-Tsz Ts'a, "Ideal Womanhood," *CSM,* XIV.8（June, 1919），p. 486.

　　蔡秀珠不是唯一服膺「純美的女性」的論述的清華留美專科女生。最讓許多人驚訝的是其他兩位清華留美專科女生。第一位是 1921 級的顏雅清。她留美讀的是史密斯女子學院（Smith College），但因為跟家人回國而沒有畢業。她有一個赫赫有名的家世。父親是有名的醫學教育家顏福慶；伯父是政治、外交名人顏惠慶。顏雅清後來是一位跨越中美兩國的國際、外交、飛行名媛。然而，她在史密斯女子學院讀書的時候，卻發表過一篇「純美的女性」的論述的文章。她在 1924 年 2 月號的《中國留美學生月報》上所發表的一篇文章裡，闡述了有大學教育的妻子對家庭會帶來的好處。她引述了 1900-1937 年出任曼荷蓮女子學院校長吳莉（Mary Woolley）的一句話：「很少女性是偉大的，但她們在絕大多數實際的方面是極為有幫助的；除此之外，『她們是男人的鼓舞者。』」為了證明受過大學教育的妻子是先生較好的伴侶，顏雅清把中國男人在婚姻上的不快樂歸罪於妻子的不夠格：「我不責備一個世代以前的男人對家沒有興趣。因為〔他們的家〕是一點趣味也沒有。他們的妻子無知；如果她們受過教育，她們所會的，是朗誦那老舊的經書、作詩填詞，而不是學一些實用、立時可用的技藝。」補救之道，就在給予未來的妻子大學的教育。她說：「高等教育、大學教育，會打開女性的眼睛與心靈去追求更高的理想，因而也會要求男人要有更高貴的特質。」[57]

　　除了蔡秀珠以外，第二位最會讓人驚訝她居然也服膺「純美的女性」的論述的清華留美專科女生，是葉維麗徵引來作為五四世代女性主義者的代表的陳衡哲。不管陳衡哲後來的想法如何，她在 1919 年 3 月號的《留美中國基督教月刊》（*The Chinese Students' Christian Journal*）所發表的一篇文章裡，稱道家庭是女性主要的範圍：「因為那是絕大多數年輕女性未來的工作範圍，而且也因為那是未來世代的搖籃。」她說：

57　Ya-Tsing Yen, "College Wives and College Citizens," *CSM,* XIX.4（February, 1924）, pp. 21-22.

因為有快樂的個人，才會有快樂的國家；因為一個不快樂的家不可能會生出快樂的成員，因此一位女性可以為國家做出不小的貢獻，如果她能夠去除家庭不快樂的因素，同時又把自己作成一個賢妻良母。所以，任何一位女性都要記得：絕不要以為婚姻是逃避社會責任、過著自私、寄生的生活的避難所；結婚意味著接受一個新的職業，其對於國家的重要意義是不可能被過度強調的。[58]

當時不只是蔡秀珠、顏雅清、陳衡哲服膺「純美的女性」的理想。華盛頓大學的 Rose Law Yow 在 1920 年 3 月份徵文比賽的得獎文章裡說：「婦女是世界的家庭主婦。一個家是她君臨天下的國度。」為了幫助婦女履行其家庭主婦的角色，她們必須要接受家庭技藝方面的教養。她指出：男人「有意進入專業的領域，需要多年的學習與準備」。她覺得對家事，社會未免太過粗心了：「很少女性有這樣的機會。」那是一個很明顯的謬誤去假定：「她們有其性別所賦予的本能，知道如何持家。」一個正確的社會分工是：「男人的職責在供養、建造；女人的職責在儲存、使用。」[59]

總之，20 世紀初年的留美女學生所服膺的女性特質極為不同，從李美步女性主義的立場，到那些支持男女有別的領域的女學生。整體來說，家庭一直是留美女學生所重視的領域，即使她們的著重點以及立論基礎隨著時代的變遷而改變。留美女學生會一直強調家庭，是因為在傳統中國社會文化氛圍出生長大的她們，絕大多數都知道她們會結婚生子而成為母親。然而，她們的論述也有其新穎的一面。如果五四知識男性的論述是強調夫妻在智性上要相配，留美女學生所要的，是知識與心靈上相契合的伴侶。即使留美的女學生的論述雷同於美國早期「共和國之母」以及「純美的女性」的論述，她們所要求的在家庭裡的監護管理的角色，也迥異於傳

---

58 Sophia H. Chen, "A Brief Survey of Women's Fields of Work in China," *The Chinese Students' Christian Journal*, V.3（March, 1919）, pp. 20-27.

59 Rose Law Yow, "The Need of Household Efficiency," *CSM*, XV.7（May, 1920）, pp. 21-23.

統中國家庭裡的女性。她們所要求的監護管理的角色，傳統中國家庭的女性即使終究能夠得到，通常是要等到把兒女養大成人以後。換句話說，留美女學生所參與塑造的女性的特質，是要作為一家的女主人。放在當時中國的社會脈絡下來看，其所要求的就是核心家庭，而不是傳統文化理想裡的大家庭的結構。

與此同時，「純美的女性」的論述，也提供了她們一些詞彙去參與民族主義的論述，說由於她們作為女性的特質，她們可以從她們所純淨化了的家，去影響她們所住的社區，乃至於整個社會與國家。從當時中國的文化社會氛圍的脈絡下來看，留美女學生訴諸「純美的女性」的論述已經是會令人側目了。那些少數把她們的眼光放到家庭以外的女學生——即使她們仍然必須訴諸「純美的女性」的論述——可以想像一定是多麼的驚世駭俗了。雖然有留美女學生仍然認為作為家庭主婦是她們的天職，但她們當中也有一些認為家庭是她們進一步為社會服務或者從事專業的基地。

值得指出的是，留美女學生所認同的是中產階級的白人女性的價值與品味。其所意味的，是留美學生——不分男女——在階級上所認同的是中產階級的白人，雖然在種族上，他們都是被鄙視的。20 世紀初年的留美女學生是來自於富裕的家庭，因為她們泰半沒有機會拿到公費。我們如果把她們放在當時中國的社會經濟的脈絡下來看，就可以很清楚地看出她們是社會上的天之驕女了。20 世紀初年的女子教育極為落後。根據一份研究，1907 年，宋靄齡在《中國留美學生月報》上發表上文所提到的那篇文章的那一年，全中國只有 1,853 名女學生，占當時學齡的人口的 0.21％。[60]全國女學生的人數在 1912-1913 年度增加到 141,130 名，占 4.81％的學齡人口。到了 1922-1923 年度，總數增加到 417,820，占

60　本段以下的討論是根據 Paul Bailey, "Active Citizen or Efficient Housewife?　The Debate over Women's Education in Early-Twentieth-Century China," in Glen Peterson, Ruth Hayhoe, and Lu Yongling, eds., *Education, Culture, and Identity in Twentieth-Century China*（Ann Arbor: The University of Michigan Press, 2001）, pp. 320-321, 335 9n; and Sarah McElroy, "Forging a New Role for Women: Zhili First Women's Normal School and the Growth of Women's Education in China, 1901-21," in ibid., pp. 366-367.

6.32%的學齡人口。這些數字本身已經少得可憐了。然而，它們所指的，主要是小學生。中學女生的人數更少。1912 年，全中國只有 10, 066 名中學女生，占學齡人口的 9.77%。到了 1922 年，她們的人數只增加到 11,824 名，占學齡人口的 6.46%。一直到 1920 年為止，女學生無緣高等教育。該年 2 月，北京大學第一次招收了 9 位女學生為旁聽生；她們的年齡從 19 歲到 28 歲。到了 1922 年，全中國有 665 名大學女生，占全國大學生的 2.1%。在女子教育這麼落後的時代脈絡下能到美國留學，她們是天之驕女中的天之驕女的事實，就不言而喻了。

　　另外一個可以用來判斷留美女學生家庭在社會上的地位的指標，是她們有許多人假定每一個人的家裡一定會有傭人。在她們成長的階段，家裡都有傭人；她們而且假定她們結了婚以後，會需要管理傭人。胡彬夏就是一個典型的例子。她在 1913 年拿到衛斯理女子學院（Wellesley College）的學士學位。她在 1913 年的一篇演講裡，為康乃爾大學女學生描述了傳統中國閨秀的家庭教育：「閨秀會學縫紉、刺繡、烹飪、持家、管理傭人、以及其他會讓她在將來成為一個勝任的女主人的技藝。」[61]她回到中國以後，跟同樣是留美學生的朱庭祺結婚。她除了在很短的一段時間裡出任《婦女雜誌》的編輯並在基督教青年會工作以外，她確實是留在家裡專心持家並管理傭人們。[62]

　　同樣地，1918 年「顧維鈞夫人女子徵文比賽」得第二名的 Grace Joy Lewis，在她的〈美國的家庭生活〉（American Home Life）一文裡，也假定留美女學生未來持家的模式，是把瑣碎的家事交給傭人處理。她在這篇文章裡雖然說最好的美國家庭可以作為中國的楷模，但她強調中國人並不需要全盤地模仿美國的家庭。她最不以為然的，是有些美國婦女在外工

61　Pingsa Hu, "The Women of China," *CSM*, IX.3（January 10, 1914）, p. 200.

62　有關胡彬夏回國以後的生活，請參見 Krista Klein, "Writing for *The Ladies' Journal* as a 'New Woman' of China（1916）: The Authorship of Hu Binxia," a paper written at the History Department, University of California, Berkeley, May 25, 1997，現藏於衛斯理女子學院檔案館。特此敬謝該檔案館的 Wilma Slaight 女士提供我這篇文章。

圖 18　衛斯理女子學院同學會會員合照，攝於 1913 年。
右邊坐者是胡彬夏。
The Chinese Students' Monthly, 8.8（June 10, 1913），頁 516 之後。

作。她對留美女學生的忠告是：「中國女子目前還沒有出外工作的必要。
家有許多事在等著她去做，去改良它，去維護理想。而且，〔出外工作〕
是有風險的。多年沒有在外拋頭露面，使我們變得脆弱。我們需要時間學
習如何自持，獲取經驗，方才知道要如何運用我們的自由。」在改良家庭
方面，她說：「女主人沒有必要為家事操勞。」把家事交給傭人去做：
「拿掃把掃地、用洗衣板洗衣服、烘焙麵包的婦女不會有多少時間分給她
的家人。」這是因為：「一個家需要她所有的時間與精力，她的頭腦與心
靈也需要成長，還有──最重要的──孩子會被忽視。」關鍵在於以身作
則地管理傭人：「如果女主人受過教育，就無須忍受無知的女僕。她持家
的方法會啟發、教育她的女僕。一個女主人作了好榜樣，女僕就會懂得要
準備健康的餐點、保持衛生、並注意所有衛生的習慣。」[63]

63　Grace Joy Lewis, "American Home Life," *CSM*, XIII.8（June, 1918）, pp. 453-461.

也許是因為她們的社會經濟背景，整體而言，留美女學生謹言慎行。保守的她們不捲入任何激進的言論或行為，包括不捲入美國的婦女參政運動。她們刻意地讓人知道她們完全體認到現代教育有「污染」傳統中國女性特質的危險。比如說，Esther M. Bok 醫生就警告說：「女性接受高等教育有可能會剝奪她們對家庭與孩子的愛。在她們追求更大、更醒目的工作的時候，家庭生活的美就被犧牲了。」[64]同樣地，Margaret Wong 彷彿是要紓解男性擔心女子普及教育可能會對性別關係造成衝擊，她向讀者擔保說：「她們不吵、也不爭著要權力或者要參政，而只是心裡充滿著想要追求知識的飢渴。」[65]

在討論教育對中國女性的益處的時候，留美女學生常常用美國的女性，特別是新女性來作對比。1912 年在紐約州的威爾斯女子學院（Wells College）讀書的 Y. J. Chang 說：「中國婦女長年生活在深閨裡，但她們具有溫婉與高貴的德行，是我們所珍視的古老文明的果實。」她不認為美國的方式是比較優越的。事實上，她憂心地說：「舊文化裡的琴棋詩畫已經被那耀眼的物質與科學的西洋文明的浪潮所席捲而去了。」這些來自西方的新潮所帶來的最不好的影響是：「持家方面的教養被荒廢掉了。」[66]

我在上文所提到的 Grace Joy Lewis 也對美國女性的作法有保留的所在。雖然她不贊成把中產階級的中國婦女局限在深閨裡，但是她覺得美國婦女卻又走了另外一個極端，把家庭給拋棄了：「在前進的美國，婦女不但在家裡自由，而且可以自由地進入任何行業。當我們每天早上看到車子裡滿載著女職員、女辦事員以及女老師的時候，我們必須反問：這些婦女是否一定比深閨裡的女性，更能在理想的家庭裡扮演其應有的角色？這些婦女沒有時間給她們的家庭。對她們而言，家只是在她們小的時候，養她們、育她們、護她們的地方；等她們翅膀長硬了，家就不是家

64　Esther M. Bok, "The Education of China's Daughters," *CSM*, II.4（March, 1907）, p. 87.

65　Margaret Wong, "What Does an Education Mean to a Chinese Woman?" *CSM*, V.2, p. 108.

66　Y. J. Chang, "The Fundamental Principles of Female Education," *CSM*, VII.5（March 10, 1912）, pp. 432-434.

了。」[67]我在上文也提到的蔡秀珠，則從另外一個角度來對比中國與美國的女性：「中國的女性是純美的，只是因為缺乏心智上的訓練而變得愚鈍；現代的女性只知求知識，而漠視了德行；這些人有流於放肆無當的危險（presumptuous）。」[68]

　　當然，並不是所有留美女學生都對新女性有反感。作為一個女性主義者、婦女參政運動者，李美步自己就是一個新女性。我在上文所提到的顧岱毓、張繼英也是堅決主張婦女要爭取經濟獨立的代表。在留美女學生裡，顧岱毓可能是最毫無保留地頌讚美國婦女的人。她認為中國女性還需要奮鬥很長的一段時間，才可能趕上美國的女性。她不認為中國婦女已經真正解放了，雖然「她們不再留在深閨裡，不再是纏足與媒妁之言的婚姻的受害者」。只是，她也認為中國女性不應該要求她們還沒有能力去行使的權利：「今天我國的婦女要求要有參政權的希冀跟西方的婦女一樣的強烈。」她認為這就是好高騖遠的一個例子。她提醒讀者說：「我們應該知道：要懂得如何投票跟得到投票權是一樣重要的。」在中國爭取婦女參政權是太早了，因為：「懂得如何明智地投票的人數屈指可數，反觀這個國家是以百萬計。」她用典型的新女性的語言要求經濟的獨立。她說，這些屈指可數的女性不如傾全力幫忙中國的女性去爭取經濟上的獨立。[69]

　　留美女學生對新女性的排斥，可能有文化上的因素。她們在對新女性所擁有的自由驚羨之餘，難掩她們的疑懼——疑懼那是不是品德淪喪，或是女性特質淪喪的開始。就像蔡秀珠在上文所提到的〈理想的女性〉一文裡所說的：「『貞節與禁酒』是她的座右銘。時尚不是她所措意的；她有足夠的自愛不會把自己打扮得跟玩偶或孔雀一樣。」[70]把話說得更重的是Rosalind Mei-Tsung Li。這是筆名，我們不知道她的真名。她當時可能是在紐約市的大學學文學的學生。她所批評的是 1920 年代新女性最新的化

67　Grace Joy Lewis, "American Home Life," *CSM*, XIII.8（June, 1918）, p. 457.

68　Sieu-Tsz Ts'a, "Ideal Womanhood," *CSM,* XIV.8, p. 487.

69　D. Y. Koo, "Woman's Place in Business," *CMS*, XVIII.1（November, 1922）, p. 34, 36.

70　Sieu-Tsz Ts'a〔Cai Xiuzhu〕, "Ideal Womanhood," *CSM,* XIV.8, p. 487.

身——穿短裙、剪短髮、抽菸、聽爵士樂的「福辣潑女郎」
（flappers）。她嘲笑這些「福辣潑女郎」是想要：「用外表的囂張
（tumult）來彌補內在——心靈與精神上的活力——的不足。」[71]

可惜的是，留美女學生從來就沒有明說她們對美國新女性的穿著與外
表不認同的所在。我推測穿著與外表是一種含蓄的說詞或一種代號，用來
指涉她們的教養讓她們說不出口的話，亦即，新女性對性開放的態度。這
又牽涉到了文化上的問題。新女性的穿著與外表，可能讓她們覺得那是一
種倒退，使她們聯想到傳統社會裡以性來取悅男性的妾、青樓女子以及妓
女。陳衡哲在 1934 年所寫的一本《新生活與婦女解放》的小冊子裡，[72]
就大肆抨擊當時的「時髦女子」。她說：「最近我在上海某畫報上，看見
一位時髦女士單單在一個面孔上，自『把頭髮和衣裳包蓋』起，到『裝成
功了一個美麗的人兒』止，直經過了十四個階級〔步驟——包括『打粉
地』、『施用眼陰色調』、『刷睫毛』等等〕。」她不齒這種不計社會資
源與時間取悅男性的行為。她用了一個佛洛伊德式的名詞來形容這種行
為：

　　　真乃是奴才人生觀的極端表現，真是「後宮疙瘩」的一個最顯明的
　　　證據。（「後宮疙瘩」（Harem Complex）是我杜撰的一個名辭，用
　　　來解釋女子們對於異性的爭妍鬥寵，及對於同性的嫉能妬美的心理
　　　的。）[73]

很顯然地，留美女學生立意要自己恪守一種高的行為準則，以證明她
們是受過高等教育，具有完美無瑕的道德標準。毫無疑問地，她們為自己
立下了一個極高的道德標準，以免對婦女解放的反作用力會回過頭來攻擊

71　Rosalind Mei-Tsung Li, "The Chinese Revolution and the Chinese Woman," *CSM*, XVII.8
　　（June, 1922），p. 675.

72　陳衡哲，《新生活與婦女解放》（南京：正中書局，1934）。

73　同上注，頁 44-45。

她們。這其實也是陳衡哲在上文所徵引的那本小冊子所指出的。[74]重點是，對性的態度，留美女學生是極端保守的。葉維麗說 1914 年以後留美的女學生是五四新文化運動的產物。她說她們在中國已經「初嚐女性主義」，在抵達美國的時候，已經在她們的女性主義方面的信念上被「激進化」了。[75]事實恰恰相反。她們反對五四新文化運動推翻傳統性別關係的言論。就以葉維麗用來代表五四世代的「產物」的陳衡哲、張繼英與顏雅清為例。雖然陳衡哲認為傳統的性別關係是有需要修正的地方，「舊日把女性局限在家裡的作法已經被敲了喪鐘」，她堅持「我們一定要用極為審慎地去採用新式的自由交往的政策」。[76]她的忠告是，自由交往必須要在萬全的監督之下進行：

> 在社會上發展出一個健康的環境，讓年輕人見面認識，而不至於趨於下流——在濫用機會的情形之下，這是很容易發生的。最好的作法是讓現代的家庭主婦來主持。她們漂亮的家，再加上她們高尚的理想，會帶給任何跟她們接觸到的人良好的影響，乃至於感召年輕人——並給予他們機會——走上一條理想的〔與異性〕交往的道路。[77]

如果陳衡哲在 1919 年，在五四新文化運動初期，寫這一篇文章的時候，還能夠相當平靜地面對中國的新的性別論述，張繼英在四年以後在《中國留美學生月報》上發表文章的時候，就完全不同了。她極為憂心當時在中國展開的性別與性革命：

74　同上注，頁 57-58。

75　Weili Ye, *Seeking Modernity in China's Name*, p. 141.

76　Sophia H. Chen, "A Brief Survey of Women's Fields of Work in China," *The Chinese Students' Christian Journal*, V.3（March, 1919），pp. 20-27.

77　Sophia H. Chen, "A Brief Survey of Women's Fields of Work in China," p. 22.

我們的年輕女性由於對舊的枷鎖的反動，太容易不假思索地接受並實踐激進的事物。其結果是造成社會的混亂。有些人崇拜提倡自由戀愛的人；有些人反對任何有一丁點兒的規定與限制的東西……在許多例子裡，她們試圖澈底地打倒舊的家庭制度。她們認為家庭應該是只有兩個人〔夫與妻〕。有第三個人，就是多的。於是，造成了許多年輕男性拋棄或不願他們年老的雙親。我一點都不會責備那些不願意娶所謂的現代女性進家為媳的人。她們試圖粉碎所有的舊傳統，即使它們是極有價值的。[78]

如果患有「後宮疙瘩」的現代女性是男人的性玩物（sex objects），她們至少並沒有攪亂了現有的性別關係。相對地，張繼英筆下的「所謂的現代女性」則在破壞了性別關係的同時，也「試圖澈底地打倒舊的家庭制度」。張繼英對五四新文化運動激進的性別論述特別感到憤慨。她認為中國報章雜誌上的編輯拋棄了他們對社會的責任。他們不是在為年輕男女提供「健康的理想與建議」，而是在宣揚「他們荒謬的行徑」，彷彿他們是人人所應該模仿的榜樣一樣：

自從舊的制度被推翻了以後，我們的年輕人一直在黑暗中摸索……依常規來說，新聞界應該是在這個時候扮演輔導的角色。相反地，它反而是跟著年輕人走。更糟的是，報章雜誌在添油加火。他們在提倡激進的行為。我有幾次很震驚地在占有我國泰斗地位的雜誌上讀到一些文章，描寫一些年輕人妖裡妖氣的愛情故事以及荒謬絕倫的行徑。

她認為這種對新的性行為以及性別關係的鼓吹，意味著一種性別的偏見，或者說，是一種「男性的非理性」（male irrationality）：

---

78 以下分析張繼英這篇文章的論點，是根據 Eva Chang, "Chinese Women's Place in Journalism," *CSM*. XVIII.5（March, 1923），pp. 50-55.

據我所知，絕大多數這些激進的文章都是男性所寫的，而且所有登載這些文章的報章雜誌都是由男性編輯的。在引領我們的年輕男女走正確的道路的時候，我們需要女性。一如羅斯（Edward Ross）教授所指出的，男性有一個主要的弱點，那就是「男性的非理性」。男性很少會停下來思考。學者普遍認為女性是比較仔細而且謹慎的。

張繼英把「男性的非理性」跟女性的「仔細而且謹慎」相對比。她所要說的是：當時在中國所進行的性與性別革命，是男性所鼓吹起來的。在這個意義之下，「現代女性」就無異於被沖昏了頭或者不成熟的笨蛋罷了。然而，在成熟的女性肩負起引領其他女性的重任以後，社會就會回歸理性：

女性的行為可以比較有效地由女性來引導，因為她們了解彼此。女新聞記者體認到她們的責任，會竭盡全力引導她們的姐妹去走正確的道路。在幫助她們的姐妹的時候，她們會用同情、了解、穩健的筆法來寫，因為畢竟她們自己也是要爭取解放的分子。在這樣的情況之下，我們就可以把報章雜誌裡激進與非理性的因素去除了。

張繼英對五四新文化運動的性別與性革命的批判，顯示了她對這些問題的看法是保守的。這個問題我們可以暫時撇開不談。與我們此處的分析更相關的是，她對女性所採取的本質主義的觀點，是許多留美女學生所共同持有的。除了她說女性比較仔細而且謹慎以外，她而且認為女性的特質是有益於社會的。她說只有女性是關懷孩子的教養的，因為「男人太全神貫注於政治、商業等等外在世界的事務了。」而且，沒有女性參與的報章雜誌都太過男性化，它們的筆觸都「又硬、又冷」。這些報章雜誌所反映的，「只是男性的一面。女性可以多帶給它們一點兒女性的意味兒（feminine touch）。這細膩的意味兒會使報章雜誌比較帶有人味兒。」

同樣地，陳衡哲也認為教育界與醫界特別需要女性，因為她們「比男人對孩子更有親和性」，而且女醫生「在中國比男醫生更為需要，因為她

們不只是更適合診治女病患與孩童，而且因為這些病人的人數遠超過男病患」。[79]最後一個例子是顏雅清。顏雅清列出了因為女性所專有的特質而特別適合女性的職業：社會工作、醫學、教育。在社會工作方面：女性「天生就賦有人道主義的本能、對人性及堅忍具有同情心、比男人更適合從事社會工作」；在醫學方面：「她們天生的耐性、溫柔與謹慎，使她們更適合從事某些醫療的工作」；在教育方面：「她們對孩童更深的了解，使她們更適合擔任小學、中學的老師。」[80]

在 20 世紀初年的留美女學生裡，唯一批判性別本質主義的人是劉劍秋（Liu Gien Tsiu）醫生。劉劍秋 1919 年從金陵女大畢業。她在 1924 年拿到密西根大學的醫學博士。她用邏輯不通的理由，不費吹灰之力就把女人天性適合當家庭主婦的說法推翻了。她用反問句的方法來問說，那男人天性是適合哪些工作呢：「我們留學生裡，有些人的想法是女人生下來就是要當家庭主婦。然而，從並不是所有的男人都是農夫、裁縫師、小店老闆這個事實看來，我們可以很有理由可以說女人也具有當家庭主婦以外的能力。」[81]

留美女學生謹慎、保守，其所反映的，自然是留美學生界普遍保守的傾向。然而，其中有不小的因素，是因為她們有來自於男留學生的壓力。而且，她們也是在參與並回應 20 世紀初年中國所形成的新的性別論述。白貝利（Paul Bailey）有一篇很有意味的研究。他用 20 世紀初年在中國所出現的有關女子教育的目的與課程的論戰，來分析當時的新的性別論述。他發現參與這些論戰的人所用的前提以及他們所提出來的作法，在在地顯示了男性對女性在現代化的中國社會裡所應有的行為及其角色的焦慮感。因此，雖然男性的教育行政人員與老師都期待現代教育能矯正婦女的一些「弱點」與缺陷，但是他們又害怕現代教育會有顛覆現有社會秩序以

---

79 Sophia H. Chen, "A Brief Survey of Women's Fields of Work in China," *The Chinese Students' Christian Journal*, V.3（March, 1919）, pp. 24, 25.

80 Ya-Tsing Yen〔Yan Yaqing〕, "College Wives and College Citizens," *CSM*, XIX.4, p. 21.

81 Gien Tsiu Liu, "Chinese Women in Medicine," *CSM*, XVIII.3（January, 1923）, p. 40.

及造成道德上的混亂的危險。其結果就是形成一種保守的思潮，把社會與道德的秩序，乃至於國家的存亡，建立在一種教育制度之上。這種教育制度會「把女子訓練成為節儉、衛生、護家、忠於丈夫、力保家庭和諧的主婦」。[82]

留美女學生在討論女性的特質的時候，並不是在一個真空的情況之下進行的。她們會受到從中國傳到留美學生界的性別論述的制約。此外，她們也要面對著美國的性別規範與行為準則。這些規範與準則不但迥異於她們出生長大所習以為常的，而且也常常是互相矛盾與競爭著的。因此，我們要了解她們如何扮演她們的女性特質，就必須把她們放在留美學生界的性別關係的脈絡下來檢視。

男學生從來就不諱言他們所喜歡的女性是什麼樣子的。從一開始，男留學生就說他們所喜歡的，是略有美國女性的風味，但又不是太美國化了的女性。他們可以大放厥詞地高論中、美女性的異同，或者幾分的美國化可以使中國的女性更加地讓人喜歡。就像一位《中國留美學生月報》的編輯所說的：「東方美人的笑，是恰到好處的笑，微笑而不到真笑的程度〔他這句話是用法文寫的〕；西方美人不但大笑，而且笑到露出牙齒。」他寫這一段話是在描寫參加美東留學生聯合會 1909 年在紐約州漢默頓（Hamilton）所舉行的夏令營的女留學生。對他而言，理想的美女是融合了東西的優點的女性。他覺得參加漢默頓夏令營的女留學生都找到了他所希望看到的平衡點：「這些女士們在不失東方的端莊之下，也學會了許多美國女性的作法。」「用道地的美國口音，把頭些微一撇，她們會說一些迷人的字眼，像『瞎說（silly）！』、『討厭（stupid）！』、『糟糕（terrible）！』由於她們極有分寸，她們說得恰到好處。」[83]

另外一位男學生用他對美術的知識與品味來比較中國和美國的女性：

82　Paul Bailey, "Active Citizen or Efficient Housewife? The Debate over Women's Education in Early-Twentieth-Century China," pp. 318-347.

83　"Notes and Comments: The Lady Delegates to the Conference," *CSM*, V.1（November, 1909）, pp. 7-8.

美國女孩就像印象派的畫：燦爛、活潑、迷人。她們迷住了你，但就是那一剎那；過後，你就對她厭倦了。中國女孩就像是林布蘭（Rembrandt）畫中的人物：樸實、端莊、只畫出其大略。美國女孩是〔19 世紀末〕「頹廢主義運動」的產物；中國女孩則是「古典主義」的產物。前者講究效應，而失之於誇張；後者不屑於效應，而失之於不夠自然。美國女孩略高一等的地方，在於其體格與精神上的健美；中國女孩的瑕疵在於欠缺活力。她就是不願意讓她的手去接觸到人生裡的泥巴，除非她是戴著手套——這當然是用比喻的說法。理想的美，是兩者的融合。[84]

男留學生對女性的要求是美麗與健康，因為他們所要找的是妻子與母親。學新聞、想要打進新聞界的張繼英，就常常必須忍受男學生帶著刺的嘲諷：「一個女孩子學職業上所需的專業有什麼用呢？」人家給她的忠告是：「人文學科的教育加上一點家政的知識就綽綽有餘了。」[85]

也就正因為這個假定，認為女學生只須要接受：「人文學科的教育加上一點家政的知識」讓她們成為勝任的家庭主婦，所以《中國留美學生月報》有一段時間，在其每個月徵文比賽之外，另闢了一個女子徵文比賽（Girls' Essay Competition）。《中國留美學生月報》從 1914 年開始舉辦每月徵文比賽。《月報》在 1917 年舉辦了第一次女子徵文比賽，獎金是由駐美公使顧維鈞夫人提供的。徵文的對象限於「在美國的中國女學生」。其所指定八個的題目都是環繞在「純美的女性」所屬的領域。[86]第二次女子徵文比賽一直要到一年以後才舉行。在同一段時間裡，每月徵文

84　Anonymous, "Extracts from the Diary of a Disappointed Collegian," *The Chinese Students' Christian Journal*, VI.2（November, 1919）, p. 88.

85　Eva Chang, "Chinese Women's Place in Journalism," *CSM*, XVIII.5（March, 1923）, p. 50.

86　「中國女子教育改革芻議」、「中國男女同校的制度」、「中國女子在醫院與紅十字會所做的工作」、「中國音樂」、「中國的幼稚園」、「中國女子的體育教育」、「美國的家庭生活」。請參見 Editorials: Essay Competitions: II. Girls' Essay Competition," *CSM*, XIII.1（November, 1917）, pp. 7-8.

比賽持續舉行。這個固定的每月徵文比賽沒有冠上性別的屬性，但顯然是開放給男留學生的。在那段時間裡，《中國留美學生月報》每個月都會宣布範圍極廣的徵文比賽的題目，從政治、經濟、法律、哲學、到國際關係。相對地，第二次女子徵文比賽，在五個指定的題目裡，除了最後一個以外，都還仍然是局限在「純美的女性」所屬的領域。[87]

　　這第二次女子徵文比賽是最後一次的女子徵文比賽。從 1919 年秋天開始，每月徵文比賽在建議的題目裡都加了一個：「或任何題目」，也許是保留給女留學生寫跟女性有關的題目。接下去在一個短暫的時間裡，有許多組織同舉辦了徵文比賽。只是，徵文比賽在 1921 年以後，就倏然終止了。

　　然而，男女應有不同的論述領域的想法根深蒂固。最有意味的例子，是 1925 年美東聯合會在雪城大學（Syracuse University）所舉行的夏令營。由於該年發生的「五卅慘案」，美東分會決定把「民族主義與中國」定為該年夏令營的主題。中西部分會在普渡大學（Purdue University）所舉行的夏令營也同樣地選擇了那個主題。在雪城大學所舉辦的夏令營裡，美東分會舉辦了好幾個「論壇」以提高留學生對中國所面臨的危機的意識。這些「論壇」包括：「民族主義的意義」、「列強在中國的政治帝國主義」、「列強在中國的經濟帝國主義」、「在中國提倡民族主義的方法與資源」、「租借」、「教育」、「交通」、「國防」。這一長串嚴肅的題目反映出了「五卅慘案」所激起的高昂的政治氣氛。有意味的是，美東分會在那個夏令營裡舉辦了一個「女生論壇」（Girl's Forum），「開放

87　為了要證明女留學生甚至在徵文比賽方面也「打入了傳統男性的領域」，葉維麗選擇性的使用資料說：「才過了一年以後，〔第二次女子徵文比賽〕就提出了一個不同的題目：『開放給女學生的職業』。」請參見 *Seeking Modernity in China's Name*, p. 142。葉維麗說得好像這就是唯一的一個徵文題目。事實上，這是五個指定的題目裡的最後一個。其他四個是：「理想的女性」、「美國女子大學的批判研究」、「家事科學或家政的教學：其成長與原理」、「中國的社會改革的進展」。請參見 "Editorials: The Girls' Essay Contest," *CSM*, XIV.2（December, 1918）, pp. 91-92.

給所有的人，討論中國男生、女生的社交關係。」[88]可惜的是，該年夏令營的「史官」沒有留下紀錄讓我們知道參加所有那些「論壇」的人的性別為何。難不成那些討論嚴肅的題目的「論壇」，就像沒有註明性別的徵文比賽，就是不言而喻的男性的論壇？

如果女人所在行的是家事，她就不該闖進男人的世界去惹事生非。對那種女性，男留學生最愛用的比喻用語是「爭取婦女投票權運動分子」（suffragist），是他們又恨又愛的對象。他們一方面怕爭取婦女投票權運動分子，但在另一方面卻又幻想她們會有多激情，如果能把她們的狂熱導向「正途」的話。1909 年第一批庚款留美、就讀哈佛大學的徐承宗有一篇描寫一群男學生在宿舍裡嬉鬧的文章。這篇文章裡，就有一段嘲諷爭取婦女投票權運動分子。他在描寫在不同的房間裡聊天、嬉鬧、打牌的學生以後，鏡頭就轉到壁爐旁的一群。壁爐旁的一群，閒聊的話題「從歌舞表演團裡的美女（vaudeville beauties）轉到了婦女參政運動總部最新的動向」。突然間，有一個人問舍監「蠻漢」（Roughy）一個問題：

> 「嘿！蠻漢！」一個粗壯的傢伙，搖著頭若有所指地問說：「你應該早就結婚了。我覺得整件事有點蹊蹺。」
>
> 「我？不會結婚！」「蠻漢」一邊擦拭著他剛吃完冰淇淋的盤子，一邊若有所思地回答說：「相信我！只要這些婦運分子（suffs）繼續罷食，我就繼續我的罷婚。」
>
> 「說大話！」剛剛在房間裡打完牌走過來的「愛悅」（Lovejoy）笑著說。
>
> 「加把勁！『蠻漢』！祝你好運！在你變得太老以前，說不定會走運，會有一個漂亮的婦運分子把你當她的甜心。」[89]

1916-1917 學年度《中國留美學生月報》的編輯莫介福（Kai F.

88　Sinley Chang, "The Syracuse Conference," *CSM*, XXI.1（November, 1925）, p. 73.

89　Z. Z., "Merry Making," *CSM*, IX.3（January 10, 1914）, p. 248.

Mok），在 1916 年拿到耶魯大學的學士學位，1920 年拿到哥倫比亞大學的碩士學位。他寫了一篇短篇小說，描寫他一位積極參與爭取婦女投票權運動的朋友莉蒂亞（Lydia）。莉蒂亞的這個「病」，在她到倫敦去參與爭取婦女投票權運動的時候，因為墮入了愛河而被醫好了。莉蒂亞應該在前一年春天就畢業的。然而，因為她參與激烈的爭取婦女投票權運動，「她也許是忘了，也許是畢不了業。」從前的莉蒂亞以及一般女性都渾然不知道作一個激烈的爭取婦女投票權運動分子是什麼樣子。但是，男人「知道那對她們的代價是什麼」。

莫介福說，幸好命運適時地介入。莉蒂亞先去匈牙利的布達佩斯參加了一個世界婦女大會，然後到英國去參與激進的爭取婦女投票權運動。「就在倫敦，在一次反對英國暴政的示威當中，她遇到了一位年輕英俊的男爵。那位男爵被作激昂的演說的她所迷戀住了。」莫介福告訴讀者說：「據說一個女生在慷慨激昂的時候看起來特別的漂亮。」在結了婚、生了兩個孩子以後，莉蒂亞終於領悟到她從前的行徑多麼可笑。她現在已經變成一個狂熱的反對給予婦女投票權的鬥士了。

莫介福說莉蒂亞這個故事有兩個寓意。第一，莉蒂亞終於領悟到：「要把新的女性觀念來與傳統的婦女觀念調和在一起是不可能，而且是注定會失敗的。這是因為傳統的觀念在千年約定俗成的淬鍊之下已經是歷久彌新了。莫介福說：

　　我昨天去看她的時候，她告訴我說，在所有生物裡，雌的都比雄的小。這就證明了女人就是要當男人的幫手和配偶；而男人就是她的保護者。因此，反對自然，就是不自然的作法。

莫介福的第二個寓意是說給男人聽的：「從她那裡，我也領悟到了一個道理，那就是，我們要避之惟恐不及的，是老處女，更甚於單身漢。」[90]

90　Kai F. Mok, "Lydia and Her Experience," *CSM*, IX.2（December 10, 1913），pp. 140-143.

　　老處女這個形象體現了男留學生的焦慮，亦即，中國女性接觸到了美國文化裡不適當的部分的後遺症。爭取婦女投票權運動分子是老處女候選人，除非像莉蒂亞一樣，命運適時地介入，讓大自然把她天然未泯的女性特質在她身上發酵接受了愛情。就像莫介福所說的：「沒有一個人對『愛情病』有免疫力。莉蒂亞也不例外，特別是因為那打到她血液裡的激進的血清並沒有強到讓她免疫的程度。」

　　同樣讓一些留美男學生感到威脅的，是另外一個荒謬的美國病，亦即，所謂的性別的平等。我在本章起首所提到的趙敏恆，就是在《中國留美學生月報》所發表的最仇恨女性的文章的作者。他說：「在美國，我們看到了一群人數最多、最亮麗、驕矜自滿、無情、最讓人失望的中國女生。這麼一大群同時聚集在一個國家，大概是史無前例，包括中國。」[91] 她們不知道美麗與青春都只是短暫的。大自然：「給予她們幾年的美麗，外加迷人的本錢；代價是，她們的餘生這些都不會有了。大自然這樣做，是為了讓她們可以在那些年裡吸引住一些男人，願意有那個榮幸去照顧——不管是什麼形式——她們一輩子。」只是：

　　很不幸地，除了極少數的例外，此地的中國女生既不年輕又不美麗，只剩下她們本來就不起眼的青春的餘燼。然而，沉醉於所謂的男女平等的觀念——那條頓民族—基督教（Teutonico-Christian）愚蠢至極的主張——這些從中國來的女生恬不知恥地霸占在希臘女神的供桌上搔首弄姿著。

　　在趙敏恆的眼中，女性「在智性上短視，因為雖然她們對身旁的一些事物有一種本能的理解，她們的眼光窄淺，看不遠」。更糟糕的是，她們不忠：「她們太過於自私，以至於不能當夥伴；太過於靠不住，以至於不能當朋友。她們讓許多男生當了杜鵑（cuckoos）〔亦即，戴綠帽；取杜

91　Thomas Ming-heng Chao, "Cabbages and Onions: On Love, Taxi, Marriage and Other follies," *CSM*, XXII.6（April, 1927）, pp. 77-78.

鵑在別的鳥巢裡下蛋讓其代孵、代養之義〕。有不少男人花費了許多錢，做出了許多不可思議的傻事，去滿足這些沒有心肝的女人反覆無常的心思。」趙敏恆反問說：「為什麼要對這些女人付出呢？她們心中沒有愛，而且她們怎配當維納斯呢？」他給男生的勸告是：「年輕人！回中國去找個又年輕、又美麗的女孩兒吧！誰說讀書重要？當兩個人在一起的時候，不就只有一個人在用腦子嗎！」

趙敏恆如此大放他仇恨女性的厥詞，完全是濫用了他作為《中國留美學生月報》主編的職權。幸好，他沒能全身而退。我在本章起首所徵引的黃倩儀，不論是在邏輯、機智、風度上，都把他比了下去。我已經說過黃倩儀是 1921 級專科女生，在 1924 年拿到芝加哥大學的學士學位。她1923 年參加中西部分會所舉辦的夏令營的時候，被選為「夏令營最美麗的女郎」。她活潑，而且多才多藝。她在 1925 年拿到哥倫比亞大學碩士學位以前，還有許多其他的成就。比如說，她寫了一齣劇本〔按：原文是 "Chinese opera"。她是福建同安人，不太可能寫的是京劇〕，由她在「新英格蘭音樂學院」讀音樂的姊姊或是妹妹 Grace Wong 譜成音樂。此外，她是哥倫比亞大學中國教育社的副社長、1924-1925 年度《中國留美學生月報》的副編輯。[92]她的先生是有名的戲劇教育家余上沅，可能跟她是在哥大認識的。我們不知道她回國以後是否工作過。1937 年《清華同學錄》只有她在上海的地址，而沒有列出她的工作，看來是家庭主婦。

黃倩儀義正詞嚴地指責趙敏恆仇恨女性的文字：「不但不懂得含蓄（delicacy），而且完全沒有品味和內容。」[93]她說那篇文章所表達的觀點：「完全是充斥著仇恨女性、永遠的單身漢的酸葡萄心理。」「如果用那篇文章的語言來回他，別人可以很容易地說：胡說！」因此，黃倩儀把討論提升到一個較高的層次：

92　"Student World: The Mid-West Conference," *CSM*, XIX.1（November, 1923）, p. 61; "Personal News," *CSM*, XIX.5（March, 1924）, p. 76; and "Student World: The Chinese Educational Club of Columbia University," *CSM*, XX.4（February, 1925）, p. 63.

93　Dorothy T. Wong, "Cabbages and Onions: Pickles," *CSM*, XXII.8（June, 1927）, pp. 61-62.

我寫這篇文章，完全沒有像孟肯（H. L. Mencken）──我要向他致歉，我用了他的書名──寫《為女性辯護》（*In Defense of Women*）那本書裡的用意。相反地，我提筆的動機，在於還給生在中國而且現在仍然住在那兒的男人一個公道。他們沒有機會看到中國女生所具有的──到現在為止還必須隱藏在矜持的面紗後面的──長處。

黃倩儀對趙敏恆的一個說法抱持懷疑的態度：「不管一個女人有多厲害，她不可能把一個真正的男人變成一隻杜鵑。他不是生出來就是一隻杜鵑，再不然就是他的老師把他教成一隻杜鵑。我寧願相信人類社會裡沒有這種動物。不過，如果真的是有，我還真不知道除了把他們當成杜鵑來對待以外，還有些什麼其他的方法。」因為教養的關係，中國女性可能沒有辦法「像美國女性那樣流露出關心（sympathy）的樣子。」可是，一般說來，她們「是關心、開朗、體貼、小心、真誠的」。她接著反問說：

> 中國女生有辦法愛嗎？很明顯的，有些能；有些則不能；另外有些則找不到任何值得她們去愛的人……然而，被過時的輿論所箝制的她們，整體來說，不敢表露出她們心裡所想的。此外，她們看得太遠，把談戀愛的結果跟結婚連在一起──這也許是來自於她們的種族的經驗──因此，她們沒有辦法模仿西方女生嘗試摸索（trial and error）的作法。大腦跟心不是永遠都能合作無間的。

如果在留美學生界裡，男女約會的情況不是那麼理想，「不能怪女生。也不能怪男生，即使他們是永遠長不大的孩子，或者還處在『青春期成長的關節痛』的極端。」黃倩儀說：「要怪，就要怪我們的習俗。某個程度來說，要怪我們的學校。」

黃倩儀不是唯一一個把男女交往困難的問題歸因於中國傳統習俗的規訓力量的人。我在上文所提到的 Rosalind Mei-Tsung Li，更嚴厲地指責了

習俗對中國人，特別是女性的壓力：[94]

　　留美女學生在個性上所顯現出來的驚人的同一性，顯示了她們都是被同樣的理想所宰制著。根據我仔細地分析的結果，我發現有兩種理想：「中規中矩」（Correctness）以及「實用」（Usefulness）。大家不覺得奇怪嗎？有那麼多年輕、正處於羅曼蒂克年齡的中國男女在美國的大學裡讀書，而居然連一樁醜聞都沒有？我們的教養是多麼的中規中矩啊！我們跟男性的交談簡直像跟幾何學一樣地中規中矩！「你怎麼樣呢？」「你好嗎？」以及對這些客套話的回答。這不是交談。我們的穿著是多麼冷冰冰地中規中矩！我們走路的樣子、我們眼珠子在眼眶裡的位置，是多麼機械式地中規中矩！有這麼一個中規中矩的神永遠跟我們在一起，無怪乎不會有任何醜聞，因為我們在意識到有可能成為醜聞之前，就已經把那醜聞的星火給壓抑、熄滅掉了。

　　「中規中矩」的威力如此！我們看 Rosalind Mei-Tsung Li 是怎麼描述「實用」的理想的威力：

　　我們對「實用」這位神的崇拜是更加地顯著。我們毫無保留地接受了社會服務的福音。這位神替我們做了許多人生上的決定，例如在大學選什麼系、穿什麼鞋子、穿哪一種絲襪。在我們有兩百位左右在美國大學讀書的女生裡，至少有十位讀醫，卻沒有一位在讀繪畫、戲劇、小說、舞蹈，或在藝術上的要求不是那麼高的散文寫作。我們甚至連當這些藝術歡欣、熱切的業餘的追隨者都不是。一年前，我知道有一個女生學藝術，但她眼中的藝術是畫餐桌碗盤、燈罩等等的設計。我們的休閒活動是參加女青年會、祈禱聚會、同學會會務會議，或者讀像波頓（Margaret Burton）所寫的《中國女性的教育》（*The*

94　Rosalind Mei-Tsung Li, "The Chinese Revolution and the Chinese Woman," *CSM*, XVII.8（June, 1922）, pp. 673-675.

Education of Women in China）這類「實用」的書。

中國的傳統不是唯一造成這種「中規中矩」、「實用」的趨力的來源。Rosalind Mei-tsung Li 同時也把這種規訓她們的行為的壓力，歸因於美國傳教士在中國所辦的學校。這些教會學校是許多留美女學生所上的學校：

> 我們出生長大的監獄──家──並不是刺激活力的所在。那全部過時了的中國的社會禮儀與道德就像四月天結的霜一樣。除了所有這些以外，我們大多數都有幸接受了教會學校嚴格管理的教育。我們已經很清教徒式的教育，又被《舊約聖經》與美國西部〔嚴酷的傳教士〕傳統，變得雙倍，不！三倍清教徒化了！我們先被家庭與社會綑綁住，然後再被教會學校殺掉、醃製、鈣化。奇蹟是，我們居然還活著。

到了美國以後，還有來自於留美男學生的壓力。Rosalind Mei-tsung Li 是留美女學生裡第一個反駁男學生的。她說：「不管男人怎麼在我們的背後說我們，我們當中確實有一些是滿迷人的。」「只是，我們的魅力像是鄉野裡的小池塘，而不是潺潺的溪流，更不是那引人入勝的大海。」Rosalind 不懷疑鄉野小池塘的魅力：「我們可以在池塘的邊上，這裡栽一棵樹，那裡植一排灌木叢，也許在岸邊放一些小石頭──像美國人在市立公園造景的作法，或者像我們在照相館裡所看到的。這些自然的陪襯，就像太陽跟月亮、星星一樣，可以使那池塘更加具有魅力。」Rosalind 所要抗議的是，並不是所有的女性都願意因為要有魅力，而失去屬於她們自己的自主自決權（agency），乃至於被「馴化」（domesticated）、降格成為一幅風景畫裡的特寫──雖然是中央擺飾──讓人鑑賞、玩味：

> 事實上，有些男留學生在吟詠我們的時候，就是喜歡用小池塘來比喻我們，寧靜、優雅、像玻璃一樣的潔淨，而他們自己想在炎夏倦怠

的時候在池塘邊徜徉。我們當中的大多數喜歡這個比喻；有一兩位可能會不喜歡。有一兩位可能會喜歡被比喻為大海，其變化多端的色彩與氣韻、驚濤、壯麗，有時候能讓我們休憩，有時候引發我們去探索生命與死亡的意義。

　　無怪乎 Rosalind 用筆名發表那篇文章。她也許說得對，大多數留美女學生很可能會喜歡被吟詠比喻為鄉間的小池塘；有些可能會喜歡被比喻為比較奔放的溪流，帶著淙淙的細流、潺潺的水聲。然而，就像她所說的，大概只有一兩位大膽的，會喜歡被比喻為大海，有驚濤駭浪；也有壯麗的景觀；可以讓人靜謐地沉思，也可以讓人冥思生命與死亡的意義。

　　像 Rosalind 這樣期盼著有一個像大海一樣壯麗、澎湃的人生的留美女學生，大概一定是罕見的。然而，這並不意味著那些選擇鄉間小池塘的魅力的，就會允許她們被拿去作為市區公園的景觀，或照相館裡的背景道具。在她們參與建構現代中國的女性觀的時候，留美女學生是積極地去應對各種新的性別論述並與之論辯。當時的男性的性別論述，常常把中國的積弱歸因於女性的孱弱與缺點。留美女學生把這種論述逆向操作，強調她們參與大家通力合作拯救中國的角色。她們用「純美的女性」的論述來與男性貶抑女性的論述論辯，表面上看起來誠然是保守的。然而，「純美的女性」的論述給予了她們必要的詞彙來參與民族主義的論述，亦即，她們可以用所謂的女性天生所具有的特質，來改變家庭、社會，乃至於國家。即使她們繼續使用老舊的「賢妻良母」的觀念來論述，她們是有意識地由女性自己、並且是為了女性，在挪用這個觀念。

　　就以胡彬夏為例。胡彬夏回憶說，她第一次接觸到「賢妻良母」的觀念，是在日本留學的時候。她說她發現很難把這個名詞翻譯成英文，並讓她的美國同學理解其含義。13 年以後，1916 年，胡彬夏已經輾轉從日本轉赴美國留學，而且已經學成歸國，與朱庭祺結婚，擔任《婦女雜誌》的編輯。她反思在這 13 年間，不管是中國，還是她自己，都已經發生了巨大的變化。然而，她說她不能置信中國仍然是一個男性主宰的世界：

今之教育主義，誰實倡之？舍男子無人焉？女學教科用書，男子所編輯也；部定章程、教育款項，皆男子所規劃也。

也許有人盼望男性能夠自己超越其性別的盲點。然而，胡彬夏一點幻想也沒有：

今所盛倡之賢母良妻，猶為男子心目中之賢母良妻也，或非女子所能心會意合。故比諸於妾婦——此妾婦教育之所由來乎？苟欲得合於女子心理之賢母良妻，必俟女子自執教育之牛耳始。女子而能提倡教育主義、規定教育方針、措置教育經費、編輯教育用書，於是乎女學必漸合於女子之心理，而誠有賢母良妻出焉。[95]

換句話說，20 世紀初年的留美女學生參與了新的性別論述的建構。透過這種參與，她們提出了她們自己理想中的女性觀，提倡她們改革家庭，乃至於——對那些少數志向更高遠的——社會改革的方案。

95　胡彬夏，〈通信〉，《婦女雜誌》，卷 2，第 4 期，頁 1-4，1916。

第六章

美國美國，我愛美國

我真切地對各位說：我的思想模式、判斷方法、對錯的標準，在基本上都跟貴國的一樣。我才 9 歲的時候，就被帶到這個國家來了。貴國的小學、中學以及大學已經把貴國的方法與理想完全地灌注到了我的身上。貴國的家庭、貴國的人已經從我的內心深處塑造了我，而贏得了我的心與整個靈魂，以至於現在的我跟各位一樣，愛惜美國的名譽，而且會樂意地在星條旗之下上戰場。中國是我出生的國家；美國是我選擇的國家。[1]

這是 K. A. Wee 在留學生美東分會 1922 年於紐約州綺色佳所舉辦的演講比賽的得獎演說裡的一段話。因為當時是美國執行《排華法案》的時代，Wee 在 9 歲的時候能夠被帶到美國，他一定是依親來的。他又說他樂意為美國而戰，而且美國是他所選擇的國家，所以，我們可以確定他是美國公民。然而，Wee 是美國公民的事實，並不影響到他這段話在留美學生當中的代表性。對當時的留美學生來說，「思想模式、判斷方法、對錯的標準」都已經美國化，是一個榮譽的標記。

K. A. Wee 在這個得獎演說裡所表達出來的美國化的程度可能是後來的留美學生所難以想像的。然而，這是時代不同的結果。那個年代來美國

1　K. A. Wee, "What About China?" *CSM*, XVIII.3（January, 1923）, p. 41.

留學的學生年紀偏低，而且常常是長期在美國受教育。不像 20 世紀末年到美國留學的學生，多半是研究生。相對地，20 世紀初年的留美學生則多半進的是大學，高中，有些甚至是小學生，像 Wee 一樣。由於他們多半都是從高中讀起，即使是讀一兩年，然後再接著在美國大學受教育，他們美國化的程度大概是 20 世紀中國留美學生裡最高的一群。值得指出的是，歷史重演的徵兆已經浮現。21 世紀開始以後，中國留美學生的年紀越來越小，到了 2020 年，不但大學生所占的比例節節逼近研究生的比例，而且中學生的數目也越來越多，幾乎有重蹈 20 世紀初年的模式的跡象。

只是，由於《排華法案》的關係，除非他們有類似像 Wee 的身分，20 世紀初年的中國留美學生最多只能拿到美國化這個榮譽的標記，但就是不能成為美國人。這跟 1950 年代以後去美國留學的台灣學生迥異。1960 年代台灣流行一句話，說「留美」是要「學留」──如何留在美國。然而，那是《排華法案》廢除以後的時代，不是 20 世紀初年的中國留美學生所能想望的。對 20 世紀初年的中國留美學生而言，美國不只是一個人間天堂，而且是中國所最能依賴的保護者。只可惜，絕大多數的他們都無緣成為美國人。

無論從什麼角度去看，20 世紀初年的中國留美學生會認為美國是一個人間天堂實在是一件極具諷刺意義的事情。這是因為一直到 1943 年《排華法案》廢止為止，美國是不准中國人選擇當美國人的──即使是跟美國人結婚。一直到 20 世紀中期為止，美國仍然有 14 個州有「反雜交法」，禁止中國人跟白人結婚。問題嚴重的程度不只如此。不但中國人不能跟白人結婚，而且如果土生土長的華裔女性跟中國留學生結婚，她們就會失去美國公民的身分。這就是 1907 年所通過的《移居外國法》（Expatriation Act）。雖然 1922 年所通過的《凱博法案》（Cable Act）提出了修正，賦予美國女性獨立的公民權，不會因其與外國公民結婚而失去其公民權，但這個法案不適用於不准歸化為美國人的亞洲人。一直要到 1931 年《凱博法案》修正為止，任何一個華裔女性跟不准歸化為美國人

的中國人結婚，就永遠失去其美國公民的身分。[2] 20 世紀初年跟中國留學生結婚的美國土生土長的華裔女性，泰半都是跟她們的先生一起「回」中國，原因就在於此。

幾乎所有 20 世紀初年留美的學生都可以說出中國人被歧視的故事，不管是他們親歷，還是耳聞的。這些故事多半是有關他們在入關的時候所受到的歧視，或者是在留學期間租不到房子住，理髮廳、餐廳拒絕提供服務等等。然而，這些受到歧視的經驗或故事，似乎完全沒有減損留美學生認為美國是一個自由、公正的國家的形象。雖然《排華法案》活生生地擺在眼前，但留美學生認為那不是針對著他們的──他們深信美國的「上等」階級並不排斥他們。留美學生認為美國人之所以會對中國人有偏見、歧視，是錯誤或扭曲的訊息所造成的。而這種不幸的結果，中國人自己也必須負起部分的責任。首先，中國人自己不去宣揚中國，而把這個工作讓給了西方到中國去的旅行家以及傳教士。這些人或者是因為無知、或者是有心渲染、或者是要激發支持傳教的工作，刻意強調了中國的陰暗面。其次，中國的不幸，就在於在早期到美國去的中國人泰半是華工。他們的無知與邋遢的行徑損害了中國人的形象。留美學生認為亡羊補牢之道只有靠他們；他們可以讓美國人看到誰才是真正的中國人。他們相信隨著更多的學生到美國留學，美國人就將會發現白白淨淨、穿著講究、美國化了的中國留學生才是真正的中國人的代表。

如果《排華法案》以及留美學生在美國所遭遇到的歧視沒讓他們對美國失望，美國的中國政策同樣地也沒讓他們對美國灰心。對他們而言，美國是一個典範，是國際正義的捍衛者，以及中國的保護者。美國對中國的「門戶開放」政策，對 20 世紀初年的留美學生來說，既是一個神話，也是一個他們無法擺脫的意識形態。19 世紀末年，列強紛紛在中國劃分勢力範圍、租借港灣。為了防止美國被排除在中國市場之外，美國國務卿海約翰（John Hay）在 1899 年第一次宣布了「門戶開放」政策。在留美學

2　Candice Lewis Bredbenner, *A Nationality of Her Own*（Berkeley: University of California Press, 1998）.

生的眼中，海約翰是中國的救星，他救了中國，讓中國免於被瓜分的命運。最讓留美學生感動的是，美國對中國的義舉，不止於用「門戶開放」政策救了中國，維護了國際正義，確保了中國領土主權的完整。它現在甚至以德報怨地退還了中國賠償庚子事變時美國所受損的生命、財產的庚子賠款──其實美國所退的是超收的部分。

對留美學生而言，美國恩寵中國這個信念幾乎是跟宗教信仰一樣的堅定。即使他們會一再地對美國的中國政策感到失望，他們還是很難放棄這個信仰。一直要到 1920 年代中期，等革命與反帝國主義的浪潮把留美學生推向比較批判的心態以後，他們才會開始正視美國對中國所宣稱的政策其實是口惠而實不至的：在它所一再宣稱的對中國的友誼及其所實際推行的中國政策之間，存在著一道難以跨越的鴻溝。

在美國大都市裡所容易見到的下層階級，包括來自歐洲──特別是東歐與南歐──的新移民工以及黑人，使原本就具有菁英意識的留美學生增強了他們的階級意識。更加諷刺、而且最讓他們覺得沒面子的，是美國許多大城裡存在的唐人街。他們鄙視唐人街的華工，認為他們是中國之恥，怪罪他們是美國人之所以看不起中國人，從而制定歧視中國人的法律的原因。他們一再地強調：他們與唐人街的華工，除了不幸同種以外，一點共通處都沒有。每當有開明的美國人能把他們與他們不屑稱之為同胞的華工區分開來，他們就會感激莫名。然而，有些留美學生體認到華工不可避免地會影響到美國人對中國人的看法。因此，他們在 1910 年代初期在美國東岸的唐人街推動了一些教育輔導活動。可惜，這些努力都無法持久。整體來說，大多數的留美學生跟唐人街的華工是不相往來的。可是，由於他們在留美的時候對華工所具有的負面的印象，他們回國以後反而比出國以前更加服膺菁英主義。

20 世紀初年的留美學生對美國文化與社會的理解不但是西方主義的──東方主義的反面──而且是透過種族與階級的稜鏡的。在這個稜鏡的觀察之下，美國誠然「美」也。但這個「美國」，是中產階級白人的美國，其他種族與階級都不算在內。只是，這種對中產階級白人的認同，注定是屬於一種不可能實現的渴望，因為他們是其認同對象的「他者」，是

不可能為其所接受的。留美學生只能用模仿的方式來實現他們對中產階級
白人認同的渴望。有許多他們所模仿的行為，是屬於膚淺的「效顰」
（mimicry）的範疇，例如，模仿中產階級白人學生的衣著、行徑、休閒
活動，甚至組織兄弟會、姊妹會等等。然而，他們也能夠從模仿中展現出
他們的創新、自決性（agency）與自主性（autonomy）。最好的例子莫過
於那從 1902 到 1931 年長存了 29 年之久的「全美中國留學生聯合會」，
及其所舉辦的夏令營和各式各樣的活動。

門戶開放政策的神話

　　大多數留美學生在啟程到美國去以前，就已經是崇美的了。他們乘坐
郵輪的頭等艙橫渡太平洋的經驗，只不過是他們會為之嘖嘖稱奇的美國社
會的富裕、秩序與舒適的前菜而已。就以 1924 年 9 月搭乘「傑克遜總統
號」抵達華盛頓西雅圖的留學生為例。他們在走下郵輪踏上碼頭的一刻，
就已經完全被他們所看到的井然有序的景象折服了。他們完全沒有必要像
在中國一樣：「在喧囂混亂的情況下，一眼看管住自己的行李，另一眼找
苦力來扛。」[3]所有的行李，都按照旅客姓氏字母的順序，有條不紊地在
大廳裡擺開。大家無須爭先恐後，只需要走到標示著自己姓氏字母的地
區，就可以很快地找到自己的行李。找到行李以後，海關人員就會走過來
查驗。不只是海關如此，留美學生後來會發現這種井然有序的作法，就是
美國公眾生活裡的一個常態。他們入關以後，第一站是基督教青年會的宿
舍。他們在青年會的自助午餐又是一個新經驗：

　　　　進了餐廳，我們都依次拿起一個餐盤，把自己要用的刀叉、紙餐巾
　　放在上面。我們把餐盤放在餐盤的軌道上，一面走，一面推著餐盤前
　　進。餐台後的小姐把我們點的食物一一放在餐盤上。然後，我們就端

3　以下的描述是根據 Siegan K. Chou, "America Through Chinese Eyes," *CSM*, XXIV.1
　　（November, 1928）, pp. 81-84.

著餐盤找位子坐下。大家都不用爭先恐後。如果你是第一個到的，你自然就是第一個挑選座位的人。

這種作法叫做排隊的制度，是社會各個地方都用的作法。到戲院買票，要排隊；到學校註冊，要排隊；到任何公共場合，要排隊。

除了秩序井然以外，留學生還注意到美國是「一個自動化的國家，每件事都是自動化的」。從買口香糖、量體重，到用火車站的公用廁所，都是用自動投幣機來處理的。最讓當時的留美學生像劉姥姥進大觀園的，是電影院。電影院除了提供視覺幻象上的享受以外，還體現了美國生活奢侈與舒適的面向：

我一走進大廳或廊道，就看到在每一個進入放映室的門邊柔暗的燈光下都站著一個女郎。她就像是一個典型的紋風不動、裸體的模特兒。如果不是因為我注意到她的手是指著進入放映室的入口，我是不可能摒除她是一個展示女裝的人偶。我找到了我的位子，因為有另外一位沒穿圍兜兜或裙子的帶位女郎帶我。喔！那座椅是多麼的柔軟！那地毯是多麼的有彈性！每一張座椅都是那麼的柔軟！每一條走道都鋪著地毯！

留美學生對美國的愛，不只是因為他們在美國所看到、用到的新奇的器物，物質的舒適，以及有條不紊的秩序。他們對美國有一種海枯石爛的信心，認為美國是中國最好的友邦兼保護者。他們當中有許多人認為如果不是美國，中國早就被列強瓜分了。他們稱呼在 1899、1900 年兩度對列強發出「門戶開放」照會的美國國務卿海約翰是中國的救星。韓特（Michael Hunt）用「門戶開放意識形態的擁贊者」（open door constituency）這個名詞來指稱維繫「門戶開放」的意識形態對其有利的美國人——企業家、傳教士與外交官。雖然留美學生不是美國人，也非韓特之列，但他們對門戶開放這個意識形態的擁贊，不亞於韓特所指稱的美

國人。

　　韓特所描述的門戶開放的意識形態，把中國視為是「兩種鬥爭的場域：一、一方面是來自於西方——以美國為代表——的再生力量與另一方面是停滯的中國之間的鬥爭；二、一方面是自私、排他的〔歐洲〕帝國主義與另一方面是從長遠的角度、用施惠的方法來裨益（benevolent involvement）中國的美國政策」。[4]留美學生不會喜歡任何把中國描繪成為一個昏沉懶散，需要美國用皮鞭把它抽醒的國家的說法。然而，他們還是願意承認中國雖然曾經有過燦爛的文明，但是已經變得落後、停滯了。他們願意接受任何嚴厲批評中國的言論，如果這些批評同時也說中國已經像一隻甦醒的睡獅或巨人，正在努力贏回它在世界上應有的地位。

　　因此，王景春在發表於 1908 年 4 月號《中國留美學生月報》上的文章裡，能夠面不改色地徵引這句批評中國的重話：「1900 年的中國是反動、排外、傲慢、不切實際的。」因為批評者說了這句重話以後，就接著稱讚中國說：「今天的中國正經歷著這個世界從所未見的最驚人的變化。那種變化會讓日本的現代化看起來簡直是小巫見大巫。明天的中國，在具有頭腦與遠見的大人物的引領之下，新工業隆隆地響著，需要各種的原料，將會成為世界的市場。」[5]

　　大部分的留美學生期盼著美國會引領並激勵中國的現代化。後來當過南京東南大學〔即中央大學、1949 年以後改稱南京大學〕校長、紐約「華美協進會」社長的郭秉文，在美東聯合會 1910 年在康乃狄克州的三一學院所舉辦的夏令營裡得到了英文演講比賽的冠軍。他在這篇演說裡，就闡述了廣為留美學生所接受的門戶開放的意識形態：

　　　　美國從它開始跟中國來往，就是一個坦蕩蕩、主持正義的國家。它

4　Michael Hunt, *The Making of a Special Relationship: The United States and China to 1914*（New York: Columbia University Press, 1983），p. 177.

5　C. C. W., "China, Japan and the United States in the Far East Drama," *CSM*, III.6（April, 1908），pp. 230-231.

不但從來沒有覬覦過中國的領土，而且還會在中國受苦受難的時候，用它的影響力來救中國。1895 年，它站在中國這一邊，幫中國和日本談和；1900 年庚子事變發生的時候，它捍衛中國的領土和主權，正義凜然地使得貪婪、侵略成性的歐洲列強放棄它們想瓜分中國的企圖。在 1901 年庚子賠款定案的時候，它更力促列強降低它們對中國所要脅的勒索性、不合理的賠款數字；後來，它還把它所得的賠款的一部分退還給中國。在所有有思考能力的中國人心中，這些主持正義、崇高的行為證明了美國是多麼好的一個國家。[6]

郭秉文在他的演說裡，用來證明美國「主持正義、崇高的行為」的證據，是美國在 1908 年第一次退還的庚款。這第一次退還的將近 $11,000,000 美金的數額──占中國所欠美國庚款的五分之二──就變成了美國對中國以德報怨的神話。這個神話建立在四個基柱之上：一、儘管拳匪殘害美國人，美國政府在 1900 年夏天提出了合理的賠款要求；二、美國敦促其他列強降低它們的賠款數目；三、在賠償款項結清以後，美國主動並且無條件地退還剩餘的部分；四、中國政府主動地決定要把退還的庚款用來派送學生到美國留學，以表達中國的謝意。事實上，美國是把賠款的數額增加一倍到 $25,000,000 美金。根據韓特的分析，美國國務卿海約翰之所以會這樣做，是因為他在要求列強都一起降低賠款數目的時候，為自己留下可以談判伸縮的空間。結果，海約翰並沒有成功地說服其他列強降低賠款的數目，而中國卻落得必須付出兩倍的賠款給美國。[7]

中國政府也並不是主動把退還的庚款用來派送學生到美國留學。就像我在〈序曲〉裡描寫唐紹儀 1910 年到美國特使之行裡的分析所指出的，那反映了中國政府最後的努力，要求美國政府准許中國用那筆退還的庚款來建設滿洲，以便阻擋日本的入侵。美國政府既然已經從中國政府那裡取

---

6   P. W. Kuo, "China's Remonstrance," *CSM*, VI.2（December, 1910）, p. 150.

7   Michael Hunt, "The American Remission of the Boxer Indemnity: A Reappraisal," *Journal of Asian Studies*, 31.3.（May, 1972）, pp. 539-542.

得了承諾，說要把那筆庚款拿來派送學生到美國留學，羅斯福跟國務卿魯特（Elihu Root），自然就完全無意接待唐紹儀。魯特彷彿是有意在傷口上撒鹽一樣，把他和日本駐美大使高平小五郎所談判完成的《魯特—高平協定》（the Root-Takahira Agreement）先給唐紹儀過目，然後在幾個小時以後跟日本簽訂，所差的只是簽署而已。根據這個協定，美日兩個政府同意維持太平洋地區的現狀，並尊重彼此在該地區的領地。美國政府宣稱這個協定維護了美國歷來在中國所堅持的門戶開放政策，因為協定中有支持「中國的獨立與領土主權完整」的承諾。然而，日本明白地表示南滿是日本國防的外圍線，不在日本尊重中國的主權與領土完整的區域之內。因此，美國是在沒有知會中國的情況之下，跟日本完成了一個有關滿洲的交易，先發制人地擋住了唐紹儀提出他赴美真正的目的。

當時在美國的留學生不太可能會知道唐紹儀到美國的真正的目的。事實上，即使他們知道，也不太可能會改變他們的看法。他們所在意的，是唐紹儀此行對外宣稱的目的，亦即，是到美國向美國政府致謝其退還庚款的美意。對美國慷慨的義行，中國以感激回應；兩國彷彿就像是兩個大學的球隊在作友誼賽一樣，互相以校歌和啦啦隊的吶喊此起彼回的呼應著。就像王景春在 1908 年 11 月出版的《留美學生月報》的社論裡所頌讚的，這種「崇高的作為」，不但證明了美國確實是主張「公正的交易」（square deal），而且是樹立了「一個新的國際道德的標準」。王景春說：中國派遣「在美國受教育」、「把美國視為他的第二個家」的唐紹儀為特使，「證明了中國適切地回應了〔美國〕這個友誼與公正的作法。」在該社論的結論裡，王景春說他有信心：這個留美教育計畫將會「在地球一端的偉大帝國與地球另一端的偉大的共和國之間，締造出一個堅實的友誼」。[8]

圖 19、20 捕捉住了當時留美學生對美國完全的信賴與付託。從簽名來看，這兩幅漫畫顯然出於同一位畫家之手。儘管圖 19 的漫畫是在王景

8　C. C. Wang, "Editorial: The Remission of the Boxer Indemnity," *CSM*, IV.1（November, 1908）, pp. 5-6.

Uncle Sam — "*Make good use of it, my friend*"

圖 19　山姆叔叔退還庚款興學。
山姆叔叔：「好友！好好善用這筆錢！」
The Chinese Students' Monthly, V.3（January, 1910），卷首。

春所寫的社論發表一年以後才刊出的，這個圖像維妙維肖地勾勒出了王景春對美國退還庚款讓中國派遣學生到美國留學將會結出的果實：「在地球一端的偉大帝國與地球另一端的偉大的共和國之間，締造出一個堅實的友誼。」值得指出的是，圖 19 所勾勒出來的中國的「現在」與「未來」，是用一老一少來作表徵的。那頭上戴著瓜皮帽、身著長袍、光鮮的辮子順著頸項垂到背後、肅穆地伸出雙手要從山姆叔叔手中接過庚款的大人，是舊「中國」的化身，而站在他身旁左手拉著他長袍的一角、右手指環扣著一本西文書、穿著西服的少年，則是「少年中國」的化身。這個「少年中國」連長相都很西洋。

CHINA — "*Hello, Sam! Glad you have so many barking dogs to wake me up. The ground is awfully damp!*"

圖 20　山姆叔叔在各大學調教出來的留學生忠狗喚醒了中國。
中國：「哈囉！山姆！謝謝你用這些吠叫的狗把我吵醒！這塊土地可真潮啊！」
The Chinese Students' Monthly, V.4（February, 1910），卷首。

　　圖 20 所展現的，是一幅意義完全不同的圖像。如果圖 19 裡的舊「中國」還可以站得筆直地接受山姆叔叔所慷慨贈與他的庚款，圖 20 裡的舊「中國」則是大夢初醒的老人。他匍匐在地，兩手奮力支撐起他的上身，感謝山姆叔叔用他在美國各大學所調教出來的中國留學生忠狗用吠叫的方式，把他從沉睡中喚醒。

　　事實上，海約翰在 1899 年對列強發出第一次門戶開放的照會的時候，並沒有提到要維護中國主權與領土的完整。然而，留學生對這點完全不在意。他們愛美國、信任美國的程度，已經是到了即使沒有證據，他們還是願意相信美國一直是恩寵著中國。鮑明鈐就是一個最好的例子。鮑明鈐，清華 1913 級，1918 年拿到耶魯大學的學士學位，1921 年拿到哈佛大學的博士學位。他在 1923 年出版了《門戶開放政策與中國》（*The Open Door Doctrine in Relation to China*）。他在該書裡摘述了海約翰發出第一次門戶開放照會的「主要動機」：

> 　　因應勢力範圍與租借地這種措施所造成的危險，在這些勢力範圍與租借地裡的關稅以及鐵路、輪船運輸上堅持要得到平等的待遇，以確保美國的商業利益與機會。[9]

　　一直要到 1900 年 7 月，因為拳匪包圍了北京的使館區，列強介入的危險增高，海約翰才在他所發出的第二次門戶開放照會裡提出了美國政府要求維護「中國的領土與主權完整」的立場。然而，即使鮑明鈐指出了這個事實，他還是寧願相信海約翰在發出第一次門戶開放照會的時候，就已經關切著中國的福祉：「然而，我們如果仔細地去讀他的往來信件，就可以發現維護中國的完整是他的政策裡一個不言而喻的（implied）條件，或者是，是成功地執行他的政策的一個必要的先決條件。」[10]

9　Mingchien Joshua Bau, *The Open Door Doctrine in Relation to China*（New York: The MacMillan Company, 1923），p. 24.

10　Mingchien Joshua Bau, *The Open Door Doctrine in Relation to China*, pp. 119-120.

留美學生愛美國，可以愛到罔顧歷史事實。我在本章起始提到了 K.
A. Wee。他在美東分會 1922 年於紐約州綺色佳所舉辦的英文演講比賽裡
得到冠軍。他在那個得獎演說裡不但罔顧美國並不一直是一個強國的事
實，而且離譜到說美國在鴉片戰爭中幫忙了中國：

> 中國還有一個希望。中國人民對這個世界上的一個國家有信心。美
> 國！那個國家就是貴國！貴國用慷慨仁義的行為贏得了我國整個人民
> 的愛戴。我們對貴國的感情是真心的，而且貴國也證明了貴國是值得
> 我們愛戴的。不像其他國家，貴國從來就沒想過要向我們取得疆土；
> 相反地，貴國支持門戶開放政策。貴國在鴉片戰爭的時候幫忙我們，
> 又在拳匪之亂以後的危急時刻給予了我們極大的協助。當其他國家向
> 我們索取了鉅額的賠款的時候，貴國把$11,000,000 美金的剩餘的款
> 項退還給我們。我們用那筆退還的款項來教育我們的年輕人。[11]

罔顧歷史事實，或者說，犯了時代錯誤的謬誤，K. A. Wee 並不是特
例。後來出任清華大學校長的曹雲祥，也曾經被他自己的口才陶醉到穿越
時空的地步。他 1910 年得到了耶魯大學有名的「鄧艾克演說獎」（Ten
Eyck prize oration）。他在這篇演講裡，用極為戲劇、誇張的語詞描繪出
美國躍上國際舞台以王道而服人的軌跡：

> 在〔庚子拳亂〕的戰雲消散之際，海約翰作了獅子吼：「門戶開
> 放！」他對他的立場有把握，因為他不但有前總統〔老〕羅斯福的支
> 持，而且華盛頓、門羅、林肯的英靈也透過了那神祕莫測的記憶之心
> 弦給予了他們的讚許。鑑於其與美國在高等教育方面密切的關係，也
> 鑑於移民上的關係，德國表示同意；鑑於血濃於水的古訓，英國也默
> 許了；作為自由與自主的兄弟之邦，法國贊同；為了感謝自從培瑞將
> 軍（Commodore Perry）以後所得的西洋文明之賜，日本屈服了；最

11　K. A. Wee, "What About China?" *CSM*, XVIII.3（January, 1923）, p. 43.

後，俄國也不情願地接受了……總之，目標達成了。現在，權杖就在
貴國的手裡。全世界都在看著美國，看它要如何運用其權力。[12]

　　曹雲祥這個美國門戶開放政策所向披靡的凱旋論述破綻很多。首先，
海約翰提出門戶開放照會的時候，是麥金萊總統（William McKinley）
——而不是麥金萊被刺以後繼任的老羅斯福總統——的國務卿。更重要的
是，他完全不了解英國所扮演的關鍵角色。門戶開放政策的想法是英國所
想出來的，是英國為了要在中國維持其勢力範圍的一個手段之一。然而，
由於英國在中國擁有最大、最好的勢力範圍，由它自己提出門戶開放政
策，難免招來偽善與雙重標準之譏。相對地，由在中國沒有勢力範圍的美
國來提出門戶開放，則是一個妙計。再加上海約翰在出任國務卿以前是駐
英大使，又是一個大親英派。海約翰的第一個門戶開放照會是根據英國人
西披思里（Alfred Hippisley）所寫的備忘錄。西披思里在大清海關總稅務
司任職多年，當時他人就在美國訪問。而且，列強並沒有像曹雲祥所形容
的，在海約翰的「『門戶開放』的獅子吼」之下，一一聽命服從。事實
上，海約翰說他得到所有列強「確切不移」的保證，他其實只是虛張聲
勢。絕大多數列強的回覆其實都相當保留而且含糊其詞。[13]

　　值得注意的，是曹雲祥演講裡那段話：「華盛頓、門羅、林肯的英靈
也透過了那神祕莫測的記憶之心弦給予了他們讚許。」在認為美國因為開
國元勳的特質而跟其他列強不同這方面，曹雲祥並不是一個特例。根據韓
特（Michael Hunt）的研究，從 19 世紀中期以後，有不少中國仕紳對美
國有一種烏托邦式的幻想，認為由於華盛頓以身作則，為美國締造出了一
個優美的傳統：選舉有知識、有道德的人出任官員；而且這些官員都能盡
忠職守、熱心公益、一心為老百姓的福祉服務。可是，到了 19、20 世紀
之交，已經有越來越多的仕紳與官員開始認為美國已經「揮別了華盛頓那

12　Y. S. Tsao, "America and the Far East," *CSM*, V. 5（March 1910）, pp. 296-297.

13　Whitney Griswold, *The Far Eastern Policy of the United States*（New York: Harcourt, Brace and Company, 1938）, pp. 36-86.

個黃金時代」而成為一個新的帝國主義強權。[14]相對地，許多 20 世紀初年的留美學生仍然相信美國是一個與眾不同的國家，與其他列強不同。曹雲祥說：「現在，權杖就在貴國的手裡。全世界都在看著美國，看它要如何運用其權力。」這句話所反映的，是許多當時的留美學生對美國的期許。他們期許美國能夠作為一個燈塔，把它的德性，像光明的燈火一樣照向國際社會，揪出那幾個少數侵略成性的列強，防止它們繼續破壞國際的秩序。

19 世紀中葉的中國士人，像魏源、徐繼畬等等，會相信美國與眾不同情有可原。他們不懂英文，也沒有機會到過美國。然而，至少他們努力地分析了美國的國情，作出了即使是霧裡看花的結論。相對地，同樣是相信美國與眾不同的 20 世紀初年的留美學生，身在美國，又自認為最了解美國，卻從來就沒有提出證據分析，而只是理所當然地認定美國是與眾不同。值得指出的是，許多美國人確實自認為他們與眾不同。根據一個學者的分析，所謂的美國與眾不同有幾個重要的因素：盎格魯・撒克遜的傳統、共和的制度、寬廣的疆土、商業和工業的力量。[15]大多數留美學生只是天真地相信：不像歐洲國家詭譎與玩弄現實政治，美國與眾不同的地方，在於它不只是一再地出面幫助中國掙脫列強的壓迫，而且為這個世界樹立了一個新的國際道德的典範。舉個例子來說，清華 1916 級、1918 年拿到衛斯理安大學（Wesleyan University）學士學位的趙泉，就在 1918 年第一次世界大戰快要結束時所發表的文章裡，稱讚美國是一個超越了軍國主義、帝國主義那些平凡等閒之國，而進入國際道德領袖之聖境的國家：

　　貴國參與〔歐〕戰，就把協約國戰爭的目標大大地純淨化了。軍國主義是用武力來征服。帝國主義是用剝削來征服。這是兩個擾亂了世

14　Michael Hunt, *The Making of a Special Relationship: The United States and China to 1914*（New York: Columbia University Press, 1983）, pp. 46-50, 191, 259, 260, 262-266.

15　有關美國的與眾不同論，請參見 Dorothy Ross, *The Origins of American Social Science*（New York: Cambridge University Press, 1991）, pp. 22-50.

界和平的因素。因此，貴國就承擔了一個雙重的任務：一、粉碎中歐
同盟國對軍國主義的幻想；二、幫助協約國洗淨帝國主義的污點。貴
國擴充海軍、動員軍力，已經使貴國成為一個軍事強國；貴國動員資
本與工業，已經使貴國成為世界的金融與經濟的資源中心；貴國在遠
東超然無私的立場、在歐洲不捲入任何結盟的自由、對協約國全力的
奉獻，都在在地使貴國成為世界的道德領袖。[16]

　　我們也許可以說趙泉所說的話，只不過是反映了年輕的浮誇。然而，
他對美國的崇拜，是許多已經留美畢業、工作多年的中國人所共同具有的
信仰。朱兆莘就是一個典型的例子。朱兆莘在 1911 年拿到紐約大學的學
士學位、1912 年拿到哥倫比亞大學的碩士學位。他在 1918 年成為駐舊金
山總領事。兩年後成為駐倫敦代辦。他比趙泉年長，但他對美國的崇拜完
全不亞於趙泉。他 1918 年在加州大學柏克萊校區慶祝雙十節的演講裡，
把才有幾年歷史的中華民國比擬為一個小孩子，需要一個大人──一個中
國「可以隨時向他請益引導」、「有類似、但豐富的經驗並樂意伸出援
手」的大人──來「照顧她」。他對他的聽眾說，這個「大人」，中國不
需要打著燈籠去尋覓：「這個國家就在眼前，就在我們現在生活在其間，
不可能會看不見的國家。那就是，美國。」中國已經「亦步亦趨」地在學
美國。他解釋說中國是如何忠心不二地追隨美國參加「這次的大戰」：
「首先，它追隨美國跟德國斷絕外交關係。其次，它追隨美國對德宣
戰。」他以非常驕傲而且熱切的語氣宣稱：「中國對美國有無比的信心，
相信它不管做什麼都不會是錯的，而只會是對的；美國打仗是絕對不會輸
的，而只會是贏的。」[17]

　　朱兆莘對美國如此癡愛，並不是特例。在中國近代的名人裡，胡適就
是一個典型的例子。這是我貫穿《舍我其誰：胡適》四部曲裡一個主要的

16　Chuan Chao, "China and a Stable Peace," *CSM*, XIV.2（December, 1918）, p. 117.

17　Chao Hsin Chu, "Seventh Anniversary of the Republic," *CSM*, XIV.3（January, 1919）, pp. 169-172.

脈絡。胡適對美國的癡愛是隨著年齡而增長的；他越老越癡愛美國。最值得令人省思的是，胡適越老越癡愛美國，跟他越老越保守是有緊密的關聯的。胡適一生中最激進的階段是在留美時期。在他一生當中最激進的留美階段，他曾經有一次冷眼橫眉批判美國。而他這個唯一冷眼橫眉批判美國的一次，就恰恰是針對著「門戶開放」。這就是他 1916 年 6 月底在俄亥俄州的克里夫蘭開第二次的「國際關係討論會」裡所發表的〈門戶開放政策的戀物癖〉（The Fetish of the Open Door）。在〈門戶開放政策的戀物癖〉這篇論文裡，胡適開宗明義就做了批判：

> 任何一個歷史上的政策，一旦把它從其歷史脈絡抽離，就會很快地退化成一個無意義的標語，而失去其真正的價值。〔美國在〕中國的「門戶開放」政策，由於了解的人很少，美國人給予它過高的評價，其結果適足以混淆了遠東真正問題的所在，從而蒙蔽了美國人和中國人的想法，以至於使他們無法從比較有益、比較有建設性的方向去尋求解決的方法。

留美時期的胡適對「門戶開放」政策的批判集中在三個方面：第一、「門戶開放」政策只有經濟的考量；第二、它對中國的獨立與主權的維持只有象徵、消極性的幫助；第三、它完全忽略了中國自身的權益。有關第一點，「門戶開放」政策不但只有經濟的考量，而且是著眼於列強。「門戶開放」政策所顧全的是列強在中國的利益機會均等。胡適批判說，如果「門戶開放」政策的目的只在維持列強在華利益的均等，則中國究竟是在英國或日本的控制之下，根本就只是一個枝節的問題。

胡適所批判的第二點，「門戶開放」政策對中國主權和獨立的保障只有象徵和消極性的意義。這是因為它只維持現狀。同時，這個現狀的維持端賴於列強在華的均勢。這個均勢之局一旦不保，所謂「中國領土與主權」的保障云云，也就成為一張廢紙。胡適舉 1902 年「英日同盟」的條約為例。該條約中有保障「中華帝國與朝鮮帝國領土完整」（其實該條約第一條只說「中國與朝鮮的獨立」，並沒有「中華帝國」領土完整的字

句）的字句。然而，等到日本在日俄戰爭取得朝鮮的控制權以後，這句「朝鮮的獨立」就在 1905 年的續約裡給剔除了。

第三、「門戶開放」政策完全忽略了中國自身的權益。胡適說在「門戶開放」政策之下，列強如果尊重中國的獨立與主權以及所有其他國家在商業與工業上利益均等的原則，那完全只是因為那是對列強有利，而不是因為它們考慮到中國的權益。胡適憤慨地說：

> 所有到現在為止的「中國政策」——「門戶開放」政策包括在內——的根本缺陷，就在其完全無視於中國自己的利益與期望。中國問題的解決最終還是要靠中國自己。如果這個世界無法擺脫民族主義的情操，則有心成為強國的中國也應該有權要民族主義。任何拒絕正視這個崛起的民族意識所提出的合理要求的政策，都註定是要失敗的，而這個世界也將為之而付出沉重的代價。[18]

那是 1916 年的胡適。我們可以對照 1939 年胡適出任駐美大使時對「門戶開放」政策一百八十度轉彎的看法。1939 年 3 月 9 日日記：

> 與游建文談。我請他寫信去英國訪問 A. E. Hippisley〔西披思里〕是否還生存，現住何處。

> 自 Tyler Dennett〔戴尼特〕的 *John Hay*〔海約翰傳〕及 Griswold〔格里斯瓦德〕的《美國遠東政策史》出世後，世人始知 1890 至 1900 之間，John Hay 的門戶開放政策的背後出力最大的有兩人，一為 W. W. Rockhill〔柔克義〕，一為英國人 A. E. Hippisley。二人之人〔中〕，似以 Hippisley 之功為最大。我想調查其人，如尚生存，政

---

18 Suh Hu, "The Fetish of the Open Door,"《胡適全集》，35: 182-188。詳細的分析，請參見我的《舍我其誰：胡適〔第一部〕璞玉成璧，1891-1917》，頁 501-503。

府當與以獎勵。[19]

又，1939 年 12 月 21 日：「發一電與復初〔郭泰祺，時駐英大使〕，約他同發起請政府嘉獎 Alfred Hippisley（Open Door Policy〔門戶開放政策〕發起人）。」[20]換句話說，晚年越來越癡愛美國的胡適，已經不在乎他留美的時候所作的批判：「門戶開放」政策所顧全的，是列強在中國的利益機會均等；那所謂尊重中國的獨立與主權云云，其所考慮的只是列強在中國商業與工業上利益均等的原則，而並沒有考慮到中國的權益。

當然，並不是所有的留美學生都是如此的天真幼稚。事實上，到了 1918 年，趙泉和朱兆莘居然仍然可以如此地輕信美國是一件相當驚人的事情，因為在不到一年以前，美國才以中國作為代價，跟日本訂了一紙條約。1917 年 11 月，在經過了兩個月的談判以後，美國國務卿藍辛（Robert Lansing）跟日本特使石井菊次郎簽訂了《藍辛—石井協定》（the Lansing-Ishii Agreement）。根據這個協定，美國承認日本在中國的特殊利益，特別是「與其所屬領土緊鄰的」，亦即，滿洲。日本則保證會遵守門戶開放的原則以及中國領土主權——亦即不包括滿洲在內——的完整。[21]

清華 1913 級的余日宣，在 1917 年拿到普林斯頓大學的碩士學位。他是 1917-1918 學年度《中國留美學生月報》的主編。他在《中國留美學生月報》12 月號——也就是《藍辛—石井協定》簽訂一個月以後——所寫的社論裡，難掩其深覺被美國背叛了的心情：

這個協定使美國成為在官方文件上第一個承認日本在中國擁有特殊

---

19 《胡適日記全集》，7.632.

20 同上注，7.735.

21 Walter LaFeber, *The Clash: U.S.-Japanese Relations throughout History*（New York: W. W. Norton & Company, 1997），pp. 114-116.

利益的國家……現在，日本在中國的特殊利益已經被正式地承認了，
而承認它的不是任何其他國家，而是美國——是我們萬萬也想不到的
國家。[22]

　　同樣地，1920 年拿到波莫納學院（Pomona College）的學士學位、
1921 年拿到芝加哥大學的碩士學位、後來會成為第三國際成員以及近代
中國最優秀、最有組織力的農村調查者陳翰笙，也戳破了這個大多數留美
學生堅信不渝的美國對中國的關愛的神話。陳翰笙在 1921 年 11 月號《中
國留美學生月報》發表了一篇專門分析《藍辛—石井協定》的文章。他
說：「美國政府〔在歐戰的時候〕，號稱是為了要維護歐洲小國的權利而
戰，要『讓全世界得以安享民主』，但在太平洋區，卻為了短暫的安全的
考慮，而背棄了正義的政策、『公正的交易』（square deal），撤除了那
能防止世界上人口最多的共和國解體的防護措施。」陳翰笙沉痛地指出：
「中國除了受到了傷害以外，也受到了《藍辛—石井協定》的屈辱，因為
美國是一直到談判完成了以後才通知中國。美國政府說它對中國友好，但
卻不但在協定裡，而且在談判中，斷然地罔顧了中國的主權。」[23]
　　然而，親美顯然是一個不容易醫好的症候。早在 1915 年，在耶魯大
學受過教育、創刊《寰球中國學生報》並擔任其主編、後來出任上海復旦
大學校長的李登輝，就已經呼籲留美學生要戒掉他們「依賴列強」——意
指美國——的盲目心理。其實，李登輝自己就是一個大親美派。我在第一
章已經分析了廈門出生，爪哇長大的李登輝在 1903 年再度由爪哇赴美，
計畫進哥倫比亞大學研究所讀政治。哪知道就在李登輝還在海上的時候，
美國政府把執行《排華法案》的條例訂得更加嚴厲。他人一到舊金山，就
被拒絕入境並被遣返。李登輝雖然是《排華法案》的受害者，但他一直在

22　Stewart E. S. Yui, "Editorials: The Lansing-Ishii Agreement," *CSM*, XIII.2（December,
　　1917）, p. 82.

23　Geoffrey C. Chen, "The Lansing-Ishii Agreement," *CSM*, XVII.1（November, 1921）, pp.
　　36-40.

他所編輯的《寰球中國學生報》上發揮親美的立場。1915 年，眼看著日本向中國提出《二十一條》，而卻沒有任何一個國家出面援救中國。在震驚、受傷，但也增長了見識之餘，李登輝寫了一封信勸誡留美學生：「眼前的局勢不但顯示了國際友誼與承諾的不可靠，而且顯示了我們〔如果繼續〕自我欺騙下去，後果會不堪設想。解救我國之道永遠不可能是來自外部，而是端賴我們自己內在的能力與志氣。」[24]

第一次世界大戰後所簽訂的凡爾賽條約把德國在山東的權益交給日本，而不是交還中國。許多對這個屈辱沮喪的留美學生，又因為美國在1921-1922 年所召開的「華盛頓會議」，而再度寄望美國會扮演其騎士的精神來救中國這個美人。1922 年拿到哈佛大學博士學位的顧泰來是 1921-1922 學年度《中國留美學生月報》的主編。他在 1921 年 11 月號的社論，就重複了所有門戶開放政策神話裡的論點來再度宣示中國對美國的信心：

中國從來就沒有懷疑過美國〔對中國〕超然、體貼的政策。它在凡爾賽的立場，誠然在中國的老百姓的心裡留下了一個陰影。然而，他們很快地就能夠把個人的決定跟美國的輿論區分開來。美國退還庚款本身，就是一個最雄辯的證據，來證明美國政府對中國的善意。[25]

然而，在留美學生裡，慢慢地出現了一種比較實際，雖然同時也是比較黯淡的領悟，認為中國不能再繼續欺騙自己，以為用乞求的方法就可以得到美國或者其他列強的憐憫。中國參加「華盛頓會議」的時候，是帶著極高的希望，期待中國能夠一舉推翻所有在凡爾賽條約所遭受的不公不義的作法。中國要求拿回由德國轉讓給日本在山東的租借地、取消日本加諸中國的《二十一條》、並收回中國所喪失的許多主權，特別是關稅自主與

24　T. H. Lee, "Mr. T. H. Lee Appeals for Unity," *CSM*, X.9（June, 1915）, pp. 592-593.

25　Telly H. Koo, "Editorials: Aggressive Friendliness," *CSM*, XVII.1（November, 1921）, pp. 4-5.

領事裁判權。

　　美國在「華盛頓會議」是全勝。所有它在會議以前所訂下的目標全部達成：一、以《四國公約》──英、美、日、法──來取代《英日同盟》；二、《海軍條約》；三、《九國公約》承諾支持美國在中國的門戶開放政策。用美國有名的已故的歷史學家拉斐波（Walter LaFeber）的話來說，除了中國以外，每一個參與會議的國家都可以算是滿意地回國。[26]日本誠然是沒有得到 10：10：7〔美、英、日〕的主力戰艦的比例，而被迫接受美國所堅持的 5：5：3 的比例。然而，日本並不是空手而返的。雖然國務卿休斯（Charles Hughes）成功地要日本在《九國公約》裡承諾日本會尊重中國領土主權的完整，但前國務卿魯特（Elihu Root）在條文裡動了手腳，幫日本解了套。魯特支持日本對滿洲的立場，認為中國還不能算是「國際社會裡一個具有充分資格的會員」。他除了私下向日本保證，說美國不會堅持日本改變其在滿洲的地位，而且在他所擬具的《九國公約》裡替日本解套。解套的竅門就在借用美國在 1920 年致日本的照會裡的一句話：日本「可以信賴美國以及其他兩個屬於『銀行團』的國家〔英國和法國〕。它們不會同意任何可能會傷害到日本重大利益的行動」。這所謂的日本的重大的利益，指的就是滿洲與蒙古。魯特把這句話寫進《九國公約》裡。因此《九國公約》的第一條說：「簽約各國，除了中國以外，承諾會避免『支持任何會傷害到簽約國安全的行動』。」在魯特把這句話加進去以後，日本同意簽署《九國公約》，因為根據日本的詮釋，這就意味著簽署《九國公約》裡的八國──中國除外──默認了日本在滿洲以及蒙古的特殊權益。這在事實上──即使不是在法理上──把這兩個地區排除在門戶開放所適用的範圍之外。[27]

26　The discussion in this paragraph, unless otherwise noted, is based on Walter LaFeber, *The Clash: U.S.-Japanese Relations throughout History*（New York: W. W. Norton & Company, 1997）, pp. 132-143.

27　Sadao Asada, "Japan's 'Special Interests' and the Washington Conference," *The American Historical Review*, 67.1,（October, 1961）, pp. 62-70.

　　如果中國在《九國公約》裡沒得到一丁點兒的好處，至少它在「華盛頓會議」裡拿到了一個安慰獎，亦即，拿回了山東——雖然是有名無實。在拒絕了中國在「華盛頓會議」上提出山東問題以後，美國強迫中國接受跟日本在會外舉行單獨的雙邊談判。參加這個雙邊談判的中國代表是：顧維鈞（哥大博士）、施肇基（康乃爾大學博士）、王寵惠（耶魯大學博士）——三位都是留美歸國學生裡的翹楚。

　　只是，美國國務院的專家洪貝克（Stanley Hornbeck）擔心中國不是日本的對手：「在當前的情況之下，中國跟日本在外交談判桌上，就會像是一個羽量級的拳手，在拳擊場上面對一個老練的重量級拳手一樣。」[28]為了幫忙斡旋，美國與英國的官員，包括國務卿休斯以及英國的貝爾福（Arthur Balfour）伯爵，參與了中日的雙邊談判。在經過了 36 場的爭論以後，日本提出了其最後的條件：中國用 15 年期的政府公債買回山東鐵路，並在那 15 年間聘請一位日本運輸經理以及一位總會計師。當中國一再地拒絕，並且堅決要用現金買斷的時候，休斯提出了他的最後通牒。在最後一場在休斯家裡舉行的談判，貝爾福伯爵也在場。休斯老實不客氣地對中國的代表說，如果他們再繼續不讓步，他們不但會失去美國的支持，而且會失去整個山東。面對著休斯的最後通牒，中國只好投降。休斯當然知道讓日本控制鐵路，就等於是讓日本控制山東。他口口聲聲說他是為中國的利益著想，但他認為「日本會無限期地留在山東」。借用為休斯立傳的一位史學家的話來說，「華盛頓會議」給予了日本解決山東問題的實質好處——包括持續控制該省的方法——而中國只是得到了一個拿回了山東的幻象。[29]

　　在「華盛頓會議」召開期間，「全美中國留美學生聯合會」主動為中

28　Noel H. Pugach, "American Friendship for China and the Shantung Question at the Washington Conference," *The Journal of American History*, Vol. 64, No. 1.（June, 1977）, p. 78.

29　Dexter Perkins, *Charles Hughes and American Democratic Statesmanship*（Boston, 1956）, p. 110, quoted in ibid., p. 84.

國做宣傳。在其所推展的活動裡，最重要的是出版了一份週刊《中國辯護士》（*China Advocate*）。這份週刊的發行量有七、八千份，主要是免費分發給美國國會議員、政府高級官員以及參與會議的代表。[30]除此之外，許多留美學生以個人的身分或不同團體的代表的身分，到華盛頓去觀察監督中國參與會議的代表以及會議進行的情況。對中國代表屈服於日本單獨舉行雙邊談判的要求，他們群情激憤。1921 年 12 月 1 日，是中日雙邊談判的第一天。日本代表、休斯、貝爾福都已經坐在「泛美聯盟大廈」（Pan American Union Building）的會議廳裡了。等開會時間都已經應該開始了，就是不見中國的代表。原來一群激憤的中國留學生占領了中國大使館，把中國代表困在大使館的洗手間裡，不讓他們去參加談判。休斯於是打電話給國防部，請國防部派兵去中國大使館把中國代表護送到會場。結果，事情的發展證明這是多餘的，因為中國代表從後院翻牆逃出大使館，成功地抵達了會場。[31]

有些歸國留學生認為中國應該為其在「華盛頓會議」的斬獲心存感激。毫不驚訝的，代表團副祕書長曹雲祥、祕書刁敏謙都認為中國在「華盛頓會議」中獲得了決定性的勝利。曹雲祥不需要再介紹。他在本書裡已經出現過多次。刁敏謙是留英的。刁敏謙提醒那些對結果失望的人說，「華盛頓會議」並不是「專為中國舉行的」。而且，他不認為「把中國老百姓所想要的，一次都全部拿回是一件聰明的事」。[32]曹雲祥說得更為天真。他說「華盛頓會議」在歷史上是獨一無二的事件，因為「列強真的是選擇了不用武力，而且甚至願意用自我犧牲的精神對弱小國家做這種歸還〔疆土〕的行為。」中國萬幸能在這種新的國際道德之下獲得了這個意外

30　"Report of the President and the Committee of the Chinese Students' Alliance in the United States of America for their Work on the Washington Conference,"（n.p., April, 1922）, p. 3.

31　Merlo Pusey, *Charles Evans Hughes*（New York: The MacMillan Company, 1951）, Vol. 2, p. 505; Betty Glad, *Charles Evans Hughes and the Illusions of Innocence: A Study of American Diplomacy*（Urbana, Ill.: University of Illinois Press, 1966）, p. 295.

32　M. T. Z. Tyau, "Ought China to be Satisfied with the Washington Conference?" *CSM*, XVII.5（March, 1922）, pp. 384-391.

的收穫。他在感動之餘宣稱：

> 在中國對外關係史上，這是第一次中國獲得，而不是有所失。而這
> 次所得，並不是因為它自己的努力，而是因為參加此次會議的國家有
> 一個共同的希望，希望能在國際關係裡展現出更多的公道正義與公平
> 競爭，以減少會造成未來戰爭或割喉競爭的因素。[33]

其實，何止是大多數年輕還未成熟的留美學生以及參加會議的歸國留
學生官員相信中國在「華盛頓會議」取得了重大的勝利。我相信到今天為
止，仍然有許多人以為事實就是如此。何止一般人仍然繼續以訛傳訛地誤
以為如此，連近代中國赫赫有名的胡適亦是如此。就像我在《舍我其誰：
胡適〔第四部〕國師策士，1932-1962》裡所分析的，胡適一輩子都認為
美國在「華盛頓會議」裡是仁至義盡，而且不寄望回報地幫了中國。[34]

當然，並不是所有留美學生或者歸國留學生都是如此天真、輕信。就
舉兩個例子。第一個例子是張福運。張福運是 1911 年清華庚款生，1914
年拿到哈佛大學學士學位，1917 年再拿到哈佛大學的法學學士學位。他
是 1917-1918 學年度「全美中國留學生聯合會」的會長，也是我在第四章
裡說贊成袁世凱稱帝的留美學生。「華盛頓會議」期間，他是中國大使館
的職員。他極為憤慨地表示：「華盛頓會議」所締結的條約充分地顯示
了，「太平洋區和平的維持是握在那些有辦法破壞和平的國家的手上。而
對太平洋區和平的維護利益攸關最大的中國是一個微不足道的成員。」他
深信列強會「繼續抓住它們非法取得的東西，一直到反抗的力量大到使它
們知道無法繼續為止」。因此，他的結論是：「想要用談的方法從它國取
得公道正義是沒有希望的；倚賴別國來保護自己是可恥的。中國必須用行

33　Y. S. Tsao, "China's Part After the Washington Conference," *CSM*, XVII.5（March, 1922），
　　pp. 395-397.

34　《舍我其誰：胡適〔第四部〕國師策士，1932-1962》，頁 302-303。

動與具體的成就來提高自己的地位。」[35]

　　值得令人省思的是，還在留學的學生，往往比那些已經學成歸國、在政府任官的前留美學生還有洞察力。桂中樞就是我要舉的第二個例子。清華 1919 級的桂中樞，在 1925 年拿到哥倫比亞大學的學士學位。他是 1922-1925 學年度《中國留美學生月報》的主編。他雖然沒有用「騙局」這個字眼，但他對「華盛頓會議」的描述就是「騙局」一場：「所有的承諾與保證不花列強一分一毫，但它糊弄大眾的效力何止百倍。」中國被迫接受不公不義的結果，但卻彷彿是自願的：「為了將來外國郵局會撤出中國、為了將來領事裁判權會廢除、為了有條件的承諾會提高關稅、為了有條件的歸還兩個無關緊要的租借地〔廣州灣、威海衛〕、以及歸還一個空殼的山東，中國在壓倒性的壓力之下，被迫接受更多其他的不公不義。」[36]

　　中國對日本很明顯地是計遜一籌。一位採訪「華盛頓會議」的中國記者在會後的分析裡說，日本的宣傳使大家都認為中國在「華盛頓會議」裡大有斬獲。因此，「當中國表示『華盛頓會議』為中國做得不夠的時候，美國大眾不禁反問說：中國到底還想得到多少呢？」[37]中國的失敗與屈辱，促使顧泰來在《中國留美學生月報》的社論裡，沮喪地反思為什麼中國那麼天真、輕信，那麼沒有能力保衛自己呢：

　　　　我們的失望跟我們的期望是成正比的。我們只注意到別人是否公道、公平，但沒看見自己的衰弱。我們只能責怪自己。我們為什麼會失去疆土、鐵路、礦場呢？而失去了以後，我們為什麼沒有自己去搶回來呢？救贖是要靠自己，是一種對自我的要求的榮譽；不這麼做，

35　F. Chang, "Futility of the Washington Conference," *CSM*, XVII.4（February, 1922）, pp. 336-337.

36　Chung Shu Kwei, "China's Outlook at the Conference," *CSM*, XVII.3（January, 1922）, pp. 201-202.

37　C. C. T. "Observations on the Washington Conference," *CSM*, XVII.4（February, 1922）, pp. 353-354.

而是去法庭或會議裡要，是一件很不光彩的事。我們當中有些人理性地希望「華盛頓會議」會是第一個也是最後一個這種性質的會議。想要透過談判拿回我們因為軍事失敗而失去的東西，根本就是不可能的。借用我們一個成員的話來說：「我們在會議裡是一個乞丐。」沒有比「乞丐」這個字更具有代表性、更正確地描繪了中國的情況了。我們確實是乞丐。而乞丐通常都是輾轉在飢餓的邊緣的。[38]

然而，我們有證據顯示顧泰來並沒有真正體認到列強丟進中國在會議裡所端著的丐碗裡的東西實在是少得可憐。他在一篇分析魯特所擬的《九國公約》的社論裡，用《聖經》裡年輕的大衛（David）與巨人歌利亞（Goliath）決鬥的故事，配合上美國的門戶開放政策，把魯特描繪成大衛，隻手撐開日本這個歌利亞所奮力想要關上的大門。[39]當時的他當然不像有後見之明的我們，知道魯特把《九國公約》的條文寫得讓日本能夠保有它在滿洲與蒙古所擁有特殊的利益。更不可思議的是，顧泰來在另外一篇社論裡，重複了美國主流報章雜誌的報導，說：當國務卿休斯「在最後一次的全體大會裡，宣布中國和日本代表已經簽署了一紙有關山東的條約時，聽眾的反應是欣喜若狂」。他稱讚山東條約是「『華盛頓會議』最偉大的成就」。1922 年 2 月 6 日，中日兩國代表團在休斯與貝爾福觀禮之下簽訂了山東條約。顧泰來用下述的文字描述簽署的儀式：

> 沒有任何一個場景會像這個簽約的場景更為引人注目（spectacular）和讓人刮目相看（impressive）。兩位斡旋者〔休斯、貝爾福〕坐在「泛美聯盟大廈」會議廳裡的長桌的一端，帶著微笑觀看著兩國的代表進行工作。用一位記者的話來說：「簡直就像是中國婚禮裡的祖父

---

38 Telly H. Koo, "Editorials: Armament, Machinery and Civilization," *CSM*, XVII.3（January, 1922），p. 172.

39 Telly H. Koo, "Editorials: Twenty-One versus Four," *CSM*, XVII.4（February, 1922），pp. 277-279.

一樣。」這個描述真是一語中的。[40]

這個婚禮的比喻可以是一個自嘲，因為中國讓日本用鐵路作為工具可以繼續控制山東 15 年。然而，那不是自嘲。顧泰來雖然知道中國談判的立場是「無條件地歸還整個租借地」，但他仍然認為中國是打了一場勝仗，因為如果是在戰場上打的話，中國是不可能贏的。更加引人深思的是，他描述休斯和貝爾福像是兩個祖父型的白人，高高在上微笑地哄著兩個小亞洲人學習如何玩一向是白種人所專長的賽局。

在留美學生裡，顧泰來可能不是唯一一個覺得讓山姆叔叔高高在上地微笑著看著自己是一件「引人注目和讓人刮目相看」的事。然而，很快地，他們就會受到考驗，考驗他們對這種高高在上的傲慢的態度，能忍受到什麼程度。給他們這個考驗的人是瓦德爾（J. A. L. Waddell）。瓦德爾是一位很有成就的土木工程師。他在美國、加拿大以及其他國家一共設計、監督設計或監造了超過一千座橋梁。[41]他在 1921 年，後來還有幾次，擔任過中國政府的技術顧問。美東聯合會 1923 年在布朗大學（Brown University）所舉行的夏令營，瓦德爾是受邀作主題演講的來賓之一。他演講的題目是：〈一個振興中國的方案〉（A Scheme for the Regeneration of China）。在這個演講裡，瓦德爾說在許多方面，工程可以幫助中國現代化。[42]然而，在工程可以幫忙中國現代化以前，中國必須先要有一個穩定而且良好的政府。而要有一個穩定、良好的政府的先決條件，是中國必須先要能克服一個「最為巨大的困難」，亦即：「貪腐」。瓦德爾提出了一個分成兩個部分的方案。在第一個部分裡，他責成中國學生組織一個道德規範極嚴的會社，其目的在：「建立一個廉潔、簡約的聯

40　Telly H. Koo, "Editorials: The Last Episode of the Shantung Question," *CSM*, XVII.5（March, 1922）, pp. 367-369.

41　有關瓦德爾的簡歷，參見 *American National Biography*（Oxford: Oxford University Press, 1999）, Vol. 22, pp. 428-429.

42　以下有關瓦德爾這篇演講的討論，請參見 J. A. L. Waddell, "A Scheme for the Regeneration of China," *CSM*, XIX.1（November, 1923）, pp. 7-19.

邦政府，以作為發展中國的基礎。」

　　這個振興中國的方案裡的第二個部分是幫中國找一個獨裁者。瓦德爾說：「今天這個世界大多數的國家，都需要被像義大利的墨索里尼或甚至像是墨西哥的迪亞斯（Porfirio Díaz）那樣的獨裁者來嚴格的治理。」中國也一樣。瓦德爾認為「中國今天所最需要的，是一個視野寬廣、利他、無私，但嚴厲的獨裁者。他可以把所有爭吵不休的派系全都鎮住，把所有軍閥割據的野心全都弭平」。他說他每次跟中國的「知識分子以及高級官員」談話的時候，他總是問他們這個問題：「你們在中國有沒有一個愛國、無私、有能力能成功地處理當前問題的人？」由於對他這個問題的答案每次都是負面的，他建議中國應該找一個外國人來彌補這個缺憾。至於這個人應該屬於哪一個國籍，他是否心目中已經有一個人選，瓦德爾說他早就已經有了答案：

　　　　至於我的答案，我總是說，他的國籍應該是美國，因為在這個世界上的國家裡，只有美國可以信賴，不覬覦任何中國的領土，而只要求在商業上「門戶開放」以及與其他國家有平等的貿易上的機會。至於此人應該是誰，我會說除非是伍德將軍（General Leonard Wood），我就想不出還有誰具有必要的條件。我說，如果老羅斯福還活著的話，那他大概是最適合擔任這個工作的人了。如果我們以理想來作為衡量的標準的話，伍德將軍是最符合那主宰了老羅斯福——他〔伍德將軍〕的摯友、美國人所珍愛、懷念的領袖——的行為的理想的人。

　　雷納‧伍德（Leonard Wood, 1860-1927），在 1898-1902 年間是古巴的軍事總督、1921-1927 年間是菲律賓的總督。他跟他的好友老羅斯福總統一樣，是一個喜歡從事激烈運動，並主張美國向外擴張的人。[43]瓦德爾在演講裡並沒有說明他是否認得伍德將軍，或者他是否曾經跟伍德將軍提

43　有關伍德將軍的簡歷，請參見 *American National Biography*（Oxford: Oxford University Press, 1999）, Vol. 23, pp. 767-768.

起過他那令人瞠目結舌的想法。他說，他認為伍德將軍：「或許可以接受敦促，把他的餘生奉獻在重建中國這個可敬又可憐的國家的工作上。」他說很多人都贊同他的想法：「自從我回國以後，我把這個請伍德將軍出任中國臨時最高總督的想法告訴我的朋友，美國人、中國人都有。最讓我高興的是，我原先擔心會被人鄙夷為純然的幻想。結果，每一個人都覺得那是一個很好的想法。」

對於瓦德爾振興中國的方案，《中國留美學生月報》只刊載了一篇措辭客氣、但堅定反駁的文章。那篇文章的作者是浦薛鳳，清華 1921 級，1923 年拿到翰墨林大學（Hamline University）的學士學位、1925 年拿到哈佛大學的碩士學位。浦薛鳳說他所不能置信的是，瓦德爾不但是一本正經——而不是在開玩笑——地闡述他振興中國的方案，而且他居然會選擇留美學生的夏令營的場合來闡述他的方案：[44]，

　　沒有一個人會感覺驚訝，如果那只是一個茶餘飯後的笑談。然而，這麼顯赫而且又是中國的好友的瓦德爾先生，會把他的想法當真到「正經八百」地提出方案，而且甚至是「娓娓地」說給一個中國學生團體——注意！不是一個普通的中國學生團體，而是中國的知識菁英——聽的地步。我們就必須不憚其煩地作一個澈底、誠實的檢視。這只有可能意味著兩個〔互不相容的〕結論：不是〔瓦德爾〕據以作出結論的前提是錯的，就是在西方人眼中，我國人民是無可救藥地欠缺對自治的熱愛。

浦薛鳳不敢置信地問說：「他所設想的方式，是中國自己會（且不說應該）主動提出邀請〔伍德將軍去當中國的獨裁者〕？或者，他想的是由外部，亦即，美國，強加諸〔中國〕？」浦薛鳳認為這整個想法是荒謬到無須辯駁的地步。比較嚴重，而且比較威脅性的是，瓦德爾恐怕不是唯一

44　Dison Poe, "A Reply to Mr. J. A. L. Waddell's 'Scheme for the Regeneration of China,'" *CSM*, XIX.3（January, 1924）, pp. 7-10.

一個認為中國人是沒有自治能力的人：

　　事實上，瓦德爾先生可能並不是唯一一個有這種錯覺的人。這個世界上有許多人，他們對中國的愛是真心的。可是，他們光是有心要幫助中國，而欠缺了解。就像我在前文所說的，這個想法，我們是可以一笑置之的。只是，我們不得不擔憂那會產生這種想法背後的心理——「潛意識」，這是我幾經考慮以後所用的字——亦即，用嚴肅的字眼來說，中國人沒有治理自己的能力。這種潛在的意識流，雖然難以捉摸，但是存在的，而且對中國會造成極為邪惡、危險的影響。

　　最讓人不能置信的是，留美學生居然會在次年所舉行的夏令營裡，再度邀請瓦德爾去作二度的表演，而且不是一個夏令營，而是兩個夏令營。他先去美東分會在賓州的黑沃佛（Haverford）所舉辦的夏令營，然後再去中西部分會在密西根州的安納堡的夏令營。他在 1924 年美東分會所舉行的夏令營裡，再度重複了他的主題以及他稍做修訂的方案。他對聽眾訓斥了他們在性格上最大的缺點：

　　所有〔中國〕的問題與不幸，最主要、最根本的原因就是欠缺愛國心，特別是受過教育的階級。如果你們不相信我說的這句話，你們可以去比較日本人的愛國心跟中國人的愛國心，看其間的不同。幾乎每一個日本人都可以隨時為國家而死。這個在種族上的特點，就是日本為什麼會在這半個世紀裡能有那麼驚人的進步的主要原因。

　　接著，他又重複他的看法，認為中國需要找一個外國來引領它。這一次，他說那個國家應該是日本：

　　在座有些人可能不會喜歡聽，但我要重複我在去年所說的一句話，亦即，中國未來的發展應該由日本來促進與培育，但必須是基於友好、利他的理由，而不是因為想要侵略與野心。由於我對日本人有足

夠的了解，我堅定地相信只要你們用對方法，他們會很樂意地協助，而不是去阻擋你們國家的進步，而且會說話算話。[45]

1924 年美東分會的夏令營是從 9 月 2 日到 10 日舉行的，而中西部分會的則是從 9 月 4 日到 12 日舉行的。瓦德爾很顯然地是先到美東分會的夏令營作了主題演講以後，再接著到中西部分會的夏令營作演講。中西部分會的會員一定是聽說了瓦德爾在美東分會夏令營裡所說的話，因此他們決定用杯葛他的演講的方式來表達他們的不滿。參加該年中西部分會夏令營的人數有 150 名，而只有 12 名去聽瓦德爾的演講。主辦單位一定尷尬已極。《中國留美學生月報》主編桂中樞在該年 11 月號的社論裡責備那種杯葛的行為，「不只是丟臉」，而且「不配作為他們以敬老尊賢聞名於世的祖先的後人」。他指責留美學生說：用杯葛的方法「來避免聽到他們知道瓦德爾博士會說的負面的批評」，這就「證明了留學生不了解真正的愛國心是什麼」。[46]

不管聯合會的領袖再度邀請瓦德爾去夏令營演講的動機何在，他訓斥留學生，批評他們在性格上的缺點，以及中國像嬰兒一樣需要外國的訓練與指導的觀點，無法被聯合會的會員所接受。他們於是以杯葛的方式反抗——不管是因為他們拒絕像患了自虐狂一樣去聽訓，還是因為他們「不了解真正的愛國心是什麼」。

這時候已經是 1924 年了。再過幾年，中國在政治上所發生的巨大的改變將會大大地改變許多留美學生對美國的看法。從那以後，留美學生就不再可能會邀請像瓦德爾這樣的人去教訓他們，說他們應該請一個美國的獨裁者或者請日本去訓練、指導欠缺公德心與愛國心的中國人。1925 年

45　"Student World: Eastern Conference," *CMS*, XX.1（November, 1924），p. 69. 必須指出的是，瓦德爾說中國需要日本的引領這句話是他前一年在美東分會夏令營就已經說過的話。事實上，那句話並沒有在他演講紀錄裡出現。請參見 J. A. L. Waddell, "A Scheme for the Regeneration of China," *CSM*, XIX.1（November, 1923），pp. 7-19.

46　C. S. Kwei, "Current Comments," *CSM*, XX.1（November, 1924），pp. 3-4.

的「五卅慘案」是一個轉捩點。就像我在第四章裡已經分析了的，「五卅慘案」的漣漪很快地就傳到了留美學生界。美東分會以及中西部分會在該年的夏令營裡通過了一份宣言。這是留美學生第一次用帝國主義這個名詞來表達中國的積怨。他們呼籲列強放棄所有它們危害了中國的領土與主權的不平等條約。

　　火苗一旦引燃，民族主義的火焰就開始四濺了。留美學生再也不可能沉默地聽訓，說中國所有的問題都應該先反求諸己。1926 年秋天，「中國治外法權委員會」（the Commission on Extraterritoriality in China）的會長暨美國委員賽勒斯・斯特倫（Silas Strawn）從北京開完委員會會議回到美國。這個委員會是依據「華盛頓會議」的一個決議所成立的，其目的在研究中國的司法制度以及列強放棄在中國的領事裁判權的可行性。這個委員會在 1926 年 9 月所發表的報告裡排除了立即取消領事裁判權的可行性。[47]

　　斯特倫在回到美國以後作了一個演講。在那個演講裡，他描寫中國是一個瀕臨崩潰邊緣的國家。他強調說：「我們不能把眼前中國混亂的情況歸因於帝國主義、不平等條約、領事裁判權，或者欠缺關稅自主權，而毋寧是因為中國沒有能力組成一個穩定、能行使權力的政府。」[48]《中國留美學生月報》主編趙敏恆認為斯特倫在傷了中國以後，又在傷口上抹鹽。他在社論裡展開反擊：「像許多其他到中國去旅行的美國人一樣，斯特倫先生坐『藍色特快車』（Blue Special），住在租界裡，然後回到美國寫了一本三百頁有關中國的政治、經濟情況的書。他完全不知道中國真正的情形。」中國實際的情形完全不是像斯特倫告訴美國讀者的：

　　　在世界上的國家裡，中國仍然像是一個嬰兒一樣；它的新政府是在

47　有關「中國治外法權委員會」的研究，可參見 Wesley Fishel, *The End of Extraterritoriality in China*（Berkeley: University of California Press, 1952）.

48　Thomas Ming-Heng Chao, "Editorials: A Reply to Strawn," *CSM*, XXII.2（December, 1926）, pp. 3-4.

15 年前才成立的。它的發展受到了外國干涉以及不平等條約的阻礙。西方列強用各種方法讓內部的混亂繼續，以便給予它們繼續任意剝削中國的機會。它們用中國無力建立一個穩定的中央政府作為理由，拒絕廢除不平等條約或者放棄它們帝國主義的政策。[49]

　　等留美學生對美國越來越失望以後，他們倍加感覺他們是被那號稱恩寵中國、對中國友好的美國所背叛了。在 1927 年 3 月號的《中國留美學生月報》的一篇社論裡，趙敏恆以〈虛偽的美國人〉為題名，第一次直呼美國為帝國主義。[50] 8 個月以後，11 月號的《中國留美學生月報》是爆炸性的一期。1927-1928 學年度《中國留美學生月報》的主編是陳逵。陳逵在 1925 年拿到內布拉斯加（Nebraska）州立大學的學士學位。他在 11 月號《中國留美學生月報》題名為〈美國愚蠢的暴露〉（A Revelation of American Stupidity）的社論裡，抨擊密西西比州最高法院的一項判決，禁止土生土長的華裔學童上白人學校。[51]除了這一篇社論以外，11 月號的《中國留美學生月報》還在第 5、6 頁上刊載了兩幅政治卡通：《文明人的假面揭破了》和《最大之勝利》。前者諷刺的可能是針對了密西西比州最高法院的判決，也可能是針對所有的帝國主義者；後者則顯然是描述「五卅慘案」的殘酷。陳逵並在這兩幅卡通之後寫了一首詩〈葬禮之頌〉（Funeral Chant）：

被斬首，我寧願⋯⋯
向暴政投降是靈魂的斬首！
青年的熱血，流著⋯⋯

49　Thomas Ming-Heng Chao, "Editorials: A Reply to Strawn," *CSM*, XXII.2（December, 1926）, p. 3.

50　Thomas Ming-Heng Chao, "Editorials: Hypocritical Americans," *CSM*, XXII.5（March, 1927）, pp. 4-7.

51　Kwei Chen, "Editorials: A Revelation of American Stupidity," *CSM*, XXIII.1（November, 1927）, p. 1.

荊棘與芒刺長滿了全國⋯⋯

狼虎的尖牙都是血！

熱愛自由者付出代價；

有男子氣概的男人死而無憾；

那流著的血是民族再生的血。[52]

　　這時候已經是 1927 年的秋天。國民黨的北伐軍已經拿下了南京、上海。雖然寧漢分裂影響了北伐的進程，但國民黨會統一中國的態勢已經形成。《中國留美學生月報》上報導國民黨的消息顯著地增加。留美學生已經今非昔比。

　　然而，美國人的反應也一樣地迅速與激烈。一家在《中國留美學生月報》上刊登廣告的公司決定停止在《月報》上買廣告的版面，理由是：「鑑於貴刊 11 月號文章的筆調以及卡通，我們被迫做出決定，不再准許我們的廣告出現在貴刊上。」[53]更諷刺的，是「美國中國學會」（China Society of America）的代理祕書辛普森（J. L. Simpson）所寫的一封信。辛普森說他寫信的原因是因為有好幾位會員抗議 11 月號的《中國留美學生月報》上的文章。他說他了解《中國留美學生月報》是一份獨立的刊物，但他認為：「《月報》的政策應該是不要失去中國真正的朋友的同情。」他接著訴諸留美學生自身利益，提醒他們要靠「美國中國學會」幫他們找美國公司實習：「由於我們的許多會員是美國的企業家與公司，我們希望台端與貴刊會跟我們合作，至少在政策上是和善的。」在該信的結尾，他警告留美學生不要挑撥種族仇恨，以免種族仇恨的火反過來燒到自己：「美國有許多人，而且有許多國會議員對中國不友善。我們才在竭盡所能地反駁他們的觀點。挑撥種族仇恨一點好處也沒有。」[54]

52　Kwei Chen, "Funeral Chant," *CSM*, XXIII.1（November, 1927）, p. 7.

53　Kwei Chen, "Thoughts of the Editor: Justice," *CSM*, XXIII.2（December, 1927）, p.70.

54　"Correspondence: The China Society of America Protests," *CSM*, XXIII.4（February, 1928）, p. 66.

文明人的假面
揭破了

The civilized man's mask is removed!
We see the ferocious beast
That devours men. . . .

圖 21　「文明人的假面具揭破了」。
The Chinese Students' Monthly, XXIII.1
（November, 1927），頁 5。

最大之勝利

British bullets—
They are fierce. . . .
Let all Chinese die.
A land of slaves shall never be theirs!

圖 22　「最大之勝利」。
The Chinese Students' Monthly,
XXIII.1（November, 1927），
頁 6。

　　然而，用 1926-1927 學年度《中國留美學生月報》主編趙敏恆的話來說，留美學生已經不是那麼容易讓美國人用「口蜜」來騙的了。[55]陳達用辛普森所說的「種族仇恨」還治其人，要辛普森去面對他自己所用的邏輯：

　　我們在 11 月號第一頁轉載了新聞，報導密西西比州最高法院判決中國學童必須去黑人學校就讀。我們為那則新聞感到憤慨，說那很愚蠢。在這件案子上，是提出抗議的我們「在挑撥種族仇恨」？還是那些歧視我們的國人的人「在挑撥種族仇恨」？

　　陳達對辛普森在留美學生眼前晃著的那根胡蘿蔔——幫留美學生在美國公司找實習的工作——連正眼都不瞧。他正告辛普森說，有些留美學生是不會用國家與個人的尊嚴去換取工作的：

　　台端說你們正竭盡所能地反駁那些對中國不友善的人的觀點。我們想問的是：台端做了多少？當在密西西比州的中國學童遭受到這種恥辱的時候，台端難道甚至不允許我們發出一個抗議的字眼？我們感激台端願意「幫助中國學生，根據他們的所學，在美國公司裡獲得實習的經驗」；然而，如果這樣做，必須要所有的中國學生對美國人像奴隸一樣對主人彎腰俯首，我可以正告台端，還有不少中國人不會願意出賣他們國家與個人的尊嚴去換取那種幫助。[56]

　　辛普森一手拿棍子恫嚇《中國留美學生月報》不要「挑撥種族仇恨」，一手拿胡蘿蔔說要幫中國學生安排在美國公司裡實習。陳達軟硬都不吃。他在 1928 年 2 月號的《中國留美學生月報》又刊載了一個更激烈

55　Thomas Ming-Heng Chao, "Editorials: Action Wanted Not Words," *CSM*, XXII.6（April, 1927）, pp. 1-3.

56　Kwei Chen, "Correspondence: The Editor's Reply," *CSM*, XXIII.4（February, 1928）, p. 67.

圖 23　「西方『文明』在中國」。
The Chinese Students' Monthly, XXIII.4（February, 1928），卷首。

的批判西方帝國主義的政治卡通：圖 23「西方『文明』在中國」。

　　儘管陳達用了強硬的字眼、激烈的政治卡通反擊，整體來說，20 世紀初年的留美學生不管對美國再失望，就是沒有辦法敵視美國。誠然，有些人因為對美國失望，因而不再那麼容易地輕信其所謂的恩寵中國的說詞。我在前文徵引了韓特的研究。他說許多從來沒有到過美國的中國仕紳階級，在 19、20 世紀之交就已經得出了結論，認為美國已經背棄了它從 1776 年以降所締造出來的自由的傳統而成為一個帝國主義的國家。四分之一個世紀以後，有些留美學生也得出了一個類似的結論。用我在本書已經提過好幾次的趙敏恆的話來說：「今天的美國」已經背棄了那銘記在「獨立宣言」裡的「原來的美國」（old America）的理想。只是，作為一個無可救藥的親美派，趙敏恆仍然心嚮神往「原來的美國」：「新中國深

受『原來的美國』的啟發，深得其過往的友誼所給予的恩惠。」[57]

　　我們可以理解為什麼密西西比州土生土長的華裔學童必須去種族隔離之下的黑人學校就讀，他們會特別感到屈辱。這是因為種族——加上階級——是他們的自我認同以及他們對美國的認同裡一個核心的部分。

種族、階級、白人遐想

　　很少留美學生在留美的時候或者回國以後談到美國的種族問題。有些人有可能沒有經驗過種族歧視。對那些受過種族歧視，而選擇沉默的人而言，沉默可能是一種否認或壓抑的自衛機制。也有可能有些人對種族歧視是視而不見的，因為他們所認同的，是中產階級的白人。他們並不是不知道美國人歧視中國人。就像我在第一章就已經指出的，每一個到美國留學的中國人都一定聽過中國學生入關時所受到的屈辱的故事，特別是在 20 世紀初年。法農（Franz Fanon）筆下所分析的中美洲的安提里安人（Antillean）：「到法國去為了要證明自己是白人，會在那兒發現他自己的真面目。」同樣地，留美學生會發現到美國會強迫他們「去面對一些在他們抵達之前完全不會想到的問題」。[58]我用這個類比，主要並不是意味著說，留美學生認為他們是白人，或者差不多是白人，而毋寧是要說，他們發現在他們身上印記的是他們所屬的種族，而那個種族是被白種美國人認為是墮落、低等的。

　　當然，法農筆下所分析的安提里安人代表著所有被殖民的人，他們的「自卑錯綜是因為其文化的原創性死亡、被埋葬而造成的」。[59]相對地，留美學生來自於一個古老的文明，而且也自有其根深蒂固的優越感——天朝心態。然而，他們跟安提里安人的共同點，在於他們也是在抵達以後才

57　Thomas Ming-Heng Chao, "Editorials: Hypocritical Americans," *CSM*, XXII.5（March, 1927）, p. 7.

58　Franz Fanon, *Black Skin, White Masks*（New York: Grove Press, 1967）, p. 153 and n. 16.

59　Ibid., p. 18.

發現他們是被排斥的一群。他們猛然領悟：美國人用來界定他們的標準，是他們所屬的種族，而不是他們的個人，或者他們所屬的階級。安提里安人說的是法語，而且法國的文化已經都進入了他們集體的潛意識裡。然而，這並沒有讓法國人接受他們。同樣地，儘管留美學生有他們引以為傲的古老的燦爛的文明、優越的階級，甚至美國化的程度，但所有那些也並沒有讓美國人就接受他們。

在氣餒、不能置信之餘，留美學生在一開始的時候，認為問題不在於種族，而是在於階級。美國人之所以會反對中國人，他們認為是因為中國在美國人當中的形象，是以下層階級為代表的扭曲了的形象。扭曲的來源有兩個：一個是傳教士、另一個是在美國的華工。傳教士為什麼會用扭曲了的形象來報導中國呢？楊永清的說法具有代表性。楊永清是清華 1913 級、1918 年拿到喬治華盛頓大學的法律學士學位、1919 年拿到喬治華盛頓大學的碩士學位。他是 1918-1919 學年度《中國留美學生月報》的主編。他說：

> 傳教士……特別為了要顯示在這方面的工作的必要……常常太過強調中國人生活裡陰暗與病態的面向……有時候，他們又下意識地用他們唯一熟悉的地方的情況來詮釋整個中國……我常常在想，那位有名的、長期在山西傳教的明恩溥博士（Dr. Arthur Smith），在他所寫的書裡所表達的看法，是否多多少少是受到了他傳教所在、他所最熟悉的落後的內陸地區的影響？而且，絕大多數的傳教士，除了那些從事教育工作的以外，並沒有多少機會接觸、交往、了解上層階級的中國人。因此，他們所描繪出來的圖像很容易地就會比實際的情況要更加陰暗。[60]

楊永清這段話反映了許多留美學生對傳教士愛恨交加的心理。他們總

---

[60] Y. C. Yang, "Editorials: Correct Information about China," *CSM*, XIV.4（February, 1919）, p. 219.

覺得傳教士不但傾向於誇張墮落、淒慘的情況，而且強調的都是農村、內陸以及下層階級。那種心理，類似 1990 年代到美國來的中國留學生對西方國家所製作的中國紀錄片的不滿。當時的中國留學生多半是從沿海大城市來的。他們覺得內陸與鄉村不但根本不是他們所認得的中國，而且根本就不代表中國。

　　就像 20 世紀末年的中國留學生認為沿海的城市才真正代表中國，20 世紀初年的留美學生認為像他們一樣的「上層階級」才能代表真正的中國人。他們怪罪在美國的華工，認為他們是造成美國歧視中國人的另外一個主要的原因。《中國留美學生月報》在最初的幾年，發表了好幾篇社論與文章嗟嘆華工在美國人心中所造成的負面的形象。張履鰲在這方面所發表的文章具有代表性。張履鰲在 1909 年拿到維吉尼亞大學的學士學位，1911 年拿到耶魯大學的法學學士學位。他是 1910-1911 學年度《中國留美學生月報》的主編。他說，在國外代表中國的，「大致上是一個舉止不雅、職業不好的階級。」很不幸地，他嗟嘆說：「這些沒受過教育、卑微，雖然其中也不無誠實、可敬的華工，就被錯誤地當成是整個中國民族真正的代表。」留美學生非常努力地想要扭轉美國人這種錯誤的印象。然而，他們的努力「總是被住在美國各處無可計數的華工活生生的樣本」給抵銷了。他警告留美學生說：「他們的落後與墮落，將永遠會是中國人會為之頓足、感到羞恥的來源。」[61]

　　為了要挽回國家與民族的名譽，許多留美學生願意犧牲種族的利益來換取階級的利益。最好的例證，就是他們對《排華法案》的態度。雖然美國指名排除他們的種族，讓他們覺得很羞辱，但他們慶幸至少能跟外交人員、商人一樣，是屬於被豁免得以入境的人。一如我在第一章裡所指出的，他們對移民局的不滿，不是排華，而是在入關的時候對豁免階級的態度不夠好。然而，很少留美學生會像舊金山土生土長的楊華燕那樣，大言不慚地支持排除華工。對日本人能夠在美國境內不受拘束地遊歷、上白人

61　Lui-Ngau Chang, "Working for China's Welfare Abroad," *CSM*, V.8（June, 1910）, pp. 544-548.

就讀的學校，楊華燕感到非常的憤慨。然而，他寄厚望在「真正的美國人，因為他們懂得分辨我們的人裡上等跟下等的人的不同」。美國人如果能用階級來區分中國人，那對留美學生是會有很大的好處的。他擊節稱賞地徵引了美國聯邦最高法官布魯爾（David Brewer）的判決：「把不適合請進家裡或國裡的人排除在外，那不但是一個人或一個國家的權利，而且是責任。反之，有尊嚴、客氣地對待那些想要〔而且可以〕入境的人是一種責任。」[62]

這真的是說得再赤裸也不過了！一方面呼籲要善待豁免階級，在另一方面額手稱慶地贊同排除下層階級的同胞。這完全使他們動輒以作為一個覺醒了的中國的領袖與愛國者自居的說法成為一個笑柄。《中國留美學生月報》的編輯不得不在楊華燕的文章後面加了一個編者注：「《月報》徵求稿件，但不對文章的內容負責。所有在這個國家留學的學生，不管自費或官費，都應該謹記我們有些同胞或同學所遭遇到的羞辱，並要求對這種差別待遇給予答案。」[63]

問題是：階級的利益確實是超越了種族的利益。在《中國留美學生月報》在楊華燕的文章後面加了一個編者注幾個月過後，美國移民局公布了一個新規定，規定所有中國人，除了外交領事人員及其從屬以外，都必須從指定的 12 個港口入境。[64]《中國留美學生月報》發表了一篇社論，批評這個新規定是「不公平，不必要的」。它舉例說：「如果一個中國學生、觀光客或者商人到尼加拉瀑布遊覽的時候，為了要從加拿大的方向來觀賞瀑布，過尼加拉瀑布橋進入加拿大境內，他們就會在回到美國境內的時候，被美國移民局官員扣留。」該社論接著說：「如果豁免階級可以從任何一個港口入境，則會有讓華工〔冒充為豁免階級而〕入境的危險。」

62　In Young, "China and the United States," *CSM*, IV.7（May, 1909），pp. 444-448.

63　編者注，*CSM*, IV.7（May, 1909），p. 448.

64　這些海關為：Boston, Honolulu, Malone, N.Y., New Orleans, New York, Portal, North Dakota, Portland, Oregon, San Diego, San Francisco, Seattle, Tampa, Florida, and San Juan and Ponce, Puerto Rico.

「然而，這是很容易防止的。可以要求他們出示身分證明或其他的證件，證明他們他們是屬於可以入境的階級。」[65]

　　我們還可以從另外一篇要求廢除《排華法案》的文章，來看出留美學生確實是把他們在階級上的利益擺在種族的利益之上。這篇文章的作者說，《排華法案》違反了中美在 1880 年所簽訂的條約。在 1880 年的條約裡，中國同意美國管理、限制或中止華工移民，但不完全禁止中國人移民。他抨擊移民官員對中國人，不管他們是豁免階級或者華工，不人道的待遇。他用 1821 到 1903 年全世界移民的數字，來證明中國移民到美國的數字簡直是微不足道。他訴諸美國自身的利益，說美國如果能用廢除《排華法案》的方法來贏得中國人的好感的話，未來美國可以在中國市場大賺其錢。最後，他向美國人保證說，廢除《排華法案》並不會造成華工成群結隊地湧向美國。他說，一個急速現代化的中國：「各行各業都需要工人。他們不會離開自己的國家到一個不給他們自由的遠在天邊的國家去討生活的。」[66]

　　由於一般留美學生跟那些「墮落、無助、無親無故（friendless）的華工」[67]是老死不相往來的，他們很有可能會覺得自己跟華工等於是屬於不同的族類。由於華工所說的廣東話、台山話，是從北方與中部來的留美學生所聽不懂的，要把華工「原始人」化、「他者」化，是一件很容易發生的事。他們在說到華工的時候，其口氣彷彿自己是白人一樣。試看下面這一段讓人瞠目結舌的話。請注意我用黑體字標示出來的句子：

　　　不管華工做的是哪一行，你恐怕不會覺得他是世界上最能溝通的人。如果你去街角最近的一家洗衣店，把髒衣服交給他，問他說星期三會不會好……他也許會回答說：「不（Noor）！」如果你追問

65　C. C. Wang, "Editorials: Unfair and Unnecessary Restriction," *CSM*, V.4（February, 1910）, p. 200.

66　C. C. Un, "Chinese Exclusion Law," *CSM*, V.7（May, 1910）, pp. 465-469.

67　Lui-Ngau Chang, "Working for China's Welfare Abroad," p. 548.

說，那星期六晚上會不會好，他可能會擠出一個字回答你說：「呀
（Yeah）！」這樣子，你就會知道前一個答案是「不！」；後一個
答案是「是！」。

或者如果你剛好開車經過一片茂密的草場，看到他在工作。你因為
憐憫他，問他好。**這是一個基督徒最自然不過的行為。**你也許可能會
不只是有一點愕然地聽到他粗聲地回一聲：「不懂（no sabe）〔洋
涇浜〕！」

或者你碰巧走進一家「滿棒」的雜碎餐廳的廚房，**因為你想要自己
確定一下他們真的沒有在雜碎裡放一些〔像老鼠一樣〕的動物
（vermin）或天曉得是什麼的東方的東西。**看著那些像蜜蜂一樣在
工作的人，你對最靠近你的人，說幾句完全正常、客套、愉快的話。
你以為他會正常、客氣地回答你。結果，他瞪著你看，**用你完全聽不
懂的話對經理或什麼的說：「這番鬼到底要什麼？」**然後，再用他客
氣（？）的回答讓你一怔：「Him boss〔他，老闆〕。Talk him〔跟
他說〕。Me no sabe〔我不懂〕。」如果你碰巧是一個正常的男人，
你會想一拳把他打到地上去。可是，從小就被富蘭克林的哲學、等數
到十才行動的準則陶冶的你，可能會拂袖而去，而成為一個堅定的排
華主義者，從你義憤填膺、怨憤難消的心底呼喊「非把支那人攆走不
可」的口號。[68]

留美學生歧視華工根深蒂固的程度，已經是到了他們會用白人的筆調
來描寫美國的唐人街而不自覺的地步。那種筆調如果是出自於白人之手，
他們一定會激烈地抗議。趙敏恆就是一個最好的例子。我在前文指出他在
《中國留美學生月報》裡指責美國人虛偽、帝國主義。結果，我們看他如
何在《中國留美學生月報》上連載的小說〈陰影之形〉（Shadow
Shapes）裡描寫唐人街。故事裡的主角湯米·李喜歡逛街。在一個雨天的

68　S. H. Kee, "The Chinese: A Social Entity in America," *CSM*, VII.7（May 10, 1912）, pp. 604-605.

晚上，他信步走到了紐約的唐人街。像一個「好奇的觀光客」，或者應該說，像一個白人觀光客，他整個五官都被那昏暗、污穢、異域的氣息弄到要被窒息了：「昏暗、污穢的街道、骯髒的店鋪裡昏黃的燈光」；「人行道上，有中國人在曳步而行，有些朦朧地在黑暗中移動著，遮掩了許多家的門口」；空氣「悶熱、沉重污濁、充斥著發臭了的魚、垃圾、街上的丟棄物難聞的味道」；「有些面無表情的人坐在牆邊的長板凳上，徐徐地抽著水菸袋」。他急忙地逃離了唐人街，心裡充滿了強烈的羞恥、嫌惡：「為了他們自己的尊嚴，為了防止美國人傳播對他們的種族的錯誤的印象，中國人自己難道不該讓那個地方從地圖上消失嗎？」像一個白人觀光客，他覺得他整個人都被污染了；他覺得「他的外套上有一股辛辣的鴉片菸的味道」。[69]

到了 1927 年，有些留美學生仍然用很刻薄的字眼來形容美國的華工。張少微——後來成為社會學家——在 1927 年 9 月 29 日搭郵輪抵達舊金山。他在該年秋冬寫給上海《旅行雜誌》主編的一封信，除了描寫他入關時候擔心受辱的心情以外，也描寫了他對同船五、六十名廣東華工的不屑之情。先說他自己入關的情形。張少微沒說他搭的是哪一家公司的郵輪。然而，從他說六、七十個乘客裡日籍占三分之二，以及郵輪總務在健康檢查結束以後用日本式的英語說「健康檢查結束」（physical inspection finished）的情形來看，他搭的應當是日本郵輪公司的中型郵輪。張少微不但搭的是日本的中型郵輪，而且跟他同船赴美的留學生，一共四人，坐的是二等艙。他說在等待健康檢查的時候，他們四個人都「頗為忐忑，因腦中僉印有『乘二、三等艙的中國人須特別檢驗肛門，消毒全身』——見《留美採風錄》——的觀念。怕無辜地被送至不如囚獄的『天使島』中的小屋中活受洋罪」。結果，沒想到那一高一矮的醫官居然把眾人目視一圈以後就放行了。喜出望外的他說：

69　Anonymous〔Thomas Ming-heng Chou〕, "Shadow Shapes: Memoirs of a Chinese Student in America, Part VIII," *CSM*, XXII.8（June, 1927）, pp. 50-51.

　　其實，我早已想及。以理性推及，美醫決不能令衣冠楚楚的中國青年學生，裸其體以物檢視其肛門。只惜一般回國的留美學生，似乎是著書立說吧！大發囈語，把特種的局部的見聞，大書特書，把一般國內正要西渡的或預備來美的青年志士，弄得愁眉不展，懼身體被人擺布，裹足趑趄，視為畏途，良堪浩嘆。

　　張少微承認說也許他運氣好，碰到了一個例外的情形，因為連同船那五、六十名搭三等艙的廣東華工也是在目視之後就放行了，沒有一個被送到「天使島」。不只如此，驗護照的時候，他覺得移民官員非常幽默，而且一點都沒有看不起黃種人的樣子。他說，驗護照的移民官員有兩位，一個是白人，一個是廣東人。他沒說那個廣東移民官員如何，只講他們跟白人移民官員的交談：

　　美移民官問我們幾句話。關於求學資財供給一方面的。我等多答以每年家匯 "fifteen hundred"〔一千五百美金〕。美官很滑稽地曰："Oh, you're all rich indeed! See, my mother only can give me fifteen pennies a year!"〔喔！你們真有錢！我母親一年只能給我一毛五！〕〔張少微把嘲諷當滑稽、或幽默〕。為人很和氣，一點不小看黃色人。

　　話鋒一轉，張少微就不屑地提起同船來的那些華工：

　　不過這五、六十廣東人中，聳肩曲背、老態龍鍾的很多。我看了都有點不適，無怪乎白人常賤視華人了。廣東人是我國冒險性最大、饒有勇敢與忍耐的人。各國無不有其足跡。然其無知無識，真能代表中國的人，無不受其累。[70]

70　張少微，〈赴美學生致本社許兆豐君函〉，《旅行雜誌》，卷 2 春季號，頁 107-108，1928。

　　儘管留美學生想跟華工保持距離，甚至把他們「他者」化，但是，就像張少微所說的，「真能代表中國的人，無不受其累。」這道理很簡單。在美國人眼中，留美學生的階級身分並無法取代其種族的身分。一些比較有遠見的留美學生認為唯一能夠擺脫美國人歧視中國人的作法，是去改善美國的唐人街。問題是，絕大多數留美學生對這個作法漠不關心。除了漠不關心以外，最大的困難是許多留美學生不會說廣東話或台山話。1910年，有 10 位哈佛大學和麻省理工學院的中國學生成立了「波士頓社會服務協會」（the General Welfare Association of Boston），在波士頓的唐人街開辦了一個週日班。這個週日班一開始就有 60 名學生。很快地，學生的人數就增加到 93 名。值得注意的是，在 6 名用中文上課的老師裡，只有一名不會說廣東話。[71]波士頓這個實驗的好的開始，促使了「全美中國留學生聯合會」成立了一個「社會服務委員會」（the General Welfare Committee）來協調嘗試改善美國各唐人街的活動。對這個委員會，我們沒有什麼資料，只知道 1918 年 12 月，聯合會的會長仍然在呼籲會員們加入這個工作。[72]很顯然地，波士頓、紐約、費城、紐黑文（New Haven）、匹茲堡的留學生都作了零星的努力，成果不一，但都無法持續。比如說，波士頓的週日班，兩年以後仍然持續著；紐約唐人街的週日班則不到兩年就停止了。[73]絕大多數留美學生對在唐人街的社會服務漠不關心，其所反映的是他們的菁英主義。最諷刺的是，留美學生可能在留美其間見過或聽過華工的故事，而使得他們在回國以後變得更加菁英主義、

71　T. C. Chu, "Report of the General Welfare Association of Boston," *CSM*, V.7（May, 1910）, p. 423. 有關波士頓週日班進一步的描述，請參見 Stacey Bieler, *"Patriots" or "Traitors"?*, p. 126.

72　F. H. Huang, "Alliance President's Message," *CSM*, XIV.2（December, 1918）, p. 127.

73　Weili Ye, *Seeking Modernity in China's Name*, pp. 102-104. 紐約唐人街的學校後來有來自於提倡孔教的陳煥章的競爭。陳煥章當時是哥倫比亞大學的學生，他向唐人街商人募錢辦他的學校，影響了聯合會所辦的學校。請參見 Tom Wye, "A Report of the General Welfare School in New York," *CSM*, VI.3（January, 1911）, pp. 287-291; also W. P. Wei, "Chairman W. P. Wei's Report," *CSM*, VII.7（May 10, 1912）, p. 622.

更加對工人帶有偏見。

留美學生對華工的不屑，是階級摻雜了種族的一種不屑。就好像法農筆下的安提里安人沒有辦法認為自己是黑人一樣，許多留美學生在看自己、看世界的時候，就好像自己是中產階級的美國白人。因此，他們也像中產階級的美國白人一樣歧視從南歐、東歐來的新移民。試看《中國留美學生月報》1908-1909 學年度主編王景春，在呼籲美國廢除《排華法案》一文裡所寫的這段話：

> 中國人開洗衣店，用讓美國人得以保持潔淨的方法來討生活；歐洲人開酒館賺大錢，把美國人搞得髒兮兮的。「約翰」〔John，華工的渾名〕在餐館打工，用他的勞力掙飯吃；「得意哥」〔Dago，義大利移民的蔑稱〕推著風琴沿街走，就靠著這麼放「音樂」，口袋裝得滿滿的。「約翰」的雜碎一盤兩毛五，讓美國人吃得飽飽的；匈牙利人給「免費餐」……很多人都見過義大利人、匈牙利人坐在路旁，紅綠色的方巾裹在脖子上，髒兮兮的帽子丟在一旁，啃著那一呎長、六吋寬的麵包。那麵包硬得像那些指責華工用低薪搶工作的人的牙齒。很少人見過在這個國家最窮的洗衣工吃的飯——就不過是一碗白飯加上一碗熱騰騰的蒸菜。[74]

在留美學生所接受的美國白人為首的種族體制之下，黑人是在這個體制的底層。他們認為黑人是像原始人一樣，讓人害怕的。試看郭秉文——1909-1910 學年度《中國留美學生月報》主編、1911-1912 學年度「全美中國學生聯合會」會長、後來是東南大學校長，以及紐約「華美協進社」社長——在 1910 年 3 月號所寫的社論。當然，我必須指出他這個歧視黑人的言論是在呼籲廢除《排華法案》的脈絡之下說的：

74　C. C. Wang, "When the Chinese Exclusion Act Will Be Repealed?" *CSM*, II.4（March, 1907）, pp. 85-86.

　　我們必須記住：中國人和黑人是完全不同的種族，必須用完全不同的態度來看待他們。一個是戴著奴隸的枷鎖來的，另一個是條約之邦的公民；一個是每一個人要花這個國家五百塊美金〔買來〕的，另外一個是不花這個國家一分錢；一個是未經過教化，因此沒有上學的資格，另一個是擁有超過了四千年的文明和文化。黑人可以投票，而華工連入境都不行。美國可能有很多理由害怕黑人，對中國人，它一點都不需要擔心。[75]

　　對黑人的歧視，可能是留美學生所有的種族、階級偏見裡最深層、普遍的。王一之，曾經在中國駐美公使館擔任過專員。他在所寫的《旅美觀察談》裡，用白人之美來稱讚中文用「美國」來翻譯美利堅之巧妙。然而，驚人的是，他一定要用他稱之為「黑面奴」的黑人來作對比：

　　北美洲共和國……我國譯文為美。美字可以會意得之。不履美國者，必不能知其湊巧處。蓋在美利堅，向有一種惡形醜態之黑面奴，為其他文明國所罕見也。黑奴之特徵在醜惡。不僅在其膚色之暗黑。亞美兩洲近熱帶之民族，膚色亦甚黑，但其面貌卻有甚端正、甚美麗者。故在美民之心理中，別有一種不可思議之偏見，以為醜劣輩者皆可賤、可奴。容貌端正或美麗而白皙者，皆可尊、可貴之天驕子矣。美惡本由比較而生。新大陸因有黑奴之可厭憎，而奄有北美四十八州之白皙兒，遂覺可別稱之為美民。「美」字之名其國，一若天造地設，不容稍事改易者，寧非字學家極新奇之美談乎。[76]

　　徐正鏗在 1926 年所出版的《留美採風錄》，是當時非常風行的一本書，是很多留美學生行前必讀的書。徐正鏗在 1920 年拿到康乃爾大學的

75　P. W. Kuo, "Editorials: Objections Against the Coming of Chinese Laborers," *CSM*, V.5（March, 1910）, p. 253.

76　王一之，《旅美觀察談》（上海：申報館，1919），頁 81。

碩士學位。他在《留美採風錄》裡，居然還是用「黑面奴」來稱呼黑人。
他用極盡醜化之能事的語言描寫黑人的樣貌與習性，並拍案叫絕地讚賞白
人在電影、短劇裡模仿嘲弄黑人的發音和舉止：

> 　　黑人雖已受白人之同化，然尚不能脫出其兇暴之習性。與白人較，
> 則多懶惰污穢。好淫兇暴，是亦教育不普及之所致也。尤可怪者，彼
> 等每以一親白婦之肌膚為幸，雖死不悔。故往往於暮夜之林薄處，挾
> 白婦而強污之。畢，復殺之以滅口。若為白人所獲，則多處以殘酷之
> 刑。報章時時見之。

他又說，由於黑人形狀可笑，所以他們常是穿插在話劇、電影裡讓人
噴飯的角色：

> 　　黑人雖經數百年之同化，然其語言仍發一種怪聲，令人噴飯……夫
> 於好美術、喜修飾之白人社會中，乃發現此奇形怪狀之黑人，令人可
> 笑。是以戲院或影戲中所扮演之滑稽演員，每以黑人之愚笨狀態為描
> 摹，令人發笑。至報紙及常人茶餘酒後之談助，亦多以黑人為資料，
> 蓋視為消愁解悶之娛樂品也。[77]

　　在這個種族體制之下，留美學生以中產階級的白人作為真正的「美」
國的代表。諷刺的是，由於他們是在這個種族體制的底層，他們對中產階
級的白人的認同是一種不可能實現的想望。雖然很多留美學生仍然作上等
階級的美國人不歧視他們的幻想，但一些能冷眼看事實的學生，開始體認
到歧視他們的，就正是他們所認同中產階級的白人。他們所點出來的中產
階級的白人的象徵就是教堂。我在前文所提到的詩人以及 1927-1928 學年
度《中國留美學生月報》的主編陳達，就在下述的詩句裡諷刺了教堂偽善
的一面：

77　徐正鏗，《留美採風錄》（上海：商務印書館，1926），頁 173、177。

　　教堂，教堂，到處都是，喔！美國！

　　可是我怎麼都看不到基督教！

　　甚至在用解放者〔林肯〕[78]為名的鎮上

　　黑人學生不能在餐廳裡吃飯⋯⋯

　　早上牧師佈道：

　　「他從一本造出萬族的人。」〔《使徒行傳》，17章26節〕

　　下午我去游泳池──

　　那人說：「支那人不准進！」[79]

　　值得注意的是，陳達在這首詩裡，是把中國人和黑人放在一起，同為白人美國種族歧視之下的受害者。在另外一篇隨筆裡，筆名「白」的作者，同樣地揭露了中產階級白人的虛偽。主人翁田沛霖跟亨利小姐（Miss Henry）是同學。亨利小姐的父親是田沛霖初到美國的時候曾經上過的教堂的牧師。隨筆其中的一則說到田沛霖接受亨利小姐的邀請，去她父親的教堂參加聖誕節的儀式。在田沛霖抵達教堂的時候，他看到了一幕弄得他丈二金剛摸不著頭腦的情景。有一位看起來是白人的男人在教堂門口問亨利牧師他可不可以進去。當亨利牧師說無任歡迎的時候，那個人告訴牧師說他是黑人。亨利牧師於是說：「我們這城裡有一個黑人的禮拜堂，往北走三道街就是。」那個人冷笑一聲離開。田沛霖一頭霧水，在好奇心之下追上前去。他問那位先生說他明明是白人，為什麼卻說他是黑人呢？那人回答說：「我皮膚白，但我的血八分之一是黑人的血。」田沛霖才震驚莫名，卻換了那個人犯了一個對田沛霖而言是很沒有禮貌的一件事：他以為田沛霖是日本人。他們兩人於是握手，互相跟對方道歉以膚色與外貌取人的不對。新學期開始，田沛霖見到亨利小姐的時候，他可以看得出來亨利

78　陳達所讀的內布拉斯加（Nebraska）州立大學的所在地。

79　Kwei Chen, "Thoughts of the Editor," *The Chinese students' Monthly*, XXIII.1（November, 1927）, p. 63.

小姐仍然在意他聖誕節失約沒去教堂。田沛霖向亨利小姐道歉。亨利小姐告訴他說，她父親說田沛霖只走到了教堂的門口。等田沛霖把當天的情形告訴亨利小姐以後，他看到亨利小姐的眼眶裡充滿了淚珠，整個臉都因為感到羞恥而通紅了。

在隨筆的另外一則裡，田沛霖有一天在街角被搶走了他的金錶跟一百塊錢。第二天早上，在他想去警察局報案之前，他看到了報上報導了山東臨城發生了搶劫並挾持白人乘客的事件。他擔心他如果去報案，警察可能會對他大叫說活該，他於是決定就自認倒霉了。當天，在下課的時候他碰到了亨利小姐。他看著亨利小姐的臉，知道她心裡想的是什麼：「亨利女士！妳一定贊成美國派軍艦兵隊去管理中國了。」她臉色一紅，承認說她確實是有那個想法，因為她擔心。在田沛霖把他前一天晚上所發生的事情告訴她以後，亨利小姐向他道歉，說她曾經有過派軍艦去懲罰中國的想法，可是她現在知道她錯了。

臨城事件以後，美國報紙大肆報導。田沛霖說他在街上走，就有很多人當他的面叫「支那人！」「支那貨！」「支尼！」「約翰支那人！」有時候還被小孩子拿石頭扔他。這一則隨筆的結尾：

> 沛霖在中國的時候是一個基督徒：他不愛國，因為他不知道有國家，因為他是一個模範基督徒。他來到這以基督教立國的北美合眾國之後，反倒漸漸變成一個中國人。他漸漸變成一個中國人，因為他已不是一個模範基督徒。
>
> 田沛霖在中國是一個洋人！
> 田沛霖到了外國才變成一個中國人！[80]

對美國的憧憬幻滅了以後，有些留美男學生把他們對美國的依戀放在

80　白，〈各種各樣的強盜與各顏各色的上帝〉，《留美學生季報》，卷 11，第 3 期，頁139-146，1927。

白種女性的身上。白種女性不只是超越了偏見、種族歧視的理想的象徵，
她們也是美麗、純潔、性感、危險全都混雜在一起的象徵；她們所象徵
的，是那顆禁忌、但又無可抗拒的果實──中產階級白人的美國。就像趙
敏恆的詩句所體現的：

> 她出現了，
> 我實在不想愛她。
> 我不想。
> 可是我想。我想。
>
> 福辣潑女郎，她是。
> 謎，她是。
> 我以為我恨過她。[81]

這種對白種女性的迷戀是一種無法實現的幻想。從 1660 到 1960 年
代，美國有 47 州在不同的階段裡制定過反雜交法。其中，有 14 個州的反
雜交法是專門針對亞洲人（中國、日本、韓國人）。[82]這種維護「白種人
的純淨」的政策，使得本來就已經是屬於內婚制（homogamous）──亦
即，與自己所屬的宗教、階級、教育、族群裡的人結婚──的婚伴選擇變
得更加具有限制性。內婚制當然不是美國所專有的。內婚制不只把婚姻跟
經濟連在一起，而且也因為性別的不同而有不同的後果。這是因為一直到
近年為止：「一個男人的社會地位跟他的家庭或私人生活的關係不大，而
是取決於他在公領域裡的身分以及他賺錢的能力。娶一個比他的社會地位

81　Thomas Ming-heng Chao, "Cabbages and Onion: Coda," *CSM*, XXII.7（May, 1927）, p. 69.

82　這 14 州是：Arizona, California, Georgia, Idaho, Mississippi, Missouri, Montana, Nebraska, Nevada, Oregon, South Dakota, Utah, Virginia, and Wyoming。請參見 Peggy Pascoe, "Miscegenation Law, Court Cases, and Ideologies of 'Race' in Twentieth-Century America," *The Journal of American History*, Vol. 83, No. 1.（Jun., 1996）, pp. 44-69.

低的女子為妻，是一個倒退，但不至於會有災難性的後果。雖然一個男人
選的婚伴是重要的，但對女人來說則是關鍵性的：她的社會地位幾乎是完
全是從屬於她的先生。」[83]

　　在 20 世紀初年，美國還有另外一個法律，會使得跟中國男性結婚的
美國女性遭遇到更加災難性的後果。1907 年所通過的《移居外國法》
（Expatriation Act），規定一個美國女性跟外國人結婚以後，就必須取得
她先生的國籍。誠然，白種美國女性失去其獨立的國籍的時間並不長。
1922 年所通過的《凱博法案》（Cable Act）──《結婚女性獨立國籍
法》（the Married Women's Independent Citizenship Act）──賦予大多數
住在美國的結了婚的女性保留其結婚以前的國籍的權利，或者，如果她是
外國人的話，可以獨立申請歸化為美國人。[84]然而，由於種族是決定一個
結婚了的女性是否可以申請歸化的關鍵因素，一個已婚女性是否可以申請
歸化、或者保留其美國國籍，是取決於她的先生是否有歸化的資格。如果
先生沒有資格歸化，她也沒有；如果她原來是美國公民，可是，因為她跟
一個沒有資格作美國人的男人結婚，一直到婚姻關係結束為止，她就失去
了她的美國籍。這種以種族作為可否歸化的標準的法律，有非常嚴重的後
果，亦即，美國土生土長的有色人種──黑人不算──的女性會永遠失去
其美國的國籍。土生土長但被法律所排斥的美國女性，只要不是白人或者
黑人，她一跟沒有資格歸化的外國人結婚，就永遠失去她的美國國籍。白
人與黑人女性跟沒有資格歸化的外國人結婚，可以在離婚或先生過世以後
重新申請歸化。其他有色人種的女性則不可以。她在跟沒有資格歸化的外
國人結婚以後，自己也就變成了一個永遠沒有資格申請歸化的人。1924
年的新移民法通過以後，情況更為嚴重。一旦她離開了美國，移民官員可
以不准她再度踏入美國──她出生長大的國家！一直要到 1931 年 3 月 1

83　Katherine Ellinghaus, "Margins of Acceptability: Class, Education, and Interracial Marriage in
　　Australia and North America," *Frontiers: A Journal of Women's Studies*, 2002, Vol. 23 Issue 3,
　　p. 56.

84　Candice Lewis Bredbenner, *A Nationality of Her Own*, pp. 97-98.

日通過了《凱博法案》的修正案以後，這個以種族為基準褫奪了美國有色
人種女性的法律才終於被廢除。在往後的幾年之間，又有陸續的立法把所
有殘存的歧視有色人種女性的法律廢除。這也就是說，一直要到 1934
年，有色人種的女性的國籍才與其與外國人結婚的問題完全脫鉤。亞裔的
美國女性終於重新獲得她們獨立的公民權。[85]美國移民局的檔案裡，有許
多亞裔女性回不了她們出生長大的國家的案例。毫不意外地，許多在
1907 到 1931 年之間跟留美男學生結婚的美國華裔女性，都是跟她們的先
生一起「回」她們也許從來就沒見過的國家。

　　對那些也許有興趣與美國人談戀愛的留美學生來說，反雜交法當然是
一大阻礙。然而，那來自於五臟六腑深處的種族歧視恐怕才是真正的阻礙
的因素。有些留學生在美國的時候是談了戀愛，甚至結了婚，但多半是跟
其他的留美學生。跟白種女性談戀愛，甚至結婚的例子極為罕見。而跟白
種男性結婚的留美女學生似乎更少，似乎一反目前中國女性跟白種人結婚
遠多於中國男人與白種人結婚的趨勢。在中國男性與白種女性結婚的例子
裡，資料最多的是黃添福（Tiam Hock Franking）跟 Mae Munro
Watkins。[86]除了他倆以外，一定還有其他的例子，只是資料太少罷了。[87]
至於許多人所推測、想像，甚至捏造的胡適與韋蓮司（Edith Clifford
Williams）的「羅曼史」，在胡適於 1917 年歸國以前，他跟韋蓮司的關
係是柏拉圖式的。他們倆的關係一直要到 1927 年胡適成為新文化運動的
領袖「衣錦還鄉」以後，才發展成為一種偷香式的、壓抑著的戀愛關係。
而且，一直要到 1933 年胡適三度返美，當時跟韋蓮司同住的母親已經過

85　Ann Marie Nicolosi, "'We Do Not Want Our Girls to Marry Foreigners': Gender, Race, and American Citizenship," *NWSA Journal*, 13. 3（Fall, 2000）, pp. 15-16.

86　Katherine Porter, *Mae Franking's My Chinese Marriage: An Annotated Edition*, edited by Holly Franking（Austin, Texas: University of Texas Press, 1991） and Weili Ye, *Seeking Modernity in China's Name*, pp. 171-174.

87　請參見葉維麗在書中所提到的幾個例子，Weili Ye, *Seeking Modernity in China's Name*, pp. 168-170.

世了一年以後，他們才成為身心合一的戀人。[88]

胡適留美時期和韋蓮司停留在柏拉圖的安全關係裡。我們不知道韋蓮司的母親在其間扮演了什麼樣的角色，因為胡適和韋蓮司都是謹守隱私的人——韋蓮司比胡適更甚。誠然，胡適已經是由媒妁之言定了親的人。然而，那個時代悔婚的人所在多有。無論如何，不管個人所做的選擇如何，當時美國社會歧視中國人的氛圍是抑制、棒打跨種族的鴛鴦一個最重要的因素。《中國留美學生月報》上的兩篇短篇小說——一篇女性寫的，另一篇是男性寫的——就是最好的例證。

鄭容金（Flora Belle Jan）也許不是典型的留美女學生，因為她是在美國土生土長的華裔。她 1906 年出生在加州的弗雷斯諾（Fresno）。研究美國亞裔的學者 Judy Yung 形容鄭容金是一個福辣潑女郎。她說鄭容金跟一個中國留學生結婚以後，跟先生搬到北京去住。只是，她就是沒有辦法適應。她在 1949 年回到了美國。[89]

然而，即使鄭容金不是一個典型的留美女學生，但是她有流暢的文筆、敏銳的觀察力。再加上她曾經是一個在白人文化裡翻滾過的福辣潑女郎。所有這些特質，讓她能捕捉到在跨種族的交往關係裡，一些微妙的暗示與動作。因為文化的因素，那些暗示與動作是不容易讓從中國來的留美女生所注意到的。

她在《中國留美學生月報》上所連載的短篇小說的名字是：〈移植的花開〉（Transplanted Flower Blossoms）。主人翁阿梅——很可能就是鄭容金自己——的父母是從上海來的移民。他們在舊金山的唐人街工作。父親是廚師，母親在車衣廠縫釦子。第一章是小說裡用來作為襯托的背景，描寫阿梅從出生到高中畢業的階段。隨著阿梅的成長，兩代之間在文化上的矛盾與衝突就逐漸升高了。保守的父母希望她留在家裡，學做家事。阿

88　請參見拙著《星星・月亮・太陽：胡適的情感世界》（新北：聯經出版公司，2006）；《星星・月亮・太陽：胡適的情感世界（增訂版）》（北京：新星出版社，2012）。

89　Judy Yung, *Unbound Feet: A Social History of Chinese Women in San Francisco*（Berkeley, Cal.: University of California Press, 1995），pp. 123-25, 143-44, 149-50.

梅小學畢業，他們覺得已經夠了。在阿梅的堅持之下，他們讓她去念了高中。等阿梅高中畢業，他們已經急著要讓她出嫁，到了連慕名者都已經到家裡來提親的地步。他們要阿梅像在中國長大的女性一樣。然而，阿梅所要追求的是美國式的生活。愛她的父母，終究還是接受了她的要求，讓她去讀大學。

上了大學的阿梅，是她這朵「移植的花」綻放的時刻。在大學開學第一天註冊的時候，她就碰到了吉米・希爾頓（Jimmy Hilton）。吉米是兄弟會的會員，有一對深褐色的眼珠，栗色的頭髮。他們一見鍾情。可是他們必須偷偷摸摸地交往，以避開白人與中國同學不以為然的眼光。有一天他們在一起的時候，被吉米一些兄弟會的兄弟看見。吉米過去跟他們低聲地說：「她是一個班上的同學。好可憐！不會化學。教授選我幫她。」很快地，他倆在一起的消息傳到了雙方家長的耳中。雖然阿梅不為所動，但吉米開始動搖了。為了斬斷他年輕的衝動，吉米的母親從奧勒岡州趕來帶他回家。吉米立時投降。吉米約阿梅在他倆見面的老地方作最後匆匆的一別。吉米騙阿梅說因為父親生病必須回家。雖然他永遠不會再見到她，但會永遠記得她是他的「東方甜心」。話才說完，吉米看到他母親從遠處走來，就急著落荒而逃了。等怔在那兒、欲哭無淚的阿梅回過神來以後，她收拾了東西走了出去。沒想到，在路上碰到了吉米跟一個穿著講究的中年婦人迎面走過來。吉米連點一下頭都沒有，裝作不認識她一樣。阿梅踉蹌地回到宿舍，她的心完全碎了。[90]

暑假的時候，阿梅找到了一份工作。年輕英俊的老闆馬登（Marden），跟吉米一樣有著一頭栗色的頭髮。不久，馬登先生就邀阿梅去中餐館吃晚餐。阿梅想去美國餐廳，但馬登說美國餐廳太吵。坐在餐廳裡的時候，正好公司的接線生從窗外經過，阿梅跟她點頭微笑。馬登說她不該跟她打招呼。第二天，那個接線生告訴阿梅說馬登有一個有錢的太太。震驚之餘，阿梅決定不再接受馬登的邀約。馬登不死心，一再地邀約

90　Flora Belle Jan, "Transplanted Flower Blossoms: Chapter II, Ah Moy in College," *CSM*, XXIV.8（June, 1929），p. 351-354.

她。有一天，阿梅去找接線生的時候，她剛好接到馬登太太的電話，說她要來公司。阿梅就利用那個機會在會客室等馬登太太，並帶她到馬登的辦公室。阿梅沒有說破，她原諒了馬登。

　　秋天開學以後，阿梅在中國同學會的會務會議上聽見朗拓（Lang-Toa）發言。她頓時就被他吸引住了。阿梅想盡辦法跟朗拓接近。她非常高興她跟朗拓在同一個天文學班上。只是，第一天上課，坐在教室後面的阿梅就發現朗拓跟坐在他座位旁金髮的社交名媛桃樂絲（Dorothy）咬耳朵。阿梅只覺得她氣得兩個腮幫子都紅了：「這真的是令人生氣！他忘了他自己！」雖然她自己也曾經跟「金髮碧眼的花花公子」交往過，她知道朗拓是「在走向一個他不自知的毀滅之路。」結果，就正如阿梅所預見的，朗拓和桃樂絲這一段不可能有結果的戀情，就被他們開車到一個峽谷遊覽區所出的車禍打出了原形。朗拓受傷住院，而桃樂絲毫髮無傷。醜聞不但上了報，而且還有聳人聽聞的標題：〈美國女繼承人跟中國情人出車禍〉。桃樂絲從頭到尾都堅持說，她是「被一個幾乎完全不認識的同學綁架去的」。

　　阿梅和朗拓都必須各自經過白種情人的背叛，才能夠在棒喝之下回過頭來發現自己所屬的種族。被白種情人背叛以後，他們從對方的身上找到了種族的尊嚴與團結。天文學課的教授兩次要阿梅拿作業到醫院去給朗拓。阿梅第二次去醫院的時候，發現朗拓在讀吉卜林（Kipling）的詩。當他念到「東方是東方，西方是西方──」那一句的時候，他打住，請阿梅不要可憐他。接著，他說：「科學家說白皮膚、金髮的動物正在絕跡中。這是一件好事──黑頭髮的人是無可匹敵的！」朗拓出院回到學校以後，發現阿梅卻失蹤了。他從註冊組那兒找到阿梅的地址以後，追到她家去。原來阿梅的母親聽說阿梅去醫院看了朗拓，認為她不知羞恥，不准她再回學校。當朗拓和阿梅在家門口相擁的時候，阿梅的母親走了出來。看到女兒跟一個男人相擁，她震驚已極。阿梅鎮靜地介紹了朗拓，並請她母親讓他進去家裡坐。這是兩個在吃過白人的虧以後有情人終成眷屬的故

事。[91]

　　《中國留美學生月報》所刊載的第二篇跨種族戀愛的短篇小說的作者，是我在本書已經提過好幾次的趙敏恆。他用「無名氏」（Anonymous）在《中國留美學生月報》上分八次連載了〈陰影之形：一個留美中國學生的回憶錄〉（Shadow Shapes: Memoirs of a Chinese Student in America）。[92]〈陰影之形〉有著比較複雜的情節以及更加戲劇性的愛情故事的描寫。這或許也是當時的男性才有的特權；女性作家就必須含蓄到完全沒有愛情描寫的情節。跟〈移植的花開〉一樣，〈陰影之形〉所描寫的也是天真無邪的跨種族的戀情被種族歧視摧毀的故事，只是主人翁的性別對調過來而已。〈移植的花開〉描寫的是阿梅的故事；〈陰影之形〉所描寫的，則是種族歧視拆散了從上海來的湯姆斯・李（Thomas Lee）和一位白人女性戀愛的故事。

　　故事一開始的時候，湯米（Thomas; Tommy）人還在上海。他在啟程以前就沉思著：「這個世界上不可能會有東方與西方的結合。它們是接觸到了對方，但絕對不會融合在一起的……它們就像兩個陌生人一樣，是不可能了解彼此，也沒有興趣去了解對方的。」[93]湯米一到美國就遭遇到了種族歧視以及虛偽。在西雅圖，他去的每間理髮廳都不讓他進去，而是很客氣地對他說：「轉角就有一家有色人種的理髮廳。」[94]

　　湯米在美國所念的第一間學校是「科羅拉多學院」（Colorado College）。在他所住的一個提供膳宿的公寓裡，他遇見了從紐約來「科羅拉多泉」（Colorado Springs）養病的艾迪娜（Edna Griffith）。湯米很快地就被高挑細緻的艾迪娜吸引住了。愛爾蘭裔的艾迪娜是天主教徒。她認為女性的天職就是結婚跟養育孩子。雖然湯米對艾迪娜一見鍾情，但他

91　Ibid., p. 358-366.

92　Anonymous, "Shadow Shapes: Memoirs of a Chinese Student in America," *The Chinese Students' Monthly*, XXII.1（November, 1926）to XXII.8（June, 1927）.

93　Ibid., p. 58.

94　Ibid., p. 62.

還得先擺脫他中國傳統教養之下的成見，因為艾迪娜像是一個福辣潑女郎，而且曾經有過男朋友。等他越來越對艾迪娜無法自拔以後，他覺得她就像女神般優雅、純潔。[95]

湯米從「科羅拉多學院」畢業以後到密蘇里州立大學學新聞。湯米跟艾迪娜作了海誓山盟。湯米在密蘇里州立大學念完一年以後會回來接她，一起到紐約哥倫比亞大學念書，然後結婚。一開始的時候，湯米確實是做到了。然而，他的聰明與文采很快地就為他吸引來了一串的白人女性。羅莎莉（Rosalie）是第一位對湯米有意的女性。對紅髮的羅莎莉他有辦法自持，告訴她說他已經有了女朋友了。然而，對美麗、有著一頭捲曲的棕髮的海倫（Helen），湯米就完全沒有抗拒的能力了。到了春天的時候，他們已經形影不離了。春假期間，海倫不管她父母的反對，留在學校跟湯米在一起。然而，當海倫要對他山盟海誓的時候，湯米還是告訴她說他愛的還是艾迪娜。傷心欲絕之餘，海倫回家。一個月以後就結婚了。在密蘇里州立大學的一年結束以前，湯米又跟性感的跳芭蕾舞的艾妲（Ada）有過一段情。

湯米之所以會在密蘇里州立大學跟不同的白人女性談戀愛，除了彼此吸引以外，也因為他總是疑心艾迪娜是否真的愛他。她是否愛他愛到可以抗拒種族歧視的地步？最讓他擔心的是艾迪娜居然在飯店擔任接線生的工作。湯米有著他傳統中國仕紳階級的偏見，認為有教養家庭出身的女性是不應該在外面拋頭露面的。她會不會跟飯店裡的工作人員打情罵俏呢？

在他們分開的這一年裡，湯米跟艾迪娜一直通信著。就在他在密蘇里州立大學一年的課程結束即將畢業的時候，艾迪娜跟她在「科羅拉多泉」的房東夫婦搬到了丹佛。艾迪娜對他的愛與堅貞感動了湯米。他立即飛奔到丹佛，跟艾迪娜共度了一個蜜也似的夏天。夏天過後，湯米就要到紐約的哥倫比亞大學繼續念新聞。他們計畫在一年以後結婚。結果，晴天霹靂，艾迪娜的父母反對。湯米跟艾迪娜的父親在紐約火車站一個簡短的會面裡，艾迪娜的父親斬釘截鐵地告訴湯米說他絕對不會准他們結婚：「你

95　Ibid., XXII.3（January, 1927），p. 63.

絕不可能跟她結婚。我對你這個人沒有成見。但是你真看不懂嗎？……你是支那人。她是美國人。」[96]

相信艾迪娜會不顧一切跟他結婚的湯米，於是想帶艾迪娜回中國去。他請他實習的通訊社派他為駐中國的特派員。老闆原先說可以想辦法，但沒想到他把為什麼要趕回中國的實情告訴老闆以後，老闆馬上回說他們所談的事情必須作罷論。最後的一擊是來自於艾迪娜。在父母堅決的反對之下，艾迪娜屈服了。她寫信告訴湯米說她要從丹佛回紐約父母家。湯米在失望之餘，難過地體認到美國人嘴巴上說上帝與正義，其實都是虛偽。「金錢、權力、歧視」才是美國社會裡的「三位一體」。[97]

〈陰影之形〉有可能是虛構的，但也有可能是一篇自傳體的小說。小說主人翁湯米不但跟趙敏恆的英文名字一模一樣，而且他在美國所念的學校、科系及其次序完全跟趙敏恆的相同：趙敏恆在 1924 年拿到科羅拉多學院（Colorado College）的英國文學學位；1925 年又拿到密蘇里大學的新聞學位；1926 年拿到哥倫比亞大學的碩士學位。不管是虛構的還是自傳小說，這篇小說顯示出趙敏恆是當時極少數中國留學生裡對跨種族戀愛有興趣、作出想像，並把它筆之於書的。

趙敏恆是一個奇才，中英文文筆俱優。他在《中國留美學生月報》擔任主編的時候，除了〈陰影之形〉，他還發表了其他文學方面的創作。此外，他還發表過許多篇社論評論美國的政治、外交、對華政策以及對中國人的歧視。他回到中國以後從事新聞事業，成就非凡，做到南京「路透社」社長。

跟當時的許多留美學生一樣，趙敏恆透過小說裡的湯米，說美國人之所以會歧視中國人，是因為他們沒見過上等階級的中國人。用他透過艾迪娜的話來說：「他們在這個國家所看到的，盡是洗衣工和雜碎店的廚子；報紙上所讀到的，就是堂口械鬥以及鴉片菸店的新聞。我們從來就沒見過

96　Ibid., XXII.1（November, 1926）to XXII.8（June, 1927）.

97　Ibid., XXII.8（June, 1927）, p. 60.

上等受過教育的中國人。」[98]

　　從趙敏恆的角度來看，艾迪娜會愛湯米，就表示中國人可以用階級來彌補他們在種族上所不足的所在。更重要的是，那表示了白種女性體現了他所認同的中產階級的白人。然而，有意味的是，白種女性也讓他又愛又怕。他在〈陰影之形〉裡說：「美國女性的直爽與物質主義幾近於粗俗。」[99]當湯米到哥倫比亞大學去念書以後，他抱怨他在紐約所碰見的女性難以捉摸：「能作為伴侶，她還是覺得不夠；能平起平坐，她也還是覺得不夠。」紐約的女性真的漂亮：「但她們是屬於一個完全物質主義、奢華、躁動的時代……她們暴露著美麗勻稱的腿、迷人的膝蓋，勾引男人去做出一些不能形諸文字的蠢事。」[100]

　　然而，白種女性的直爽與暴露，也正是她們讓湯米覺得無可抗拒的所在。湯米抱怨說：「大部分的中國女性毫無表情，或者是只擺在自己心裡。」事實上，湯米在到美國以前在上海街上漫步的時候所念念有詞的吉卜林的「東方是東方，西方是西方」的詩句，其實只是在裝腔作勢。他欣喜地發現，兩者可以在有些白種女性身上結合在一起。那像女神一樣的艾迪娜：「她對人生與愛情的看法溫婉美麗。」他也被他在密蘇里州立大學所碰到的海倫所吸引，因為她「含蓄的舉止和言詞」契合了他「所比較習慣」的「中國社會裡拘謹與有節度的氛圍」。[101]

　　這種男留學生對那些能把東、西方的理想結合在一起的白種女性的幻想，其對稱的就是女留學生對白種男性的幻想。阿梅對「金髮碧眼的花花公子」的幻想幻滅了，因為他們如果不是父母一反對就投降，就是把她當成是一個婚外情的玩物。朗拓有白種男性的相貌，但不像他們善變。阿梅覺得「中國男子和氣，但冷冰冰、笨笨的、單調」。朗拓雖然是從香港來的中國人，但他不同：「出乎意料的高、出乎意料的白皙。眼睛看起來更

98　Ibid., XXII.4（February, 1927）, p. 51.

99　Ibid., p. 56.

100　Ibid., Part VIII," *CSM*, XXII.8（June, 1927）, p. 50.

101　Ibid., Part IV," *CSM*, XXII.5（March, 1927）, p. 46.

像是西洋人。那嘴形雕琢得完美無瑕，就像是藍瓷盤上所畫的情人一樣。在中國少女的眼中，他簡直就是丁尼生（Tennyson）詩裡的蘭斯洛特騎士（Sir Lancelot）的化身一樣。」[102]

然而，男女留美學生的幻想有一點最大的不同。在趙敏恆的筆下，男留學生在白種女性的身上看到東、西方理想的結合；在鄭容金的筆下，這種理想的體現則是在那擁有白人的相貌與情感（sensibilities）的中國男人身上。誠然，兩者所幻想渴望的，都是白種人所擁有的「白」的特權及魅力（whiteness）。只是，湯米的癡迷是在白種女性身上，而阿梅則發現替代品可能比真品更可靠。

兩者所會面對的結局是可預見的。如果湯米注定是得不到艾迪娜的，朗拓——那中國的蘭斯洛特騎士——終於會從棒喝之下認清他自己所屬的種族，而追求黑髮的天使。在朗拓所害的金髮碧眼病醫好了以後，他終於發現了阿梅：「桃樂絲美得讓人窒息，但〔阿梅〕贏得了我的心。」朗拓追到阿梅的家，請她嫁給他，說要帶她回中國。雖然阿梅對這個想法心動，但她也害怕離開美國：「跟你住在美國會像在天堂一樣——但，去中國——那太難想像了。」朗拓一面告訴阿梅他有多愛她、會好好地照顧她，一面向她宣揚說：「中國是一個美麗的國家。完全不像那些悲觀、說謊的作家為了賺錢去刺激讀者陰暗的心理所描寫的樣子。如果妳答應我，我要帶妳去看那真正的中國、那有靈魂的文化的中國。如果妳在那兒不快樂，我會帶妳回來美國。」[103]

只是，人生畢竟不是小說。鄭容金在 1926 年拿到芝加哥大學的學士學位，同時也跟她在芝加哥所認識的中國留學生結婚。[104]她在次年生了她的第一個孩子。她在 1932 年帶著孩子，跟她的先生「回」中國。雖然她也像小說裡的阿梅一樣，想像她會變成一個內閣官員的妻子，生活在北平

---

102 Flora Belle Jan, "Transplanted Flower Blossoms: Chapter IV, A Chinese Apollo," *CSM*, XXIV.8（June, 1929）, p. 358.

103 Ibid., p. 366.

104 以下有關鄭容金的描述是根據 Judy Yung, *Unbound Feet*, pp. 125, 143-144, 169.

的上流社交圈裡，但她聰明地為自己留了一條後路。她知道 1922 年所通過的《凱博法案》雖然給予嫁給外國人的美國公民保留她們的美國國籍的選擇權，但那個法案對她不適用，因為她嫁給了一個沒有資格成為美國公民的中國人。因此她在出發以前就先以她是在美國出生的理由申請了公民權。她能申請得到真是運氣。第一，法律是不准許的，因為她在嫁給了一個沒有資格成為美國公民的中國人以後就失去了她的美國國籍；第二，她連出生證明都沒有，因為她是在家裡生的。幸好，芝加哥的法官相信她，准許她「回復」她的美國國籍。更幸運的是，她是在離開美國以前辦好所有這些手續的。結果，真如她所擔心的，她確實無法適應。雖然她接受了事實，但她一直想回美國。她在給一個好友的信裡說：「我不知道什麼時候可以回到美國，但我會的，即使是回來死。」她在 1949 年跟兩個女兒回到了美國，定居在亞利桑那州的尤馬（Yuma）。她立志要實現她一生一直想要當作家的夢想。她白天做祕書的工作，晚上在打字機前寫作。然而，她的身體已經不行了。一年以後，她因高血壓以及腎臟衰竭而死，享年四十三。

第七章

文化古國，燦爛文明

中國當下正在進行著前所未有的改變與改革⋯⋯愛國心——一個國家所賴以強盛的德性——是我們的祖先所固有的，只是已經冬眠了好幾個世紀，現在又已經在每一個中國人的心中洶湧著⋯⋯這個一向就對歷史上的中國敬佩不已的世界，將會對即將到來的中國更加的敬佩⋯⋯我們的文明的表象可能會隨著時間而逝去，可是其根本的原則會與人類永存。和平、正義、良知是我們的文明的基調，更多的和平、正義與良知將是我們即將到來的文明的基調。[1]

我已經說過了，「少年中國」受歡迎的原因，是因為滿清政府被認為是一個災難。可是，一個穿著一身四不像的西裝，無力有效地彰顯其權力的「少年中國」，很快地就不會讓人承認是一個有治理能力的國家的。雖然在過去的 20 年間，國家的意識是在滋長著，但只要日出而作、日入而息的秩序能夠維持著，這個種族根深蒂固的習性是不關心政治、不管政府的權力是來自於何方的。[2]

---

1   Chas. Zaung Teh Ing, "Chinese Civilization," *CSM*, V.6（April, 1910）, pp. 390-391.

2   J. O. P. Bland, "The Causes of Chinese Unrest," *The Edinburgh Review*（July, 1912）, No. 441, pp. 39-40.

　　20 世紀初年的留美學生是所有近代中國留美學生裡最美國化的一群。然而，他們並不像早期的研究所指控的，是最背離中國文化的一群。[3]雖然近代中國批評中國傳統最力的一些人是留美的，但近代中國一些最堅決的保守主義者也是留美學生。[4]整體來說，20 世紀初年的留美學生並不像評者所說的，有喪失國性（deracination）的傾向。雖然他們服膺近代西洋文明——特別是美國——的活力，但他們也同樣地對傳統中國的文化充滿著無比的驕傲與信心。事實上，他們對中國文化的態度如何，並不是取決於他們美國化的程度，而是取決於他們對中國的現狀是否具有信心。因此，當中國看起來似乎是已經從沉睡的狀態之下裡甦醒了過來——借用 20 世紀初年留美學生最喜歡用的一句陳腔套語——例如：滿清末年的改革以及辛亥革命後的幾年間，許多留美學生常常禮讚中國古代燦爛的文明。相對地，五四作為一個愛國的運動，留美學生反應熱烈，但作為一個反傳統的新文化運動，留美學生的反應相當冷淡。

　　這所反映的事實是：留美學生對中國與中國文明的態度，是取決於他們比較西方與中國的結果。中國越看起來有希望，這也就是說，越向西方看齊，他們就不但對中國的前景樂觀，而且隨之也對中國的傳統更具信心；反之，當他們覺得中國的前景黯淡的時候，他們對中國的傳統也失去信心。這種心態是不難理解的。我們對歷史、對傳統的態度，常常是取決於我們對現在的感受。換句話說，如果我們對當今的社會樂觀，我們會把這種樂觀的態度投射到歷史與傳統；反之，我們會把悲觀的感受投射到傳統。五四新文化運動的時代氛圍，就是一個典型的例證。

　　留美學生之所以會以中國或中國文明的代言人自居是很容易理解的。他們認為他們比任何洋人都了解中國，因為他們是中國人，或者說，因為他們是受過教育的中國人。不管他們會這樣做是使命感使然，或者是要用事實來取代誤解與偏見，他們對中國人的性格、婦女的地位、家庭結構以

3　請參見舒新城，《近代中國留學史》以及 Y. C. Wang, *Chinese Intellectuals and the West, 1872-1949.*

4　前者可以以胡適為代表，後者則可以學衡派為代表。

及政治文化等等問題，常常都作出籠統概括的論點。雖然這些籠統概括的
論點全都是禮讚中國文明的言論，但它們仍然是屬於東方主義式的，因為
他們把中國的傳統具象化（reified）、本質化（essentialized）、從歷史中
抽離出來（a-historicized）。用薩伊德（Edward Said）的話來說，這種東
方主義式的論點，就彷彿說中國是可以「用其所在的地理區域的宗教、文
化或種族本質來界定」一樣。[5]

　　毫無疑問地，薩伊德所批判的東方主義是西方帝國主義之下的產物。
因此，東方主義是西方所壟斷的用來權威地詮釋非西方國家或地區的一種
權力。然而，薩伊德的理論也有可以修正補充的所在。我認為把中國社會
或傳統具象化、本質化這種東方主義式的作法，很可能在殖民主義或帝國
主義來到中國以前就已經存在中國自己的傳統裡了。[6]例如，華夏之道、
華夷之辨等等。這就意味著說，中國人自己在歷史上就已經積極地從事著
東方主義論述的建構了，只是從前沒有這個名詞與觀念罷了。從這個角度
來看，有關中國的東方主義論述並不全然是殖民或帝國主義者的專屬。換
句話說，中國的自我東方主義並不全然是外來的產物，或者說，是與西方
交會以後才有的產物，而是古已有之的固有觀念與價值，只不過是被賦予
現代的詞彙與詮釋而已。

　　同樣地，不但中國人的自我東方主義論述是古已有之，只是於今為
烈，而且這種自我東方主義的論述還會持續下去。這也就是說，即使殖民
時代已成過去，被殖民者及其子孫仍然可以繼續建構或傳承東方主義的論
述。只要國與國之間、地區與地區之間權力不平衡的狀態持續一天，這種
自我東方主義的論述就會持續一天。

　　在近代的地緣政治與文化的狀態之下，被殖民者及其子孫參與建構東
方主義論述的所在地，通常是在瑪麗‧普列特（Mary Pratt）所說的「交
匯區」（contact zone）：「來自於不同的地理區域與歷史背景的民族，

5　Edward Said, *Orientalism*（New York: Vintage Books, 1979）, p. 322.

6　以印度為例的分析，請參見 Richard Eaton, "（Re）imag（in）ing Otherness: A
　Postmortem for the Postmodern in India," *Journal of World History*, 11.1（2000）, pp. 57-78.

以脅迫、極端不平等、充滿了衝突的方式，接觸、相互往來的空間。」[7]
這「交匯區」可以是殖民地，也可以是殖民母國的首都。對本書所分析的
留美學生而言，這「交匯區」可以是他們受教育的美國，也可以是他們回
國以後所居住的中國沿海的都市。

　　然而，時代已經改變了。隨著科技的發達，網路的無遠弗屆，這個
「交匯區」已經跟過去不同了。在今天，這個「交匯區」已經不再有特定
的地理上的意義，而是以一種虛擬的方式無所不在。不但沒有了特定的地
理上的意義，今天參與這個「交匯區」的接觸、交流的，也已經不再限於
那些能夠進入從前為地理所限的「交匯區」的少數，而是所有能夠上網的
網路大眾。只是，這現代普及化、「民主化」的表象，並不改這從前定義
之下的「交匯區」的「脅迫、極端不平等、充滿了衝突」的實質。那權力
不平衡的事實與實際仍然存在，只是其表現的方式不同而已。

　　薩伊德的理論還有一點值得修正補充的所在，不像薩伊德所假定的單
向（unidirectional）的模式，留美學生並不只是被動地接受西方東方主義
者的論述，以至於延續西方對東方的宰制。毫無疑問地，很多留美學生所
作的自我東方主義的論述，只不過是反芻了他們所讀到的西方東方主義者
的論述。然而，他們也常常能積極地挪用、重組，甚或辯正東方主義者對
中國的論述。誠然，留美學生所作的許多自我東方主義的論述，其主要的
目的是在提高中國在美國人心中的形象。然而，他們參與建構東方主義論
述的結果——即使在其過程中，他們也有時候必須與西方的東方主義者論
辯——是形成了一些東方主義的形象。這些東方主義的形象根深蒂固地印
記在一般人的心裡、甚至滲透到學術界裡的程度，已經是到了大家把這些
形象當成是真理的地步。這也就是說，即使帝國主義已經成為過去，西方
的東方主義者也已經不再占據講台，東方主義在近代中國的歷史上繼續是
活力無窮的。不管是保守或自由主義者，不管是國民黨或共產黨當道，東
方主義的假定，一直持續地被徵引、重組，甚至倒裝運用著。

7　Mary Pratt, *Imperial Eyes: Travel Writing and Transculturation*（London and New York: Routledge, 1992）, p. 6.

　　作為最美國化的一群，20 世紀初年的留美學生也是最受到當時的輿論界與學術界檢視的一代。到了 1920 年代，對留美學生批判的聲調已經開始瀰漫在新聞界。而且不只是中國人自己批判，連西洋人也加入批判。中國人自己的批判即使是現在還是很容易找到。汪一駒的《中國知識分子與西方，1872-1949》，就是建立在當時的批判之上。汪一駒對 20 世紀初年留美學生的批判是極為嚴厲的。他認為整體來說，20 世紀初年的留美學生是有錢有勢的階級、學業成績不佳、疏離了中國的文化、與中國的社會脫節、眼高手低、不負責任地逃避了他們在社會上所應肩負的道德、社會、政治上的領導角色。[8] 比較沒有受到歷來的學者所注意到的，是西洋人對留美學生的批判。有關這一方面，我會在本章的第二節裡分析。最值得令人省思的是，和中國人一樣，西洋人對留美學生的批判也是集中在他們過度美國化的一面。歸根究底，中國人和西洋人的批判都是說留美學生喪失了國性。

　　對批判 20 世紀初年的留美學生的中國人而言，喪失了國性的結果，等於是已經變成了自己國家裡的外國人。不管是由於他們不能或者是不願意重新適應自己的國家，他們不是執意地要把西洋的模式原封不動地搬到中國來用，就是疏離了自己的社會和老百姓，以至於寧願住在租界裡，彷彿他們是住在中國的外國人的地步。當時批判留美學生的西洋人，在意識形態上的光譜上，左右都有，批判的強烈度也不一。他們也同樣是批判留美學生不假思索地接受西方的模式。然而，西洋人比中國人更傾向於把留美學生過度的美國化，歸因於一種道德與文明的危機。從他們的角度來看，過度美國化所顯示的是一種症狀。患了那種症狀的人，幻想他們可以抗拒他們所屬的文明與種族所賦予他們的。作出這種診斷的西洋人，常常使用東方主義的論調來批判中國的現代化。批判得更嚴厲，更具有殖民心態的西洋人，則挖苦留美學生東施效顰地模仿白人。對他們而言，中國人想覬覦地超出「他者就該有的模樣」（authorized version of otherness），無異於侯米・巴巴（Homi Bhabha）所說的：有些人雖然英國化了，但怎

8　Y. C. Wang, *Chinese Intellectuals and the West, 1872-1949*.

麼看就不像是英國人。[9]大部分的留美學生都受不了這樣的批評。有些熱烈地擁抱著西方人對中國、中國傳統以及中國人所做的推崇，即使那些推崇的話是東方主義式的。見識較深的，則會去揭穿西方人士的驕傲與輕妄，會去挑戰他們的東方主義的論調。

燦爛的傳統文明

　　阿里夫‧德里克（Arif Dirlik）在一篇論文裡說，東方主義並不是西方所原有的，而是從其與歐洲以外的民族接觸開始所建構出來的。他把東方主義開始建構的所在定位在我在上文已經指出的瑪麗‧普列特所說的「交匯區」。德里克認為近代中國人會開始參與建構所謂中國所固有的形象與特徵的原因，是由民族主義所刺激出來的。不管這些所謂的特徵是儒家、專制、官僚主義或者是家庭組織，所有這些特徵都可以「追溯到東方主義的呈現，或者是一種永遠不變的『封建』或『亞細亞式的』——社會馬克思主義的東方主義」。[10]德里克舉出了一個饒有意味的現代的例子。他說中國在 1980 年代所興起儒學熱的時候，有些中國學者宣稱儒家文化是東亞資本主義現代化成功一個重要的助力。他說其所反映的「只不過因為東亞社會是全球資本主義現代化裡異軍突起而呈現的另一種現代性而已」。這種自我東方主義化並沒有挑戰西方的霸權。就像德里克所指出的，「把東方主義的說法內爍，這種自我東方主義化其實是鞏固了『西方』在意識形態上的霸權。與此同時，它也會因為壓制了國家內部的歧異而助長了其在內部的霸權。」[11]

　　然而，德里克的說法也有修正的必要。他說，亞洲人的自我東方主義

9　　Homi Bhabha, "Of Mimicry and Man: The Ambivalence of Colonial Discourse," in Homi Bhabha, *The Location of Culture*（London and New York: Routledge, 1994）, p. 87.

10　Arif Dirlik, "Chinese History and the Question of Orientalism," *History and Theory*, 35.4,（December, 1996）, pp. 106-107.

11　Arif Dirlik, "Chinese History and the Question of Orientalism," p. 114.

化是殖民接觸以後的產品，而非接觸以前就已經有的。他認為亞洲的傳統，或者更確切地說，「新創」的亞洲的「傳統」，可能是「亞洲人與歐洲人接觸以後的產物，而不是接觸以前就已經有了的」。而且「可能是來自於〔西方的〕東方主義者對亞洲的看法，而不是亞洲人在接觸的時候就已經有的自我的認識」。[12]德里克的這個說法，如果強調過頭，就有可能落入跟東方主義所同樣犯的一個謬誤，把在與西方接觸以前的亞洲的傳統視為永恆不變的。就像伊頓（Richard Eaton）在批判後殖民主義對印度的研究裡所指出的，「在把『想像之下的社區』（imagined communities）與『傳統的新創』（invention of tradition）的觀念推到其邏輯的極致的時候，後現代主義、後殖民主義的批判，等於是抹煞了在這些『想像』、『新創』的人，或者說，作出有政治意義的『想像』與『新創』的人——英國人以及印度的合作者——出現以前的所有〔印度〕的歷史、所有的歷史進程。」他特別舉出了兩個殖民時期以前就有的文本，指出它們已經「展現出了我們今天會視為是東方主義才會作出來的文化上的刻板觀念（stereotypes）」。伊頓說，這所證明的是：「我們必須承認時間、論述、文化、歷史這些觀念並不是英國殖民統治時期的產物。恰恰相反地，從我們知道印度開始——不！比我們開始知道的印度還要早之前——印度社會就一直是持續地詮釋、再詮釋他們自己以及『他者』。」[13]

　　伊頓的這個觀點值得我們注意。東方主義所作出來的文化上的刻板觀念，可以是受到本土文化所固有的觀念的啟發。我們可以用這個觀點來彌補德里克觀點的不足。我們記得德里克說，亞洲人的自我東方主義化是殖民接觸以後的產品，而非接觸以前就已經有的。以中國為例，就像我在前文所指出的，中國傳統一直就有著華夏之道、華夷之辨的論述。同時，雖然自我東方主義化是德里克該篇論文裡的核心，但他並沒有明確地標示出這個自我東方主義化的進程。他把中國在 1980 年代所興起儒學熱形容成

12　Arif Dirlik, "Chinese History and the Question of Orientalism," p. 104.

13　Richard Eaton, "（Re）imag（in）ing Otherness: A Postmortem for the Postmodern in India," pp. 71-72, 74-77.

為自豪型（assertive）的自我東方主義：「隨著東亞社會在經濟發展成功，而發現自己有力量可以與歐美霸權相抗衡的感覺。」[14]

由於德里克一直就沒有標示出這個自我東方主義化的進程，我們不知道這個自豪型的自我東方主義的意義何在。他在該文前半段裡徵引了蔣廷黻在 1938 年代所出版的《中國近代史大綱》的〈總論〉裡批判近代中國落後西方的原因在於科學、技術不如人。所以：「到了 19 世紀西方的世界已經具備了所謂近代文化。而東方的世界則仍滯留於中古。」按照德里克前後文脈絡的分析，如果中國在 1980 年代所興起儒學熱是屬於自豪型的自我東方主義，則他顯然是用蔣廷黻來代表自卑自責型——負面——的自我東方主義，因為當時的中國處處不如西方。如果這個分析是正確的，則德里克就難免會招來以己之矛攻己之盾之譏了，因為他一方面在該文裡呼籲說：「我們應該在分析上把權力的問題與東方主義的建構分開來看」，[15]但在另一方面又以中國或東亞與西方在權力上的消長來分辨自卑自責型的自我東方主義與自豪型的自我東方主義。

我完全服膺薩伊德對權力與東方主義具有相生關係的洞見。德里克所謂的自卑自責型的自我東方主義與自豪型的自我東方主義，是把中國與西方權力對應的關係看得太機械化了。德里克的盲點在於是他認為自豪型的自我東方主義所反映的，是 1980 年代以後中國人對中國的國力的自信，伴隨之的，是對中國文化的自豪。反之，20 世紀前半葉的自卑自責型的自我東方主義，則反映了當時落後、衰弱的中國以及中國人對自己的文化的欠缺自信。事實上，我們可以同樣地以他用來作為例證的蔣廷黻來作為反證。蔣廷黻誠然在德里克所徵引的那一長段話裡，是以「到了 19 世紀西方的世界已經具備了所謂近代文化，而東方的世界則仍滯留於中古」來結束的。然而，就在蔣廷黻說中國近代科學、技術不如西方這一段之前，也同時說了一段同樣是重要的話，只是德里克沒徵引而已。蔣廷黻在那段話裡說：「第一，中華民族的本質可以與世界上最優秀的民族比。中國人

14　Arif Dirlik, "Chinese History and the Question of Orientalism," p. 113.

15　Ibid." p. 96.

的聰明不在任何別的民族之下。第二，中國的物產雖不及俄、美兩國的完備，然總在一般國家水平線之上。第三，我國秦始皇的廢封建為郡縣及漢唐兩朝的偉大帝國足證我民族是有政治天才的。是故論人論地，中國本可大有作為。」[16]

這段德里克沒徵引的蔣廷黻的話，充分地說明了一個重要的事實，亦即，文化上的自豪——也可以說是民族優越感（ethnocentrism）——可以彌補 20 世紀初年中國人在與西方相比之下的無力感。中國誠然落後，比不上西方，但他們認為那只是暫時的。中國不但在歷史上是強國，而且在力爭上游以後，一定會與西方並駕齊驅。

同樣地，只要 20 世紀初年的留美學生對他們自己的文化與傳統有信心，他們可以像伊頓的印度的例子所顯示的，用中國自古就已經有的華夏之道的說法，來從事自豪型的自我東方主義化。此外，德里克所指出的民族主義也同樣是扮演了一個重要的角色。留美學生之所以會積極地從事自豪型的自我東方主義，是因為他們要為自己的傳統辯護，以防止被西方人誤解與扭曲，從而為自己、為自己的國家爭取在現代世界裡的一席地。

從這個角度來看，在一開始的時候，自豪型的自我東方主義是說給外國人聽的一種論述。值得指出的是，這種論述在一開始的時候都是用英文表述的，而且，通常都是採取強硬、誇張，甚至是辯論式的語氣和姿態。它用的方法是把中國與中國文明跟西方與西方文明做對比，而以兩個恰恰相反的模式來呈現：一個模式是歌頌中國與西方的類似性；另外一個模式則是強調兩者的二元對立：精神文明的中國、物質文明的西方。久而久之，這種自我的東方主義論述會滲透到通俗文化與學術界裡，以至於被社會上大多數的人認為是常識與自明之理。

作為中國第一代的東方主義者，20 世紀初年的留美學生沒有文化認同上的危機。雖然他們是所有 20 世紀留美學生裡最為美國化的一群，但這並不意味著說他們不認為自己是中國人。從某個角度來說，那禁止了中

16　蔣廷黻，《中國近代史》〈總論〉，網路版，http://www.guoxue123.com/new/0002/zgjds/005.htm, 2021 年 2 月 3 日上網。

國人移民和歸化的美國的《排華法案》，排除了他們可以選擇另外一個國籍與文化認同的可能性。同時，他們自己以及中國社會根深蒂固的菁英主義，使他們理所當然地預期一回國就有榮華富貴在等著他們。菁英主義加上學而優則仕的傳統，誠然讓他們變得保守，但同時也讓他們不會有文化認同上的危機。多年以前，美國漢學家列文生（Joseph Levenson）認為近代中國知識分子有一種在歷史與價值上分裂的危機感，亦即，他們在智性上已經與中國的傳統疏離，可是在情感上就是無法斬斷他們與中國傳統的臍帶。[17]1980 年代的一些研究，特別是有關梁啟超的研究，已經挑戰了列文森的這個論點。[18]本書對 20 世紀最美國化的留美學生的研究，更進一步地瓦解了這個論點。

　　在留美學生所作的自豪型的自我東方主義裡，最顯著而且是最經久不衰的，是說中國的文明在倫理道德方面比西方文明優越。這個信念可以在中國的傳統裡找到根據，可以追溯到春秋時代的華夷之辨。最驚人的是，這個華夷之辨的信念，並沒有因為中國在歷史上有好幾次被打敗或征服而消滅。在近代中國的歷史上，歐洲人是中國人眼中最新、最可怕的夷人。一直到 1870 年代，中國已經被船堅炮利的歐洲人打敗了好幾次了，然而守舊的仕紳階級仍然認為西洋人比禽獸不如，不懂得孝道以及其他基本的倫理觀念。當郭嵩燾在 1875 年接受出使英國任命的時候，守舊的仕紳譏詆他是去父母之邦而事蠻夷。跟他同鄉的仕紳裡，甚至有人倡議要去搗毀他的住宅。[19]

　　到了 19 世紀末年，等中國的仕紳階級對西方有了進一步的了解以後，這種視西方人為禽獸不如的夷人的極端的看法就不可能禁得起考驗

17　Joseph Levenson, *Liang Ch'i-ch'ao and the Mind of Modern China*（Cambridge, Mass.: Harvard University Press, 1959）, p. 1.

18　See, for example, Hao Chang, *Liang-Ch'i-ch'ao and Intellectual Transition in China, 1890-1907*（Cambridge, Mass.: Harvard University Press, 1971）, pp. 112-114.

19　Yen-p'ing Hao and Erh-min Wang, "Changing Chinese Views of Western Relations," in John K. Fairbank and Kwang-ching Liu, eds. *The Cambridge History of China*, Vol. 11, Late Ch'ing, 1900-1911, Part 2, pp. 181-186.

了。毫無疑問地，留美學生對美國人從來就不曾有過這種極端的看法。然而，值得指出的是，即時在留美學生當中，還是有不少人認為中國人的倫理道德觀念要優於美國人。只是，遊戲規則已經全盤改變了。除了在軍事上一再地被打敗，中國人已經失去了建構「他者」的形象的權力。風水輪流轉，現在輪到中國人自己成為歐美討論文明與進步的主流論述裡的野蠻、桀驁、魯鈍（phlegmatic）的「他者」。中國人在高高在上的華夷之辨的心態之下過了超過了一千年的時間以後，現在發現自己是處在被貶抑的地位。不管是因為民族主義還是因為他們是真正地以中國的文化自豪，許多留美學生開始反擊他們認為是誤解或者扭曲中國人與中國文明的論述。當然，他們一再強調他們所做的只不過是在呈現事實而已。然而，不管他們是擺出客觀的姿態或者是論辯的姿態，他們實際上是把中國的傳統具象化、本質化、從歷史中抽離出來——換句話說，就是東方主義化。留美學生常常拿來作為證明中國的文化優於西方的證據是有關於中國的婦女與家庭——本章所要分析的 20 世紀初年留美學生自我東方主義的第一個主題。

　　在留美學生裡，第一個發表論文，闡述中國給予婦女與家庭的地位優於西方的觀點的是金韻梅——我在第二章裡所分析的四位女醫生裡的一位。金韻梅不但是一位醫生、醫學院以及醫院的行政主管，她而且是一位傑出的演說家。她至少在美國作過一次巡迴演說。她寫得一手好文章，熟諳中國的哲學和英國文學，而且在中英文之間游刃有餘。她在 1907 年所發表的一篇文章裡，順手拈來地徵引著莎士比亞、米爾頓、穆勒以及儒家經典。這篇文章的題目是〈我們看我們自己〉（As We See Ourselves）。這篇文章特別的地方在於它所闡述的中國與中國文明的特點，到今天仍然是廣為流傳的中國人自我東方主義的核心論述。[20]

20　以下有關金韻梅觀點的分析是根據 King Ya-mei, "As We See Ourselves," in three installments in *The World's Chinese Students' Journal*, I.3（December 1, 1906）, pp. 9-17, ibid., I.4（January and February, 1907）, pp. 12-19, and ibid., I.5-6（March-June, 1907）, pp. 36-42.

金韻梅承認中國的確「亟需改革」，她所要堅持的只是：「要正確地去理解〔改革〕的基礎。」她說得很清楚，她寫那篇文章的目的就是要反駁西方人把中國人「他者」化的論述。〈我們看我們自己〉，顧名思義，就是說：

> 我們已經被外人的眼光來看我們有很長的一段時間了。那些用一兩個案例為基礎寫成的概括的論斷，被一代又一代、天荒地老地傳播下去；我們被那些頭腦簡單、但文筆輕快的人——從那些在報紙上寫個一欄半的新聞記者，到在中國住了 20 年寫出像磚頭一樣厚重的作家——用各種文體，來解剖分析。

金韻梅也承認中國女性有必要向現代西方學習很多東西。而且，中國的家庭制度也絕對不是完美的。纏足就是在她認為必須剷除的惡習的名單裡的第一個。她也承認女性要在現代的家庭裡或者家庭以外扮演她們的角色，現代教育是必須的。然而，她拒絕接受西洋人所謂的「東方女性墮落」的說法。她說這種說法所反映的是偽善，或者說，雙重標準，因為在西方的貧民窟裡的情形更為嚴重。在中國，「即使在最髒亂的城市裡的貧民窟裡，輿論也不可能允許喝得爛醉如泥的婦女在光天化日之下橫躺在街上，或者是吸鴉片——如果一定要把它說成是我們的國病（national vice）的話——吸到了麻木不仁的狀態。」反之，

> 在倫敦大都會裡的許多地區，這幾乎是每天都會發生的事情。而這些事情發生的所在，離那些大人物、大富豪、大學者、大慈善家所住的豪宅並沒有多遠的距離。他們對自己國家裡的情形無知的程度，就好像他們是住在另外一個星球一樣。然而，等他們到其他國家去旅行的時候，卻對那些〔同樣的〕現象擺出一副義憤填膺的震驚相。

中國女性所擁有的權力，遠比那些只看表面就遽下結論的西方人要大得多了。中國男人，特別是上等階級，是世界上最怕太太的男人：

事實是：整個家庭的管理，包括錢財的支出與收入，都是交給女性來處理的（像〔歐洲〕有管家，或者住在東方的有錢的洋人家裡有總管（head-boy）的作法，〔在中國〕是很少有的）。對母親的尊重以及給予母親莫大的權力，這就抵銷了法律上把她置於父親、丈夫或兒子控制之下的限制了。這些由自然的情感和親情而賦予她的權力，女性懂得如何善用。因此，夾在妻子與母親之間的中國男人真的是世界上最怕太太的男人──雖然他並不自知，而且作為男性的尊嚴也不可能讓他承認這個事實。

根據我個人的觀察，男人會在公共場合高談闊論鄙視女人的話，其作用就像是一種止痛膏（salve）一樣，是用來減輕他們在家裡所受到的失去尊嚴的踐踏的傷口。特別是在官紳階級，他們逃離妻子的怒氣──不管是有理還是無理的──去追求妾的慰藉。然而，這只會增加家庭的不睦，而且在那已經桎梏了他的自由行動的枷鎖〔妻子加母親〕上又增添了一道鎖鏈。很少外國人──大概一個都沒有──會知道那真正在跟他們較勁的，並不是那個男人，而是他們完全不知道其存在的他背後的女人。

根據金韻梅的看法，「農民與中產階級過的是一夫一妻的生活，雖然那可能是因為生活的困難，而不是因為他們想要那樣。」因此，在只有一個正妻的仕紳家庭裡，男人「過的是我們在其他地方所看到的男人一樣，是合於倫理的生活」。更重要的是，即使是最貧困的農婦，也不至於有像歐洲的農婦那樣的遭遇；她們簡直就像奴隸一樣：「我們的農婦跟他們的丈夫在田裡工作。她們不必用驢子或者狗、或手推車、或扛在肩上，把農作物帶到市集去賣。」同時，她們也不會像西方的農婦一樣被虐待。她說：「沒有一個苦力膽敢把他的妻子打到留下瘀青的地步，不像我們在〔西方〕大都市的法庭紀錄裡所常看到的虐妻的案子。當然，這並不意味著說，因為西方有虐妻的情事發生，我們也可以在這裡依樣葫蘆。」

金韻梅認為中國的父權制度有一個可取的地方，亦即，即使一個妻子

失去了丈夫的愛，被妾給取代了，她不會被逐出家門：

> 我們必須記住，中國今天的父權制度，不是摩門教那種多妻制。一
> 個男人只能有一個正妻。一個沒有子嗣或者不受羈絆的男人，可以像
> 亞伯拉罕、以撒、雅各時代的男人一樣，有侍女。這種制度，至少可
> 以要男人保護並養育他的孩子，讓母親得以維繫倫理道德的標準，而
> 不是把她逐出家門，以至於讓各種不利於她的力量逼使她墮入下流女
> 人的境地。

金韻梅為中國家庭制度與婦女地位所作的辯護，相當類似留美時期的
胡適。作為五四新文化運動的領袖，胡適不像會是傳統中國家庭制度的捍
衛者。周質平有一個理論。他說，胡適用英文寫文章對中國的風俗制度辯
護的時候，其所反映的，是他想「為宗國諱」的「中國情懷」的情結。周
質平的這個「中國情懷」的說法，其實等於是套用美國學者列文生對梁啟
超的論定。列文生說梁啟超在思想上其實已經疏離了中國的傳統，只是在
情感上，他無法跟它一刀兩斷。[21]

列文生的這個說法當然不適合用在胡適身上，但不是本書所要討論的
問題。可以確定的是，留美時期的胡適在為中國的婚姻、家庭作辯護的時
候，他是心口合一的，而不是在為一個不合理的制度找藉口。像金韻梅一
樣，胡適憂心美國人不了解中國以及中國人。就像他給他母親的一封信裡
所說的：「此邦人士多不深曉吾國國情民風，不可不有人詳告之。蓋恆人
心目中之中國，但以為舉國皆苦力、洗衣工，不知何者為中國之真文明
也。吾有此機會，可以消除此種惡感，豈可坐失之乎？」[22]他以消除美國
人對中國與中國人的誤解與偏見作為使命，作公開的演講、寫文章，並致

---

21 周質平認為與其說胡適是在為中國的婚制辯護，不如說他是為自己在辯護，為他自己極
　　不合理的婚姻找出一個理由。請參見周質平，〈國界與是非〉，耿雲志編，《胡適研究
　　叢刊》，第一輯，（北京：北京大學出版社，1995），頁 56-57.

22 胡適稟母親，1915 年 3 月 22 日，《胡適全集》，23: 78.

信給報章雜誌的編者。根據他自己的統計，到了 1915 年春天，他已經作了七十餘次的演講。他甚至在 1912 年 10 月 14 日的日記裡說：「忽思著一書，曰《中國社會風俗真詮》（*In Defense of the Chinese Social Institutions*），取外人所著論中國風俗制度之書一一評論其言之得失，此亦為祖國辯護之事。」他所擬的篇目包括：祖先崇拜、家族制度、婚姻、守舊主義、婦女之地位、社會倫理、孔子之倫理哲學、中國之語言文字以及新中國。[23]

從胡適說他要「取外人所著論中國風俗制度之書一一評論其言之得失，此亦為祖國辯護之事」這一句話來看，他所想要做的工作無異於金韻梅所寫的〈我們看我們自己〉，亦即，用所謂中國人的觀點去批判西方人談論中國的論述，所以才有所謂「此亦為祖國辯護之事」。可惜，他這本書沒寫成，我們因此無從得知留美時期的胡適如何反駁西方的東方主義者。幸運的是，他在 1914 年 1 月所作的一篇演講，後來以〈中國的婚制〉（Marriage Customs in China）為名發表在 1914 年 6 月出版的《康乃爾時代》（*The Cornell Era*）。他這篇文章裡的主旨是在於強調中國婚制的合理性（rationality）。[24]中國的少年和少女在 13 歲或 15 歲的時候就訂婚了，是由他們的父母所安排的，而且不一定徵得當事人的同意。他說這種年幼就經由媒妁之言訂親的作法有兩個優點：第一，它「確保年輕男女會有終身的伴侶。因此，他們就無須像西方世界的年輕人一樣，為了尋覓終身的伴侶而煩惱」；第二，它「賦予年輕人信守不渝、從一而終、忠貞不二的責任。」

在宣稱年幼就經由媒妁之言訂親的作法的優點以後，胡適就接著用四個理由來說明為什麼那是一個合乎理性的制度。第一，把終身大事交給 15 歲大的少年和 13 歲大的少女自己去自由選擇，是會出大亂的。父母有

23　《胡適日記全集》，1.205-206.

24　以下分析胡適對中國傳統婚制的辯護，是根據 Suh Hu, "Marriage Customs in China," *Cornell Era*（June, 1914）, pp. 610-611, "The Hu Shih Papers at Cornell: 1910-1963," deposited at the Department of Manuscripts and University Archives, Cornell University.

「實際人生的經驗」，又以兒女的幸福為標的，一定「會用最好的判斷來安排攸關兒女終身幸福的大事」；第二，「這種制度也可以使年輕人免於求婚的折磨，我想像那一定是非常尷尬的一件事」；第三，「由父母來安排，維繫了女子的尊嚴、貞節和嫻淑。年輕女子也就不需要在婚姻的市場裡去拋頭露面。她就不需要去面對男性的魯莽。不像西方的女子，必須與之周旋，而且還要從中選一個來作她未來的丈夫。中國女子不需要去討好、賣俏、獵取丈夫」；第四，最重要的是，中國的夫妻並不是自己去組織新家庭，而是兒子把新婦娶進父母的家來同住。因此，妻子「並不只是丈夫的終身伴侶，她還是公婆的幫手和娛親者（comforter）。因此，中國家庭必須確定新娶的媳婦不只是丈夫的所愛，她還必須能跟公婆和睦相處」。此外，媒妁之言的婚姻制度不但符合於西方優生學運動的宗旨，而且無須透過社會強制的手段來執行。

當然，深切了解美國的胡適，知道美國人對婚姻抱持著一種不可救藥的羅曼蒂克的幻想。因此，他必須回答美國人一定會問他的一個問題，亦即，媒妁之言的婚姻能有愛情嗎？胡適說：「當然，肯定的當然。」他說：「我所見過的能彼此完全奉獻的夫妻多矣，多到我一定要駁斥只有羅曼蒂克的方法才能產生愛情的說法。我所得到的結論是：西方婚姻裡的愛是自造的，而我們的制度下的愛是名分所造的。」他說，在中國社會裡，愛情是在結婚以後才開始的：

> 當一男一女知道他們現在是夫妻了。作為夫妻，那不但是他們的責任，而且也是攸關他們的幸福，所以他們必須去愛彼此，他們的性情、品味和人生觀可以不相同，但除非他們能磨合，他們就不可能一起生活下去。他們必須妥協。套用一位在這個國家受過教育的〔中國〕女士的話來說，「要彼此能各讓五十步。」如此，真正的愛——一點都不會是不自然的愛——會逐漸地生成。

留美時期的胡適為傳統中國媒妁之言的婚姻制度所作的辯護不是一種補償作用，用來合理化他自己媒妁之言的婚姻。同時，他也並不是因為

「為宗國諱」的「中國情懷」的情結，而為一個他自己其實是無可忍受的制度在作辯護。他在〈中國的婚制〉這篇文章裡的論點，只不過是引申了他 6 年以前在上海讀中學的時候的論點而已。就像賈祖麟（Jerome Grieder）所說的，許多胡適在留美時期所演繹的觀念，都是他在上海讀新式學校的時候就已經形成了的。[25]

〈中國的婚制〉就是一個典型的例子。他在〈中國的婚制〉所演繹的論點，基本上是他 1908 年 8 月在《競業旬報》分兩期連載的〈婚姻篇〉的英文版。[26]他在〈婚姻篇〉裡是用各打五十大板的方法，一方面批判了相信媒妁之言的父母，另一方面也抨擊了那些謳歌「自由結婚」的「志士青年」。傳統媒妁之言的婚姻不是像謳歌「自由結婚」的人所說的，「是極專制的，是極不自由的。」相反地，傳統的婚姻制度是「極不專制的，是極隨便的。」胡適所謂的「極不專制」、「極隨便」，就是指父母把婚姻這麼重要的人生大事委託給媒婆、瞎眼的算命先生和泥菩薩。胡適的補救之道：「照我的意思，這救弊之法，須要參酌中外的婚姻制度，執乎其中，才可用得。第一是要父母主婚；第二是要子女有權干預。」胡適還特別徵引了嚴復所翻譯的孟德斯鳩的《法意》來作為自己的論點的佐證：

　　我所以要說婚姻要父母主張者，因為做父母的慈愛最深，況且多活了幾歲年紀，見識思想畢竟比較子女強些、見得到些。若是專靠子女的心思，那做子女的，年紀既輕，閱歷世故自然極淺了。況且少年心思必不周到，一時之間，為情欲所蔽，往往把眼前的東西當作極好，再也不會瞻前顧後，他們的選擇怎麼靠得住呢？（嚴譯本，頁 759）[27]

25　Jerome Grieder, *Hu Shih and the Chinese Renaissance: Liberalism in the Chinese Revolution, 1917-1937*（Cambridge, Mass.: Harvard University Press, 1970），pp. 43-44.

26　以下有關胡適〈婚姻篇〉的分析，見〈婚姻篇〉，《胡適全集》，21: 24-29。

27　孟德斯鳩原文的英譯，請見 Montesquieu, *The Spirit of the Laws*, tr., Thomas Nugent（New York: Hafner Publishing Company, 1949），Vol. 2, p. 5.

在《競業旬報》時期的胡適對傳統媒妁之言的婚姻制度的批判是值得令人注意的。他批判的重點在於父母未能扮演其應有的責任。他贊成父母為兒女選擇未來一生的伴侶，理由是：「做父母的慈愛最深，況且多活了幾歲年紀，見識思想畢竟比較子女強些、見得到些。」他認為父母的選擇一定會優於「年紀既輕，閱歷世故自然極淺」、又容易「一時之間，為情欲所蔽」的兒女。胡適在留美前、留美後的立場是相當一致的。六年以後，他在康乃爾大學所發表的〈中國的婚制〉裡，用類似的觀點來批判美國自由戀愛的缺點。他認為美國自由戀愛的缺點是縱任年輕女子在婚姻的市場裡拋頭露面，去「去討好、賣俏、獵取丈夫」。同樣一致的，是他認為婚姻所牽涉到的不只是個人，而且還有家庭和社會。對中國來說，妻子「並不只是丈夫的終身伴侶，她還是公婆的幫手和娛親者」。在表面上看起來，美國似乎不是如此。然而，胡適說，優生學的運動，在在地說明了西方社會也開始注意到了社會必須對個人在婚姻方面所做的決定做出某種限制與引導。毫無疑問地，胡適會因為觀眾的不同而著重傳統媒妁之言的婚姻制度不同的面向。因此，當他用英文對美國的觀眾演講的時候，他所著重的是傳統中國婚姻制度合乎理性的面向；當他用中文寫給中國的讀者看的時候，他所著重的傳統媒妁之言的婚姻制度不夠合乎理性的面向。雖然他針對聽眾而選擇他的著重點，但他並沒有因此而在他論點的一致性上做出妥協。

留美時期的胡適為傳統媒妁之言的婚姻制度所做的辯護是相當克制、謹慎的。他的辯護完全是集中在其合乎理性的面向，而不及於其他。即使是在他把傳統中國媒妁之言的婚姻制度拿來跟美國自由戀愛做比較，即使他認為媒妁之言的制度要優於自由戀愛，他在做比較的時候也仍然是極為克制、謹慎，而不是做出籠統概括的論斷。

然而，相對於留美時期在為中國的傳統做辯護時的自制與謹慎，成名以後的胡適則好做籠統概括的論斷。最典型也最不為人所知——因為是用英文發表的——的，是他說傳統中國的女性是家庭裡的暴君的論點。我在前文提到了金韻梅說中國上等階級的男人是世界上最怕太太的男人。她說中國的父權制度有一個可取的地方，亦即，即使一個妻子失去了丈夫的

愛，被妾給取代了，她也不會被逐出家門。胡適的看法跟金韻梅異曲同工，但卻做出完全相反的結論。除了中國男人是世界上最怕老婆的男人以外，他宣稱說因為明朝以後的中國女人幾乎享有不能被離婚的特權，她們是家庭裡的暴君，是中國傳統家庭制度裡最不可取的所在。這個論點是他1933年在芝加哥大學「哈斯可講座」（Haskell Lectures）的演講裡所發表的，亦即，他後來以單行本出版的有名的《中國文藝復興》（*The Chinese Renaissance*）。胡適這個傳統中國女性是家庭裡的暴君論，是研究胡適的學者一向所忽略的反女性的奇言怪語，其所反映的是胡適性別觀裡的盲點。他在《中國文藝復興》裡，一方面稱讚1930年所頒布的民法把女性從舊家庭的桎梏裡解放出來，讓夫妻都可以在雙方同意之下自由離婚。然而，在另一方面，他又特別著墨批判女性在舊社會家庭裡所享有的淫威：

> 必須指出的是：女性在舊體制之下的地位，並不像是許多膚淺的評者所說的那麼低下。相反地，女性一直是家庭裡的暴君。母親與婆婆的威權是眾所周知的。丈夫一直是處在太太的淫威之下。

> 中國是這個世界上最怕老婆的國家，沒有一個國家能與之相比。至少，這個世界上沒有任何一個國家，像中國一樣有那麼多怕老婆的故事。

> 傳統中國太太這種無與倫比的地位，有時候是建立在愛之上，有時候是建立在美貌或人格之上。然而，最大多數的情形，是建立在誰也撼動不了她的位置的事實上，亦即，休妻是不可能的！

胡適承認傳統中國沒有禁止離婚的法律。那有名的「七出」之條——無子、淫佚、不事姑舅、口舌、盜竊、妒忌、惡疾——是大家耳熟能詳的。然而，他強調說到了明代以後，唯一能把妻子送出門的理由已經只剩下了淫佚一條了。除非妻子犯了通姦罪，沒有一個男人能夠出妻，而不受到社會的譴責。

　　為了證明傳統中國的妻子是多麼的跋扈、傳統中國的丈夫是多麼的怕老婆，胡適以《醒世姻緣傳》裡那位可謂為中國第一悍妻的薛素姐施虐她的先生狄希陳的故事為例：

　　它敘述的是一個真正恐怖的獨眼悍妻。什麼想像得出來的罪行她都犯了：她虐待父母、公婆，特別是用最殘酷的方法凌虐她的先生，甚至有兩次要謀殺他。躲她惟恐不及的先生最後只有逃家。先到北京，後到四川去討生活。然而，他逃到哪，她就追到哪，只能繼續忍受她的暴虐。由於她沒犯有淫佚之罪，社會的習俗加上宗教的力量保護著她，任誰也不能把她修掉。

　　為了以免有人會以《醒世姻緣傳》是小說為辭，說那不是實證的例子，胡適又舉了一個歷史人物為證：

　　19 世紀末年，名學者汪士鐸過世以後留下了一冊非常有趣的日記。在日記裡他寫下了他受到妻子虐待的種種慘狀。他有一則日記的大意如下：「我吵不過妳，也躲不了妳。可是，由於妳不識字，看不懂我寫妳的話。而且妳也無法回嘴。我在此沉重、如實地列下妳 90 項不可饒恕的罪狀……這是我唯一能為我自己報復妳的方法！」他同樣地也從來就沒想過把她休掉是一個可行之道。[28]

　　反觀留美時期的胡適。當時自制、謹慎的他，在為中國辯護的時候是就事論事，不會做出籠統概括的論斷，甚至於做出中國文明優於西方文明的論斷。然而，許多留美學生就很難避免這種誘惑。駱傳華就是一個很好的例子。駱傳華（Gershom C. H. Lowe）在 1923 年拿到芝加哥大學的學士學位。他回國以後先在上海的基督教青年會擔任祕書。後來出任國民政府國際宣傳處的處長。駱傳華在精力、求知欲、工作欲方面都遠超過常

28　Hu Shih, "The Chinese Renaissance,"《胡適全集》，37: 154-157。

人。他在 1960 年從華盛頓的中國大使館退休以後，又去讀了一個圖書館的學位，並考過了美國聯邦政府的文官考試。他先在美國政府勞工局的圖書館從事編目的工作。後來又轉任加州幾所大學，包括史丹佛大學圖書館的編目工作。他在 1970 年第二次退休以後還出版了兩本書。一本是有關夏威夷華人的圖書資料，一本是漢學研究要著。他晚年落葉歸根，回到上海定居。他在 1996 年過世，享年 96 歲。

駱傳華在 1923 年把他在英文課上的一篇報告發表在《中國留美學生月報》上，題目是〈中國家庭的精神〉（The Spirit of the Chinese Family）。[29]跟胡適一樣，駱傳華也對比了中國和美國對理想的婚姻的要求不同的所在：前者所注重的，是夫妻必須和父母和諧共處；後者所注重的，則是羅曼蒂克的愛以及夫妻自己的美滿。他所提出來的論點跟胡適極其相似：「哲學的東方用來鞏固婚姻制度的神聖性的方法，是去發展出一種發自於內心的結合的承諾。每一個中國人都知道，或者應當知道，那是一種信譽（Honor）與責任（Duty）。」然而，他也有跟胡適不一樣的地方。留美時期的胡適謹守分寸，只強調媒妁之言制度合乎理性的地方，而不及於其在社會上實行的實際；駱傳華則不然。他認為中國的制度可以成為西方仿效的對象：「中國的婚姻給人一種永恆的感覺。那是我們在西方所找不到的。」他說原因很簡單。在中國，婚姻的「目的不只在於生理的滿足或者物質上的追求，而主要是在種族的延續與發展」。反之，西方人理想中的婚姻只不過是兩個人在追求個人的滿足，完全不考慮他們對其他家庭分子的需要所應盡的責任。這種自私、不負責任的態度所孳生的，是私奔、遺棄、離婚。他說這些撕裂了西方社會的現象在中國幾乎是不存在的。

駱傳華說中國的家庭就像是西方的教堂與學校，而且在教導年輕人要

29　Gorshom C. H. Lowe, "The Spirit of the Chinese Family," *CSM*, XVIII.3（January, 1923），pp. 31-37; C. H. Lowe, *Facing Adversities with a Smile: Highlights of My 82-Year Odyssey from China to California*（San Francisco: Chinese Materials Center Publications, 1984），pp. 23-24.

懂得守道德以及陶冶性格方面，要遠比西方的教堂與學校還能提供更健全的環境以及更好的教導。西方的教堂在這方面失敗，是因為它所教給其教友的只是儀式與形式，而不是真正去灌輸給他們虔誠與道德感。西方的學校，其實駱傳華所指的西方就是美國，「只不過是『福辣潑女郎』的組織，其目的是在教體育、玩那種我們可以稱之為『大學政治』的玩意兒，以及享受社交生活。」與之對比，中國的家庭是以身教的方法來教育年輕人：「終日生活在家庭良好的環境裡，有父母每天的訓誨、長者的身教。在所有這些好的影響日復一日重複的影響之下，孩子很自然地就被啟發要行善，並遵循道德行為的準則。」由於家教好，中國不需要少年法庭，因為它「很幸運地沒有少年犯罪的問題」。而且，中國社會不需要「養老院」，因為「我們恭敬地在我們美滿的家庭裡照顧父母與長者，讓他們覺得晚年是報酬他們一生的收穫的榮耀的階段」。

　　駱傳華一面頌讚中國的家庭，一面批判美國在精神上貧瘠的教堂以及思想上荒蕪的學校。這個對比是他的前提，用來支持他更重要的結論，亦即，中國可以是那在精神上貧瘠的西方的楷模：「這還不夠明顯嗎？東方擁有一個更堅實的文明的基礎。你們難道看不出來中國並不只是一個可以銷售你們的貨品的市場？不只是你們從事政治擴充與經濟剝削的地方？它難道沒有一些可以給予你們西方所讓人憐憫地欠缺的東西嗎？」

　　駱傳華在這裡所做的二分法的對比──精神的中國和物質的西方──在 1910 年代末期已經成為許多中國人的信念。這個二分法的對比是本章所要分析的 20 世紀初年留美學生自我東方主義的第二個主題。梁啟超在1919 年所出版的《歐遊心影錄》是近代中國第一個有關東方精神、西方物質的論戰的誘因。梁啟超在環視了第一次世界大戰對歐洲的破壞，以及許多歐洲哲學家在戰後的反省以後，宣稱西方文明已經破產。他認為中國的文明也許可以幫助西方，把方才從科學萬能的迷夢裡甦醒過來，跌入精神空虛的谷底的西方拯救出來。新儒家的梁漱溟在他 1921 年所出版的《東西文化及其哲學》裡，也從另外一個角度提倡了東方精神、西方物質的二分法。兩年以後，張君勱在 1923 年在清華大學所作的一個演講裡，也提出了他對西方文明的批判。張君勱對科學主義的批判，以及他對中國

精神、西方物質的二分法的強調，激起了新文化運動領袖的抵抗的決心。他們擔心如果不加以抵抗的話，他們可能會把中國的文化界的領導權拱手出讓給保守主義者。接下去的「科學與玄學的論戰」，借用胡適的話來說，是「中國和西方文化接觸以後 30 年中的第一場大戰」。[30]

我們不知道駱傳華在 1920 年 9 月啟程赴美留學以前，是否受到了這些東方精神西方物質的言論的影響。然而，就像我在前文指出的，中國在精神道德上優於西方的說法有相當久遠的歷史。駱傳華很有可能早就已經服膺了這種說法。我們可以確定的是，金韻梅在這方面的看法是她自己得出的。她說儒家思想是中國文明的基礎。用她的話來說，儒家思想的傳承是「孟子延承孔子所闡發的真理，亦即，人的本性是得自於天。他召喚我們要去履行這個聖教」。[31]能把這個聖教一代又一代地傳承下來，有兩個息息相關的觀念：孝道與祖先崇拜。金韻梅說，祖先崇拜與孝道息息相關的程度，已經是到了「兩者之間沒有什麼不同，究竟祖先崇拜是孝道的根由或是結果的地步」。[32]這兩個觀念只需要因應現代的環境稍做調整，就可以為現代中國所用。有關孝道這個觀念，金韻梅認為現代中國人也應該強調其反面，亦即，父母對孩子的責任。有鑑於中國人視官員為人民的「父母」，她覺得這個現代的孝道的觀念不但有助於家庭，而且有助於社會，因為「它會在父子之間的愛之上加上感激之情，會在官民之間的關係之上加上信賴感。這會使得政府的機制順利地運行」。至於祖先崇拜的觀念，如果去除它「陳舊」的迷信和「腐朽的」恐怖成分，是可以作為一種最為堅固的鏈帶，把中國人團結在一起，以至於作為把全世界的所有人類

30　有關本段所提及的學者以及「科學與玄學的論戰」的研究，請參閱 Jerome Grieder, *Hu Shih and the Chinese Renaissance*, pp. 129-145; Guy Alitto, *The Last Confucian: Liang Shu-ming and the Chinese Dilemma of Modernity*（Berkeley: University of California Press, 1979）, pp. 82-125; and Chow Tse-tsung, *The May Fourth Movement: Intellectual Revolution in Modern China*, pp. 327-332; Charlotte Furth, *Ting Wen-chiang: Science and China's New Culture*（Harvard, 1970）, pp. 94-135.

31　King Ya-mei, "As We See Ourselves," *The World's Chinese Students' Journal*, I.4, p. 12.

32　Ibid., I.5-6, pp. 36-42.

都團結在一起的基礎：

　　這難道不是比較審智的作法嗎？遵循儒家思想的基礎，相信人的本
性是得自於天，是我們共同的餘蔭；更加有信心地相信它，把我們的
精神與我們在天、屬於他們不朽的一部分、古聖先賢稱之為道的祖先
交融（communion）；從小的家庭開始，到國家，以至於到整個全人
類的家庭？[33]

　　金韻梅這種儒家思想之下的交融，也同樣地是在中國精神、西方物質
的二分法之下的產物。雖然她相信中國有許多地方須要向現代西方學習，
她懇求她的同胞要注意：「我們不要忘了我們的文明的基礎是倫理的，發
展路線必須要依循著對我們而言是最自然的路線。」中國人沒有理由去作
那種浮士德的交易，以至於淪落「在物質主義的山巔上哆嗦著，只知道感
官與觸覺上的滿足，而不知有其它。」他們應該放眼去建立一個在現代化
了的儒家思想之下的交融為基礎的更美好、更富麗的文明。
　　等中國在道德與精神文明上優於西方這種說法變成了一種常識以後，
這種自我東方主義就會孳生出另外外一個說法，說中國的文化不但在過去
是輝煌的，而且在未來也會是如此。有關中國傳統文化極其輝煌的許多說
法裡，最被廣為流傳的，是其擁有最遠古與最悠久的歷史的說法。應尚德
在 1910 年 4 月號的《中國留美學生月報》上所發表的文章是這個說法一
個典型的體現。[34]他謳歌說：「當所有其他世界上的民族都還是野蠻人的
時候，我們的祖先已經在富饒洋溢到彷如海洋裡駕馭國家之舟了。」「遠
在希臘、羅馬人開始有基本的建築知識以前，我們的國家已經到處有著寬
廣的道路、運河；雄偉的廟宇、紀念碑；富麗堂皇的宮殿與其它建築。這
些建築裡有些到今天都幾乎還沒有被觸碰過〔？〕。」應尚德在這篇文章
裡還謳歌了中國文化裡的許多其它面向。其中一個面向是中國燦爛的文

33　King Ya-mei, "As We See Ourselves," *The World's Chinese Students' Journal*, I. 5-6, p. 38.

34　Chas. Zaung Teh Ing, "Chinese Civilization," *CSM*, V.6（April, 1910）, pp. 386, 387.

學：

> 從歷史一開始，我們的民族就已經培養了為學的興趣。從古到今，這已經成為我們民族一個最顯著的特徵。在〔希臘的〕荷馬出現的好幾個世紀以前，我國就已經有了能夠證明最高的思想成就的文學……在哲學的範圍，無論是古代的或者現代最好的哲學，都無法與之比擬……我國的典籍裡充滿著崇高的觀念、深邃的智慧、健康的道德倫理。我們可以大膽地說，在我們的古典文學裡，沒有一頁，沒有一句話，會有任何不確定的意義；也沒有一頁，沒有一句話，會「讓最純潔的人讀了會臉紅」。[35]

我在前文所提到的駱傳華，也在他所寫的另外一篇文章裡說中國是世界上最老的國家。他的說法跟應尚德類似，就像是在複述一個人所周知的常識一樣，他說當歐洲還處在童稚時期的時候，中國在文明上已經有了輝煌的成就。跟我在此處的分析最切題的，是自我東方主義如何挪用中國傳統裡已經存在的開國神話，彷彿那是信史一樣：

> 當歐洲還處在野蠻的階段的時候，中國已經由偉大的征服者黃帝（西元前 2697 年）在黃河北岸建立了中華帝國。黃帝治理中國一百年。那是一個進步與開明的世紀。除了發明了指南車以外，大家相信他也發明了舟、車、弓、矢以及絲竹樂器。他造了第一座鑄造銅錢的造幣廠；統一度量衡；訂立劃一的田賦；發明曆法；制定了我們到今天還在使用的干支紀年；教人民如何用木頭、陶土與金屬來製造器皿。最後，他撰著了好幾篇醫學論文——在在證明了這位皇帝是天才——對中國醫學做出了精采的貢獻。[36]

35　Ibid., pp. 387-388.

36　Gorshom C. H. Lowe, "The Characteristics of Chinese Civilization," *CSM*, XVIII.1（November, 1922）, p. 29.

比較少人談，但為少數留美學生所堅信的，是說中國人自古以來就是一個民主的國家——即使在名稱上不是，在實質上卻是如此。這是本節所要分析的留美學生的自我東方主義的最後一個面向。這是一個特別有意味的面向，因為它顯示了留美學生如何挪用西方的觀念來重新詮釋並重新肯定中國的傳統。在那些宣稱中國擁有其固有的民主傳統的人裡面，最會讓人驚訝的是留美初期的胡適。雖然胡適從那以後一輩子都再也不會作出同樣的言論，但當時的胡適確實堅信中國能夠立即實行民主，因為中國人在歷史上就一直生活在民主裡。在辛亥革命爆發以後，革命的前景還不明朗，而且謠傳列強會出兵干涉支持勤王派。胡適在 1912 年 1 月號的《康乃爾時代》發表了〈中國要共和〉（A Republic for China）支持革命。這是胡適思想成熟以後會叱之為「誇大狂」、「迷夢」的青年胡適愛國文章中一篇稀有的標本。

胡適在這篇文章裡，開門見山就指責西方世界不但遲疑，不願意加入「中國的男子」表達對革命「歡呼與喜悅」，而且還在傷口上撒鹽地「嘲笑說中華共和國〔是一個荒謬絕倫〕的觀念」。[37]胡適嗟嘆地說：「世界上的人都誤以為民主對中國完全是一個陌生的概念。我說這是一個誤解，因為雖然中國幾千年實行的是帝制，但在皇權、皇戚的背後宰制中國的，是一種恬淡平和的東方式的民主。」他徵引了兩段儒家經典裡的話來支持他所謂的「東方式的民主」。第一段話是《尚書》裡的：「民可近，不可下。民惟邦本，本固邦寧。」第二段是他媲美為中國的孟德斯鳩的孟子的話：「民為貴，社稷次之，君為輕。是故得乎丘民而為天子，得乎天子為諸侯，得乎諸侯為大夫。」因此，老百姓的福祉是國家所以存在的理由，而且也是中國歷史上用來證明革命的正當性的理由：「人民為邦本的觀念是中國法律的精髓。大多數朝代的創立者是贏得了——而不是征服了——民心。『失民心』是〔中國〕歷史上無數次改朝換代的革命所用的

37　Su Hu, "A Republic for China," *Cornell Era*, January 1912, pp. 240-24, "The Hu Shih Papers at Cornell: 1910-1963," deposited at the Department of Manuscripts and University Archives, Cornell University.

口號。」中國的皇帝聆聽了先聖先哲的教誨，懂得節制：

> 中國歷朝皇帝的權力是有限的，制衡它的不是憲法，而是先聖先哲的教誨。皇帝們了解作為統治者，他們扮演的是先聖先哲所說的「牧民」的角色。很少中國的皇帝膽敢像英國、法國史乘裡所描述的暴君那樣地淫逸殘暴。他們有臣相和御史來做進諫，又有官逼民反的戒懼。這就是所謂的中國專制的真相；這就是中國的民主，或者說，「百姓的力量」。[38]

胡適這個所謂的「先聖先哲的教誨」、「百姓的力量」云云，真的是青年胡適愛國文章中一篇稀有的標本。思想成熟以後的他，就絕對不可能再作出這種「誇大狂」、「迷夢」的言論了。不但如此，他 1948 年 9 月初在北平電台所作的〈自由主義〉的廣播裡，就明確地指出空有追求思想自由的理念，但沒有保障思想自由的制度，是無法走上自由民主的道路的：「東方自由主義運動始終沒有抓住政治自由的特殊重要性，所以始終沒有走上建設民主政治的路子。」他說：「我們古代也曾有『天視自我民視，天聽自我民聽』、『民為邦本』、『民為貴、社稷次之、君為輕』的民主思想。」然而，沒有制度的保障，所有這些都只是空言。中國人的問題，在於「始終沒有法可以解決君主專制的問題，始終沒有建立一個制度來限制君主的專制大權。世界上只有盎格魯‧撒克遜民族，在七百年中逐漸發展出好幾種民主政治的方式與制度。」盎格魯‧撒克遜民族的「絕大貢獻正在這一點。他們覺悟到只有民主的政治方才能夠保障人民的基本自由。所以自由主義的政治意義是強調的擁護民主，一個國家的統治權必須放在多數人民手裡。」[39]

留美初期的胡適所謂的中國民主的傳統，有其他留美學生也作了呼應。不但他們論點類似，而且他們從中國傳統所擷取來支持他們的論點的

38　Su Hu, "A Republic for China," *Cornell Era*, January 1912, pp. 240-241.

39　胡適，〈自由主義〉，《胡適全集》，22: 733-740。

信念與制度也幾乎完全相同。清華 1911 級、1919 年拿到理海大學的學士
學位的蔡雄，在理海大學演講比賽的得獎演說裡，用跟胡適所徵引的完全
一樣的儒家經典的字句，來謳歌民主是孔子為中國所遺留下來的一個寶貴
的遺產。[40]1909 年拿到康乃爾大學的學士學位、1911 年拿到普渡大學的
學士學位的楊豹靈，有另外一種說法。他稱呼宋朝的政府是一種「帝制的
民主」（an imperial democracy）。宋朝是一種民主，因為官員的選任是
根據他所謂的「普選」（universal suffrage）以及科舉制度。他說：「鄉
鎮的領袖是由普選產生的。每一個男性在他們所住的地區都有選舉權與被
選舉權。」除此，所有的官員，上至宰相，都是由科舉出身的。[41]我在上
文所提到的應尚德，也用類似的觀點來描述所謂的中國的民主的傳統：

> 〔西方〕對中國政府流行的看法是：一個偌大的帝國，有一個暴君
> 統治著百萬千萬熙攘喧囂的人民（teeming millions）。事實根本就不
> 是那樣。世界上沒有其他民族像中國人一樣，在法律之下享有更多的
> 自由，在生命財產的保障之下享有更多的特權。我們的政府是一種君
> 主制度之下的民主（a democratic under monocratic），是一種從父權
> 觀念演化出來，又以家庭組成的模式作為範本的產物。老百姓把皇帝
> 看成是一個大家庭的父親，握有所有父親所擁有的權利與權力。然
> 而，他們也期待他依據國家的法律來治理。一直到近年為止〔科舉制
> 度在 1905 年廢止〕，所有政府的官吏都是經由科舉制度所選出來
> 的，那本身就是一種民主的成分。此外，還有諫官的制度。他們有權
> 稽察所有的官員，從最低微的官員，上至甚至皇帝本人。[42]

所有上述這些邏輯不通的名詞，從胡適的「先聖先哲的教誨」、「百
姓的力量」、楊豹靈的「帝制的民主」，到應尚德的「君主制度之下的民

40　Hsiung Tsai, "Confucianism," *CSM*, XIII.7（May, 1918）, pp. 390-394.

41　P. L. Yang, "Chinese Socialism," *CSM*, IV.6（April, 1909）, pp. 395-399.

42　Chas. Zaung Teh Ing, "Chinese Civilization," *CSM*, V.6（April, 1910）, pp. 388-389.

主」，當然都禁不起檢驗。他們鑄造這些邏輯不通的名詞的目的，全然是為了要拿西方的民主來穿鑿附會中國的傳統。穿鑿附會，就正是自我東方主義論述裡的一個要素。

值得指出的是，這種自豪型的自我東方主義從來就不只是一種歷史的回顧，而毋寧是在放眼未來。在與西方做比較來重新創造中國的傳統的時候，這些留美學生當中的東方主義者並不只是要證明中國的文明與西方的文明在伯仲之間，甚至是優於西方。他們最終的目標是去慶祝中國在協助創造出一個新的世界文明這個大業上的使命。這也就是說，用挹注中國文明的方法使將來的世界文明更加燦爛偉大。比如說，金韻梅就認為「儒家思想的擴充與再興」，將會讓中國肩負起它帶領亞洲國家去面對現代西方所帶來的挑戰的使命。她認為其他亞洲國家都不可能肩負起這個使命。印度，是亞洲的神祕主義者（mystic）；俄國則有虛無黨在跟其獨裁的統治者纏鬥，自顧不暇；甚至那「以驚人的速度澈底地吸收了西方軍事科學」的「亞洲的模範」的日本也不可能稱職。金韻梅說，這是因為「世界上的國家要的是和平，而不是戰爭」。更重要的是，日本人「不論是在工業上或商業上，不論是作為勞工或者是作為商人」，「不論在體格上或心智上，或者是在構成作為人的品格的所有成分上」，都比不上中國人。她接著說：那作為亞洲的領袖的「責任是落在中國的肩上。它不是神祕主義者，也不是武士，但可以用它數目龐大、技藝熟練的農人、工匠、商人——雖然跟英國的同行比起來，也許沒有那麼引人注目或有趣——來解決亞洲人在生活上的實際問題」。[43]

有些留美學生比金韻梅更上一層樓，把中國的文明放在未來世界舞台的中心。他們認為中國文明會變成一個新的世界文明的基礎。1916 年拿到衛斯理安大學學士學位、1920 年代擔任北京師範大學英語系主任的林和民就用以下這一段話，鄭重地宣示了歷史賦予中國人的神聖使命：

---

43 King Ya-mei, "As We See Ourselves," *The World's Chinese Students' Journal*, I. 5-6（March-June, 1907）, p. 41.

在一方面，我們看到這個世界上，一個接著一個的民族都在考驗之
下倒下。每一個非白人的民族，除了我們以外，都失敗了的事實，就
更加說明了我們必須成功。就正好像別人預期我們會是唯一一個能夠
成功的獨立的國家一樣，別人也預期我們會是唯一一個能夠成功的獨
立的非歐洲民族。在另一方面，我們看到白種民族，〔雖然〕他們把
西方文明發展到一個令人驚嘆的高度，但就是不懂得如何欣賞東方文
明的優點。他們誠然是很想用東方來補足西方，但因為他們必須透過
西方的眼鏡來看，他們就是會漏掉許多我們的文明裡真正有價值的東
西。西方如此，東方更是如此。如果這個世界最終會有一個完整一統
的文明，我們這個在東方民族裡最西化的民族必須在對西方做出貢獻
的同時，也把西方介紹給東方。萬一連我們這個民族也失敗的話，則
這個世界的文明將永遠是不完整的。[44]

同樣地，駱傳華也預測中國的文明會成為「世界文明的建材」。他的
理由如下：

中國的文明含有極大的順應性與彈性。最重要的是，它調和了人類
活動裡兩個對立的成分，比如說，物質與精神。依我所見，西化就是
意味著這兩種對立的成分永無止境的搏鬥。我們如果讓這兩種成分繼
續對立，它們會變得越來越遙遠而且無可協調。因此，就會變得失序
與混亂。在另一方面，中國人總是強調要把這兩種生活中的成分協調
好。我們甚至可以宣布說精神戰勝了物質。[45]

必須指出的是，並不是所有 20 世紀初年的留美學生都是自我東方主
義者。同時，並不是所有的自我東方主義者都是文化保守主義者。後來會

44　Ho-min Lin, "Critical Period of Chinese History," *CSM*, XII.1（November, 1916）, pp. 31-
34.

45　Gorshom C. H. Lowe, "The Characteristics of Chinese Civilization," pp. 32-33.

成為反傳統的新文化運動的領袖的胡適，就是一個最好的例子。很多人——包括留美學生自己——都常有一個錯誤的想法，認為因為他們有相同的美國教育與生活的經驗，所以留美學生應該是一個在想法和作為上相近的團體。事實並非如此。留美學生因著個性、家庭背景以及學校出身的不同，在出國的時候就已經各有所不同。等他們學成歸國的時候，他們又因為所念的學校、科系以及往來的師友的不同，而在為人、處世、學養、眼光等等方面更是大異其趣。

　　整體來說，他們在文化上與政治上是傾向保守的。他們在文化上保守的傾向，可以從他們對五四新文化運動所抱持的批判、甚或敵視的態度而窺其一斑。很少留美學生對五四新文化運動發表他們的看法。那些發表了他們的看法的人，鄙夷、批判的要遠多於支持的人。在批判新文化運動的時候，那些在文化上保守的留美學生所排斥的並不是西方。就像當時許多在中國的文化保守主義者一樣，他們已經成為歐美反對實證主義、現代主義的唯心主義或保守思潮的一部分。換句話說，這些留美學生當中的文化保守主義者是從西方思潮裡篩選、挪用合於他們的想法的流派，而排斥他們所不能接受的。然而，不管他們保守與否，所有參與自我東方主義化的留美學生都會徵引那些對中國人或中國文化做出讚譽的西方東方主義者的說法。

　　自我東方主義化只是留美學生用來建構他們對中國傳統的看法的一個策略而已。他們自由地挪用歐美東方主義者讚譽中國以及中國文化的說詞，儘管這些說詞是把中國文化本質化以及把它從歷史中抽離出來的傾向。民族主義促使他們去從事自我東方主義化的工作；同樣地，民族主義也使得他們對污衊了中國或中國文化的說詞特別敏感。因此，就像我在本章的下一節會分析的，民族主義一方面使留美學生變成了自我東方主義者，但在另一方面，也使他們成為負面的東方主義的批判者。最有意味的是，就因為他們是在西方受教育的，留美學生變成了歐美東方主義者的眼中釘。留美學生明明是中國人，卻又東施效顰地模仿美國的口音跟表情動作。看在歐美東方主義者眼裡，這讓他們憎惡與反胃的程度就如同他們看到有色人種與白人結婚一樣。在留美學生自己看來，就正由於他們在美國

受教育，他們覺得自己特別有資格來對西洋人詮釋中國的傳統。然而，在歐美的東方主義者看來，留美學生的問題就恰恰在於他們在美國所受的教育；他們質疑留美學生是否還是「純正」（authentically）的中國人。留美學生與歐美東方主義者之間的爭執，最後就歸結到發言權的爭執：誰才既有權威、又具有「純正」性為中國發言。

效顰、東方主義的批判

就像德里克所說的，東方主義並不是西方所原有的，而是歐美人士與亞洲的知識分子在「交匯區」所建構出來的。[46]這些「交匯區」可以是殖民地，也可以是殖民母國的首都。一如我在前一節的分析所顯示的，許多留美學生是在他們留美的時候從事自我東方主義論述的建構。問題是，當他們在美國分析中國的時候，中國只不過是一個抽象的概念。他們在美國遠眺那抽象的中國的傳統，一切看起來都是永恆、睿智的，而他們是受過現代教育、優雅的詮釋者。等他們回到了中國，他們所面對的是單靠雄辯與想像所解決不了的貧窮、髒亂以及無政府的狀態。不管他們喜歡與否，從他們的同胞以及住在中國的外國人的角度看去，他們已經變成了中國問題的一部分。而就在中國沿海的「交匯區」裡，留美學生面對了他們最嚴厲的批評者。

他們發現他們不但要為中國辯護，而且還要為自己辯護。他們在美國留學的時候所做的自我東方主義的論述是屬於自豪型的。等回到了中國以後，他們發現他們所要做的工作是去反駁歐美東方主義者對中國所做的負面的東方主義論述。中國與外國人批評留美學生最嚴厲的地方是在於他們西化，或者更嚴厲地說，是失去國性。然而，歐美東方主義者則更上一層樓。他們從根本質疑了留美學生是否是「真正的中國人」（Chineseness）。這種質疑對留美學生的挑戰是雙重的。一方面它質疑了留美學生是否是「純正的」中國人；在另一方面，它等於是在警告留美學

46　Arif Dirlik, "Chinese History and the Question of Orientalism," pp. 96, 112.

生，說他們想要模仿白種人的努力是注定會失敗的。他們模仿的結果，套用侯米‧巴巴的話來說：「幾乎是一樣，但究竟是不一樣。」或者，更確切來說：「幾乎是一樣，但究竟不是白人。」[47]

留美學生在 20 世紀前半葉所受到的最嚴厲的批判，就是過度西化，或者說，喪失了國性。我在本書已經提起過多次，汪一駒所著的《中國知識分子與西方，1872-1949》，就是一本集 1920 年代所開始的這種批判的大成的大著。然而，這種對留美學生批判也有其問題。問題不在於這種批判不正確。單從指出了留美學生過度西化這個事實來說，這種批判是正確的。問題是，這種批判沒有什麼建設性。除了指出事實以外，它不能幫助我們去引生一些更有開發性（productive）的概念。我認為侯米‧巴巴的「效顰」（mimicry）的概念，可以幫助我們走出這個 20 世紀前半葉對留美學生的批判在概念上的死胡同。「效顰」這個概念特別有用的地方，在於它暴露出那些批判留美學生過度西化的洋人的殖民心態。根據侯米‧巴巴的分析，「效顰」是「一種雙重表現的徵象」（the sign of a double articulation）。在一方面，在殖民時期的印度，「效顰」是「一種用來『強押』（appropriates）『他者』的複雜的改革、管理、規訓的策略」。這些「效顰人」（mimic men），是殖民者所欽定許可的「他者」：「他們在品味、看法、德行與思想上都是英國式的」，但「身體裡流的血和膚色都是印度人的」。他們是「一種有瑕疵的殖民效顰的產物。其特徵就是：要英國化，但斷然不可能變成英國人」。然而，在另一方面，由於總是會有位移（slippage）——效顰變成嘲諷（mockery）——的可能，效顰可以是模仿，但也可以是一種威脅。作為一種威脅或者顛覆的力量，效顰也是一種不正確（inappropriate）、分歧（difference）、頑抗（recalcitrance）的徵象：「可以威脅到『常規化』（normalized）的知識

47　Homi Bhabha, "Of Mimicry and Man," p. 89.

以及規訓的權力。」[48]

　　巴巴這個效顰的理論非常適用於我們分析西洋人批判歸國留學生背後所隱藏的心態。在 20 世紀前半葉批評留美學生過於西化的西洋人，在意識形態以及對異文化的容受度上差異很大。這些人裡比較有名的有杜威、古德諾；也有現在比較少人知道的甘恩（Selskar Gunn）（洛克斐勒基金會副會長）；麥克艾爾洛伊（Robert McElroy）（普林斯頓大學教授、1917 年在清華擔任第一任客座教授）；裴斐（Nathaniel Peffer）（當時駐中國特派員，後來在哥倫比亞大學任教）、鮑羅廷（Michael Borodin）（1920 年代在中國的第三國際代表），以及本節會比較詳細分析的濮蘭德（J. O. Bland）。正因為這些人是洋人，他們批評留美學生過於洋化，自然就被當時的人認為是確切不疑的定論。

　　站在意識形態光譜左邊的鮑羅廷嘲諷留美學生說：「任何一個中國的土匪，只要他能搖身一變成為一個軍閥，就可以不費吹灰之力，招買到夠多的歸國留學生來為他組織一個政府。」[49]相對地，杜威就說得比較含蓄、帶著同情心，因此也就讓被批評的人聽起來比較容易接受。1922 年，杜威在跟他夫人在中國訪問了兩年以後回到了美國。他在《新共和》（The New Republic）雜誌上發表了一篇文章。他把留美學生過分西化這個問題歸咎在教會大學的身上。他說：「美國在中國的教會大學大致上是把美國的課程以及美國對『學科』的概念原封不動地搬到了中國。」它們不是把中國的學生教育成中國工業的領袖，而是「製造出一批因為懂英文而到外國企業當部屬的人」。更嚴重的是，教會學校培養了「一種依賴、盲從的心理和性格」。[50]杜威的批評其實反映了中國人自己從五四新文化

48　Homi Bhabha, "Of Mimicry and Man," pp. 86-88. See also Diana Fuss, "Interior Colonies: Frantz Fanon and the Politics of Identification," *Diacritics*, 24: 2/3（Summer-Autumn, 1994）, pp. 19-42.

49　Kwei Chen, "Thoughts of the Editor," *CSM*, XXIII.1（November, 1927）, p. 62.

50　John Dewey, "America and Chinese Education," *The New Republic*（March 1, 1922）, pp. 15-17.

運動到 1920 年代反基督教運動時期的言論。[51]

　　杜威把中國學生喪失國性的問題歸咎於教會學校。他這樣做的目的是在公開地批評以濮蘭德為代表的那些最尖酸刻薄地批判歸國留學生的洋人。他不客氣地稱呼那些人為「濮蘭德」派（the Bland School）。他鄙夷地說濮蘭德：「他本人如何並不重要，他的重要性在於他是那一群住在中國的外國人的代言人。這一群人在提供外國有關中國的資訊以及形塑外國對中國的輿論方面擁有極大的影響力。」[52]從這個角度來說，杜威跟羅素一樣，是同情歸國留學生的。在 1920-1921 年間住在中國的羅素說：「歐洲人並沒有什麼理由，但就是喜歡說歸國留學生的壞話。」[53]跟杜威、羅素比較起來，古德諾對中國就沒有任何特殊的感情了。這位「現實派」的政治學家、約翰霍普金斯大學的校長、袁世凱的憲政顧問認為，喪失國性是把年紀太輕的學生送出國留學的一個結果。他說：「把將來要作為國家領袖的人暴露在可能會喪失國性的危險之下，讓他們因為被新的文明的犀利和效率震懾、吸引住，從而對中國的優點失去尊崇之心。這是一個非常不聰明的作法。」他認為歸國留學生回國工作一定是對自己不利的，因為「他〔在國外〕所習慣了的，跟他〔回國以後〕所面對的完全不相同」。[54]

　　其他的西方批判者就不是那麼同情或含蓄了。我在上文提到的在清華擔任第一任客座教授的麥克艾爾洛伊 1923 年在紐約所做的一個演講裡，說留美學生喪失了其國性。他說留學西洋的中國學生之所以沒有什麼成就，原因就在於他們根本不了解自己國家的情況。[55]在 1931 年訪問中國的甘恩，也在他給洛克斐勒基金會報告裡責怪留學西洋的中國學生盲目地

51　Jessie Lutz, *China and the Christian Colleges, 1850-1950*, pp. 204-270.

52　John Dewey, "America and Chinese Education," p. 16.

53　Bertrand Russell, *The Problem of China*（New York: The Century Co., 1922）, p. 232.

54　Frank Goodnow, "Reform in China," *The American Political Science Review*, IX.2, pp. 218-219.

55　C. S. Kwei, "Editorial: The Denationalization of the Chinese," *CSM*, XVIII.6（April, 1923）, p. 4.

把西方的理論全盤地搬回中國。他以中國社會科學的研究為例，說：「中國和外國的觀察家都直言不諱地批評歸國留學生所擬的研究計畫。它們主要的缺點在於所擬的計畫過於倚賴外國所使用的理論與方法。而那些理論與方法在中國根本不適用。」[56]

批評得最嚴厲的是裴斐。他說從他在中國五年「跟在國外留學的中國人廣泛接觸」的結果，他「極為受不了他們的伶牙俐嘴、掛在口上的愛國、心智薄弱——最重要的——驕矜自滿」。[57]裴斐寫這篇文章的時間跟上文所提到的杜威的文章差不多在同一個時候。無巧不成書，他也提到了濮蘭德。只是，他說在有關歸國留學生這個議題上，他居然罕見地同意濮蘭德的批評。他不客氣地說：「相對於我對中國『不善言辭』的老百姓的敬意持續地攀升到我認為他們可以跟世界上任何民族平起平坐，我對太過善於言辭的歸國留學生的看法一直持續在下降。」他特別提出來批判的，是他們在留學的時候口口聲聲抨擊官場的腐敗，可是一回國卻可以面不改色地一腳踏進他們先前譏詆為腐敗的官場：

> 他們在這裡〔美國〕的時候，坦率嚴厲地批評「腐敗的官員」。他們知不知道在那些腐敗的官員裡面有多少是歸國留學生，而且是其中最腐敗的？他們是否體認到？有多少中國學生在美國的時候嘴巴說說，回到中國以後，對中國的情形溫和地稍作批評，在開始的時候擺出姿態抵擋誘惑。然後，先是妥協一點，接著就大大地妥協。最終，就步入政界，玩起那老套的官場把戲，跟那些從來沒有出過國被老舊的官僚文化所浸染的人毫無兩樣。你可以去拿歸國留學生名錄出來看。把它拿來跟北京政府官員的名單核對。看看其中有多少歸國學生在北京的衙門裡，一人身兼三職、四職、五職，而什麼事都不做，只等著領薪水——也許再外加一點賄賂的收入。去察看近年來最缺乏人

56　Selskar Gunn, "Report on Visit to China, June 9th to July 30th, 1931," pp. 1, 17, RAC RG1.1 601-12-129, deposited at the Rockefeller Archives Center, North Tarrytown, New York.

57　Nathaniel Peffer, "The Returned Students," *CSM*, XVII.6（April, 1922）, p. 498.

性的背棄公信的案子（callous betrayals），看有多少歸國留學生捲入其中。[58]

麥克艾爾洛伊，特別是裴斐的批評固然嚴厲，但他們的批評並不見得比中國人自己的批評更為嚴厲。中國人自己最嚴厲的批評甚至警告說，留學西洋的學生的權力欲、當官欲、不負社會責任、喪失國性的現象可以讓國家亡國。[59]不但如此，連有些留美學生自己都同意這些嚴厲的批評。比如說，裴斐對留學生的批判是發表在《中國留美學生月報》上。值得注意的是，在《月報》上回應裴斐的文章都同意他的批判。同時，《月報》主編顧泰來在刊載裴斐文章該期的社論裡也說：「裴斐先生對歸國留學生展開了嚴酷的攻擊。他所指出的事實是真的；他的指控是無可否認的。」[60]朱友漁在一封致《月報》主編的信裡，也同意裴斐的批評。後來成為聖公會牧師的朱友漁自己也是留美學生。當時，他人應該是在中國。他這封信發表在 1922 年 6 月號的《月報》上。他基本上同意裴斐的批評。同時，他徵引了一個同樣也是留美的朋友一段反問句：「我們怎麼有辦法期待這種可鄙的學生來救國呢？能夠出國求學的人屬於中國人裡特權的階級。如果我們不能把救國的責任放在有這種出國求學的機會的人的肩上，那我們要期望誰能把中國從貪腐、無知裡拯救出來？」[61]

有些留美學生為自己辯護。他們說這種籠統概括、一竿子打翻一船人的論斷，不但顯示了對留美學生有著不切實際的期望，而且也誇大了西方教育的效用。《月報》主編桂中樞在 1923 年 4 月號的社論裡說：「把每一個歸國留學生都看成是有超凡的能力，注定是要成為一方面的領袖，這是絕頂荒謬的想法。我們必須記得：歸國留學生也是人，其局限即使是美

58　Ibid., pp. 498-499.

59　有關這些批評，可參見舒新城，《近代中國留學史》，頁 211-273。

60　Telly H. Koo, "Editorials: The Returned Student," *CSM*, XVII.6（April, 1922）, pp. 493-494.

61　Y. Y. Tsur, "Chinese Students Abroad," *CSM*, XVII.8（June, 1922）, pp. 716-718.

國或專業的教育也無法克服的。」[62]我在上一段提到的朱友漁的看法類
似。他在那封致《月報》主編的信裡同意裴斐「嚴酷的攻擊」不是沒有道
理的。他呼籲留美學生要努力「避免成為裴斐先生所抨擊的類型」。然
而，他也指出說：裴斐「以及像他一樣的批評者，似乎對西方教育的效用
抱有一個誇大的想法。他們似乎認為一個中國學生到西方念了大學以後，
就會像是去向奧林帕斯山上的眾神朝了聖，或者像是吃了一餐韋爾斯
〔Herbert Wells 所寫的科幻小說〕裡的仙餐，就可以在三、五年之間，從
平凡的肉身，搖身一變而成為一個德性與智性上的巨人」。[63]

這種抨擊歸國留學生不能把中國從無政府、道德敗壞、思想愚鈍的泥
沼裡拯救出來的批判，並不是一個單一的批判，而是跟另外一種批判連結
在一起的，亦即留學生過於西化。留洋歸國的學生西化的舉止，只會招來
假洋鬼子之譏。我在第四章裡徵引過梅華銓認為西化的舉止是不可避免，
而且應該被同情的一段話。由於在此處分析的方便，我再徵引一次：「一
個離開了中國四到十年的中國年輕人，在那段時間裡，他所過的生活、穿
的衣服、跟外國人一起娛樂、說外國話。就是他已經回到中國半年，你要
他去習慣國人的生活方式、處處不方便的環境，以及精神上抑鬱沉悶的氣
氛，我認為那根本是不可能的。」[64]梅華銓這段話誠然說得太過極端、狂
妄。然而，他也指出了一個不可否認的事實，那就是，一個人在國外生活
長久的時間以後，一定會在身上留下一些印記的。用《中國留美學生月
報》主編桂中樞在 1923 年 4 月號社論裡的話來說：「我們說美國話，穿
美國衣服，甚至學美國人跳舞。」他接著說：「入境隨俗。如果不那麼
做，而堅持要過中國的生活方式，就會被人解釋成我們無法把自己調適在
周遭的環境裡。而那正是過去許多我們在美國的居民〔華工〕因為拒絕跟

---

62 C. S. Kwei, "Editorial: The Denationalization of the Chinese," *CSM*, XVII.8（April, 1923）, p.
4.

63 Y. Y. Tsur, "Chinese Students Abroad," p. 716.

64 Hua-Chuen Mei, "The Returned Students in China," *The Chinese Recorder*（March, 1917）,
pp. 166-167.

人往來而受到的批評。」[65]

　　比較敏銳的留美學生知道他們是處在一種進退兩難之局裡。留美學生「入境隨俗」，不就跟許多傳教士在中國的行為一樣嗎？桂中樞在說「入境隨俗」那段話以後，又接著說：「我們並沒有喪失國性，就好像在中國的傳教士穿中國衣服、舉止像中國人，也是沒有喪失國性一樣。」[66]只是，一個世紀以前的桂中樞不可能會看得出來，可是受過了後殖民主義洗禮過的我們可以很清楚地看出來：在殖民的權力統治系統之下，「逾越」（transgress）種族的界線只能是單向的。留美學生是侯米・巴巴定義之下的殖民「效顰人」。儘管他們「在生活上、穿著上、娛樂上、語言上都跟外國人一樣」，他們還是「一種有瑕疵的殖民效顰的產物。要英國化，但斷然不可能變成英國人」。他們想要逾越種族界線的嘗試是注定失敗的，因為他們是中國人的血統和皮膚，他們最多只能做到「幾乎是一樣，但究竟不是白人」的程度。他們越努力地嘗試要「幾乎是一樣」，白人看他們越是覺得噁心和反胃。

　　反之，穿起中國衣服、舉止像中國人，傳教士卻能自由自在地享有那種葛兒・羅（Gail Ching-Liang Low）稱之為跨文化穿著的想像（the fantasy of cross-cultural dressing）的樂趣。重點不在於傳教士跨文化的穿著是否是為了方便傳教，或者只是單純地「想當一下土著」（going native）。就像葛兒・羅極具洞見所指出的，「跨文化穿著最大的吸引力，是得以享受『逾越』的快樂，而不會受到任何懲罰。」[67]葛兒・羅這個分析非常精采。她很巧妙地把法農在《黑皮膚、白面具》（*Black Skin, White Masks*）一書裡的分析顛倒過來使用。留美學生再怎麼做就是會暴露出他們「土著」的身分，因為他們所戴的白面具，究竟還是不太對。反

65　C. S. Kwei, "Editorial: The Denationalization of the Chinese," *CSM*, XVII.8（April, 1923）, p. 4.

66　Ibid.

67　Gail Ching-Liang Low, "White Skins/Black Masks: The Pleasure and Politics of Imperialism," New Formations, 9（Winter, 1989）, p. 93.

之，傳教士可以隨時甩掉他們的中國衣服，回復他們本來的白人的身分。

在所有批判留美學生的西方人裡，最惡毒、最尖刻，最刻意要揭掉留美學生的白面具的，莫過於濮蘭德（J. O. P. Bland, 1863-1945）。濮蘭德是愛爾蘭人。他在 1883 年到中國，在赫德（Robert Hart, 1835-1911）所總理的「大清海關總稅務司」裡工作，一直做到 1895 年。從 1896 到 1906年，他是上海公共租界「工部局」（the Municipal Council）的祕書。他同時在 1896 到 1910 年間也是倫敦《泰晤士報》（The Times）駐中國的特派員。先是在上海，後來是在北京。1906 年，他成為「中英銀公司」（the British and Chinese Corporation）的代理，負責該公司在中國的鐵路投資。他在 1916 年回到英國，繼續他的新聞寫作。濮蘭德的文筆流暢，在西方被公認為是一個中國通。休‧特雷弗－羅珀（Hugh Trevor-Roper）把濮蘭德稱之為「中國之友」。他說濮蘭德支持舊有的「門戶開放」政策，對列強在中國競逐的殘忍深感厭惡。休‧特雷弗－羅珀說因為濮蘭德一輩子是一個尊崇傳統的「英國傳統派」（Tory），所以他認為「西化〔在中國〕一定會失敗。中國必須、而且也一定會重獲獨立，但必須要重新發現自己的歷史認同，然後在那個基礎上從事改革」。[68]

休‧特雷弗－羅珀說的完全不對。濮蘭德從根本反對「門戶開放」政策。他自封為「英屬印度的看門狗」（watch-dog of the Raj）。他竭力要捍衛大英帝國在東亞的利益，特別是其在長江流域的勢力範圍。[69]他除了狂熱地要捍衛大英帝國在中國與世界各地的利權以外，還是一個不折不扣的東方主義者。濮蘭德是一個多產作家，一生寫有大量有關中國的文章，即使摘述都會離題太遠。然而，由於他是 20 世紀初年留美學生所最痛恨的「中國通」，我需要稍微解釋一下他的背景與他的「中國通」的根本看法。

68　Hugh Trevor-Roper, *The Hermit of Peking: The Hidden Life of Sir Edmund Backhouse*（New York: Fromm International Publishing Corporation, 1986）, pp. 30-33.

69　J. O. P. Bland, "Memoirs: Chapter 12," pp. 1, 5, in J. O. P. Bland papers, Vol. 27, Microfilm Reel 19, Thomas Fisher Rare Book Library, University of Toronto.

　　根據濮蘭德的看法，中國所有的問題，歸根究底，就是歷史與生物的原因造成的。他說，中國就像是一個「在生殖的本能驅使」之下的巨大的「繁殖、餵養」機器。這可以解釋為什麼中國永遠是深陷在馬爾薩斯〔人口以幾何級數成長、糧食以算術級數成長〕的泥沼（trap）裡，從而必須承受瘟疫、饑荒以及內亂的後果。中國人能夠默默地承受災難，他說那是被儒家體制——家庭制度的神聖、祖先崇拜、幹活兒是責任——「養殖入骨」的一種「東方宿命論」（Oriental fatalism）。濮蘭德把「歷史」和「生物」的因素混在一起來詮釋「中國的民族性」——他們「不問代價，只要多子多孫的本能」（philoprogenitive instinct at all cost）——其目的就是在為列強提供一個可以干涉中國的理由。他說，只要放任他們自由自在地繁殖，中國人是不在乎誰在統治他們的，不管那統治者是中國人還是外國人：「兩千年來，這個世界上最同質的國家，對它的統治者——中國人或者外國人——除了要求它有平安活著來實踐這個信條的權利以外，沒有任何其他的要求。」

　　他指責美國對中國犯了一種感情用事的人道主義（sentimental humanitarianism）的毛病。他說美國在中國的門戶開放政策是建立在一種幼稚的信念上：「用條約和會議來阻擋自然演化的力量，以及保護沒有效率的種族不被強悍的種族所併吞。」唯一能夠把中國從它自己的亂政與內戰之中解救出來的方法，是由美國與英國領導對中國友好的列強共同對中國採取開明的干涉。濮蘭德大言不慚地宣稱說：「雖然我自認為世界上沒有任何一個人比我更能同情不幸的中國人，但是，歷史與生物的理由迫使我不得不做出這個結論：沒有友好的列強的幫助與引導，中國不可能有希望推展或強制實行真正的經濟、軍事改革，來抵抗其強有力的鄰國的侵略。」[70]

70　J. O. P. Bland, "Population and Food Supply," *Edinburgh Review*（April, 1918）, pp. 244, 232-252.　Edward Marshall, "China Not Really A Republic But Autocracy," *The New York Times*, December 8, 1912, p. SM4, C6, and J. O. P. Bland, "The Old Weaknesses of China," *Asia*（July, 1938）, pp. 398-399.

　　濮蘭德之所以要嘮叨不停地一再重複他中國民族的歷史和生物特徵，就是要用它來鞭笞留學西洋，特別是留學美國的中國人。批判留學西洋的中國人，這並不新奇。我在本章以及本書裡，已經指出中國與外國人在批判西洋歸國留學生的缺失方面是有共識的。濮蘭德跟其他人不同的地方，在於他批判西洋歸國留學生，終生不渝。像其他中西批評者一樣，他批判歸國留學生膚淺無知，以為他們可以不問國情，就把西方的制度與觀念全盤地搬到中國。然而，濮蘭德跟其他西方批評者最為不同的地方，在於他總是要用殖民與東方主義的論調來作批判。「少年中國」是他用來譏詆留學西洋的中國人的統稱。他鄙夷他們：「以擁有西方知識驕矜自滿，擺脫儒家道德的制約，侈言外來的民主觀念，沒有受到那幫助中國度過了無數的難關的傳統哲學的正面影響。」[71]他說留學西洋的中國人只不過像是短暫地漂浮在中國民族的靈魂之上的「泡沫」一樣。濮蘭德說中國民族的靈魂，是「浸潤在儒家哲學的傳統裡，嚴肅認真，有常識。而這些都可能會是能把它從改變的危險之中拯救出來的要素」。[72]

　　在濮蘭德尖酸刻薄的言詞背後，是他對歸國留學生深惡痛絕的心理。在他決定用「少年中國」這個名詞來稱呼他們以前，他是把他們跟印度的「巴布」（Babus, Baboos）相類比。「巴布」（babu）是孟加拉語，是波斯文來的，原來並沒有負面的意思，是用來尊稱男人的字眼，就像英文裡的「先生」（Mr., Esquire）一樣。到了 19 世紀初年，孟加拉的社會批評家開始用「巴布」這個名詞來譏諷孟加拉社會裡的暴發戶。這些暴發戶在開始的時候是模仿波斯人的舉止，後來則是模仿英國人的舉止。這是「巴布」這個名詞開始帶有負面意義的開始。根據 19 世紀中期所出版的一本英印字典，「巴布」所指的是「使用英文的土著辦事員」，「稍微帶有貶義，描述的是表面文雅但女性化了的孟加拉人。」到了 19 世紀末年，

71　J. O. P. Bland, "The Causes of Chinese Unrest," *The Edinburgh Review*（July, 1912）, No. 441, pp. 30-31.

72　Our Correspondent〔J. O. P. Bland〕, "China: Education and Western Literature," *The Times*, February 6, 1908.

「巴布」變成了一個諷刺所有殖民治下浮誇賣弄以及對國家不忠的英國化了的、或受過英國教育的印度人。[73]濮蘭德就是在這個字義之下來指稱中國的「巴布」：

> 「少年中國」的「現代」類型主要是美國、香港以及〔中國〕通商口岸的產物；它受過粗淺的英文教育，對時事一知半解。它大概是在衙門裡當師爺，在電報局、招商局工作，或者是在外國商行當辦事員。這種類型——就是印度的「巴布」，只是在中國還是處於萌芽的階段——人數快速增加，影響力逐漸擴大。[74]

　　就像在印度的英國殖民者對新興的印度中產階級產生一種威脅感一樣，濮蘭德對「人數快速增加」的中國「巴布」的批評，說明了他已經惆悵地意識到他所享有的殖民權力與特權很快就將成為歷史。這種惆悵的意識，在他未出版的回憶錄裡的一段話裡就呼之欲出了。在那一段話裡，他說明了他為什麼在 1906 年辭去上海「工部局」的工作而轉行到「中英銀公司」的理由：「我自己想要換工作的原因，一部分是因為我感覺到『少年中國』所開始叫囂的民族主義是一個政治改變的預兆：上海在接下去的幾年，不會再像是這麼多年來那麼讓人喜歡居住的地方了。」[75]

　　很明顯地，當濮蘭德抱怨「穿著奇形怪狀的歐洲服裝的『少年中國』」的中國人的時候，他說的這句話其實只是一個煙幕。對「現代的學生階級，英國、美國大學畢業的學生」，他真正受不了的，是他們「對外國人不合乎理性的敵視」。他抱怨他們所穿的「奇形怪狀」的西服，但其實真正讓他生氣的，是他們拒絕給予他殖民者的權力與特權。他喜歡買辦

73　Mrinalini Sinha, *Colonial Masculinity: The "Manly Englishman" and the "Effeminate Bengali" in the Late Nineteenth Century*（Manchester and New York: Manchester University Press, 1995）, pp. 16-18.

74　Our Shanghai Correspondent〔J. O. P. Bland〕, "Far East: Chinese Journalism," *The Times*, August 19, 1898.

75　J. O. P. Bland, "Memoirs," "Chapter 13: In the House of Mammon," p. 1.

說的洋涇浜英文，而不是歸國留學生字正腔圓的英文，因為他不相信那些「聰明的西學的倡導者，能說出什麼比他們的先輩——那些舊制度之下的買辦——更有用、更明白的東西」。結果，原來他嘮叨了半天，說的完全是煙幕。他真正喜歡說洋涇浜的買辦的原因，是因為「在我的腦中，洋涇浜英文，是跟那一個友善、忠心、誠實——以他們的世界的標準來說——的〔買辦〕階級是連在一起的。那個階級在新的體制之下，已經快速地消逝了」。[76]

中國在滿清滅亡以後，像螺旋一樣直往混亂無政府的狀態沉淪的事實，給予了濮蘭德大好的機會去大放厥詞其殖民主義的論述。他認為歷史的發展，證明了他從這個亞洲民族深層的黑暗面來強調中國人無法治理自己的國家的說法是完全正確的。他用印度來比擬中國。他說：「有一個細心的觀察家說，如果英國在明天撤出印度，英國兩個世紀以來在印度的道德影響力就會毀於一旦。」最讓他惱怒的是，「少年中國」鄙視外國人，就像「孟加拉人鄙視盎格魯・撒克遜在印度的統治者一樣」。「少年中國」和印度人所共有的缺失，是他們不能理解「英國統治印度不是靠知識而是靠道德的力量，靠白人在道德上的優越以及其意志」。然而，濮蘭德相信那具有內在的智慧的中國老百姓知道他們所要的是什麼。他們要的是「在東方要有一個有效率的中央政府」。他說：如果「要他們在『少年中國』及其所會帶來的混亂，和外國政府及其所會給予的法治之間二選一，老百姓會選擇後者」。[77]

濮蘭德越是自稱他敬愛中國人，他越是自曝出他只不過是把他們拿來做對比，好讓他可以棒打歸國留學生忘卻了他們自己是屬於什麼種族的荒謬與僭妄。他可以一面假裝他同情中國的老百姓，又可以一面叱責他們「不顧後果就是要繁殖」的本能是深入骨髓。他說：「亞細亞陰冷的靈魂，將會依循這個古法在這個虛妄的谷底輾轉。」對中國的老百姓來說：

76　J. O. P. Bland, "English as She is Wrote, in the Far East," *The English Review*（June, 1929）, p. 711.

77　J. O. P. Bland, "The Causes of Chinese Unrest," pp. 36, 39, 40.

「歐洲文明遠在天邊，有點模糊、可怕！」[78]濮蘭德完全不是像休·特雷弗一羅珀所說的那樣，對中國的傳統有任何敬意。對他而言，中國人和中國傳統是永遠帶著種族的印記，是不可能跟其種族的屬性分開的。濮蘭德像蛇一樣，有一個分叉的舌頭。在分叉一方的舌頭，他假意好心地提醒「少年中國」，要它「不要拿它與生俱有的道德與文化去換那看了就噁心的外國羹湯」，因為它所擁有的「是世界上最古老、最有智慧的文明」。[79]然而，在分叉的另一方的舌頭，他說為什麼他自己以及一般正常的歐洲人都在學會了足夠的漢字、能夠處理日常的業務以後就不再進一步了：「中國文學，不管是古代的或是近代的，沒有任何值得一個正常人花那麼多的時間去學習而可以回饋他的東西。」那些繼續學下去的人，「通常會變得很古怪」；更糟的是，自己到頭來也變成了一個東方人：「我發現那些鑽研中文的人，慢慢地都會有東方人的膚色，而且到最後會悖離歐洲的人生觀、思想習慣以及行為標準。」[80]

　　儘管濮蘭德如此地鄙視留學生、中國人以及中國的文明，並不是所有的留學生都懂得以其道還治其人。還是有些人被他的謊言所騙了。當然，所有的人都受不了他在辛亥革命以後譏詆新成立的民國有名無實，同時還呼籲列強出面干涉。舉個例來說，1912 年 11 月，濮蘭德接受邀請，到波士頓做「羅威爾講座」（Lowell Lecture）的演講。過後，他在美國各地從事巡迴演說。他演說的主題很明確，亦即：在辛亥革命以後成立的民國不是一個民國，他呼籲美國不要給予承認。根據當時在康乃爾大學留學的胡適的紀錄：濮蘭德「今來美到處遊說，詆毀吾民國甚至，讀之甚憤。下午作一書，寄《紐約時報》（N. Y. Times）登之。」[81]胡適這篇讀者投書，《紐約時報》顯然沒用。

　　濮蘭德 11 月 21 日在康乃爾大學的演講，題目是《中國的動亂》

78　J. O. P. Bland, "The Causes of Chinese Unrest," pp. 39.

79　J. O. P. Bland, "China: Quo Vadis?" *CSM*, XVII.3（January, 1922）, p. 178.

80　J. O. P. Bland, "Memoirs," "Chapter 1 Quo Fata Vocant," p. 14 and "Chapter 4 Canton," p. 5.

81　《胡適日記全集》，1.223.

（The Unrest in China）。胡適在《留學日記》裡說，為了反駁濮蘭德，他特意去聽了這個演講。演講結束開始發問的時候，胡適起立，質問濮蘭德為什麼反對美國承認中華民國。胡適說濮蘭德的回答是：「我們怎麼能去承認一個連他自己的國民都還沒承認的民國呢？」胡適反問濮蘭德，問他說「中國人自己都還沒承認民國」的證據何在？濮蘭德的回答，根據胡適在《留學日記》裡的紀錄是：「其人忽改口曰，吾固未嘗作此語也。予告以君適作此語，何忽忘之？彼言實未作此語，吾自誤會其意耳。實則此言人人皆聞之，不惟吾國學生之在座者皆聞之，即美國人在座者，事後告我亦謂皆聞之。其遁詞可笑也。」[82]胡適在次日的日記裡又記：「連日以Bland〔濮蘭德〕在各地演說，吾國學生都憤激不平，波市〔波士頓〕與紐約均有書來議進行之方，抵制之策。今日吾國學生會〔康乃爾大學中國同學會〕開特別會議事，余建議舉一通信部，譯英美各報反對吾國之言論，以告國中各報，以警吾國人士，冀可稍除黨見之爭、利祿之私，而為國家作救亡之計。」[83]

然而，留學生所群情憤慨的，主要是針對濮蘭德呼籲列強出面干涉，把中國從它自己所製造的混亂裡拯救出來的說法。除此之外，留學生很少更深一層去探討他謾罵背後的殖民與東方主義的論述。事實上，有些留學生甚至模仿濮蘭德的語言、措辭和論點，即使他們激烈地反對他的結論。最好的一個例證，就是〈「少年中國」的隕落〉（The Eclipse of Young China）一文。這篇文章可能是當時在倫敦大學留學、後來擔任過清華大學英語系主任的王文顯（John Wong-Quincey）所寫的，因為它是作為社論發表在王文顯所編輯、1914 年 4 月在倫敦只出了一期的《中國評論》（*The Chinese Review*）上。《中國評論》發刊的目的是在宣揚保守的觀點。一如我在第四章所分析的，整體而言，留美學生在政治上是保守的。辛亥革命發生以後，「全美中國留學生聯合會」等了三個月方才正式支持革命。大多數的留美學生是在袁世凱不再支持滿清，而且與革命派達成協

82　同上注，1.223-224.

83　同上注，1.224.

議以後，方才支持革命。他們之所以會支持袁世凱的原因，不只是因為他們認為袁世凱是中國所需的強人，而且是因為他們從來對孫中山以及革命派就沒有好感。當孫中山及其追隨者在 1913 年發動「二次革命」反對袁世凱的獨裁時，他們譴責革命派，並且慶祝他們被袁世凱迅速地擊敗。他們贊成袁世凱在 1914 年春修憲以達成行政權至上的目的。這是王文顯在倫敦創辦《中國評論》的政治脈絡。

1914 年 6 月號的《中國留美學生月報》轉載了〈「少年中國」的隕落〉。保守的主編魏文彬在社論裡解釋他為什麼轉載這篇文章的原因：因為「它跟我們的觀點和主張極為契合」。他同時希望「深思熟慮的讀者」會特別去讀它。值得指出的是，魏文彬在稱讚〈「少年中國」的隕落〉以及說《中國評論》是一個信息豐富而且編得很好的雜誌的時候，他還特別戳了「濮蘭德及其黨羽」一下，說「他們可能不會作如是觀」。[84]

諷刺的是，〈「少年中國」的隕落〉通篇所模仿的，就是濮蘭德的文風，從措辭、論點到被濮蘭德所玷污了的「少年中國」這個名詞。〈「少年中國」的隕落〉宣稱說：「這個油嘴滑舌的所謂的『少年中國』現在已經從政壇上消失了。如果我們實話實說，這個事實著實讓『少年中國黨』裡絕大多數比較有思想的成員自己都鬆了一口氣」：

> 滿清是必須不計代價被推翻的。然而，把它推翻的代價實在太高了，〔特別是〕當「少年中國」必須和那些利用混亂以及國人的災難來混水摸魚、空有激情而無知識、毫無原則的自私自利的分子同流合污的時候。「少年中國黨」裡比較有理性的分子被虛幻的激情以及一連串危機事件騙了，導致於他們採取了以「二次革命」以終的自殺政策。

這篇文章完全遵循濮蘭德的說法，連語氣和用詞都如出一轍，把「少年中國」的失敗歸因於其恣意地拋棄了中國固有的傳統，以及悖離了那體

84　Wen Pin Wei, "Editorials: *The Chinese Review*," *CSM*, IX.8（June 10, 1914）, p. 570.

現了中國保守精神的老百姓：

> 「少年中國」犯了兩個災難性的誤判的錯誤。他們低估了中國保守
> 精神的活力與美麗。他們錯誤地以為老百姓會繼續支持他們。而且，
> 他們也忽視了列強在中國的既得利益，以及它們能夠影響與決定遠東
> 局勢發展的力量。
>
> ⋯⋯
>
> 對老百姓來說，理論性的政府的問題，如果不加解釋，是他們所完
> 全無法理解的。在內戰所激起的激情與所造成的混亂以後，他們什麼
> 都不要，只要和平，以便讓他們能恢復生活。
>
> 「少年中國」所犯的最大的錯誤，就在於他們太不措意中國老百姓
> 天生固有的保守傾向與成見。感情用事的改革，有些根本就是模仿西
> 洋文明的皮毛，強加諸老百姓的身上，完全不顧及他們的感覺。[85]

誠然，不管是〈「少年中國」的隕落〉的作者也好，或是轉載這篇文
章的《中國留美學生月報》的主編也好，他們都不會同意濮蘭德呼籲列強
出面干涉的說法。他們認為當時的中國人正面臨著歷史上最嚴重的危機：
「如果他們得不到西方世界的同情，他們要求至少不要被干涉。」他們對
「少年中國」的批判是基於兩個論點。第一，「歐洲國家的政府以及金融
機構都一致地支持袁總統」；第二，「少年中國」固執堅持「外國憲政細
節」的結果導致了派系的鬥爭，危害了「國家的安全與未來」。他們之所
以慶祝「少年中國」在「二次革命」的失敗，其意義就在於重申行政權至
上的原則。

85　John Wong-Quincey, "The Eclipse of Young China," *CSM*, IX.8（June 10, 1914）, pp. 582-586.

當然，王文顯也同樣呼籲所有受過教育的中國人要「革除各黨派——共和派，還有必須承認的，獨裁派——裡所充斥的貪腐」。然而，毫無疑問地，他所特別針對的是「少年中國」。他說：「『少年中國』要反駁所有說他們營謀私利的指控——不管是影射的還是直截了當提出的——以及向世界證明他們具有讓這個種族度過了千百個難關的精神，此其時矣。」

這就是東方主義論述最可怕的地方。儘管王文顯以及轉載這篇文章的魏文彬都堅決地反對濮蘭德的結論，但他們居然不自覺地模仿他的文風、語言，並宣揚他的論點。其結果適足以賡續濮蘭德對中國與中國傳統所作的本質化以及東方主義的論述。

對於那些輕信、容易受騙的留美學生而言，濮蘭德用他分叉一邊的舌頭說他多愛中國傳統的話，把他們感動到落淚的程度。他們覺得濮蘭德之所以會那麼激烈地攻擊「少年中國」，是因為他實在太愛中國的傳統了。可是，一個熱愛中國傳統的人竟然會呼籲列強出面干涉中國，讓他們覺得非常的困惑。有些留學生認為他為了錢，把他的靈魂先是賣給了「中英銀公司」，後來又賣給了銀行團。我在本書提過好幾次的哥倫比亞大學畢業的律師梅華銓有他的詮釋。濮蘭德之所以會譏詆辛亥革命的原因，他影射是因為他懷念著那已經滅亡的滿清政府所頒賜給他的榮譽與特權。梅華銓稱呼濮蘭德為一個「英國滿人」（an English Manchu），因為據說他得了滿清政府頒賜給他的「御賜雙龍寶星」勳章。[86]

張歆海有另外一個詮釋。張歆海，清華 1918 級、1923 年拿到哈佛大學的博士學位。他回中國以後，先是擔任清華的教授，後來變成外交官。他認為濮蘭德依戀著古老的中國，而新中國已經把他拋在後面。張歆海認為濮蘭德是一個「真心仰慕中國文化的人」。他說他就像是在荒野裡一個孤獨的聲音，勸告中國人不要用中國道德與思想的美，去交換西方的物質主義。只是，濮蘭德太感情用事了：「他對一個他真心熱愛的文明所作的可敬的頌讚，是他長期跟其老百姓親密接觸所得到的多采多姿的經驗的結

86　Hua-Chuen Mei, "Cavils of An English Manchu at the Republic of China: An Analysis," *CSM*, VIII.3（January 10, 1913）, pp. 171-188.

果。」然而，那些都已經是歷史了。張歆海認為濮蘭德的問題是：他或者是沒辦法，或者是不願意，從他歷史的安樂屋裡走出來，去了解新中國為了在弱肉強食的國際社會裡生存而必須採取的作為。因此，張歆海的結論是：濮蘭德的矛盾，是來自於他拒絕把歷史與政治分開來看。其結果是：「雖然他對中國歷史的看法大致是正確的，但那跟中國當前的政治是完全相牴觸的。」[87]

　　然而，比較敏銳的留美學生還是有辦法看穿濮蘭德是口蜜腹劍，而去揭露他口蜜之下惡毒的論述。梅光迪就是其中的一個例子。梅光迪是1911 年的清華庚款生、1919 年拿到哈佛大學碩士學位。他是南京東南大學《學衡》雜誌創辦人之一，是與胡適所領導的新文化運動抗衡的文化保守主義者。他為濮蘭德所寫的李鴻章傳寫了一篇書評。在這篇書評裡，他揭露出了濮蘭德的本質主義與東方主義的論述：

　　　　根據濮蘭德先生的看法，李鴻章之所以會沉耽於公款私用、任用親人、弄虛作假（make-believe）的這些惡習，就因為他生出來就是中國人。李鴻章沒有辦法不貪婪、虛偽，就好像他沒有辦法選擇他的頭髮是黑的，或者皮膚是黃的一樣。所有中國子孫的命運與行為都已經由孔子在兩千年前就訂定好了，從那以後就沒有一個人有辦法有所不同或者作法不同。

　　最讓梅光迪生氣的是濮蘭德把儒家思想與當官術（mandarinism）混淆在一起，也把李鴻章跟「一個儒家學者、一個聖人的經典真正的虔信者」混淆在一起。梅光迪是在為他所服膺的保守運動作戰，而濮蘭德錯誤的類比讓他無可忍受。對他而言，儒家思想，或者用他套用辜鴻銘的名詞來說，中國的牛津運動（the Chinese Oxford Movement）才是真正的保守

87　Chang Hsin-hai, "The Ideas of Mr. J. O. P. Bland," *CSM*, XVII.4（February, 1922）, pp. 286-291.

運動。相對地，李鴻章所代表的當官術是現代派裡最壞的類型。[88]即使梅光迪批判濮蘭德有他自己所要宣揚的立場，他是留美學生裡最一針見血地指出濮蘭德的東方主義論述前提的一人。

濮蘭德的論述最有害的結果，是如果它一再重複以後，就可能變成一種常識。由於中國的分裂與混亂的情勢一直不見改善，濮蘭德號召列強出面干涉的呼籲就似乎越發言之成理。我在本書第六章所分析的全世界有名的造橋專家瓦德爾（J. A. L. Waddell）的插曲就是一個最有力的證據。瓦德爾居然會接連兩次在留美學生所舉行的夏令營裡，大放厥詞地告訴他們，說中國應該聘請一個美國的獨裁者，或者央請日本政府出面，把混亂的中國鞭打成個樣子。這在在顯示的，是東方主義的論述已經深入西洋人的心裡，因此，即便演說撰文的人並沒有使用東方主義的論述，其結論往往就是從東方主義的前提所引生出來的。

這就正是胡適批判古德諾的所在。他說古德諾用他在學術界的威望與權威給中國的反動主義——袁世凱在 1915 年的帝制運動——添加信用與威風。對胡適而言，古德諾個人是否贊同袁世凱的帝制運動不是問題的癥結：

　　古德諾儼然已經成為這個中國反動勢力的代言人，古德諾如果要怪任何人，筆者認為他只能怪自己。因為他——以及世界上其他幾個憲法的權威——就是利用其權威地位，為這個中國的反動運動提供了一個政治哲學的人；因為他就是為虎作倀撕毀民國的第一部憲法，把他個人的觀點寫進現行憲法、以至於締造成這般政府的人；因為他就是教導中國「政府的改組要重權力而輕自由、要重服從而輕民權、要重

88　K. T. Mei, "Book Review of *Li Hung-chang*, by J. O. P. Bland," *CSM*, XIII.6（April, 1918），pp. 345-350. 梅光迪徵引辜鴻銘的段落，見辜鴻銘，《中國牛津運動的故事》（*The Story of a Chinese Oxford Movement*）（Shanghai: Mercury, 1912），頁 18-19。

效率而輕民主」的人。[89]

胡適說古德諾有兩個前提。這兩個前提他稱之為偏見。第一個偏見就是行政部門至上。其所造成的結果，是中國總統的權力比俄國的沙皇或德國的凱撒都要大得多。古德諾的偏見，反映了當代美國對 18 世紀美國建國初期所訂定的三權分立的制衡原則過當的反動。他的補救之道適合美國，用到中國，適足以為虎作倀；古德諾預言：「權力一旦凝聚，自由就會滋生。」用到中國，就是濫權；古德諾說「鞏固中央的權力，目的在防國家的分崩離析」。用到中國，效果則剛好相反。他完全不了解中國要團結只有靠共和。這個反動勢力的結果，造成的就正好是中國的分崩離析，因為它違背了中國有志之士的理想和希冀。

古德諾的第二個偏見，是「歷史觀點」（historical point of view）的誤用。古德諾說當代中國的政治情況類似於近代以前的英國，因此近代以前的英國制度，就適用於當代的中國。胡適說，不管當代的中國像不像近代以前的英國，古德諾完全忽略了中國「已經受到了英美民主國家的薰陶以及其實際經驗的啟發」。古德諾的「歷史觀點」的謬誤，在於他堅持中國必須走歐洲的老路，那就彷彿是說人類不懂得從歷史上學到任何教訓一樣。古德諾的說法的荒謬，只要舉一個現成的例子，就可以不攻自破了。胡適說：「就好像一百年來人類在電學方面的進步，已經讓現在的學生不需要去重複從前吉爾伯特（William Gilbert）、富蘭克林（Benjamin Franklin）和卡文迪戌（Henry Cavendish）等人所做的不成熟的實驗一樣。透過讀史書以及文明進步的果實，也同樣地可以使得中國不需要再去重複那些過時陳腐的制度。」

古德諾的「歷史觀點」的謬誤 ，還有另外一個更可怕的後果，那就是賡續東方主義的論述。古德諾說：「一個國家的根本大法必須植根於其歷史與傳統。」中國的反動分子於是把這個傳統一直追溯到「唐堯虞

89　以下的分析是根據 Suh Hu, "A philosopher of Chinese Reactionism," *CSM*, XI.1（November, 1915）, pp. 16-19.

舜」。這種自我東方主義的架勢是前無古人的。胡適嘲諷地說，因為「唐堯治世是在西元前 24 世紀，也就是說，在四千兩百年前！」不但中國的反動分子自我陶醉在自我東方主義裡，更讓胡適憂心的是，連他所期期必讀、甚至投稿的進步刊物，《外觀報》（*The Outlook*），都居然在 1915 年 9 月 1 號那一期的社論裡出現這樣的論調：

> 這種（拋棄傳統的政治理想而就現代的）轉變，完全不像是一個溫吞、百依百順到崇拜祖先、慎終追遠的民族會去做的事。從這個傳統出發，一個父權的君主政體似乎應該是一個邏輯的選擇。[90]

事實上，這篇《外觀報》的社論所用的語言和論點讀起來更像是濮蘭德的。然而，這不是不熟悉濮蘭德的觀點的胡適所會知道的。從他的角度來看，古德諾的觀點適足以助長類似《外觀報》那篇社論所表達的謬誤的中國觀。如果東方主義這個名詞當時就有，胡適一定會指斥古德諾的「歷史觀點」是一種東方主義的觀點。胡適那個時代雖然沒有這個術語，但他所揭開的面目就是不折不扣的東方主義：「一個堅持歷史觀點，卻又不准一個國家有權在新思想、新理想的影響之下去從事改革或革命的人，就是一個不了解歷史的真意何在的人。」

90　"China: Republic or Monarchy?" *The Outlook*（September 1, 1915），pp. 14-16.

幕落

　　「全美中國留學生聯合會」是中國留美學生史上劃時代的產物。它從
1902 年成立到 1931 年崩潰,長達 29 年。它不但史無前例,可能也會是
後無來者。1931 年以後,中國學生固然繼續留美,而且留學生夠多的學
校也還是有中國同學會,但他們已經沒有了一個代表全美留美學生的機
構,也沒有了類似《中國留美學生月報》那樣的刊物。有關 1930 年代留
美學生的情況,還有待研究。

　　在「全美中國留學生聯合會」崩潰幾年之後,中日戰爭就爆發了。根
據國民政府的統計,1937 年,戰爭爆發的第一年,滯留在美國的學生有
1,733 人;1939 年 5 月統計則為 1,163 人。此外,從 1937 到 1945 年之
間,國民政府共派出留學生 1,566 人。其中,美國最多,有 1,073 人。[1]
然而,就像我在本書裡一再強調的,所有這些有關留美學生的統計數字都
是不精確的,只有參考的價值。當時在美國留學或者滯留在美國的人一定
遠比這些數字要多。

　　就在第二次世界大戰末期,美國政府對中國的移民政策發生一個改
變。雖然在一開始的時候,這個改變微不足道。然而,那是一個開始。從
這個微不足道的改變開始,美國的移民政策會在 20 年間產生一個戲劇性
的改變,從而澈底地影響到中國學生留學美國的目的、性質與結果。這個
微不足道的改變就是 1943 年《排華法案》的廢止。

1　孔繁嶺,〈抗戰時期的中國留學教育〉,《抗日戰爭研究》,第 3 期,頁 103-104,
　　2005。

很多不知道美國歷史背景的人，常會人云亦云地說 20 世紀前半葉的留美學生都很愛國，因為他們大都在學成之後歸國，不像後來的留美學生大多留在美國就業生活。他們不知道 20 世紀前半葉的留美學生在學成之後只能回國，因為《排華法案》不准他們留在美國或者歸化成為美國人。這個改變的開始，可以追溯到 1943 年《排華法案》的廢止。《排華法案》的廢止，幫中國人移民歸化美國開了一道裂縫。這是因為在廢止了《排華法案》的同時，美國政府給了中國人每年 105 名的移民配額。[2]這1943 年《排華法案》的廢止以及移民配額的給予有三個值得指出的意義。第一，《排華法案》的廢止完全是基於美國對日戰爭的政策考慮。這是因為日本的宣傳一再地提起《排華法案》歧視中國人。這有離間美中軍事同盟，從而誘使中國投降、或者至少跟日本妥協的疑慮，特別在汪精衛政權在南京成立以後。

　　第二，這個 105 名的移民配額仍然是對中國人的歧視。這 105 名移民配額的計算是根據 1924 年的移民法。根據 1924 年的移民法，有資格移民美國的國家的配額，是根據該國——西半球的國家除外，它們沒有配額的限制——在 1890 年美國人口普查人口數字的 2%。如果根據這個 105 名的移民配額，則 1890 年在美國的中國人就只有 5,250 人，顯然是偏低了。事實上，在 1890 年美國人口普查裡，中國人口有 107,488 人。按照這 2%基準的計算，中國人理應每年有 2,150 名的配額才對。[3]

　　第三，這個 105 名的移民配額所顯示的，就是當時的美國仍然不改其對中國的歧視。由於對日作戰的考慮，當時在國會廢止《排華法案》沒有阻力。阻力是來自於那 105 名的移民配額。雖然這個數字微不足道，但反對的人擔心這會是像堤防上的小洞，久而久之可以是造成潰堤的開始。這種疑慮不是無中生有的。由於西半球的國家沒有配額的限制，他們擔心住

2　以下有關《排華法案》廢止，請參見"Repeal of the Chinese Exclusion Act, 1943," Office of the Historian, The United State Department of State, https://history.state.gov/milestones/1937-1945/chinese-exclusion-act-repeal, 2021 年 2 月 18 日上網。

3　"Magnuson Act,"《維基百科》，2021 年 2 月 18 日上網。

在中南美洲的中國人，就可以自由地移民到美國。另外，他們也擔心住在香港的中國人可以鑽漏洞，用英國根本用不完的配額移民到美國。如果這些疑慮都成為事實，則每年移民到美國的中國人豈不是成千上萬！因此，這 105 名移民配額不是以國籍為基準，而是以種族為基準。這也就是說，全世界的中國人不管其國籍為何，全部都算在中國種族之下。只要這 105 名的配額一用完，就必須排班等下一年度的配額。從這個角度來說，1943 年《排華法案》的廢止，只是廢止了法律的條文，而不是其排華的精神。當然，我們還是不能忽視了《排華法案》廢止的劃時代的意義，因為，該法案的廢止，允許了中國人移民歸化美國。

　　任何一個社會在法律上的改革都是漸進的，美國亦是如此。雖然 1943 年《排華法案》的廢止象徵的意義大於實質的意義，但那是一個開始。三年以後，1946 年，美國開始准許菲律賓以及印度人移民美國。1952 年的移民法又進一步地修改了 1924 年禁止亞洲人移民歸化美國的移民法。只是，這 1952 年的移民法承續了 1943 年廢止《排華法案》的作法，把所有亞洲人的移民配額用種族，而不是國籍來作基準。真正劃時代的改變是 1965 年的移民法。1965 年的移民法的重點在於促成家庭的團圓。因此，已經成為公民與永久居民的中國人，可以幫家人申請，以依親的名義來美國團圓。此外，該移民法也開放了配額給予具有專門技術的外國人移民美國。1965 年的移民法廢除了從前以人口普查為基準的配額的限制，而給予東半球國家每年不超過兩萬名的配額。西半球的國家原先沒有配額的限制，但從 1976 年開始，也有了每年兩萬名的限制。[4]

　　從 105 名一下跳到兩萬名的移民配額，這何止是幾何級數的跳躍。只是，1965 年移民法通過的時候是在冷戰期間。由於中國和美國沒有邦交，當時受益於這個新移民法的是台灣人。而從台灣來的留美學生，就是在美國新移民法的影響之下的新型的留美學生。他們留學的目的，除了是

4　"Fifty Years On, the 1965 Immigration and Nationality Act Continues to Reshape the United States," Migration Policy Institute, https://www.migrationpolicy.org/article/fifty-years-1965-immigration-and-nationality-act-continues-reshape-united-states, 2021 年 2 月 18 日上網。

要接受更高、更專門的教育以外，更是要透過留學，而「學」留——學習如何留在美國。這就是 1960 年代台灣所流行的「來來來來台大，去去去去美國」的口號的背景。

　　中國學生雖然因為冷戰的關係在一開始的時候錯失了從留學到學留的機會，但他們很快地就迎頭趕上了。中美在 1979 年 1 月 1 日正式恢復邦交。5 天以後，52 名中國學生就搭乘飛機到美國留學。到了 1979 年年底，已經有兩千名中國留學生在美國。[5]中國留美學生人數在 1980 年代飛速成長。我們只要把它增長的速率跟 1980 年代初期東亞地區留美學生最多的台灣來相比，就可以窺見其增長速率之速。1981-1982 學年度，台灣在美國的留學生的人數是 19,460 名。相對地，中國留美學生的人數只有 2,770 名。然而，到了 1985-1986 學年度，台灣留美學生的人數是 23,770 名，而中國留美學生已經到了 13,980 名。[6]台灣在當時之所以會有那麼多留學生在美國，還是要拜留學可以學留之賜。這是因為 1979 年中美復交以後，美國國會所制定的《台灣關係法》（Taiwan Relations Act）給予台灣獨立的兩萬名的移民配額。然而，台灣留美學生的人數很快地就被中國超過了。1988-1989 學年度，中國留美學生的人數已經達到了 29,040 名，在人數上占所有在美國的外國學生的第一名；第二名的台灣是 28,760 名。[7]當時中國留美學生的人數已經是全美外國學生裡的第一位。中國不但會一直保持這個第一名的位置，而且到了 2019-2020 學年

5　Eric Fish, "End of an era? A history of Chinese Students in America," May 12, 2020, SupChina, https://supchina.com/2020/05/12/end-of-an-era-a-history-of-chinese-students-in-america/, 2021 年 2 月 18 日上網。

6　"Table 310.20 Foreign students enrolled in institutions of higher education in the United States, by continent, region, and selected countries of origin: Selected years, 1980-81 through 2014-15," Digest of Education Statistics, National Center for Education Statistics, https://nces.ed.gov/programs/digest/d15/tables/dt15_310.20.asp, 2021 年 2 月 18 日上網。

7　Jean Evangelauf, "Foreign Students in U.S. Reach Record 366,354," *The Chronicle of Higher Education*, November 22, 1989, https://www.chronicle.com/article/foreign-students-in-u-s-reach-record-366-354/, 2021 年 2 月 18 日上網。

度，中國留美學生人數已經到了 372,532 名，占所有在美國的外國學生人數的 35%。[8]

從一個寬廣的角度來看，留學——或者，遊學——這個概念本身完全是正面的。在所謂「地球村」的今天，出國留學或遊學，是學習外語，以及認識、體會不同文化最好的方法。就以美國為例。美國的大學積極地鼓勵學生出國留學。一個大學的學生出國留學的比例甚至會影響到該大學的排名。美國是全世界外國學生最多的一個國家。在 2019-2020 學年度，有一千一百萬外國學生在美國留學。這個數字比前一個學年度減少了將近兩萬名，原因除了是美國總統川普的政策的影響以外，還有全球疫情的影響。[9]值得指出的是，美國在一方面是接受最多外國學生的國家；但在另一方面，它出國留學的學生在全世界僅次於中國。在 2017-2018 學年度，美國一共有 341,751 名學生出國留學。[10]該學年度在美國留學的中國學生則有 360,000 名。[11]

重點是，美國學生出國遊學跟中國學生到美國留學有兩點關鍵性的不同。第一，美國學生出國遊學大率是短期的。以 2018 年為例，在 341,751 名出國遊學的學生裡，有 64%讀的是暑期班，或者是八個星期、甚至更短的學期；33%讀一到兩個學期；只有 2.3%是遊學一年。第二，美國學生出國遊學遍布全球，包括非洲和大洋洲。當然，最熱門的還是歐洲（最多的五國依序是：英國、義大利、西班牙、法國，德國）占 55%；其次

8　Xin Wang, "Uncertainty for Chinese Students in the United States," East Asia Forum, 2 January 2021, https://www.eastasiaforum.org/2021/01/02/uncertainty-for-chinese-students-in-the-united-states/, 2021 年 2 月 18 日上網。

9　Emma Israel and Jeanne Batalova, "International Students in the United States," January 14, 2021, Migration Policy Institute, https://www.migrationpolicy.org/article/international-students-united-states-2020, 2021 年 2 月 26 日上網。

10　Elizabeth Redden, "Study Abroad Numbers Continue Steady Increase," Inside Higher Education, https://www.insidehighered.com/news/2019/11/18/open-doors-data-show-continued-increase-numbers-americans-studying-abroad, 2021 年 2 月 26 日上網。

11　"Trade war: How reliant are US colleges on Chinese students?" BBC News, June 12, 2019, https://www.bbc.com/news/world-asia-48542913, 2021 年 2 月 26 日上網。

是拉丁美洲，占 15％；第三是亞洲，占 11.2％；第四是大洋洲，占 4.3％；第五位是撒哈拉以南的非洲國家，占 4.2％。[12]

我們可以用這兩個關鍵點來看中國。第一，中國留美學生泰半是要拿學位的。在 2019 年的 369,548 名中國留學生裡，有 148,880 名，亦即 40％是大學生；有 133,396 名，亦即 36％是研究生；有 65,680 名，亦即 18％是「自願參與實習訓練的學生」（Optional Practical Training Students）——在學或已經拿到學位的學生；只有 17,235 名，亦即 5％是不拿學位的。[13]第二，中國學生出國留學去的都是第一世界國家或地區。前十名依序是：美國、英國、加拿大、澳大利亞、德國、日本、新加坡、香港、法國、紐西蘭。[14]

這兩個關鍵點，就說明了中美兩國學生出國留學目的不同的所在。從第一個關鍵點來看，美國學生出國只是遊學，學位還是在自己的國家拿。反之，中國學生到美國留學的目的，就是用留學拿到學位作為手段，而達成留在美國的目的。而這個從留美到「留」美的目的，也就說明了為什麼第二個關鍵點也會如此不同的原因了。美國學生出國遊學，目的就是在學習外語，以及認識、體會不同的文化。換句話說，出國遊學的目的是在拓展他們的視野，給予他們世界觀。那是美國學生的整體教育裡重要的一環。反之，對中國學生來說，留學的目的則是到第一世界的國家求取在中國所得不到的知識、技術或是經驗。然後，如果一切順利，就學而優則留在第一世界裡。

值得注意的是，歷史居然重演，而且越演越烈。本書所分析的 20 世

---

12 International Student Enrollment Statistics, Educationdata.org., https://educationdata.org/international-student-enrollment-statistics, 2021 年 2 月 26 日上網。

13 International Student Enrollment Statistics, Educationdata.org., https://educationdata.org/international-student-enrollment-statistics, 2021 年 2 月 26 日上網。

14 《（新東方）2020 中國留學白皮書：英文版》，頁 41, https://cdn.jiemodui.com/pdf/2020％E4％B8％AD％E5％9B％BD％E7％95％99％E5％AD％A6％E7％99％BD％E7％9A％AE％E4％B9％A6-％E8％8B％B1％E6％96％87％E7％89％88.pdf, 2021 年 2 月 26 日上網。

紀初年的留美學生，很多高中、大學都是在美國念的；有些甚至連小學都是在美國念的。這迥異於 20 世紀末年大學畢業才到美國留學的中國學生。舉個例子來說，2019 年在美國留學的 369,548 名中國留學生裡，有148,880 名，亦即 40％是大學生；有 133,396 名，亦即 36％是研究生。[15]換句話說，進入 21 世紀的第二個十年，中國留美學生裡大學生的比例已經超過了研究生的比例。

　　中國留美學生越來越年輕化的現象不只是到美國念大學，而且是念中學，甚至是念小學——簡直是回到了 20 世紀初年的模式。中國小留學生在美國的數字顯然相當可觀，只可惜我還沒有找到可資引用的數字。中學方面，根據美國政府 2018 年所簽發的 F-1 外國學生簽證的數據，高達39,904 名。[16]由於中國小留學生人數激增所造成的市場需求，根據美洲版《中國日報》（*China Daily*）2017 年 12 月 29 日的報導，中國有兩個投資集團分別買下了美國兩家學校系統。在北京和香港都設有辦公室的「春華資本集團」（Primavera Capital）在 2017 年用五億美金，買下了「思崔佛教育系統」（Stratford School System）。「思崔佛教育系統」在加州的舊金山以及洛杉磯地區有超過 20 間以上的學校，提供從幼稚園到八年級（初中）的教育。同樣在 2017 年，重慶的「新鷗鵬集團」（Newopen Group）買下了位於美國佛羅里達州中部墨爾本（Melbourne）——在奧蘭多市（Orlando）東南 60 英里處——的「佛羅里達預科學院」（Florida Preparatory Academy）。[17]根據《中國日報》這篇報導的分析，中國學生念私立的預科學校比念公立學校更容易拿到 F-1 外國學生簽證。同時，毫

15　此外，有 65,680 名，亦即 18％是「自願參與實習訓練的學生」（Optional Practical Training Students）——在學或已經拿到學位的學生；17,235 名，亦即 5％是不拿學位的。International Student Enrollment Statistics, Educationdata.org., https://educationdata.org/international-student-enrollment-statistics, 2021 年 2 月 26 日上網。

16　Andrew R. Arthur, "The littlest F-1s," FacebookTwitterRedditLinkedInEmailCopy LinkPrint, May 23, 2020, https://cis.org/Arthur/Chinese-Investors-Bought-K12-Private-Schools-United-States, 2021 年 4 月 20 日上網。

17　Lia Zhu, "China Investors Warm Up to US Private Schools," China Daily USA, 2017-12-29.

無疑問地，這些小留學生的家長認為在美國讀中小學除了讓他們的孩子從小就進入說英文的環境以外，更能夠增加他們進好大學的機會。

　　回到本書所著重的大學以及研究所的層級。由於中國留學生快速增長，他們在主要的大學裡都有中國同學會。最重要的是，中國駐外大使館有專門負責管理留學生與訪問學者的教育處。他們在各主要大學設立了「中國學生學者聯誼會」（the Friendship Association of Chinese Students and Scholars）。然而，一直到 1980 年代末期為止，就是沒有一個代表全美的中國留學生的團體。諷刺的是，那刺激了中國留美學生去組織一個全美的中國留學生團體的激力是來自中國，亦即，「六四」。

　　1989 年 7 月 28 日，1,100 名代表了 183 間美國大學與學院的中國留學生代表在伊利諾州立大學芝加哥分校集會。在開了三天的大會——他們後來模仿中國共產黨全國代表大會的說法，稱之為「一大」（第一次代表大會）——以後，他們通過決議成立了「全美中國學生學者自治聯合會」（the Independent Federation of Chinese Students and Scholars in the United States; IFCSS，「全美學自聯」）。這個聯合會所以稱之為「自治聯合會」，或者用英文來說 "Independent Federation"，就是因為要有別於中共官方為了管理、控制他們所設立的「中國學生學者聯誼會」。總之，7 名在「六四」以後逃離中國的學生領袖參加了「全美學自聯」的成立大會。吾爾開希呼籲大會代表團結起來，在不久的將來回到中國，「在天安門廣場上重新豎起『民主女神』雕像。」[18]在「一大」的最後一天，與會代表發表了一份天馬行空、而且措辭相當強硬的《宣言》。就像「民主女神」的雕像模仿美國的「自由女神」雕像一樣，這份《宣言》模仿美國的《獨立宣言》。與會代表宣示了他們對民主具有矢志不移的信心。他們說民主的權利，「包括生命、財產與追求幸福的權利」，以及「人民有權選擇他們所要的政府、參與政治、並引領國家所走的方向」。這份《宣言》同時譴責了鄧小平、李鵬、楊尚昆為反動政府的頭頭，他們在天安門血腥

18　William Schmidt, "Chinese Students in U. S. Urged to Stay Abroad," *The New York Times*, July 29, 1989, p. 5.

鎮壓的行為所暴露的不只是他們的墮落與殘暴，而且是他們的恐懼與懦弱。《宣言》而且誓言：「人民審判鄧小平、李鵬、楊尚昆的日子是不會太遠的。」這個《宣言》後來改用了比較和緩的口氣，節錄在「全美學自聯」的官方網站上。[19]

在「全美中國留學生聯合會」於 1931 年崩潰超過了半個多世紀以後，中國留學生在 20 世紀所成立的第二個代表全美中國留學生的組織於焉誕生。

「全美中國留學生聯合會」分有美東、中西部與美西三個分會；「全美學自聯」則把美國劃分成八個選區：東北部、東部、中大西洋、南部、中西部、西北部、西南部和太平洋選區。就像「全美中國留學生聯合會」，「全美學自聯」也是一個建立在制衡原則之上的組織。它設有主席、副主席，理事會和監察委員會。同樣地，就像「全美中國留學生聯合會」是在辛亥革命發生以前就已經成立的一個學生實習共和的組織，「全美學自聯」也可以誇耀自己是在中國還沒有走向民主以前就成立的學生共和組織。兩者之間最大的不同是，「全美中國留學生聯合會」除了以身作則，讓準備立憲的滿清政府借鑑以外，並把聯合會作為培養、訓練未來中國的領袖的場所。相對地，「全美學自聯」則採取了一個與中國共產黨站在對峙的道德制高點的姿態。

1989 年 8 月，「全美學自聯」在華盛頓設立了一個在主席、副主席領導之下的常設辦事處。當時已經籌得了四萬美金的經費，並與美國主要的基金會協商更多的資助的「全美學自聯」在美國的首都開始從事遊說的工作。「全美學自聯」在華府所做的遊說工作主要在兩個方面：一、由美

19　引文見 *The IFCSS Newsletter*, 4.7（March 1993），http://sun-wais.oit.unc.edu/pub/packages/ccic/ifcss/NL/nl_04_09.gb。我在 2021 年 2 月 19 日上網的時候這個網站已經不見了。我在 2008 年 3 月 3 日上網的時候，還可以看到「全美學自聯」在創立大會上所發布的《宣言》英文的節錄版：http://www.ifcss.org/info/default.asp 以及中文的節錄版：http://research.nianet.org/~luo/IFCSS/Archives/Constitution/Manifesto_89.GB。我在 2021 年 2 月 19 日上網的時候這兩個網站都不見了。《宣言》中文節錄版現在還可以在下面這個網站看到：http://my.cnd.org/modules/wfsection/article.php?articleid=23362。

國國會立法准許中國留學生和訪問學者留在美國，讓他們免於回國受到迫害；二、對中國政府實施制裁。

　　遊說美國政府立法准許中國留學生和訪問學者留在美國，這是所有「全美學自聯」成員的共識。這個共識的成因，是因為大多數的中國留學生和學者都希望能夠透過留學而學留。只是，這牽涉到一個簽證上的問題。根據一項研究，美國政府從 1978 到 1987 年之間發給了中國學生與學者 57,000 個簽證。在這 57,000 個簽證裡，有大約 60％屬於 J-1 交換簽證。所謂 J-1 交換簽證規定持有者在學成之後必須回國。其餘大約 40％拿的是 F-1 學生簽證，彈性較大。因此，不管是拿 J-1 簽證也好，F-1 簽證也好，要學留最好的方法就是繼續留學，以便讓他們可以合法地繼續留在美國。毫無意外地，到了 1988 年初，有 21,000 名 J-1 簽證持有者和 7,000 名 F-1 簽證持有者在美國大學讀書。此外，有 8,000 名中國學生與學者已經改變了身分或者失蹤「融入了美國種族的大熔爐」。[20]

　　然而，用留學來學留終究還是緩不濟急的方法，因為即使順利學成、拿到學位並不能保證能找到工作。於是，申請政治庇護就變成是一個最好的選擇。早在「六四」發生以前，中國留美學生就開始嘗試這個作法。從 1986 年底到 1987 年，中國內部追求改革的運動吸引了越來越多的中國留學生的關注與支持。1987 年 1 月 19 日，有大約一千名在 51 所美國大學留學的中國學生發表了一封致「中國共產黨中央委員會」、「中華人民共和國國務院」的公開信，表達他們對中國情勢的關心，並提出了一些政治改革的要求。1987 年 1 月 23 日的《紐約時報》刊載了這封公開信。1987 年 3 月號的《北京之春》除了刊載這封信以外，並附了 482 名簽署的中國留學生與訪問學者的名字。這些人等於是走上了不歸路了。「六四」的發生，對許多中國留學生與訪問學者來說，等於是提供了他們一個千載難逢

20　Leo A. Orleans, *Chinese Students in America: Policies, Issues, and Numbers*. 我所徵引的出處是 Gao Jia, *Chinese Activism of a Different Kind: The Chinese Students' Campaign to Stay in Australia*（Leiden, Boston; Brill, 2013）, p. 80.

（one-off）的機會。這是他們絕對不會放棄的。[21]

　　問題是，即使「六四」發生了，要申請政治庇護還是必須舉證說他們回中國會有遭遇到迫害的危險。因此，「全美學自聯」要遊說美國國會立法讓中國留學生與學者留在美國，它就必須要能舉證說他們回國確實會有危險。這於是就牽涉到了策略的問題。「全美學自聯」是要經過一段試誤的過程以後，才了解到最好的策略就是把中國留學生和學者居留的問題跟中國人權的問題結合在一起。這也就是說，用中國沒有人權的事實來證明美國確實有保護中國留學生與學者的必要。然而，實行這種策略需要時間，不容易說服那些急欲拿到綠卡的人。從他們的角度來看，成立「全美學自聯」的目的就是要為留美學生與學者的利益服務，而不是把它當成是一個政治的團體，致力於推動中國的民主化。這個政治與利益團體之爭會隨著時間越來越白熱化，以至於終究導致「全美學自聯」的崩潰。而其端倪在「全美學自聯」成立的「一大」的時候就已經出現了。「全美學自聯」是在 1989 年 7 月底成立的。然而，由於如何確保留學生和學者的權益的問題一直沒有得到共識，「全美學自聯」的憲章一直要到三個月以後，也就是 10 月，方才通過。[22]

　　這個把中國留學生與學者的保護放在中國沒有人權的脈絡之下來遊說的策略是成功的。第一輪的勝利是一個過渡辦法，亦即，老布希（George H. W. Bush）總統在 1990 年 4 月 11 日簽署的一項行政命令：一、在 1989 年 6 月 5 日到 1990 年 4 月 11 日之間住在美國的中國人及其眷屬，即使其簽證過期，暫緩遞解出境；二、取消持有 J-1 交換簽證必須回國兩年的規定；三、給予他們到 1994 年 1 月 1 日為止得以工作的許可。「全美學自聯」接下去的遊說工作，就是由美國國會立法，把這個過渡辦法變成永久性的。這個最後的勝利，就是老布希總統在 1992 年 10 月 9 日所簽署的《中國學生保護法案》（the Chinese Student Protection Act）。這個法案給予了在 1989 年 6 月 5 日到 1990 年 4 月 11 日之間住在美國，而且在 1990

21　Gao Jia, *Chinese Activism of a Different Kind*, pp. 81-88.

22　Ibid., p. 96.

年 4 月 11 日以後繼續住在美國──在 1990 年 4 月 11 日到 1992 年 10 月
9 日之間回中國不滿 90 天者不在此限──的中國人及其眷屬永久居留
權。據估計，《中國學生保護法案》的受益人數大約有 8 萬人。[23]

　　「全美學自聯」的領袖成功地幫自己同時也幫中國留學生與學者爭取
到了綠卡。然而，諷刺的是，這個成就卻成為它後來解體、崩潰的一個主
要原因。這有幾層理由。第一，《中國學生保護法案》的受益者大多是在
「六四」以前到美國，並沒有參與「六四」的人。而那些參與了「六
四」，但沒能在 1990 年 4 月 11 日以前抵達美國的人反而不能得到《中國
學生保護法案》的保護。因此，那些拜《中國學生保護法案》之賜而拿到
綠卡的人，就被批判的人套用魯迅的話，譏詆他們所拿到的綠卡，是「沾
著烈士鮮血的饅頭」的「血卡」。第二，根據《中國學生保護法案》而拿
到綠卡的 8 萬人是算在中國的移民配額上，以每年 1,000 的額度扣除。換
句話說，要完全消化掉這 8 萬人所用去的配額要花 80 年的時間。[24]不難
想見的，「全美學自聯」爭取到綠卡的成就，贏得了「六四」以前到了美
國的中國留學生與學者的掌聲，但失去了「六四」以後到美國留學的人的
支持。

　　從某個角度來說，「全美學自聯」成功地幫中國留美學生和學者爭取
到綠卡，就恰恰正是為它自己敲起了喪鐘。這是因為對留美學生來說，
「全美學自聯」等於是失去了其存在的理由。「全美學自聯」「第四屆全
美學自聯理論工作委員會」 在 1993 年 1 月所發表的《全美學自聯白皮
書》裡，就指出參與「全美學自聯」大會的學校逐年遞降：「一大」有
183 所學校；「二大」120 多所；「三大」160 所；「四大」101 所：「三
年間減少了 45％。」我們可以看出其間的因果關係。從「一大」到「二
大」代表學校數目的降幅最陡。「二大」是在老布希總統於 1990 年 4 月
11 日簽署行政命令之後召開的。當時，暫時過渡的救濟方案已經過關，

23　Brandt Himler, "Chinese Student Protection Act of 1992," *Willamette Bulletin of International Law and Policy*, 1.1, 1993, pp. 109-125.

24　Brandt Himler, "Chinese Student Protection Act of 1992," p. 117.

危機感已過。「三大」參與學校驟升回 160 所很容易解釋。「三大」在
1991 年 7 月召開的時候，美國的參院才在一個月以前提交參院討論《中
國學生保護法案》，留美學生需要「全美學自聯」積極進行遊說的工作。
「四大」參與的學校驟降到 101 所。這也不難解釋，因為「四大」在
1992 年 7 月召開的時候，美國參院已經在 5 月下旬通過《中國學生保護
法案》，眾院通過以及老布希總統簽署已經只是時間的問題。於是，留美
學生失去了參與「四大」的動機。

　　事實上，「全美學自聯」已經意識到《中國學生保護法案》的通過，
就意味著它在留美學生心中的必要性已經失去。它在 1993 年 1 月所發表
的《全美學自聯白皮書》裡，就坦白地指出了它所面對的危機：

> 　　留美中國學生學者的本身，三年多來也發生了不少重大的變化。首
> 先，當年積極參與「學自聯」活動的老留學生，已越來越多地完成或
> 近於完成學業，開始走向社會，並逐漸與「學自聯」失去聯繫；第
> 二，《中國學生保護法案》已在美國會通過，並得到美總統的簽署。
> 如果沒有什麼特殊事情發生，大部分老留學生都將會獲得在美永久居
> 留權。這種身分的變化自然會造成某些留學生對「學自聯」的離心傾
> 向；第三，「八九民運」之後，中國向外留學的潮流並沒有中斷，現
> 在留美中國學生、學者中的不小部分都是「六‧四」後到達美國的，
> 由於雙方在與「學自聯」的關係，以及將來發展去向的不同，留學生
> 主體將很可能會形成兩個不同的部分，這對「學自聯」未來工作的開
> 展自然要形成很大的挑戰。[25]

　　其實，這個《白皮書》說得太過含蓄和樂觀了。以「六四」為分界，
或者更確切地說，以《中國學生保護法案》作為分界點的到美國留學的學
生，何止是「兩個不同的部分」？從留美到學留方面，他們的利益是相衝

25　《學自聯通訊》，卷 4，第 8 期，1993 年 4 月，http://www.ibiblio.org/pub/packages/ccic/
　　ifcss/NL/nl_04_09.gb，2021 年 2 月 21 日上網。

突的。從「六四」以後才到美國的留學生的角度看去，《中國學生保護法案》的受益者，不但拿的是「血卡」，而且還占用了他們這些後來者的移民配額。

從這個角度看去，「全美學自聯」所面對的何止是「很大的挑戰」。對這些後來者而言，「全美學自聯」根本就是一個「綠卡黨」，不代表他們。更嚴重的是，就像《白皮書》所指出的，《中國學生保護法案》的受益者，「已越來越多地完成或近於完成學業，開始走向社會，並逐漸與『學自聯』失去聯繫。」換句話說，「學自聯」所必須面對的事實是：它的新成員，或者說，它所想吸收並代表的新成員，越來越多是「六四」以後才到美國的留學生。用「全美學自聯」自己的話來說：「在留美學生新老交替，老學生不斷離開學校，新學生比重越來越大的情況下，如何照顧並維護新到學生利益是這一屆學自聯面臨的一個重要問題。」

為了要爭取這些越來越多「六四」以後才到美國的留學生的向心力，「全美學自聯」在 1993 年 11 月成立了一個「新到學生工作委員會」。這個「新到學生工作委員會」除了為「六四」以後才到美國的留學生提供諮詢服務以外，並負責調查《中國學生保護法案》對這些沒趕上車的留美學生及其眷屬的權益的影響。[26]

1994 年 3 月 7 日，「全美學自聯」公布了一封由 60 所美國大學中國同學會連署致美國總統柯林頓（Bill Clinton）的公開信。這封信以中國政府逮捕魏京生以及其他 10 名異議分子作為引子，來說明「六四」以後到美國的中國留學生也需要保護。這封信說《中國學生保護法案》保護了「六四」以後在美國參與示威運動的留學生，但未能保護那些在中國參與了「六四」、甚至受到拘捕、囚禁，然後排除萬難出國的留學生。由於許多在「六四」以後到美國留學的學生即將畢業，他們提出了下述的請求：

> 鑑於我們〔在中國就已經有的〕「反革命」的紀錄以及我們持續在

26　http://www.ibiblio.org/pub/packages/ccic/ifcss/ncomers/NC_News_Release9401，2021 年 2 月 21 日上網。

美國推動中國的民主與自由，我們有理由相信今天發生在魏京生他們身上的事，明天會發生在我們身上。因此，我們請求在我們有效的簽證到期以後，准許我們展延兩年，而且，這個展延可以依中國人權的情況而一再延續。[27]

相對於「全美學自聯」對《中國學生保護法案》全力遊說的工作，這封由 60 所美國大學中國同學會連署致美國總統柯林頓的公開信，等於是一種「六四」以後到美國留學的學生自力救濟的作法。由於「全美學自聯」沒提供進一步的資料，我們不知道這是否算是「全美學自聯」為「新到學生」的工作項目之一。同時，我們也不知道除了這封信以外，「全美學自聯」還為他們做了什麼。可以想像見的，這封給柯林頓總統的公開信不可能成功的，因為那個請求如果達成，就等於是一個沒有《中國學生保護法案》之名的第二個保護法案。

事實上，何止是新到的留學生有不同的利益，他們對「全美學自聯」的宗旨也有不同的看法。比如說，「全美學自聯」究竟應當是一個政治的團體，致力於推動中國的民主化？還是應當是一個為留美學生的利益服務的團體？即使是一個政治團體，他們對推動中國民主化的作法也不盡然與前一批已經拿到綠卡、漸次畢業進入美國社會的留學生相同。因此，「全美學自聯」的宗旨，在「二大」就做了修訂。在「一大」所通過的憲章所訂定的宗旨是：「在促進中國自由、民主、人權和法治的進步。」在「二大」所通過的憲章，就在「自由、民主、人權和法治的進步」之後，加入了促進中國「科學、文化、經濟的發展」。

當然，「全美學自聯」在「二大」修訂的憲章裡加入了促進中國「科學、文化、經濟的發展」，並不完全是一個新舊交替的結果，而是一個留美學生團體裡原來就有人堅持的看法。用一位參加了「二大」的代表的話來說，「全美學自聯」的成員裡有「激進」與「保守」兩派。激進派雖然

27　"A Letter to President Clinton," http://www.ibiblio.org/pub/packages/ccic/ifcss/NL/nl_05_06b.gb, 2021 年 2 月 21 日上網。

人數少，但聲音大：「激進派認為『全美學自聯』有減低政治傾向而淪為一個『全美學聯』——換句話說，他們要的不是一個留學生組織，而是一個政治組織——的危險；而保守派則認為真正的危險是『全美學自聯』會失去其所代表的留學生大眾，而變成一個政黨。」由於保守派占多數，他們所提出的議案大多通過。「二大」不但通過憲章的修訂，加入了促進中國「科學、文化、經濟的發展」條文，而且設立了「國內事務委員會」，一方面，要促進與中國國內人民的來往與交換，另一方面，在堅守根本的政治立場，比如說，有關「六四」的立場上與中國政府進行「對話」。[28]

　　一位參加了「三大」的代表則用「鷹派」與「鴿派」來描述「二大」的「激進派」與「保守派」的對峙。這位顯然是「鷹派」的代表說：「雖然只有很少的學校採取那個〔鴿派，非政治的〕立場，而且在有些情形之下，只有很少的個人試圖用這個立場來搗亂，但本屆大會的帷幕是由這個辯論所揭起的。」他說鴿派要求跟政府對話、啟動學術交換計畫、把「全美學自聯」的工作局限在為留學生服務。他說這只有在取消了「全美學自聯」「促進中國自由、民主、人權和法治的進步」的宗旨之後才可能執行。他很欣慰地指出這個宗旨在「三大」裡屹立不搖。然而，他也承認說：「這只是賽場裡的第一局。沒有一方會輕易放棄。我們可以預見雙方會在來年繼續激戰。」[29]

　　結果，這個激戰點不是針對跟中國交流，也不是針對跟中國政府對話，而是針對美國在貿易上是否給予中國最惠國待遇的爭執點上。這所謂最惠國待遇的爭執其實象徵性大於實際性。美國在 1990 年代給予最惠國待遇的國家超過一百個。當時，只有低於 10 個國家沒有最惠國待遇。換

28　"A Delegate's Impression about the IFCSS 2nd Congress." China News Digest, US Section（NDUS）: CND Follow-up Report on IFCSS 2nd Congress, Part II, July 14, 1990, http://sun-wais.oit.unc.edu/pub/packages/ccic/cnd/cnd-us/1990.cnd-us/。我在 2009 年 1 月 27 日上網時還看得見，2021 年 2 月 21 日上網時已經不見了。可能改了網址。

29　Tao Ye, delegate from University of Minnesota, China News Digest-US, July 26, 1991, http://sun-wais.oit.unc.edu/pub/packages/ccic/cnd/cnd-us/1991.cnd-us/。我在 2008 年 2 月 15 日上網時還看得見，2021 年 2 月 21 日上網時已經不見了。可能改了網址。

句話說，幾乎每一個國家都是最惠國。到今天，2021 年，只有古巴與北韓沒有最惠國待遇。享有最惠國待遇，意味著享有最低的關稅以及最少的貿易關卡。就以 1997 年的關稅稅率為例，由於最惠國待遇的關係，中國到美國的進口商品的貿易加權平均關稅（average trade-weighted tariff）是 6％。如果沒有最惠國待遇，則中國進口商品的貿易加權平均關稅會是 44％。[30]

　　在 1980 年代，中國的最惠國待遇沒有遭遇任何問題，幾乎每年都是自動展延的。「六四」是一個轉捩點。1991、1992 連續兩年，美國眾院都通過決議案，拒絕展延給予中國最惠國待遇。而連續兩年，老布希總統都否決了這個決議案。雖然眾院連續兩年都推翻了老布希總統的否決，但由於參院沒有足夠的票數推翻老布希總統的否決，所以 1991、1992 年，中國仍然得到了最惠國待遇。當時，國會與白宮的爭執點，在於是否要在有條件的情況之下給予中國最惠國待遇。柯林頓總統在 1993 年上任以後，宣布他將在次年開始以人權是否改善作為條件來給予中國最惠國待遇。然而，他在次年五月就宣布取消這個條件。1998 年，美國把最惠國待遇改稱為「正常貿易關係」（Normal Trade Relations）。2000 年，美國給予了中國「永久性正常貿易關係」。那一年一度是否展延給予中國「最惠國待遇」或者「正常貿易關係」的爭議於焉告終。

　　「全美學自聯」對是否給予中國最惠國待遇的立場從一開始就是負面的。這是因為「全美學自聯」的宗旨是在「促進中國自由、民主、人權和法治的進步」。要促進中國自由、民主、人權和法治的進步，就需要對中國政府施壓。而對中國政府施壓的一個好方法，就在於以中國人權紀錄太差作為理由拒絕給予最惠國待遇。我在前文提到了這個以人權作為理由的好處。一方面，中國違反人權，正可以是用來強調為什麼中國留美學生需要拿到綠卡的保護的一個最好的理由；在另一方面，這又是可以用來制裁中國，以迫使它走向自由、民主、人權與法治的最有效的武器。

30　"Most Favored Nation（MFN） Treatment," U.S. Department of State, https://1997-2001. state.gov/regions/eap/fs-mfn_treatment_970617.html, 2021 年 2 月 21 日上網。

　　然而，「全美學自聯」試圖以人權作為武器來制裁中國的立場剛好跟白宮的立場相左。1991 年「全美學自聯」「三大」的召開是以一個戲劇性的衝突開始的。7 月 11 日上午，有 20 位「全美學自聯」的代表到國會去遊說有條件的展延給予中國最惠國待遇。沒想到他們抵達國會的時候，卻聽說共和黨參議員鮑勃・多爾（Bob Dole）已經準備召開一個記者招待會，由龔小夏等三位「最具權威、最受尊敬的中國學生領袖」來說明中國留學生支持老布希總統無條件給予中國最惠國待遇。這 20 位「全美學自聯」憤怒地出席了該記者招待會，挑戰他們代表「全美學自聯」以及中國留學生與學者的資格。不難想見的，那亂成一團的記者招待會在不到 15 分鐘就宣告結束。[31]

　　毫無疑問地，「三大」討論最惠國待遇問題的結果是：「大會以 89 票贊成，10 票反對，9 票棄權，通過了『繼續開展有條件延長中國最惠國待遇的國會遊說』的議案。」[32]事實上，「三大」召開的時候，老布希總統已經否決了該年眾院有條件延展給予中國最惠國待遇的決議案。因此，雖然「全美學自聯」通過了「繼續開展有條件延長中國最惠國待遇的國會遊說」的議案，它已經失去了實質的意義。而且，一如我在上文所指出的，這場戲在 1992 年又上演一次，又以老布希總統的否決告終。

　　雖然我找不到「全美學自聯」後來的報導，但很明顯地，已經有了越來越多的中國留美學生支持美國無條件給予中國最惠國待遇。1994 年 3 月上旬，「全美學自聯」針對「六四」以後來美的中國留學生做了一項意見調查，調查他們對最惠國待遇問題的看法。有 460 名學生接受了訪問。雖然這項調查不夠科學，而且只有短短 7 個問題，但可以有參考的價值。舉例來說，第三題，「中國人權的紀錄從『六四』以後有否改進？」回答

31　Bo Xiong, *China News Digest-US*, July 11, 1991, http://sun-wais.oit.unc.edu/pub/packages/ccic/cnd/cnd-us/1991.cnd-us/, 2008 年 2 月 15 日上網。我在 2021 年 2 月 21 日再度上網的時候，該網站已不見了。

32　《學自聯通訊》，卷 4，第 7 期，1993 年 3 月, http://ww.ibiblio.org/pub/packages/ccic/ifcss/NL/nl_04_07.gb, 2021 年 2 月 21 日上網。

「有」的占 67％；回答「沒有」的只占 18％；沒有意見的占 13％。第六
題，「美國政府是否應該把最惠國待遇跟人權的紀錄分開，並且幫助中國
從事經濟與政治的改革？」贊成的占 75％；反對的只占 14％；沒有意見
的占 11％。第七題，「促進中國繁榮與民主最好的策略」。選擇先解決
人權問題的占 6％；在社會主義的市場經濟結構下摸索前進的占 33％；在
有條件的最惠國待遇之下幫助中國政府的運作專業化的占 14％；在無條
件給予最惠國待遇之下建設一個澈底的市場經濟體制的占 47％；沒意見
的占 12％。[33]

　　不管我們是否把這個調查結果形容為民族主義的抬頭，我們可以很清
楚地看出反對美國用人權來制裁中國的留學生的比例占了絕對的大多數。
從這個角度看來，「全美學自聯」的官方立場已經是越來越與大多數的留
美學生脫節了。

　　在「六四」的衝擊之下所成立的「全美學自聯」有理想——促進中國
民主化——的一面，也有為個人謀福利——取得綠卡——的一面。由於那
是一個公與私兩相得益的運動，所以它能展現出激情與鬥志。然而，也就
正由於那是一個激情與鬥志之下的產物，在激情消退、目標達成以後，就
很難維繫它的凝聚力了。更嚴重的是，作為一個留學生組織，其成員是暫
時性的，也是流動性的。當它沒有新的議題或者目標能夠去激勵、鼓舞其
成員的時候，它就已經失去了其存在的意義。

　　諷刺的是，《中國學生保護法案》是 1992 年通過的。而 1992 年也正
是中國經濟起飛的一年。拿到綠卡的留學生與學者很快地就成為當時評者
所譏詆的返國探親訪友的「綠卡大軍」。張潮在 1994 年 3 月號的《北京
之春》上所發表的〈評「六四綠卡」返鄉大軍〉一文就說：「去年以
來，旅美學人手持因『六四』而獲益的綠卡，紛紛回國。其規模之大、範
圍之廣，已成為海內外議論的新熱點。」張潮說「六四綠卡」返鄉大軍有
三個特點：

33　"Most-Favored-Nation（MFN） Survey Result," http://www.ibiblio.org/pub/packages/ccic/
　　ifcss/ncomers/MFN_Survey_Result, 2021 年 2 月 22 日上網。

其一是試探性、短期性與過渡性並舉。多年來對回中國大陸的疑慮、擔憂及不安全感，隨著一紙綠卡的到手，頓時消失。綠卡起到了壯膽作用……但這些試探性、短期性的回國特點，並不排斥積極的過渡性意義。一旦短期的試探成功，將有助於這批學人完成從僑居到歸國的過渡。

其二，公私兼顧，進行多層次探索與考察。所謂公私兼顧，即把個人探親與學術交流、講學計畫和商務投資等相結合……去年暑期在北京召開的第一屆留學人員生命科學討論會，吸引了百餘名留美學人自費與會，盛況空前，有助於留學人員加深對國內學術界的認識。

其三是公開與不公開、高姿態與低姿態以及團體與個人互相共存。部分旅美學人樂於大張旗鼓地回國，以團體的名義、公開的形式和很高的姿態，積極參與國內各項經貿與學術交流，旨在擴大知名度，引起各有關方面的注意與重視，最大限度地表現留學生的存在價值。同時借此機會滿足自己的成就感，為今後最終回國創造條件。

張潮這篇文章最具有洞察力的地方，在於他看出了時代社會的脈動，預測了「六四綠卡」返鄉大軍是中國留學生回流的開始：

這批返鄉大軍應是 80 年代留美學生回歸中國的前奏，更是 21 世紀初留學生回國大潮的先聲。留美學人正沿著三大歷史走向，不斷變換著自己的角色與功能。第一走向是 80 年代的大規模單向外流，多出少進，甚至只出不進；第二走向是 90 年代的雙向交流，這批「六四」綠卡返鄉大軍正是這第二走向的先驅；第三走向是 21 世紀初的正常回流，猶如今日台灣留學生踴躍歸國的盛況。今日返鄉大軍既是單向外流到一定階段之後的邏輯發展，更是未來正常回流的必要準備。但所有三階段走向的關鍵是「流」，只有順其所流，暢其所流，才能推動雙向交流走向正常回流，最終吸引旅美學人葉落歸根，回國

定居。[34]

在美國的中國留學生的第一志願當然還是要學留。然而，中國經濟的起飛也形成了一種把中國留學生拉回中國的拉力。在這種情況之下，「全美學自聯」已經失去了留美學生的向心力。到了 1993 年，不但《中國學生保護法案》已經成為歷史，而且最惠國待遇的問題也因為柯林頓總統決定無條件給予中國也成為了歷史。在這些政論性的議題消失以後，「全美學自聯」卻陷入了主要幹部之間的衝突與矛盾。這些矛盾有財務上的糾紛，也有個人的因素。「全美學自聯」第四屆主席耿曉在〈第四屆全美學自聯總部工作報告〉上已經指出：

> 在上屆理事會裡有三名理事辭職，還有其他的一些理事從理事會的功能小組中分別辭職。在總部趙海青〔第三屆〕主席因為學校的工作有七個月不來總部上班。而總部其他的三名工作人員又在沒有協調的情況下分別出來參加主席競選。這些現象都反映了學自聯內部的分離趨勢。

耿曉是「全美學自聯」第三屆的副主席。我們不知道他跟該屆主席趙海青之間的矛盾，或者說趙海青與其他幹部之間的矛盾為何。然而，根據耿曉的報告：

> 從工作的方式上討論總部對趙海青的不滿意有兩個原因。第一個原因是在國會趙海青一直以「學自聯」的代表身分建立聯繫，因此得到大家的承認，但在媒介〔體〕卻多次用其他組織的名義宣傳遊說成果。第二是趙海青使用的「五四基金會」一直以學自聯的名義收集捐

34　張潮，〈評「六四綠卡」返鄉大軍〉，《北京之春》，1994 年 3 月號，轉引自 1994 《華夏文摘》，http://archives.cnd.org/HXWK/column/Society/cm9405c-1.gb.html，2021 年 2 月 23 日上網。

款，但「五四」基金會的章程條例、人事任命、財務報告卻一直不對總部公開。也正是因為這兩個原因理事會第三次會議通過決議，第一，限定學生事務工作委員會只能用「學自聯」的名義而不能用其他組織的名義。第二，「五四基金會」裡的「學自聯」捐款必須在「學自聯」的財務制度下管理。決議通過後趙海青立即辭職。[35]

然而，「全美學自聯」已經進入了分崩離析的階段。根據「全美學自聯」第五屆工作會議的報告：「自第五屆工作班子接任以來，在『理事會財務委員會』與總部之間就為評估『學自聯財務狀況的問題發生不斷的爭執。」在 1993 年 8 月召開的第一次理事會電話會議上，理事會凍結了總部的旅行和《通訊》的經費，並通過決議讓「財務委員會」派員到總部查帳。1993 年 11 月初，一名查帳員抵達總部，與總部發生糾紛。根據總部的報告：「在 11 月的查帳以後，分歧更為擴大。」[36]

這個分歧到了 1995 年居然演出了「全美學自聯」「七大」的雙胞案。先是，第六屆主席駱寧、副主席劉承延——駱寧被罷免以後為代理主席——先後被罷免。「全美學自聯」分裂的兩派甚至上法院互相要求法官裁決另一方為違法。這個分裂越演越烈，其高潮是分裂的雙方各自舉行了「七大」，而稱呼對方的為偽「七大」：一方在維吉尼亞州黑堡（Blacksburg）的維吉尼亞理工大學（Virginia Tech）；另一方——被罷免的劉承延、駱寧——在華盛頓的喬治・華盛頓大學（George Washington

---

35　耿曉，〈以寬容合作的態度、扎實苦幹的精神建設學自聯：第四屆全美學自聯總部工作報告〉，1993 年 7 月 1 日, http://www.ibiblio.org/pub/packages/ccic/ifcss/HQ/4th.gb, 2021 年 2 月 21 日上網。

36　〈全美學自聯 94 年工作聯席會議綜述〉，《學自聯通訊》，卷 5，第 5 期、1994 年 2 月，http://www.ibiblio.org/pub/packages/ccic/ifcss/NL/nl_05_05a.gb, 2021 年 2 月 21 日上網。

University）。[37]

這就是「全美學自聯」崩潰的開始——從 1989 年成立，才短短 6 年的時光。

從 21 世紀的第三個十年回顧，20 世紀初年的「全美中國留學生聯合會」很可能是中國留學生在美國所成立的絕無僅有的一個有悠久歷史的全國性的組織。這有可能因為那個世代的學生是中國留美學生歷史上最有組織力的。然而，無可否認地，「全美中國留學生聯合會」之所以能夠存在長達 29 年的時間，也有它特有的歷史背景。當時到美國搭乘的是輪船。在早期航程需要三個星期以上的時間。對大多數的留學生而言，要再次橫渡太平洋返國，都是一直要等到學成以後才可能的。再加上當時美國的種族結構、文化社會氛圍、交通資訊傳播的情況以及《排華法案》等等因素，都促使中國留學生體會到同舟共濟的必要。從各校的中國同學會，到「全美中國留學生聯合會」，其所體現的就是團結就是力量的道理。

所有上述的因素，今天都已經不存在了。今天，從中國到美國，因為時差的關係，根本就是朝發朝至。中國經濟的情況也與一個世紀以前大不相同了。今天的中國留學生不但在寒暑假返國，甚至春假、秋假也返國。除了往返方便以外，電郵、手機、視訊已經是無遠弗屆。交通、資訊已經澈底地改變了人們生活、互動的方式。中國同學會已經可以滿足留美學生日常的社交所需。全國性的留學生組織已經完全失去了其必要性。從這個角度來說，「全美中國留學生聯合會」不但已經走入歷史，而且其必要性也已經成為歷史。我們大概再也看不到一個類似「全美中國留學生聯合會」的組織出現了。

---

37 "IFCSS Held 7th Convention in Blacksburg, Virginia; Special Convention Held in Washington DC," China News Digest: US Regional, July 18, 1995, http://www.cnd.org/CND-US/CND-US.95/CND-US.95-07-18.html, 2021 年 2 月 24 日上網。

楚材晉育：中國留美學生，1872-1931

2022年7月初版　　　　　　　　　　　　　　　　　定價：新臺幣720元
有著作權・翻印必究
Printed in Taiwan.

著　　　者	江	勇	振
叢書主編	沙	淑	芬
校　　對	陳	佩	伶
內文排版	菩	薩	蠻
封面設計	廖	婉	茹

出　版　者　聯經出版事業股份有限公司　　　副總編輯　陳　逸　華
地　　　址　新北市汐止區大同路一段369號1樓　總編輯　涂　豐　恩
叢書主編電話　(02)86925588轉5310　　總經理　陳　芝　宇
台北聯經書房　台北市新生南路三段94號　　社　長　羅　國　俊
電　　　話　(02)23620308　　　　　　發行人　林　載　爵
台中辦事處　(04)22312023
台中電子信箱　e-mail：linking2@ms42.hinet.net
郵政劃撥帳戶第0100559-3號
郵撥電話　(02)23620308
印　刷　者　世和印製企業有限公司
總　經　銷　聯合發行股份有限公司
發　行　所　新北市新店區寶橋路235巷6弄6號2樓
電　　　話　(02)29178022

行政院新聞局出版事業登記證局版臺業字第0130號

本書如有缺頁，破損，倒裝請寄回台北聯經書房更換。　ISBN　978-957-08-6394-9 (精裝)
聯經網址：www.linkingbooks.com.tw
電子信箱：linking@udngroup.com

國家圖書館出版品預行編目資料

楚材晉育：中國留美學生，1872-1931/ 江勇振著 . 初版 .
新北市 . 聯經 . 2022年7月 . 512面 . 17×23公分
ISBN 978-957-08-6394-9（精裝）

1.CST：清末留學運動 2.CST：留學教育 3. CST：美國

529.2752 111009141